FUSSBALL-WM 2006

**ALLE SPIELE, ALLE TORE, ALLE SPIELER,
ALLE FAKTEN, ALLE STADIEN
UND DIE SCHÖNSTEN FOTOS DER WM**

DAS ERSTE WM-TOR

Costa Ricas Torhüter José Francisco Porras liegt geschlagen auf dem Rasen und guckt dem Ball hinterher, der nach fünf Minuten und zehn Sekunden in seinem Tor, oben im linken Winkel, einschlug. 1:0 für Deutschland im Eröffnungsspiel. Lukas Podolski (Mitte) und Tim Borowski (Nummer 18) bejubeln das Traumtor von Philipp Lahm (nicht im Bild)
FOTO: BEN RADFORD/GETTY IMAGES

DER WELTMEISTER
Um Punkt 23.02 Uhr am 9. Juli streckt Italiens Kapitän Fabio Cannavaro unter dem Jubel seiner Mitspieler den WM-Pokal in den Berliner Nachthimmel. Italien ist durch das 6:4 nach Elfmeterschießen gegen Frankreich Weltmeister – zum vierten Mal nach 1934, 1938 und 1982. Mittelfeldrenner Gennaro Gattuso (Mitte), mit der italienischen Flagge um die Schultern, zeigt mit gestrecktem rechtem Zeigefinger auf den Pokal, Torwart Gianluigi Buffon möchte das Objekt der Begierde mit beiden Händen greifen. Ganz links: Italiens Trainer Marcello Lippi
FOTO: Getty Images/Martin Rose

Verlag und Herausgeber bedanken sich
bei folgenden Fotografen:

action press (2), AFP (21), AP (11), avanti (1), Baader (1), Baumann
(3), Thorsten Baering (1), Jan Becker (8), Camera4 (4), contrast (1),
Cinetext/Allstar (1), ddp (25), dpa (23), firo (9), Fishing4 (2), GES
(4), Getty Images (22), Hoch Zwei (3), Imago (8), Kolvenbach (1),
Bernd König (1), MIS (2), Bernd Mueller (1), nordphoto (2), Perenyi
(4), pixathlon (9), Popperfoto/Bilderberg (1), Public Address (1),
Rauchensteiner (2), Reuters (12), Peter Schatz (1), Schupfner (1),
Snaps (1), Sven Simon (4), team2 (5), Ulmer (12), Wende (1), Werek
(4), Witters (20), XHINHUA (1)

Das Werk einschließlich aller seiner Teile ist urheberrechtlich geschützt.
Jede Verwertung außerhalb des Urhebergesetzes ist ohne Zustimmung
des Verlegers unzulässig und strafbar. Dies gilt insbesondere für
Vervielfältigungen, Übersetzungen und Mikroverfilmungen und die
Einspeicherung in elektronischen Systemen.

Weltbild Buchverlag
–Originalausgaben–
© 2006 Verlagsgruppe Weltbild GmbH,
Steinerne Furt 67, 86167 Augsburg und SPORT BILD, Hamburg

Herausgeber: Pit Gottschalk
Redaktionelle Leitung: Christian Tuchtfeldt
Texte: Alfred Hermsdörfer, Utz Rehbein, Raimund Hinko, Axel Hesse, Dietmar Gessner
Layout & Produktion: Jan Krummrey, Helmut Plumeyer, Tobias Kreher
Fotoredaktion: Jan Becker, Deert Jacobs
Schlußredaktion: Volker Roggatz, Andreas Kusel
Dokumentation: Mathias Janßen, Kai-Uwe Günther, Sören Buchheim, Till Burmeister,
Jörn Eilers, Nils Feicht, Thomas Hampel, Udo Lindner, Dennis Sukowski, Thomas Wiedenhöfer
Statistik: Impire AG
Projektleitung Weltbild: Gerald Fiebig
Repro: Imagepool/Susanne Kreher
Printed in Germany
ISBN 3-89897-487-1

VORWORT

Vielleicht waren wir auch beim WM-Logo einem großen Irrtum erlegen. Vielleicht waren die drei lachenden Gesichter, die uns seit drei Jahren nerven, exakt der richtige Ausdruck dessen, was die Deutschen aus ihrer WM und ihrem Deutschland gemacht haben: ein fröhliches Land des Lächelns. Es wäre nicht der einzige Irrtum, den die Fachleute im Jahr 2006 eingestehen müssen. Und damit sind wir bei Jürgen Klinsmann, dem Bundestrainer.

Derselbe Franz Beckenbauer, der Klinsmann im Frühjahr am liebsten zum Teufel gejagt hätte, bat ihn zum Bleiben, als Deutschland Dritter wurde. Beckenbauer wußte: Ebendieser Klinsi hat die WM, Beckenbauers WM, tief schwarz-rot-geil gefärbt mit dem Fußball, den die Mannschaft geboten hat. Die Nationalmannschaft spielte schnell und jung und erfolgreich. Und begeisterte Deutschland wie unter keinem Bundestrainer seit Sepp Herberger. Die Fan-Feste feierten überall Besucherrekorde, plötzlich wollten alle Deutschland stürmen sehen – oder die 31 Gastmannschaften bei dieser WM 2006 anfeuern. Begeisterung, wohin man schaute. Der deutsche Fußball hat bei der WM mit neuen Fans Perspektive gewonnen, und das Ausland staunt, wie gastfreundlich das vor 16 Jahren vereinigte Land sein kann, obwohl die Probleme drücken. Fast vergißt man in seiner Begeisterung über sich selbst, daß eine andere Nation Weltmeister geworden ist, Italien nämlich. Macht doch nichts, in Erinnerung bleiben die Farben, die ausverkauften Arenen, Beckenbauer auf jeder Ehrentribüne und Fans aus aller Welt, die gemeinsam Arm in Arm ins Stadion gehen. Sie merken schon: Die Faszination, als die Welt zu Gast bei Freunden war, strahlt noch immer. Mit diesem WM-Buch möchte SPORT BILD an die vier traumhaften Sommerwochen erinnern, an die packenden Spiele, an die Tränen der Freude oder der Trauer. In diesem Buch wird die WM lebendig. Wunderschöne Lesestunden wünscht Ihnen

Pit Gottschalk, Chefredakteur SPORT BILD

INHALT

GRUPPE A

014 Auftakt Gruppe A
016 Der Star: Philipp Lahm
018 Analyse Gruppe A

Spielberichte
020	Deutschland – Costa Rica	4:2
022	Polen – Ecuador	0:2
024	Deutschland – Polen	1:0
026	Ecuador – Costa Rica	3:0
028	Ecuador – Deutschland	0:3
030	Costa Rica – Polen	1:2

GRUPPE B

032 Auftakt Gruppe B
034 Der Star: Wayne Rooney
036 Analyse Gruppe B

Spielberichte
038	England – Paraguay	1:0
040	Trinidad – Schweden	0:0
042	England – Trinidad	2:0
044	Schweden – Paraguay	1:0
046	Schweden – England	2:2
048	Paraguay – Trinidad	2:0

GRUPPE C

050 Auftakt Gruppe C
052 Der Star: Juan Riquelme
054 Analyse Gruppe C

Spielberichte
056	Argentinien – Elfenbeink.	2:1
058	Serbien – Holland	0:1
060	Argentinien – Serbien	6:0
062	Holland – Elfenbeinküste	2:1
064	Holland – Argentinien	0:0
066	Elfenbeinküste – Serbien	3:2

GRUPPE D

068 Auftakt Gruppe D
070 Der Star: Luís Figo
072 Analyse Gruppe D

Spielberichte
074	Mexiko – Iran	3:1
076	Angola – Portugal	0:1
078	Mexiko – Angola	0:0
080	Portugal – Iran	2:0
082	Portugal – Mexiko	2:1
084	Iran – Angola	1:1

GRUPPE E

086 Auftakt Gruppe E
088 Der Star: Michaël Essien
090 Analyse Gruppe E

Spielberichte
092	USA – Tschechien	0:3
094	Italien – Ghana	2:0
096	Tschechien – Ghana	0:2
098	Italien – USA	1:1
100	Tschechien – Italien	0:2
102	Ghana – USA	2:1

GRUPPE F

104 Auftakt Gruppe F
106 Der Star: Guus Hiddink
108 Analyse Gruppe F

Spielberichte
110	Australien – Japan	3:1
112	Brasilien – Kroatien	1:0
114	Japan – Kroatien	0:0
116	Brasilien – Australien	2:0
118	Japan – Brasilien	1:4
120	Kroatien – Australien	2:2

GRUPPE G

122 Auftakt Gruppe G
124 Der Star: Thierry Henry
126 Analyse Gruppe G

Spielberichte
128	Südkorea – Togo	2:1
130	Frankreich – Schweiz	0:0
132	Frankreich – Südkorea	1:1
134	Togo – Schweiz	0:2
136	Togo – Frankreich	0:2
138	Schweiz – Südkorea	2:0

GRUPPE H

140 Auftakt Gruppe H
142 Der Star: Fernando Torres
144 Analyse Gruppe H

Spielberichte
146	Spanien – Ukraine	4:0
148	Tunesien – Saudi-Arabien	2:2
150	Saudi-Arabien – Ukraine	0:4
152	Spanien – Tunesien	3:1
154	Saudi-Arabien – Spanien	0:1
156	Ukraine – Tunesien	1:0

ACHTELFINALE

158 Auftakt Achtelfinale
160 Analyse Achtelfinale

Spielberichte
162	Deutschland – Schweden	2:0
164	Argentinien – Mexiko	2:1 n.V.
166	England – Ecuador	1:0
168	Portugal – Holland	1:0
170	Italien – Australien	1:0
172	Schweiz – Ukraine	0:3 n. E.
174	Brasilien – Ghana	3:0
176	Spanien – Frankreich	1:3

VIERTELFINALE

178 Auftakt Viertelfinale
180 Analyse Viertelfinale

Spielberichte
182	Deutschland – Argentinien	5:3 n.E.
184	Italien – Ukraine	3:0
186	England – Portugal	1:3 n. E.
188	Brasilien – Frankreich	0:1

HALBFINALE

190 Auftakt Halbfinale
192 Analyse Halbfinale

Spielberichte
194	Deutschland – Italien	0:2 n.V.
196	Portugal – Frankreich	0:1

Finale, Spiel um Platz 3

198 Auftakt Finalspiele
200 Der Star im kleinen Finale: Jürgen Klinsmann
202 Deutschland – Portugal 3:1
204 Der WM-Torschützenkönig: Miroslav Klose
206 Italien – Frankreich 6:4 n. E.
208 **Der Star des Endspiels:** Zinedine Zidane

Statistik

212 Auftakt Statistik
214 **Die 64 Spiele und** 32 Teamstatistiken
222 **Zeugnis deutsche Spieler**
224 **Die 12 WM-Stadien**
226 WM-Historie, alle 17 Turniere 1930 bis 2002
235 **Die ewige WM-Tabelle**

Das Maskottchen der WM 2006: der Löwe Goleo. Auf dem Arm trägt er Pille, den sprechenden Fußball

009

Die **32** Teams

ENGLAND
HOLLAND
FRANKREICH
SCHWEIZ
SPANIEN
PORTUGAL

USA
MEXIKO

COSTA RICA
TRINIDAD/TOBAGO
ECUADOR

BRASILIEN
PARAGUAY
ARGENTINIEN

Gruppe A

Deutschland
Costa Rica
Polen
Ecuador

Gruppe B

England
Paraguay
Trinidad/Tobago
Schweden

Gruppe C

Argentinien
Elfenbeinküste
Serbien/Montenegro
Holland

Gruppe D

Mexiko
Iran
Angola
Portugal

WELTKARTE

GRUPPE E

Italien
Ghana
USA
Tschechien

GRUPPE F

Brasilien
Kroatien
Australien
Japan

GRUPPE G

Frankreich
Schweiz
Südkorea
Togo

GRUPPE H

Spanien
Ukraine
Tunesien
Saudi-Arabien

VORRUNDE

GRUPPE A

Deutschland – Costa Rica	4:2 (2:1)
9. Juni, 18 Uhr, München	
Polen – Ecuador	0:2 (0:1)
9. Juni, 21 Uhr, Gelsenkirchen	
Deutschland – Polen	1:0 (0:0)
14. Juni, 21 Uhr, Dortmund	
Ecuador – Costa Rica	3:0 (1:0)
15. Juni, 15 Uhr, Hamburg	
Ecuador – Deutschland	0:3 (0:2)
20. Juni, 16 Uhr, Berlin	
Costa Rica – Polen	1:2 (1:1)
20. Juni, 16 Uhr, Hannover	

GRUPPE B

England – Paraguay	1:0 (1:0)
10. Juni, 15 Uhr, Frankfurt	
Trinidad/Tobago – Schweden	0:0
10. Juni, 18 Uhr, Dortmund	
England – Trinidad/Tobago	2:0 (0:0)
15. Juni, 18 Uhr, Nürnberg	
Schweden – Paraguay	1:0 (0:0)
15. Juni, 21 Uhr, Berlin	
Schweden – England	2:2 (0:1)
20. Juni, 21 Uhr, Köln	
Paraguay – Trinidad/Tobago	2:0 (1:0)
20. Juni, 21 Uhr, Kaiserslautern	

GRUPPE C

Argentinien – Elfenbeinküste	2:1 (2:0)
10. Juni, 21 Uhr, Hamburg	
Serbien/Montenegro – Holland	0:1 (0:1)
11. Juni, 15 Uhr, Leipzig	
Argentinien – Serbien/Monten.	6:0 (3:0)
16. Juni, 15 Uhr, Gelsenkirchen	
Holland – Elfenbeinküste	2:1 (2:1)
16. Juni, 18 Uhr, Stuttgart	
Holland – Argentinien	0:0
21. Juni, 21 Uhr, Frankfurt	
Elfenbeinküste – Serbien/Monten.	3:2 (1:2)
21. Juni, 21 Uhr, München	

GRUPPE D

Mexiko – Iran	3:1 (1:1)
11. Juni, 18 Uhr, Nürnberg	
Angola – Portugal	0:1 (0:1)
11. Juni, 21 Uhr, Köln	
Mexiko – Angola	0:0
16. Juni, 21 Uhr, Hannover	
Portugal – Iran	2:0 (0:0)
17. Juni, 15 Uhr, Frankfurt	
Portugal – Mexiko	2:1 (2:1)
21. Juni, 16 Uhr, Gelsenkirchen	
Iran – Angola	1:1 (0:0)
21. Juni, 16 Uhr, Leipzig	

GRUPPE E

USA – Tschechien	0:3 (0:2)
12. Juni, 18 Uhr, Gelsenkirchen	
Italien – Ghana	2:0 (1:0)
12. Juni, 21 Uhr, Hannover	
Tschechien – Ghana	0:2 (0:1)
17. Juni, 18 Uhr, Köln	
Italien – USA	1:1 (1:1)
17. Juni, 21 Uhr, Kaiserslautern	
Tschechien – Italien	0:2 (0:1)
22. Juni, 16 Uhr, Hamburg	
Ghana – USA	2:1 (2:1)
22. Juni, 16 Uhr, Nürnberg	

GRUPPE F

Australien – Japan	3:1 (0:1)
12. Juni, 15 Uhr, Kaiserslautern	
Brasilien – Kroatien	1:0 (1:0)
13. Juni, 21 Uhr, Berlin	
Japan – Kroatien	0:0
18. Juni, 15 Uhr, Nürnberg	
Brasilien – Australien	2:0 (0:0)
18. Juni, 18 Uhr, München	
Japan – Brasilien	1:4 (1:1)
22. Juni, 21 Uhr, Dortmund	
Kroatien – Australien	2:2 (1:1)
22. Juni, 21 Uhr, Stuttgart	

GRUPPE G

Südkorea – Togo	2:1 (0:1)
13. Juni, 15 Uhr, Frankfurt	
Frankreich – Schweiz	0:0
13. Juni, 18 Uhr, Stuttgart	
Frankreich – Südkorea	1:1 (1:0)
18. Juni, 21 Uhr, Leipzig	
Togo – Schweiz	0:2 (0:1)
19. Juni, 15 Uhr, Dortmund	
Togo – Frankreich	0:2 (0:0)
23. Juni, 21 Uhr, Köln	
Schweiz – Südkorea	2:0 (1:0)
23. Juni, 21 Uhr, Hannover	

GRUPPE H

Spanien – Ukraine	4:0 (2:0)
14. Juni, 15 Uhr, Leipzig	
Tunesien – Saudi-Arabien	2:2 (1:0)
14. Juni, 18 Uhr, München	
Saudi-Arabien – Ukraine	0:4 (0:2)
19. Juni, 18 Uhr, Hamburg	
Spanien – Tunesien	3:1 (0:1)
19. Juni, 21 Uhr, Stuttgart	
Saudi-Arabien – Spanien	0:1 (0:1)
23. Juni, 16 Uhr, Kaiserslautern	
Ukraine – Tunesien	1:0 (0:0)
23. Juni, 16 Uhr, Berlin	

SPIELPLAN

ACHTELFINALE

SPIEL 1

| Deutschland | – | Schweden | 2:0 (2:0) |

24. Juni, 17 Uhr, München

SPIEL 2

| Argentinien | – | Mexiko | 2:1 n.V. (1:1, 1:1) |

24. Juni, 21 Uhr, Leipzig

SPIEL 3

| England | – | Ecuador | 1:0 (0:0) |

25. Juni, 17 Uhr, Stuttgart

SPIEL 4

| Portugal | – | Holland | 1:0 (1:0) |

25. Juni, 21 Uhr, Nürnberg

SPIEL 5

| Italien | – | Australien | 1:0 (0:0) |

26. Juni, 17 Uhr, Kaiserslautern

SPIEL 6

| Schweiz | – | Ukraine | 0:3 n.E. (0:0) |

26. Juni, 21 Uhr, Köln

SPIEL 7

| Brasilien | – | Ghana | 3:0 (2:0) |

27. Juni, 17 Uhr, Dortmund

SPIEL 8

| Spanien | – | Frankreich | 1:3 (1:1) |

27. Juni, 21 Uhr, Hannover

VIERTELFINALE

SPIEL 1

| Deutschland | – | Argentinien | 5:3 n.E. (1:1, 1:1, 0:0) |

30. Juni, 17 Uhr, Berlin

SPIEL 2

| Italien | – | Ukraine | 3:0 (1:0) |

30. Juni, 21 Uhr, Hamburg

SPIEL 3

| England | – | Portugal | 1:3 n.E. (0:0) |

1. Juli, 17 Uhr, Gelsenkirchen

SPIEL 4

| Brasilien | – | Frankreich | 0:1 (0:0) |

1. Juli, 21 Uhr, Frankfurt

HALBFINALE

SPIEL 5

| Deutschland | – | Italien | 0:2 n.V. (0:0) |

4. Juli, 21 Uhr, Dortmund

SPIEL 6

| Portugal | – | Frankreich | 0:1 (0:1) |

5. Juli, 21 Uhr, München

PLATZ 3

| Deutschland | – | Portugal | 3:1 (0:0) |

8. Juli, 21 Uhr, Stuttgart

FINALE

| Italien | – | Frankreich | 6:4 n.E. (1:1, 1:1, 1:1) |

9. Juli, 20 Uhr, Berlin

GRUPPE A

DEUTSCHLAND	🇩🇪
COSTA RICA	🇨🇷
POLEN	🇵🇱
ECUADOR	🇪🇨

Freitag, 9. Juni, München
Deutschland – Costa Rica   4:2 (2:1)

Freitag, 9. Juni, Gelsenkirchen
Polen – Ecuador   0:2 (0:1)

Mittwoch, 14. Juni, Dortmund
Deutschland – Polen   1:0 (0:0)

Donnerstag, 15. Juni, Hamburg
Ecuador – Costa Rica   3:0 (1:0)

Dienstag, 20. Juni, Berlin
Ecuador – Deutschland   0:3 (0:2)

Dienstag, 20. Juni, Hannover
Costa Rica – Polen   1:2 (1:1)

	Deutschland	Costa Rica	Polen	Ecuador
Deutschland	■	4:2	1:0	3:0
Costa Rica	2:4	■	1:2	0:3
Polen	0:1	2:1	■	0:2
Ecuador	0:3	3:0	2:0	■

Mannschaft	G	U	V	Tore	Pkte
1. Deutschland	3	0	0	8:2	9
2. Ecuador	2	0	1	5:3	6
3. Polen	1	0	2	2:4	3
4. Costa Rica	0	0	3	3:9	0

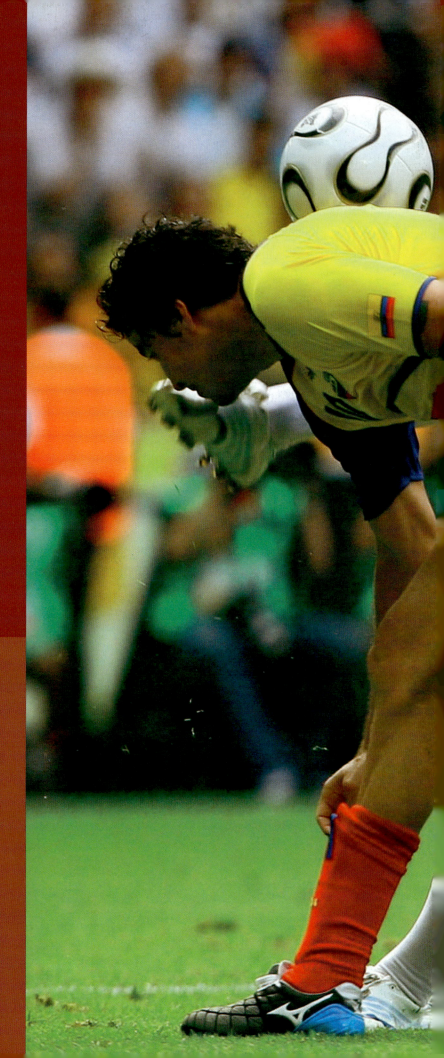

WIRKUNGSTREFFER
Keine Gnade kennt Bastian Schweinsteiger mit Ivan Kaviedes. Im entscheidenden Gruppenspiel um Platz 1 tritt er dem Stürmer aus Ecuador Mitte der ersten Halbzeit mit dem rechten Fuß unters Kinn. Ein Wirkungstreffer: Kaviedes sackt zu Boden. Glück für Schweinsteiger: Er wird nicht bestraft. Deutschland gewinnt 3:0

STEHAUF-MÄNNCHEN
Am 16. Mai 2006 zog sich Philipp Lahm im Testspiel gegen Luckenwalde einen Teilabriß der Sehne und des Bandes am linken Ellenbogen zu. Drei Wochen später spielte er wieder und unterstrich seinen Ruf als Stehauf-Männchen. Schon ein Mittelfußbruch im Januar 2005 (drei Monate Pause) und ein Kreuzbandriß im Mai 2005 (sechs Monate Pause) hatten ihn nicht nachhaltig aufhalten können

STAR DER GRUPPE A

PHILIPP LAHM

Beseelt vom Sturm und Drang

Mit seinem Tor, dem ersten dieser Weltmeisterschaft, begann ein unaufhaltsamer Aufstieg. Der Linksverteidiger wurde bester Spieler der deutschen Mannschaft. Obwohl er noch mit den Folgen einer Ellenbogen-Operation kämpfte

Beim 3:0 gegen Ecuador passierte tatsächlich das Wunder: Christian Lara übersprintete den kleinen Philipp Lahm (22). Aber Lara hatte nicht lange Freude. Denn mit flinken Beinen holte Lahm den Flügelstürmer in Sekundenschnelle wieder ein und nahm ihm sauber den Ball ab. Zu Hause in München grummelte der sonst so kritische Bayern-Amateurtrainer Hermann Gerland, sein großer Förderer und sein Fan: »Ich hab's doch immer gesagt, daß der Junge schon im Mutterleib Fußball gespielt haben muß. Er weiß, wann er einen Gegner ohne Risiko laufen lassen kann, weil er ihn fünf Meter später wieder hat. Schlecht spielen kann Philipp gar nicht.«
Am Tag nach dem Spiel gegen Polen wurde staunend diskutiert, daß Lahm sogar Kopfballduelle gegen größere Gegner gewonnen hatte. Obwohl er nur 1,70 Meter mißt. Aber die stecken voller Energie: Bei einem Leistungstest der Nationalmannschaft sprang er unglaubliche 58 Zentimeter aus dem Stand. Zum Vergleich: Die meisten Skispringer erreichen nur Werte, die ein paar Zentimeter darüber liegen.
Philipp Lahm kam in den Gruppenspielen so weit nach oben, daß er unangefochten der beste deutsche Spieler war. Ballsicher, beseelt von Sturm und Drang, voller Ideen, in der Viererkette bei den Abwehraktionen fast fehlerlos. Und das alles mit einer Ledermanschette am gerade operierten linken Ellenbogen.

Nicht mal dieses Handicap ließ Lahm am Ball unsicher werden. »Weil er eben so ein sensationelles Gespür für den Raum, das Spiel und den Ball hat«, sagt Gerland. Daniela Lahm, seine Mutter, gab ihm am Tag vor dem Eröffnungsspiel gegen Costa Rica noch mit auf den Weg: »Schieß doch einfach mal aufs Tor.« Er enttäuschte sie nicht. Unvergessen ist, wie er vom linken Flügel in den Strafraum kurvte, an

»Wenn ihn nicht eine Verletzung stoppt, macht er Weltkarriere«

zwei Gegenspielern vorbeizog und mit seinem stärkeren rechten Fuß den Ball in den Winkel zirkelte. Dieser Treffer nach fünf Minuten und zehn Sekunden war so etwas wie eine Initialzündung für die deutsche Mannschaft. Drei Siege folgten – Platz eins in Gruppe A.
Lahm und der Ball, das ist eine Geschichte für sich. Er wäre, obwohl so klein, ein guter Basketballer geworden. Aber als er elf Jahre alt war, holte ihn Bayern München endgültig zum Fußball. Und daß er vielleicht auch als Tischtennis-Spieler Klasse erreicht hätte, bewies er im Mannschaftsquartier in Berlin fast jeden Tag.
Längst werden Vergleiche zu Paul Breitner gezogen, der auch bei Bayern spielte, auch Linksverteidiger war, auch das erlösende 1:0 im ersten Spiel erzielte (gegen Chile 1974) – und Weltmeister wurde.
Lahm, am 11. November 1983 geboren, hat Breitner nie spielen sehen. Dafür um so öfter Paolo Maldini vom AC Mailand, den einst besten Linksverteidiger der Welt. Maldini ist sein Vorbild. Hermann Gerland ist sicher: »Wenn ihn nicht irgendeine Verletzung stoppt, macht Philipp auch eine Weltkarriere.«

Vier Tore in der Vorrunde – »Klose: Beruf Torjäger«

»Miro ist in bestechlicher Form.« Der kleine sprachliche Fauxpas Jürgen Klinsmanns nach dem Spiel gegen Ecuador änderte an der Sachlage nichts: Neben Philipp Lahm war der Stürmer der herausragende deutsche Spieler in der Vorrunde. Mit seinen Treffern drei und vier schraubte er sein WM-Konto nach zehn Spielen auf neun Tore (fünf davon 2002). Klaus Allofs, Manager von Kloses Verein Werder Bremen, lob-

2:0 gegen Ecuador: Klose umspielte Torwart Mora

te: »Wenn man an Andrej Schewtschenko und Drogba das Prädikat Weltklasse vergibt, dann hat es Miro auch verdient.« Vorsorglich erklärte Allofs den Torjäger, der mehrere Anfragen von internationalen Klubs erhielt, für unverkäuflich. Die Gazzetta dello Sport urteilte kritischer: »Klose ist nicht Gerd Müller und nicht Paolo Rossi. Er wird nie ein Ronaldo sein und nie etwas mit Totti zu tun haben. Klose ist nicht schön, und sein Fußball ist nicht schön. Aber Klose hat alles verdient, was ihm der Fußball schenkt.« Die spanische Tageszeitung AS brachte es präzise auf den Punkt: »Klose: Beruf Torjäger. Der deutsche Stürmer erfüllt alle Qualitäten.« Mehr will Miroslav Klose auch gar nicht.

Maß genommen vom rechten Strafraumeck: Philipp Lahm zirkelt den Ball mit dem rechten Innenrist auf das Tor Costa Ricas – der erste WM-Treffer für Deutschland

ANALYSE GRUPPE A

WIE DEUTSCHLAND GRUPPENERSTER WURDE

Selbstvertrauen
wuchs mit jedem Spiel

SCORER-LISTE GRUPPE A

	Torvorlagen	Tore	Scorerpunkte
Klose (D)	1	4	5
Delgado (ECU)	1	2	3
Wanchope (CRC)	1	2	3
Schweinsteiger (D)	3	–	3
Tenorio, C. (ECU)	–	2	2
Bosacki (POL)	–	2	2
Lahm (D)	1	1	2
Kaviedes (ECU)	1	1	2
Gómez (CRC)	1	1	2
Méndez (ECU)	2	–	2
Frings (D)	–	1	1
Neuville (D)	–	1	1
Podolski (D)	–	1	1
Odonkor (D)	1	–	1
Schneider (D)	1	–	1
Ballack (D)	1	–	1
Valencia (ECU)	1	–	1
Krzynowek (POL)	1	–	1
Zurawski (POL)	1	–	1
Centeno (CRC)	1	–	1

Bastian Schweinsteiger schaffte es durch seine drei Torvorlagen bis auf Platz vier der Scorerliste. Nur drei deutsche Spieler stehen in den Top 10

**Sprühte vor Spielwitz:
Bastian Schweinsteiger**

Die Mannschaft von Bundestrainer Jürgen Klinsmann kaschierte die Schwächen in der Defensive durch ihr aggressives Angriffsspiel. In allen drei Begegnungen waren die Zweikampfwerte überdurchschnittlich

Als kompakte Einheit rauschte Deutschland förmlich durch die Vorrunde. Pünktlich zum Eröffnungsspiel hatte Bundestrainer Jürgen Klinsmann seine Stammformation gefunden, die nur durch Verletzungen geändert wurde. Im ersten Spiel gegen Costa Rica schonte er den an der rechten Wade verletzten Michael Ballack, gegen Ecuador im dritten Spiel blieb Innenverteidiger Christoph Metzelder mit einer Bänderdehnung im Knie auf der Bank. Ansonsten lief immer die gleiche Mannschaft auf.

In den Monaten vor dem Turnier war Klinsmann wegen seiner Lust am Experimentieren kritisiert worden. Als er sich für seine Formation entschieden hatte, blieb er ihr treu. Mit jedem Spiel wuchsen Selbstvertrauen, Teamgeist und Dominanz der deutschen Mannschaft. Der Beginn war holperig mit zwei Gegentoren nach Abwehrfehlern gegen Costa Rica. Per Mertesacker gewann zwar 87 Prozent seiner Zweikämpfe in der Begegnung, bestritt die entscheidenden gegen Costa Ricas zweifachen Torschützen Paulo Wanchope aber erst gar nicht. Und Außenverteidiger Arne Friedrich hatte die meisten Ballkontakte aller Spieler auf dem Platz, hob aber durch Unaufmerksamkeit zweimal Abseitspositionen auf.

Es blieben Deutschlands einzige Gegentreffer. Die Mannschaft war ohnehin auf Offensive eingeschworen und meist auf dem gesamten Feld auf Balleroberung aus: 57 Prozent der Zweikämpfe gegen Costa Rica wurden gewonnen, 53 Prozent gegen Polen (wobei ausgerechnet der eingewechselte Torschütze Oliver Neuville mit null Prozent den Schnitt nach unten zog) und 55 Prozent gegen Ecuador.

Die aggressive Spielweise zahlte sich aus, und hier überzeugte besonders Michael Ballack, obgleich er nicht herausragend spielte: Aber

Lehmanns Haupt-Arbeitsstätte war die Strafraumgrenze

76 Prozent seiner Duelle entschied er gegen Polen für sich, für einen offensiven Mittelfeldspieler eine überragende Bilanz.

Entscheidend für das Weiterkommen war die deutsche Angriffs-Dominanz. Torjäger Miroslav Klose (28) wies seine bestechende Form mit vier Toren nach und stand damit auf Platz eins der Torjägerliste nach der Vorrunde. Zudem führte er seinen jungen Nebenmann Lukas Podolski (21), dessen Formkurve mit seinem ersten WM-Treffer gegen Ecuador steil anstieg. Deutschland führte ein modernes, ballorientiertes Spiel mit Viererkette und einem mitspielenden Torwart als Ersatz-Libero vor. Jens Lehmanns Haupt-Arbeitsstätte war die Strafraumgrenze, er war jederzeit anspielbar.

Neben Klinsmanns Team überraschte Ecuador. Im vorentscheidenden Spiel gegen die höher eingeschätzten Polen überragten die Südamerikaner statistisch mehr durch Geschick denn Kampfkraft. Die Zweikampfwerte lagen fast bei allen Spielern unter 50 Prozent, dafür wies das Team einmalig gute Paß-Bilanzen auf – Mittelfeldspieler Edwin Tenorio spielte gegen Polen nicht einen Fehlpaß.

Basis des Erfolges war die beeindruckende Innenverteidigung mit Iván Hurtado (31) und Giovanni Espinoza (29), die gegen Polen und Costa Rica dicht hielt. Erst deutscher Tempofußball war geeignet, die ballsicheren Abwehrexperten vor unlösbare Aufgaben zu stellen. Costa Rica war kaum mehr als ein Spielball der Gegner. Nur in der ersten Partie gegen Deutschlands noch nicht feinjustierte Abwehr kam Paulo Wanchope mit seinen zwei Kontertoren zur Geltung. Eine einzige Enttäuschung bot die überschätzte Auswahl Polens, bei der es erst nach der Ausmusterung ihres wenig inspirierten Mittelfeldregisseurs Miroslaw Szymkowiak (29) besser lief.

Da aber war das entscheidende Spiel um den zweiten Gruppenplatz bereits verloren. Zu den Lichtblicken gehörten die Spieler, die oft über außen kamen: Ebi Smolarek (rechts) und Jacek Krzynowek (links), 2005/06 für Borussia Dortmund beziehungsweise Bayer Leverkusen in der Bundesliga tätig. Schwankend waren die Leistungen von Torwart Artur Boruc, für den Jerzy Dudek zu Hause bleiben mußte. Gegen Deutschland hielt Boruc ausgezeichnet, von Costa Ricas Ronald Gómez ließ er sich einen Freistoß durch die Beine schießen.

NICHT ZU HALTEN
Michael Ballack (r.) gewann gegen Polen überragende 76 Prozent seiner Zweikämpfe. Hier setzt er sich gegen Arkadiusz Radomski durch

VERTEIDIGER TRIFFT NACH FÜNF MINUTEN

Party-Stimmung nach Lahms Traumtor

Ärger um die verletzte »Wade der Nation«

Klinsmann blieb beinhart: Ballack mußte zuschauen

Am Vormittag des 9. Juni ging die Nachricht durch Deutschland: Bundestrainer Jürgen Klinsmann verzichtet im Eröffnungsspiel definitiv auf Michael Ballack. Der hatte sich zuvor trotz hartnäckiger Muskelverhärtung in der rechten Wade (BILD-Zeitung: »Wade der Nation«) fit gemeldet und Klinsmann damit unter Druck gesetzt. Frustriert mußte der Kapitän auf der Bank Platz nehmen und dem Bremer Tim Borowski auf seiner Spielmacherposition zuschauen. Der machte ein ordentliches Spiel, mehr nicht. Ballack und der Bundestrainer nahmen sich nach dem ersten Tor kurz in den Arm, das war's. Nach dem Abpfiff gab es kein Abklatschen zwischen Klinsmann und seinem Kapitän. Die Dissonanzen waren vernehmbar, auch wenn Ballack pflichtschuldigst erklärte: »Er mußte mich bremsen und zügeln.« Klinsmann kommentierte das so: »Die Wade ist noch nicht da, wo sie hinmuß.«

Ohne den verletzten Kapitän Michael Ballack überzeugte die deutsche Nationalmannschaft nur in der Offensive. Die Abwehr offenbarte bedenkliche Schwächen und ließ sich zweimal von Paulo Wanchope überlisten

Vieles trat ein wie erhofft. Es herrschte eine beschwingte, friedliche Atmosphäre beim Anstoß zur 18. Fußball-WM, und es gab viele Tore. Das 4:2 der deutschen Elf gegen Costa Rica ging als torreichstes Eröffnungsspiel in die Geschichte ein. Zwei der Treffer, zwei deutsche zudem, gehörten zu den spektakulärsten, die der Fußball bieten kann.

Sie waren Auftakt und Schlußpunkt des Spiels, und sie rissen die Zuschauer von den Sitzen des Münchner Stadions. Es war mit Philipp Lahm der beste Deutsche, der mit dem ersten Tor zum Gelingen der Fußball-Party beitrug: Zwei Gegenspieler umkurvte der linke Außenverteidiger, Costa Ricas Gilberto Martínez stolperte, dann traf Lahm vom Strafraum-Eck per Rechtsschuß nach fünf Minuten und zehn Sekunden wie in einer Computeranimation in den Winkel. Auch für den zweiten Höhepunkt war ein Spieler aus der Defensiv-

Miroslav Klose: Zwei Treffer an seinem 28. Geburtstag

Abteilung verantwortlich: Nach einem schnell ausgeführten Freistoß schoß Torsten Frings aus über 30 Metern und 81 Minuten nach Lahm das 4:2. Unfreiwillig, wie Frings gestand: »Der Ball ist mir abgerutscht.« Dazwischen waren Torjäger Miroslav Klose (17. und 61. Minute) an seinem 28. Geburtstag zwei für ihn typische Tore aus kurzer Distanz gelungen.

Manches traf in diesem Spiel aber auch ein wie befürchtet. Trotz aller Feldüberlegenheit offenbarte die deutsche Mannschaft wie in der Vorbereitung auf die WM unübersehbare Abwehrschwächen. In drei Situationen zeigten sich die Innenverteidiger Per Mertesacker und Christoph Metzelder überfordert gegen Costa Ricas Angreifer Paulo Wanchope, in keiner der drei Szenen ließen sie sich bei drohendem Steilpaß zurückfallen. Wanchope nutzte seine erste (12.) und dritte Chance zu Kontertoren – in der 73. Minute traf er allerdings aus Abseitssituation, wie das Fernsehen bewies. Auch Schiedsrichter Elizondo und seinen Assistenten ging es mitunter zu schnell.

Trotzdem war der Unmut über die wackelige Defensivabteilung unüberhörbar, insbesondere über Rechtsverteidiger Arne Friedrich, der vor dem ersten Tor die Abseitsposition aufhob und schwächster deutscher Feldspieler war. Klose sprach von »ärgerlichen Gegentoren« nach überflüssigen Ballverlusten. Die Mittelfeld-Kette der Deutschen erlaubte sich bei gegnerischem Ballbesitz zu viele Stellungsfehler.

Am Ende überwog aber die Freude über den Sieg. Und über die starken Vorstellungen von Lahm, Bernd Schneider auf der rechten und Bastian Schweinsteiger (zwölf Torschußvorlagen, zwei führten zu Treffern) auf der linken Außenbahn. Beide unterstützten Michael Ballacks Vertreter Tim Borowski in der Mittelfeld-Zentrale gut.

Jubel-Stafette: Torsten Frings (Mitte) und Bastian Schweinsteiger (hinten) feiern den Schützen des ersten WM-Tores 2006, Philipp Lahm. In seinem 19. Länderspiel traf der Bayern-Verteidiger zum zweiten Mal

DEUTSCHLAND – COSTA RICA

 4:2 (2:1)

DEUTSCHLAND-DATEN

Torhüter	Min.	Schüsse gehalten (von)	Flanken/ Ecken abgefangen	Glanz- taten	schwere Fehler	lange Pässe angekommen (von)	Note
Lehmann	90	0% (2)	0	0	0	100% (1)	4

Spieler	Ball- kontakte in Min.	Zweik. gew. (von)	Fouls/ gefoult worden	Pässe angek. (von)	Schüsse/ Schuß- vorlagen	Tore/ Torvor- lagen	Note
Friedrich	102 in 90	54% (26)	1/0	88% (73)	2/1	0/0	5+
Mertesacker	52 in 90	87% (15)	1/1	82% (34)	1/0	0/0	3−
Metzelder	31 in 90	44% (9)	1/0	88% (24)	1/0	0/0	4
Lahm	95 in 90	76% (21)	1/0	89% (62)	2/2	1/1	1−
Schneider	54 in 90	60% (15)	1/0	82% (39)	3/2	0/0	3
Odonkor	1 in 3	0% (0)	0/0	0% (0)	0/0	0/0	−
Frings	101 in 90	65% (17)	2/2	92% (86)	2/2	1/0	2
Borowski	77 in 71	50% (26)	1/1	86% (64)	2/0	0/0	3−
Kehl	24 in 19	100% (1)	0/0	96% (24)	0/0	0/0	4
Schweinsteiger	87 in 90	53% (34)	0/3	93% (55)	2/12	0/2	2
Klose	34 in 78	43% (23)	1/1	83% (12)	4/5	2/1	2
Neuville	8 in 12	67% (3)	1/2	100% (4)	0/0	0/0	4
Podolski	46 in 90	47% (19)	0/1	76% (25)	6/1	0/0	4

9. JUNI, 18 UHR, MÜNCHEN

Schiedsrichter: Horacio Elizondo (Argentinien).
Assistenten: Dario Garcia, Rodolfo Otero (beide Argentinien)
Tore: 1:0 Lahm (6.), 1:1 Wanchope (12.), 2:1 Klose (17.), 3:1 Klose (61.), 3:2 Wanchope (73.), 4:2 Frings (87.)
Einwechslungen: Kehl für Borowski (72.), Neuville für Klose (79.), Odonkor für Schneider (90.+1) – Drummond für Martínez (66.), Bolanos für Solís (78.), Azofeifa für Gómez (90.+1).
Zuschauer: 66 000

Aufstellung: LEHMANN; MERTESACKER, METZELDER, FRIEDRICH, LAHM; FRINGS, SCHNEIDER, SCHWEINSTEIGER, BOROWSKI; KLOSE, PODOLSKI — WANCHOPE; CENTENO, GÓMEZ; GONZALEZ, SOLÍS, FONSECA, MARTÍNEZ; MARÍN, SEQUEIRA, UMAÑA; PORRAS

COSTA-RICA-DATEN

Torhüter	Min.	Schüsse gehalten (von)	Flanken/ Ecken abgefangen	Glanz- taten	schwere Fehler	lange Pässe angekommen (von)	Note
Porras	90	56% (9)	6	0	0	0% (0)	3

Spieler	Ball- kontakte in Min.	Zweik. gew. (von)	Fouls/ gefoult worden	Pässe angek. (von)	Schüsse/ Schuß- vorlagen	Tore/ Torvor- lagen	Note
Umaña	28 in 90	61% (18)	2/1	60% (15)	0/0	0/0	4
Sequeira	17 in 90	40% (10)	1/0	67% (9)	0/0	0/0	3-
Marín	41 in 90	57% (21)	1/2	81% (27)	0/0	0/0	4+
Martínez	42 in 65	24% (17)	0/0	80% (20)	0/0	0/0	4
Drummond	15 in 25	75% (4)	0/0	57% (7)	0/0	0/0	5
1. Fonseca	40 in 90	54% (26)	1/1	92% (24)	1/0	0/0	4
Solís	31 in 77	53% (19)	1/2	89% (19)	0/0	0/0	4+
Bolanos	5 in 13	17% (6)	0/0	100% (1)	1/0	0/0	4
González	51 in 90	37% (27)	3/1	61% (28)	0/0	0/0	4
Gómez	40 in 90	40% (20)	0/1	81% (26)	0/1	0/1	4-
Azofeifa	0 in 3	0% (0)	0/0	0% (0)	0/0	0/0	−
Centeno	58 in 90	50% (12)	0/1	76% (42)	0/3	0/1	3
Wanchope	28 in 90	21% (29)	2/1	82% (11)	2/0	2/0	2+

ECUADOR MIT ERSTER ÜBERRASCHUNG

40 000 polnische Fans in tiefer Trauer

Die Südamerikaner bewiesen, daß sie nicht nur in ihrer 2850 Meter hoch gelegenen Hauptstadt Quito gewinnen können. Überragend spielten die beiden Innenverteidiger Iván Hurtado und Giovanni Espinoza

Dick aufgetragen: Ecuador auf der Wange

Torwart Cristian Mora spielte geschminkt

Cristian Mora galt schon vor der Weltmeisterschaft als ziemlich bunter Hund in seiner ecuadorianischen Mannschaft. Seinem Ruf blieb der 23 Jahre alte Torwart von LDU Quito auch in seinem ersten WM-Spiel nichts schuldig: Er kam mit den Nationalfarben aufs Gelsenkirchener Spielfeld – im Gesicht. Wie ein Fan hatte Mora die gelb-blau-rote Farbkombination der Landesflagge Ecuadors auf die Wangen geschmiert; dick und nicht sehr akkurat in der Linienführung aufgetragen, aber auffällig.

Schon während des Spiels rätselten viele, ob Mora da eine neue Mode eingeführt haben könnte. Skeptiker konnte der ehemalige Schweizer Fifa-Schiedsrichter Urs Meier anschließend im Fernsehen keineswegs beruhigen: Schließlich gebe es keine Regel, die diese Art von Gesichtsschmuck verbiete ...

Sie waren feldüberlegen. Sie haben gearbeitet. Sie sind gerannt. Aber mehr als Anstrengung konnten die spielerisch limitierten Polen bei ihrem WM-Auftakt nicht bieten. Ecuador gewann verdient 2:0 und stürzte fast 40 000 polnische Fans in Gelsenkirchens Arena in tiefe Trauer. Carlos Tenorio köpfte die Südamerikaner in der 24. Minute in Führung. Nach einem weiten Einwurf von Ulises de la Cruz verschätzte sich Polens Innenverteidiger Mariusz Jop gründlich, Tenorio nutzte die Kopfballvorlage von Sturmkollege Agustín Delgado. Delgado (»Die Tore waren der Lohn für harte Arbeit.«) sorgte nach 79 Minuten und 58 Sekunden für die Entscheidung, als er freistehend einen Konter zum 2:0 abschloß. Polens Torwart Artur Boruc war machtlos. Die Entscheidung zugunsten des 26jährigen Boruc hatte Trainer Pawel Janas erst kurz vor dem Spiel bekanntgegeben – eine von vielen

»Meine Jungs sind im Spielverlauf immer zuversichtlicher geworden«

umstrittenen Entscheidungen des als eigenwillig geltenden Janas. Der hatte sich in der Heimat schon durch den Verzicht auf Torwartroutinier Jerzy Dudek und Stürmerstar Tomasz Frankowski unbeliebt gemacht und verfolgte das hilflose Spiel seiner Mannschaft mit zunehmend verkniffenem Gesichtsausdruck. Polens Spiel war langsam und hausbacken, wurde zudem allzu einseitig über die linke Seite mit Leverkusens Mittelfeldspieler Jacek Krzynowek vorgetragen.

Die ganze Misere bündelte sich in der schmalen Gestalt von Spielmacher Miroslaw Szymkowiak, dessen enormes Laufpensum in keinem Verhältnis stand zur Ausbeute seiner Bemühungen.

Erst mit der Hereinnahme von Angreifer Ireneusz Jelen (67. Minute) und der verletzungsbedingten Auswechslung von Ecuadors Kapitän Iván Hurtado (69.) kam Polen besser ins Spiel. Jelen (86.) und der gleichfalls eingewechselte Pawel Brozek (89.) trafen aber nur Latte und Pfosten.

Ecuadors kolumbianischer Trainer Luis Suárez registrierte mit Stolz die Imagewerbung seiner Mannschaft. Bislang galt sie nur in der heimischen Höhenluft als Macht, jetzt konnte er feststellen: »Meine Jungs sind im Spielverlauf immer zuversichtlicher geworden.« Überragend agierten vor allem die ebenso umsichtigen wie körperlich starken Innenverteidiger Iván Hurtado und Giovanni Espinoza, der elf von zwölf Kopfballduellen gewann. Bezeichnend: Torwart Cristian Mora mußte erst in der 78. Spielminute den ersten Torschuß abwehren.

Ebi Smolarek (Borussia Dortmund), auf der rechten Außenbahn aufgeboten und trotz häufiger Positionswechsel mit Jacek Krzynowek wirkungslos, grübelte: »Wir hatten zu viele Fehlpässe im Mittelfeld. Und das Loch zwischen Angriff und Mittelfeld war zu groß.«

Luft-Hoheit: Polens Kapitän Jacek Bak (rechts) gewinnt das Kopfballduell gegen Carlos Tenorio. Das wichtigste Duell in der Luft indes entschied der Stürmer aus Ecuador für sich: das vor dem Führungstor

POLEN – ECUADOR

 0:2 (0:1)

POLEN-DATEN

Torhüter	Min.	Schüsse gehalten (von)	Flanken/ Ecken abgefangen	Glanz-taten	schwere Fehler	lange Pässe angekommen (von)	Note
Boruc	90	67% (6)	0	0	0	14% (7)	4-

Spieler	Ball-kontakte in Min.	Zweik. gew. (von)	Fouls/ gefoult worden	Pässe angek. (von)	Schüsse/ Schuß-vorlagen	Tore/ Torvor-lagen	Note
Baszczynski	70 in 90	56% (16)	0/0	75% (40)	0/1	0/0	5
Jop	59 in 90	42% (19)	3/0	88% (43)	1/0	0/0	5
Bak	72 in 90	74% (27)	0/2	86% (43)	0/1	0/0	4
Zewlakow	72 in 90	84% (19)	0/1	83% (36)	0/1	0/0	4
Sobolewski	35 in 66	44% (9)	1/1	81% (26)	1/0	0/0	4
Jelen	10 in 24	38% (8)	0/0	100% (2)	1/0	0/0	3+
Radomski	51 in 90	43% (23)	2/0	100% (38)	0/0	0/0	4
1. Smolarek	62 in 90	33% (27)	1/3	77% (30)	1/2	0/0	4
Szymkowiak	60 in 90	47% (15)	1/3	70% (50)	2/4	0/0	4
Krzynowek	48 in 77	64% (11)	0/2	87% (23)	1/1	0/0	5
Kosowski	22 in 13	20% (5)	1/0	43% (7)	1/1	0/0	4
Zurawski	34 in 82	39% (23)	0/2	81% (16)	4/1	0/0	5
Brozek	9 in 8	67% (3)	0/1	83% (6)	1/0	0/0	–

9. JUNI, 21 UHR, GELSENKIRCHEN

Schiedsrichter: Toru Kamikawa (Japan). **Assistenten:** Yoshikazu Hiroshima (Japan), Dae Yang Kim (Südkorea). **Tore:** 1:0 Tenorio, C. (24.), 2:0 Delgado (80.). **Einwechslungen:** Jelen für Sobolewski (67.), Kosowski für Krzynowek (78.), Brozek für Zurawski (83.) – Kaviedes für Tenorio, C. (65.), Guagua für Hurtado (69.), Urrutia für Delgado (83.). **Zuschauer:** 52 000

ECUADOR-DATEN

Torhüter	Min.	Schüsse gehalten (von)	Flanken/ Ecken abgefangen	Glanz-taten	schwere Fehler	lange Pässe angekommen (von)	Note
Mora	90	100% (1)	1	0	0	0% (2)	3

Spieler	Ball-kontakte in Min.	Zweik. gew. (von)	Fouls/ gefoult worden	Pässe angek. (von)	Schüsse/ Schuß-vorlagen	Tore/ Torvor-lagen	Note
De la Cruz	73 in 90	35% (17)	2/0	72% (39)	1/1	0/0	3
1. Hurtado	29 in 69	63% (8)	1/0	53% (15)	0/2	0/0	2
Guagua	7 in 21	50% (4)	1/0	0% (0)	0/0	0/0	4
Espinoza	46 in 90	75% (20)	1/0	57% (14)	0/0	0/0	2+
Reasco	61 in 90	75% (16)	0/0	71% (34)	0/2	0/0	4
Valencia	59 in 90	37% (27)	4/0	88% (43)	3/1	0/0	3
Castillo	38 in 90	63% (16)	1/2	81% (26)	1/0	0/0	4
Tenorio, E.	35 in 90	50% (14)	1/3	100% (22)	0/1	0/0	3
1. Méndez	66 in 90	38% (21)	2/0	72% (43)	3/2	0/0	2-
Tenorio, C.	24 in 64	35% (31)	2/3	82% (11)	1/1	1/0	2-
Kaviedes	14 in 26	33% (3)	0/0	78% (9)	0/1	0/1	2-
Delgado	33 in 82	46% (24)	1/0	79% (14)	4/1	1/1	2
Urrutia	3 in 8	50% (4)	1/0	100% (1)	0/0	0/0	3

GOLDENES TOR FIEL NACH 91 MINUTEN

Joker stachen in der Nachspielzeit

Hooligan-Opfer Daniel Nivel auf der Tribüne

Ehrengast: der schwerbehinderte Daniel Nivel

Eigentlich sollte – neben dem Fußball selbstverständlich – eine Geste der Versöhnung im Mittelpunkt stehen. Der DFB hatte den Franzosen Daniel Nivel (51) zum Spiel gegen Polen eingeladen. Der Polizist war am 21. Juni 1998, während der WM in Frankreich, in Lens von deutschen Hooligans fast totgeschlagen worden.

Der seither schwerbehinderte Nivel – er kann nicht mehr sprechen – verfolgte das Spiel an der Seite von DFB-Ehrenpräsident Egidius Braun. Aus den Schlagzeilen war Daniel Nivel indes schnell verdrängt: Nur wenige Kilometer weiter, in der Dortmunder Innenstadt, lieferten sich deutsche und polnische Schläger Gefechte mit der Polizei. Flaschen, Steine, Stühle und Leuchtraketen flogen am Alten Markt, es waren die ersten schwereren Hooligan-Zwischenfälle der WM. Die Bilanz der Polizei: 429 Personen kamen in Haft.

Jürgen Klinsmann hatte das Glück, das ein Bundestrainer braucht. Mitte der zweiten Halbzeit wechselte er mit David Odonkor und Oliver Neuville die zwei Spieler ein, die Deutschland den Weg zum Sieg ebneten

Als Miroslav Klose an der Eckfahne den Ball ins Aus spielte und der spanische Schiedsrichter Medina Cantalejo nach drei Minuten Nachspielzeit abpfiff, war die Euphorie gerettet. Nicht nur unter den meisten der 65 000 Fans in Dortmund – in ganz Deutschland wandelte sich Erleichterung über einen Sieg in letzter Minute in die Begeisterung, die für das Gelingen der Fußball-WM so dringend benötigt wird.

23,85 Millionen Deutsche jubelten vor TV-Geräten. Hunderttausende feierten vor Großleinwänden auf öffentlichen Plätzen. Auf der Straße des 17. Juni in Berlin sollen es allein über eine halbe Million gewesen sein. Daß Deutschland in Fußballlaune blieb und der große kollektive Jubel andauerte, war dem Fußball-Instinkt Jürgen Klinsmanns zu verdanken. Seine Mannschaft war lange Zeit vergeblich angerannt gegen das polnische Tor. Dann wechselte Klinsmann in der 64. Minute das

---

»Bei der Flanke wußte ich nicht, ob da überhaupt einer steht«

Dortmunder Talent David Odonkor (22) und sieben Minuten später Mönchengladbachs in die Jahre gekommenen Torjäger Oliver Neuville (33) ein. Zunächst ohne Erfolg. Bis zur Nachspielzeit. Da erlief sich Odonkor, der sofort das Spiel auf der rechten Angriffsseite mit seinen unnachahmlichen Sprints und mehreren scharf und flach geschlagenen Flanken belebt hatte, den Paß von Bernd Schneider und schlug ihn an den Polen Jacek Bak und Dariusz Dudka vorbei vor das Tor. Dort war Neuville in Position gelaufen, kam vor Bartosz Bosacki an den Ball und beförderte ihn flach in die kurze Ecke. Der Sieg.

»Bei der Flanke wußte ich nicht, ob da überhaupt einer steht«, gab Odonkor zu. Der Profi aus Dortmund konnte sein Glück, im heimischen Stadion eingesetzt worden und dann auch noch entscheidend am Sieg beteiligt gewesen zu sein, kaum fassen.

Zuvor hatte die deutsche Mannschaft eine Vielzahl bester Chancen herausgespielt, war aber am eigenen Unvermögen (Klose, Lukas Podolski) oder am starken polnischen Torwart Artur Boruc gescheitert. Kloses Kopfball nach einer Linksflanke des erneut starken Philipp Lahm hätte schon vor der Pause die Führung bringen müssen. Selbst ein Platzverweis für Radoslaw Sobolewski (75.) schien nichts zu nützen. Den Höhepunkt erreichte das Unglück nach 89 Minuten und 19 Sekunden Spielzeit, als Klose und der wiedergenesene Michael Ballack binnen zwei Sekunden die Unterkante der polnischen Torlatte trafen.

»Wir haben immer wieder ans Tor geklopft«, kommentierte ein bewegter Bundestrainer Jürgen Klinsmann. »Wir haben immer wieder daran geglaubt – und letztendlich geht er dann rein. Man muß einfach soviel Geduld beweisen«, meint Miroslav Klose. Ein bißchen Glück war auch dabei …

Im Glanz des Flutlichts: Oliver Neuville schießt – unbedrängt von Bartosz Bosacki (r.) – im Fallen den 1:0-Siegtreffer. Torwart Artur Boruc ist ohne Abwehrchance

DEUTSCHLAND – POLEN

 1:0 (0:0)

DEUTSCHLAND-DATEN

Torhüter	Min.	Schüsse gehalten (von)	Flanken/ Ecken abgefangen	Glanz- taten	schwere Fehler	lange Pässe angekommen (von)	Note
Lehmann	90	100% (3)	2	0	0	38% (8)	3

Spieler	Ball- kontakte in Min.	Zweik. gew. (von)	Fouls/ gefoult worden	Pässe angek. (von)	Schüsse/ Schuß- vorlagen	Tore/ Torvor- lagen	Note
Friedrich	46 in 63	69% (16)	1/1	88% (24)	0/1	0/0	4
1. Odonkor	19 in 27	38% (13)	1/0	100% (5)	0/2	0/1	2–
Mertesacker	49 in 90	87% (15)	1/1	89% (38)	1/0	0/0	3
1. Metzelder	45 in 90	79% (24)	2/1	100% (27)	0/0	0/0	3
Lahm	79 in 90	64% (25)	1/1	85% (61)	1/5	0/0	2
Frings	58 in 90	55% (20)	2/1	77% (47)	2/2	0/0	3
Schneider	71 in 90	52% (29)	3/2	82% (45)	1/2	0/0	2–
Schweinsteiger	63 in 76	52% (25)	1/1	83% (36)	2/2	0/0	4–
Borowski	15 in 14	40% (5)	0/0	85% (13)	1/1	0/0	–
1. Ballack	92 in 90	76% (33)	2/5	76% (68)	4/3	0/0	3
Klose	30 in 90	50% (26)	4/3	55% (11)	6/4	0/0	3
Podolski	24 in 70	31% (16)	3/0	71% (17)	3/2	0/0	5
Neuville	7 in 20	0% (4)	0/0	100% (3)	3/0	1/0	2–

14. JUNI, 21 UHR, DORTMUND

Schiedsrichter: Luis Medina Cantalejo (Spanien). *Assistenten:* Victoriano Giráldez Carrasco, Pedro Medina Hernández (beide Spanien) *Tor:* 1:0 Neuville (90.+1). *Einwechslungen:* Odonkor für Friedrich (64.), Neuville für Podolski (71.), Borowski für Schweinsteiger (77.) – Lewandowski für Krzynowek (77.), Dudka für Zewlakow (83.), Brozek für Jelen (90.+1). *Zuschauer:* 65 000.

Aufstellung Deutschland: Lehmann – Mertesacker, Metzelder – Friedrich, Lahm – Frings – Schneider, Schweinsteiger – Klose, Ballack, Podolski

Aufstellung Polen: Boruc – Zewlakow, Bak, Bosacki, Baszczynski – Krzynowek, Radomski, Sobolewski, Jelen – Smolarek, Zurawski

POLEN-DATEN

Torhüter	Min.	Schüsse gehalten (von)	Flanken/ Ecken abgefangen	Glanz- taten	schwere Fehler	lange Pässe angekommen (von)	Note
1. Boruc	90	83% (6)	0	0	0	11% (9)	2+

Spieler	Ball- kontakte in Min.	Zweik. gew. (von)	Fouls/ gefoult worden	Pässe angek. (von)	Schüsse/ Schuß- vorlagen	Tore/ Torvor- lagen	Note
Baszczynski	52 in 90	48% (21)	0/4	57% (21)	0/0	0/0	4
Bosacki	25 in 90	57% (14)	1/0	73% (11)	0/0	0/0	3–
Bak	40 in 90	57% (21)	2/1	64% (14)	0/0	0/0	4+
Zewlakow	65 in 82	50% (30)	0/3	76% (38)	1/2	0/0	3
Dudka	4 in 8	33% (3)	0/0	0% (0)	0/0	0/0	–
Sobolewski	21 in 74	22% (18)	4/0	71% (17)	1/0	0/0	5
Radomski	38 in 90	42% (24)	3/1	81% (32)	0/0	0/0	4–
Jelen	29 in 90	55% (29)	2/4	75% (12)	2/1	0/0	3
Brozek	3 in 3	0% (2)	0/0	0% (0)	0/0	0/0	–
1. Krzynowek	28 in 76	35% (20)	2/2	91% (11)	1/1	0/0	5+
Lewandowski	4 in 14	0% (1)	0/0	0% (2)	0/0	0/0	–
Zurawski	41 in 90	40% (30)	0/1	85% (26)	3/1	0/0	3–
Smolarek	30 in 90	19% (37)	2/4	56% (18)	0/1	0/0	4

TEAM VON SUÁREZ WIEDER OHNE GEGENTOR

Frühstück mit Delgado und Tenorio

Menschenhandel: Ecuadors Mannschaft im Verdacht

Angeklagt: Mannschaftsarzt Patricio Maldonado

Das vorzeitige Erreichen des Achtelfinales versetzte Ecuador in einen Freudentaumel. Zwei Monate vorher hatte eine ganz andere Stimmung die Hauptstadt Quito beherrscht: Wut und Mißtrauen statt Euphorie über die Qualifikation für Deutschland. Ein Skandal erschütterte den nationalen Fußballverband FEF. Der Vorwurf: Menschenhandel unter dem Deckmantel der Nationalmannschaft. Angeklagt und in Untersuchungshaft genommen wurden Teammanager Vinicio Luna und Mannschaftsarzt Patricio Maldonado. Sie sollen drei Männern Visa verschafft und sie als Nationalspieler getarnt zu einem Länderspiel in die USA eingeschleust haben – für 7000 Dollar Bestechungsgeld pro Mann. Kein Einzelfall, wie die Behörden glauben. Die Justiz überprüft jetzt insgesamt 48 zurückliegende Reisen der ecuadorianischen Nationalmannschaft.

Als die Menschen in Ecuador bei ihrer ersten Mahlzeit des Tages saßen, schlug ihr Nationalteam in Hamburg Costa Rica in beeindruckender Weise. Der Zeitung Extra war das einen besonderen Kommentar wert

Ein Meer gelber Hemden rauschte wie im Sturm auf der Südtribüne. Gegenüber, auf der Nordseite des Hamburger Stadions, herrschte Bewegungslosigkeit in Rot. Die Fangruppen von Ecuador und Costa Rica hatten die deutschen Besucher mit ihrer Fröhlichkeit angesteckt und das Spiel zu einer großen Fiesta gemacht, am Ende feierten aber nur noch die etwa 6000 Ecuadorianer.

Zu eindeutig war der Klassenunterschied, zu klar der 3:0-Erfolg. Wo die Spieler aus Costa Rica rannten und in der Nachmittagsschwüle schwitzten, zeigten die »Tricolores« (nach der gelb-blau-roten Landesfahne) ebenso raffinierte wie ökonomische Ballpassagen. Spielerisch leicht wirkte, was Ecuadors Spieler den Zuschauern servierten.

»Was für ein Frühstück! Tenorio und ›Tin‹ Delgado besorgten die Eier, Kaviedes den Kaffee und Trainer Suárez die Milch«, schwärmte die ecuadorianische Zeitung Extra

»Wir können zu Brasilien und Argentinien dazustoßen«

am gleichen Tag – die Begegnung begann zu südamerikanischer Frühstückszeit, um acht Uhr. Der zur Pause ausgewechselte Torjäger Carlos Tenorio hatte schon nach acht Minuten das Führungstor geköpft, in der 54. Minute legte Sturm-Nebenmann Agustín Delgado mit einem Schrägschuß zum 2:0 nach. Der dritte und schönste Treffer fiel in der Nachspielzeit: Delgado hebelte Costa Ricas Abwehr mit einem Hackentrick aus, Edison Méndez flankte von rechts, Ivan Kaviedes vollendete.

Basis des überzeugenden Erfolgs war Ecuadors überaus stabile Innenverteidigung mit Chef Iván Hurtado (31) und dem 29jährigen Giovanni Espinoza an seiner Seite. Überraschend, wie problemlos ihnen die Bewachung von Costa Ricas Spitze Paulo Wanchope gelang – jenem Mann, der die deutschen Innenverteidiger Per Mertesacker und Christoph Metzelder sechs Tage zuvor in Angst und Schrecken versetzen konnte.

Die einzige Chance der Mittelamerikaner war Álvaro Saborío vorbehalten: Der Stürmer traf drei Minuten vor dem Ende die Latte.

Überragend neben Delgado spielte Edison Méndez. Der linke Mittelfeldmann von LDU Quito wechselte ständig die Seite mit Luis Valencia auf rechts und war an zwei Toren beteiligt.

Trainer Luis Suárez demonstrierte hinterher gewonnenes Selbstbewußtsein. Er sprach von einer historischen Chance: »Wir können dazustoßen zu Südamerikas großen Fußballnationen Brasilien und Argentinien.« Unterdessen wurde in Costa Rica erste WM-Bilanz gezogen: »Die schlechteste Mannschaft, die Costa Rica bisher bei einer WM vertreten hat. Die Ticos waren nicht mehr als bloße Teilnehmer«, meldete La Nación. Stürmer Paulo Wanchope trotzig: »Wir sind ganze Kerle und werden jetzt nicht heulen.«

Maskenmann: Nach seinem Tor zum 3:0 zog Ivan Kaviedes eine Spiderman-Maske aus seiner Hose und stülpte sie über den Kopf. Es sei seine persönliche Hommage an den im Mai 2005 bei einem Autounfall tödlich verunglückten Nationalspieler Otilino Tenorio gewesen, erklärte Kaviedes. Tenorio hatte zum Torjubel immer eine rote Maske aufgesetzt. Eine nach Fifa-Statuten verbotene Geste. Nach Beratung sahen die Funktionäre aber von einer Strafe ab

ECUADOR – COSTA RICA

 3:0 (1:0)

ECUADOR-DATEN

Torhüter	Min.	Schüsse gehalten (von)	Flanken/Ecken abgefangen	Glanz-taten	schwere Fehler	lange Pässe angekommen (von)	Note
1. Mora	90	100% (4)	3	0	0	25% (4)	3

Spieler	Ballkontakte in Min.	Zweik. gew. (von)	Fouls/ gefoult worden	Pässe angek. (von)	Schüsse/ Schußvorlagen	Tore/ Torvorlagen	Note
1. De la Cruz	98 in 90	50% (16)	0/1	78% (65)	0/1	0/0	3+
Hurtado	48 in 90	48% (21)	1/0	75% (24)	1/0	0/0	3+
Espinoza	27 in 68	50% (12)	0/1	63% (16)	0/0	0/0	2–
Guagua	17 in 22	80% (5)	0/2	100% (9)	0/0	0/0	2–
Reasco	66 in 90	50% (6)	0/1	80% (45)	1/1	0/0	3
Valencia	49 in 72	50% (24)	3/1	88% (32)	2/5	0/1	2–
Urrutia	11 in 18	43% (7)	3/0	89% (9)	0/1	0/0	3–
1. Castillo	52 in 90	34% (29)	0/0	95% (41)	1/0	0/0	4+
Tenorio, E.	26 in 90	29% (14)	2/1	91% (22)	0/0	0/0	4+
Méndez	78 in 90	39% (18)	3/2	85% (54)	4/6	0/2	1–
Tenorio, C.	17 in 45	55% (20)	2/6	83% (12)	1/3	1/0	2
Kaviedes	34 in 45	55% (22)	0/0	90% (20)	3/1	1/0	2
Delgado	36 in 90	52% (25)	3/5	83% (24)	5/0	1/0	2

15. JUNI, 15 UHR, HAMBURG

Schiedsrichter:
Coffi Codjia (Benin).
Assistenten:
Celestin Ntagungira (Ruanda), Aboudou Aderodjou (Benin).
Tore:
1:0 C. Tenorio (8.),
2:0 Delgado (54.),
3:0 Kaviedes (90.+2).
Einwechslungen:
Kaviedes für C. Tenorio (46.), Guagua für Espinoza (69.), Urrutia für Valencia (73.) – Saborío für Fonseca (29.), Hernández für González (56.), Bernard für Centeno (84.).
Zuschauer: 50 000.

Aufstellung: MORA; DE LA CRUZ, HURTADO, ESPINOZA, REASCO; CASTILLO, E. TENORIO; VALENCIA, MÉNDEZ; C. TENORIO, DELGADO — WANCHOPE, GÓMEZ; CENTENO, GONZÁLEZ, FONSECA, SOLÍS, WALLACE; UMAÑA, MARÍN, SEQUEIRA; PORRAS.

COSTA-RICA-DATEN

Torhüter	Min.	Schüsse gehalten (von)	Flanken/Ecken abgefangen	Glanz-taten	schwere Fehler	lange Pässe angekommen (von)	Note
Porras	90	57% (7)	1	0	0	50% (2)	4+

Spieler	Ballkontakte in Min.	Zweik. gew. (von)	Fouls/ gefoult worden	Pässe angek. (von)	Schüsse/ Schußvorlagen	Tore/ Torvorlagen	Note
Sequeira	48 in 90	41% (17)	5/1	88% (33)	1/0	0/0	4–
1. Marín	54 in 90	50% (16)	4/1	90% (41)	1/1	0/0	4–
Umaña	68 in 90	58% (19)	1/2	88% (43)	1/0	0/0	4+
Wallace	66 in 90	64% (11)	0/1	80% (41)	0/0	0/0	4–
1. Solís	62 in 90	50% (32)	1/4	81% (43)	2/1	0/0	4+
Fonseca	20 in 28	50% (12)	1/1	100% (15)	0/0	0/0	4–
Saborío	20 in 62	55% (20)	5/0	92% (12)	2/0	0/0	3–
González	38 in 55	53% (19)	0/2	86% (22)	0/1	0/0	3–
Hernández	23 in 35	91% (11)	0/2	71% (17)	2/1	0/0	4+
Centeno	77 in 84	69% (16)	0/1	78% (55)	4/2	0/0	3–
Bernard	12 in 6	67% (3)	0/0	67% (9)	1/2	0/0	–
Gómez	47 in 90	43% (21)	2/2	69% (26)	2/7	0/0	3+
Wanchope	40 in 90	36% (22)	3/0	64% (22)	2/3	0/0	4

DEUTSCHLAND GEWANN AUCH DRITTES SPIEL

Rausch zum Abschluß der Vorrunde

Mit einer überlegen geführten Partie euphorisierte die deutsche Mannschaft die Zuschauer. Beim 3:0 über reserviert auftretende Ecuadorianer überragte Torjäger Miroslav Klose. Er schoß seine WM-Tore drei und vier

»Nicht alles war perfekt, ich hatte Glück«

Geballte Fäuste nach dem Tor zum 3:0: Lukas Podolski

Beim Gedankenaustausch nach dem 3:0-Sieg hielt Lukas Podolski, wie man in der Fußballersprache sagt, den Ball ganz flach: Nicht alles sei perfekt gewesen, Schneiders Flanke vor seinem Tor allerdings sehr wohl. »Ich hatte Glück.«
Kleinlaut wirkte er, der noch vor einem Jahr so forsche »Prinz Poldi«. Nichts war zu spüren von Genugtuung über sein erstes WM-Tor. Das letzte Jahr hat Spuren hinterlassen bei dem 21jährigen. Die lange Formkrise im Trikot seines 1. FC Köln, mit dem er aus der Bundesliga abstieg. Die ewigen Spekulationen, ehe sein Wechsel zu Bayern München feststand. Eine Radio-Satire des WDR, in der er sich zum Trottel gestempelt sah und gegen die er gar juristisch vorging. Die Kritik vom Bundestrainer und das leise Murren von Sturmpartner Klose in einem Interview über seine Laufbereitschaft hatten die Stimmung auch nicht gerade aufgehellt. Lukas Podolski genoß sein Tor im stillen.

Die Atmosphäre im Olympiastadion von Berlin hatte Endspiel-Format. La Ola, die Welle der Begeisterung, schwappte immer wieder durch die mit 72 000 Zuschauern gefüllte Arena. Eine fast ein Jahr lang wankende Fußballnation, oft gequält von Selbstzweifeln, stand rückhaltlos hinter der deutschen Mannschaft. Der beinahe makellose 3:0-Erfolg im letzten Gruppenspiel gegen Ecuador ließ bei den Fans nur einen Wunsch offen, den sie singend zum Ausdruck brachten: »Finale, oh, oh. Finale, oh, oh, oh, oh.«
Deutschlands Abwehr, in der Robert Huth anstelle des angeschlagenen Christoph Metzelder in der Innenverteidigung spielte, blieb zum zweiten Mal ohne Gegentor. Kapitän Michael Ballack war wieder unumschränkter Mittelfeld-Herrscher. Und Lukas Podolski legte mit seinem Treffer zum 3:0 endlich seine Ladehemmung ab.

»Das war eine Nummer schlechter als gegen Polen«

Ein Tor wirkte auf die Zuschauer berauschender als das nächste. Miroslav Klose schloß nach drei Minuten und 37 Sekunden eine Klassekombination über Bernd Schneider, Per Mertesacker und Bastian Schweinsteiger per Flachschuß zum 1:0 ab – seit 1978 das schnellste deutsche WM-Tor. Damals traf Rüdiger Abramczik in der dritten Minute gegen Holland.
Die Euphorie war nach Kloses zweitem Treffer nicht mehr zu bremsen. Mit einem Lupfer über Ecuadors Innenverteidiger war er von Ballack angespielt worden, umlief Torwart Cristian Mora und schob den Ball ins Tor (44.).
Um den Tag perfekt zu machen, traf auch noch der in die Kritik geratene Lukas Podolski (57.) nach Konter über Bastian Schweinsteiger und Bernd Schneider.
Niemand scherte sich im schwarzrot-goldenen Fahnenmeer darum, daß Gegner Ecuador, zuvor ohne Gegentor im Turnier, mit einer auf fünf Positionen veränderten Mannschaft aufgelaufen war. Trainer Luis Suárez hatte unter anderem Abwehrchef Iván Hurtado und die beiden Stürmer Agustín Delgado und Carlos Tenorio auf der Bank gelassen. Das Zweikampfverhalten der Südamerikaner wirkte auffällig verhalten, nur Mittelfeldstar Luis Valencia schritt in der 52. Minute einmal so hart gegen Michael Ballack ein, daß er eine Gelbe Karte erhielt.
Eine »absolute Top-Einstellung« attestierte der überragende Miroslav Klose seinen Deutschen. Michael Ballack pflegte einen nüchterneren Blick auf das Spiel: »Wir haben die Tore zum richtigen Zeitpunkt gemacht.« Nur Jürgen Klinsmann, mit Sprechchören gefeiert, sah den Moment zum Tritt auf die Euphoriebremse gekommen. »Das war eine Nummer schlechter als gegen Polen«, kritisierte er, »wir haben uns Ecuadors Rhythmus aufzwingen lassen. Sogar nach hinten gespielt, und das kann ich gar nicht sehen.«

Sprung für die Galerie: Miroslav Klose feiert sein 1:0 mit einem gehockten Salto. Erinnerungen an 2002 wurden wach, als der Torjäger gleich im ersten Spiel gegen Saudi-Arabien zu dieser Turnübung ansetzte. Damals schoß er in der Vorrunde fünf Tore, diesmal kam er auf vier Treffer.

ECUADOR – DEUTSCHLAND

 0:3 (0:2)

ECUADOR-DATEN

Torhüter	Min.	Schüsse gehalten (von)	Flanken/ Ecken abgefangen	Glanz- taten	schwere Fehler	lange Pässe angekommen (von)	Note
Mora	90	70% (10)	0	0	0	50% (2)	3–

Spieler	Ball- kontakte in Min.	Zweik. gew. (von)	Fouls/ gefoult worden	Pässe angek. (von)	Schüsse/ Schuß- vorlagen	Tore/ Torvor- lagen	Note
De la Cruz	105 in 90	61% (28)	2/1	78% (73)	1/0	0/0	4+
Guagua	53 in 90	65% (20)	2/0	97% (36)	0/0	0/0	4
Espinoza	55 in 90	40% (10)	1/0	92% (39)	0/0	0/0	5+
Ambrossi	62 in 90	60% (30)	2/6	89% (35)	1/1	0/0	4+
1. Valencia	37 in 62	33% (15)	5/0	84% (31)	0/3	0/0	5+
Lara	24 in 28	57% (7)	0/2	93% (14)	1/0	0/0	4
Tenorio, E.	56 in 90	50% (20)	2/4	93% (43)	2/1	0/0	4
Ayoví	35 in 67	44% (9)	3/1	93% (27)	0/0	0/0	4–
Urrutia	18 in 23	50% (2)	0/0	94% (16)	0/0	0/0	4–
Méndez	81 in 90	17% (18)	1/0	82% (66)	3/1	0/0	5+
Kaviedes	40 in 90	29% (24)	2/4	71% (17)	2/1	0/0	4
Borja	16 in 45	11% (9)	0/0	50% (6)	0/0	0/0	5+
Benítez	32 in 45	53% (17)	0/2	88% (25)	0/3	0/0	4+

20. JUNI, 16 UHR, BERLIN

Schiedsrichter: Walentin Iwanow (Rußland).
Assistenten: Nikolai Golubew, Ewgueni Wolnin (beide Rußland).
Tore: 0:1 Klose (4.), 0:2 Klose (44.), 0:3 Podolski (57.).
Einwechslungen: Benítez für Borja (46.), Lara für Valencia (63.), Urrutia für Ayoví (68.) – Neuville für Klose (66.), Borowski für Frings (66.), Asamoah für Schneider (73.).
Zuschauer: 72 000

DEUTSCHLAND-DATEN

Torhüter	Min.	Schüsse gehalten (von)	Flanken/ Ecken abgefangen	Glanz- taten	schwere Fehler	lange Pässe angekommen (von)	Note
Lehmann	90	100% (3)	2	0	0	43% (7)	3

Spieler	Ball- kontakte in Min.	Zweik. gew. (von)	Fouls/ gefoult worden	Pässe angek. (von)	Schüsse/ Schuß- vorlagen	Tore/ Torvor- lagen	Note
Friedrich	64 in 90	67% (15)	1/1	82% (39)	0/1	0/0	3–
Mertesacker	40 in 90	67% (9)	1/1	87% (31)	0/0	0/0	3+
Huth	36 in 90	75% (12)	2/0	96% (28)	1/0	0/0	3
Lahm	65 in 90	71% (17)	0/3	91% (43)	0/4	0/0	2
Frings	54 in 65	73% (11)	1/1	80% (44)	0/1	0/0	3–
1. Borowski	29 in 25	56% (9)	3/0	88% (24)	0/1	0/0	4+
Schneider	58 in 73	50% (18)	3/2	73% (37)	1/4	0/1	3+
Asamoah	14 in 17	60% (10)	1/1	86% (7)	1/0	0/0	3–
Schweinsteiger	63 in 90	48% (27)	3/3	84% (38)	3/1	0/1	3
Ballack	84 in 90	56% (25)	0/3	81% (62)	5/3	0/1	2–
Klose	32 in 65	39% (28)	4/2	57% (14)	5/1	2/0	2+
Neuville	13 in 25	25% (8)	0/1	90% (10)	0/0	0/0	4+
Podolski	35 in 90	40% (20)	1/2	80% (20)	3/2	1/0	3

POLEN MIT VERSÖHNLICHEM ABSCHIED

Verteidiger traf – Stürmer versagten

Schiedsrichter Maidin und das Spiel mit den Karten

Immer nach Regelbuch: Maidin verwarnt Radomski

Erst pfiffen die polnischen Fans, am Ende bejubelten sie ein glückliches 2:1. Bartosz Bosacki rettete mit seinen zwei Treffern die Ehre des Landes. Costa Rica reiste nach der dritten Niederlage als Tabellenletzter aus Deutschland ab

Wenn Shamsul Maidin (40) ins Spiel eingriff, wurde es bunt. Zehn Gelbe Karten zückte der stets lächelnde Schiedsrichter aus Singapur. Das konsequente Auftreten hat Methode, wie er sagt: »Die Regeln sind klar. Wer sich nicht daran hält, wird bestraft – ohne Ansehen der Person.« Schon in seiner ersten Partie, Trinidad gegen Schweden, zeigte er zweimal Gelb und einmal Gelb/Rot. Bei der Begegnung Mexiko gegen Angola steigerte er sich auf viermal Gelb und einmal Gelb/Rot. Maidins resolute Vorstellung beeindruckte die Fifa derart, daß Costa Rica gegen Polen bereits seine dritte Begegnung war. Eine Genugtuung für den Mann, den Deutschlands Schiedsrichterbetreuer Manfred Amerell noch vor der WM verhöhnte: »Der pfeift sonst meistens nur die Studenten-Stadtliga von Singapur.« Maidins Konter: »Ich respektiere andere Meinungen, aber die Fifa trifft die Wahl.«

Querschläger, Luftlöcher und Fouls der Kategorie »ungeschickt« reihten sich in Serie aneinander. Die polnischen Abwehrspieler verbreiteten vor 43 000 Zuschauern in Hannover mit oft gewagten und manchmal ungewollten Aktionen Schaudern. Immerhin dauerte es 25 Minuten, bis Costa Rica das unheilvolle Treiben bestrafte. Beim direkt verwandelten Freistoß von Ronald Gómez zum 1:0 flatterte der Ball erst durch die Mauer und dann durch die Beine des verdutzten Torwarts Artur Boruc. Mit ähnlichen Schnitzern hatte Polen schon im Spiel gegen Ecuador viele Chancen auf das Achtelfinale leichtfertig verspielt. Trainer Pawel Janas sah durch den Führungstreffer der Mittelamerikaner seinen Arbeitsplatz als Übungsleiter akut gefährdet. Der wegen seiner defensiven Taktik und Ausbootung von Stürmerstar Tomasz Frankowski umstrittene Janas war ins Kreuzfeuer polnischer Medien geraten, nach den beiden mißratenen WM-Auftritten gegen Ecuador und Deutschland forderten sie vehement seine Entlassung. Janas aber schaltete trotzig auf stur und stellte klar: »Ich werde mit Sicherheit auch nicht direkt im Anschluß an das Spiel zurücktreten.« Völlig ignorieren aber mochte er die Vorwürfe nicht. Zumindest wollte er sich mit einem versöhnlichen Sieg in der »Petersilien-Partie«, wie in Polen unwichtige Spiele geringschätzig genannt werden, aus dem Turnier verabschieden. Zum Gelingen des Vorhabens entschied sich Janas deshalb für eine ähnlich offensive Ausrichtung seiner Mannschaft wie schon gegen Deutschland. Mit Ireneusz Jelen, Ebi Smolarek und Maciej Zurawski nominierte er drei Stürmer für die Startelf. Das Trio mühte sich redlich, Jelen visierte zweimal das Tor Costa Ricas an, Zurawski dreimal – Treffer gelangen ihnen aber nicht. Die besorgte ein Verteidiger. Einer, den erst der Zufall ins Aufgebot der Polen gebracht hatte. Bartosz Bosacki war für den am Herzen erkrankten Damian Gorawski nachgerückt. Nach einer Ecke von Zurawski (33.) drosch Bosacki den Ball aus acht Metern zum Ausgleich unter die Latte. Daß dabei Torwart José Porras von Dortmund-Profi Ebi Smolarek unfair attackiert wurde, entging Schiedsrichter Shamsul Maidin. Der pfiff ansonsten mit größtem Vergnügen und zeigte gleich zehn Gelbe Karten. Bosackis zweites Tor, der Kopfballtreffer zum 2:1 in der 66. Minute, bescherte Polen den Sieg, das angepeilte Minimalziel. Pawel Janas kommentierte Bosackis Torjägerqualität ungewohnt launig: »Daß er zwei Tore erzielt, überrascht mich. Hätten wir früher so gespielt, wären wir vielleicht weitergekommen.« Ebi Smolarek sah es nüchterner: »Unser Problem war, daß wir erst gut gespielt haben, als es um nichts mehr ging.« ◂

»Wir haben erst gut gespielt, als es um nichts mehr ging«

030

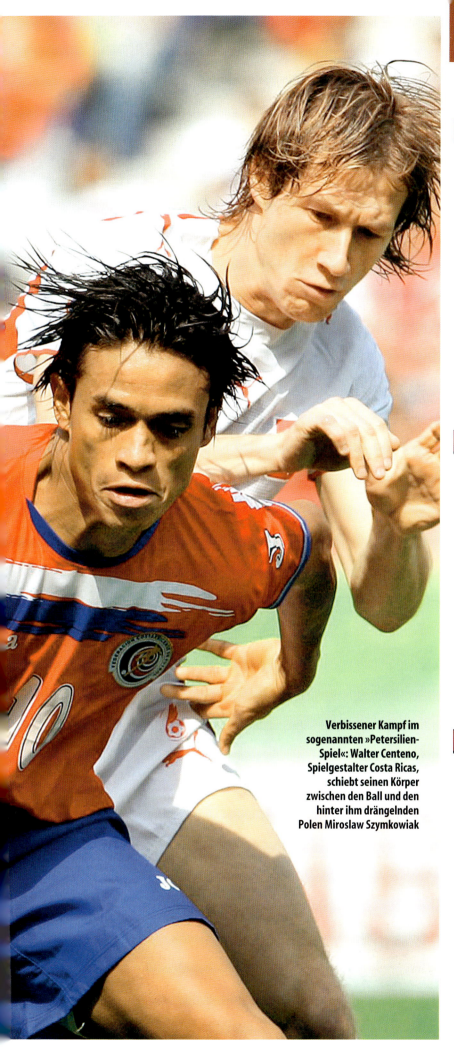

Verbissener Kampf im sogenannten »Petersilien-Spiel«: Walter Centeno, Spielgestalter Costa Ricas, schiebt seinen Körper zwischen den Ball und den hinter ihm drängelnden Polen Miroslaw Szymkowiak

COSTA RICA – POLEN

 1:2 (1:1)

COSTA-RICA-DATEN

Torhüter	Min.	Schüsse gehalten (von)	Flanken/ Ecken abgefangen	Glanz-taten	schwere Fehler	lange Pässe angekommen (von)	Note
Porras	90	75% (8)	4	0	0	100% (1)	3+

Spieler	Ball-kontakte in Min.	Zweik. gew. (von)	Fouls/ gefoult worden	Pässe angek. (von)	Schüsse/ Schuß-vorlagen	Tore/ Torvor-lagen	Note
1. Umaña	55 in 90	80% (20)	1/4	88% (34)	0/0	0/0	3–
2. Marín	35 in 90	73% (11)	1/0	91% (22)	0/0	0/0	4+
1. Badilla	33 in 90	67% (15)	1/0	84% (19)	0/0	0/0	4+
Drummond	37 in 69	44% (9)	2/2	87% (23)	0/1	0/0	4–
Wallace	22 in 21	20% (5)	0/0	80% (10)	0/1	0/0	4–
Bolaños	44 in 77	50% (12)	0/2	87% (31)	0/0	0/0	4+
Saborío	3 in 13	100% (1)	0/0	100% (2)	0/0	0/0	–
Solís	73 in 90	54% (13)	1/0	85% (52)	0/0	0/0	4+
1. González	54 in 90	43% (14)	4/1	87% (30)	1/1	0/0	5+
Centeno	77 in 90	86% (7)	1/3	83% (66)	1/3	0/0	3–
1. Gómez	62 in 81	38% (13)	1/1	68% (41)	6/1	1/0	2–
Hernández	15 in 9	0% (2)	0/0	62% (13)	1/0	0/0	–
Wanchope	38 in 90	35% (20)	1/3	87% (15)	3/2	0/1	3–

20. JUNI, 16 UHR, HANNOVER

Schiedsrichter: Shamsul Maidin (Singapur). **Assistenten:** Prachya Permpanich (Thailand), Eisa Ghuloum (Vereinigte Arabische Emirate). **Tore:** 1:0 Gómez (25.), 1:1 Bosacki (33.), 1:2 Bosacki (66.). **Einwechslungen:** Wallace für Drummond (70.), Saborío für Bolaños (78.), Hernández für Gómez (82.) – Brozek für Zurawski (46.), Lewandowski für Radomski (64.), Rasiak für Smolarek (85.). **Zuschauer:** 43 000

POLEN-DATEN

Torhüter	Min.	Schüsse gehalten (von)	Flanken/ Ecken abgefangen	Glanz-taten	schwere Fehler	lange Pässe angekommen (von)	Note
2. Boruc	90	67% (3)	1	0	1	0% (6)	4

Spieler	Ball-kontakte in Min.	Zweik. gew. (von)	Fouls/ gefoult worden	Pässe angek. (von)	Schüsse/ Schuß-vorlagen	Tore/ Torvor-lagen	Note
1. Baszczynski	59 in 90	50% (12)	2/0	81% (36)	1/0	0/0	4
Bosacki	54 in 90	70% (10)	1/0	91% (35)	2/0	2/0	2
1. Bak	41 in 90	56% (9)	1/2	93% (29)	0/0	0/0	4
1. Zewlakow	66 in 90	65% (20)	2/0	84% (43)	0/0	0/0	3–
1. Radomski	52 in 63	33% (6)	2/0	98% (42)	0/0	0/0	4–
Lewandowski	19 in 27	0% (1)	0/0	94% (18)	0/0	0/0	4
Jelen	27 in 90	37% (19)	1/3	82% (11)	2/4	0/0	3+
Krzynowek	59 in 90	40% (15)	1/0	88% (33)	3/4	0/1	3–
Szymkowiak	76 in 90	44% (16)	5/1	81% (69)	1/1	0/0	4
Zurawski	20 in 45	30% (10)	0/2	90% (10)	3/2	0/1	4+
Brozek	16 in 45	17% (6)	3/0	82% (11)	2/1	0/0	3–
Smolarek	44 in 84	46% (13)	1/2	85% (26)	1/1	0/0	3–
Rasiak	8 in 6	40% (5)	1/0	100% (5)	0/2	0/0	–

GRUPPE B

- ENGLAND
- PARAGUAY
- TRINIDAD/TOBAGO
- SCHWEDEN

Samstag, 10. Juni, Frankfurt
England – Paraguay — 1:0 (1:0)

Samstag, 10. Juni, Dortmund
Trinidad/Tobago – Schweden — 0:0

Donnerstag, 15. Juni, Nürnberg
England – Trinidad/Tobago — 2:0 (0:0)

Donnerstag, 15. Juni, Berlin
Schweden – Paraguay — 1:0 (0:0)

Dienstag, 20. Juni, Köln
Schweden – England — 2:2 (0:1)

Dienstag, 20. Juni, Kaiserslautern
Paraguay – Trinidad/Tobago — 2:0 (1:0)

	England	Paraguay	Trinidad/Tobago	Schweden
England		1:0	2:0	2:2
Paraguay	0:1		2:0	0:1
Trinidad/Tobago	0:2	0:2		0:0
Schweden	2:2	1:0	0:0	

Mannschaft	G	U	V	Tore	Pkte
1. England	2	1	0	5:2	7
2. Schweden	1	2	0	3:2	5
3. Paraguay	1	0	2	2:2	3
4. Trinidad/Tobago	0	1	2	0:4	1

ZUSAMMENPRALL
Was wie ein unbeholfener Handstand David Beckhams aussieht, ist die Folge eines harten Zusammenstoßes mit dem Schweden Johan Elmander. Der krümmt sich noch, kann sein Gewicht aber nicht abfangen und fällt auch hin. Aus dem ungewöhnlichen Zweikampf ging keiner als Sieger hervor – wie auch nicht aus dem Duell Schwedens gegen England. 2:2 lautete der Endstand

REKORDMANN
Im Oktober 2002 wurde Wayne Rooney mit 16 Jahren und 360 Tagen der jüngste Torschütze in der englischen Premier League, im Februar 2003 jüngster Torschütze der englischen Nationalmannschaft (gegen Australien) und im Juni 2004 im Alter von 18 Jahren und 237 Tagen jüngster Torschütze der EM-Geschichte (gegen die Schweiz). Den Rekord nahm ihm allerdings nur vier Tage später, am 21. Juni 2004, der Schweizer Johan Vonlanthen wieder ab

STAR DER GRUPPE B

WAYNE ROONEY

Wunder der schnellen Heilung

Am 29. April hatte sich der Stürmerstar den rechten Mittelfuß mehrfach gebrochen. Die WM schien für ihn gelaufen, England trauerte. 52 Tage später stand der 20jährige gegen Schweden wieder in der Startelf

Mit der flachen Hand schlug Wayne Rooney (20) gegen das Plexiglasdach über der Ersatzbank. Kurz darauf schleuderte er seine Fußballschuhe wütend zu Boden, das Gesicht rot vor Zorn. Rooney wollte weiterspielen. Er hatte an diesem 21. Juni in Englands Startelf gestanden, durfte beim 2:2 gegen Schweden 69 Minuten stürmen. Ein Wunder, 52 Tage nach dem mehrfachen Bruch des rechten Mittelfußes. Aber Rooney war unzufrieden. Die ganze englische Fußballnation indes atmete an diesem Mittwoch abend erleichtert auf.

Schon während des ersten WM-Spiels gegen Paraguay (1:0) hatten die Fans den Star von Manchester United lautstark gefordert. Ein Einsatz wäre zu früh gekommen. Und trotzdem begeisterte Rooney die Anhänger – mit einer einmaligen Pausen-Show. Als es hinter dem Tor immer lauter wurde, die Fans ihn forderten, legte sich der bullige Angreifer den Ball rund 25 Meter vor dem Tor zurecht. Den anderen Ersatzspielern signalisierte er, daß er auf die Torlatte zielen wolle. Zwei Schritte Anlauf, Schuß mit rechts, Latte – riesiger Jubel im Stadion. Rooney winkte den Fans zu, lächelte, setzte sich auf die Bank. Er hatte für die beste Szene des Tages gesorgt. England war zufrieden. Nur sein Vereinstrainer Sir Alex Ferguson, ein Schotte, vermieste die Stimmung. Fast täglich betete er die stets gleiche Leier herunter:

»Die WM kommt zu früh für ihn. Wir müssen Wayne Rooney schützen.« Vor sich selbst? Vor seinem übertriebenen Ehrgeiz? Vor den Gegnern? Gegen Schweden bewies Rooney, daß die Warnungen Fergusons zu laut waren: Er suchte die Zweikämpfe und spielte so, als habe er sich nie den Fuß gebrochen. Englands Trainer Sven-Göran Eriksson, ein Schwede, hatte Rooney trotz dessen Unfalls am 29. April in

»Wayne Rooney ist kein verletzter, sondern ein gesunder Spieler«

sein Aufgebot berufen und als voll einsatzfähigen Spieler eingeplant. Ohne großes Fragezeichen. Das führte zum Krach zwischen Eriksson und Ferguson. Ferguson dachte an sich und seinen Verein Manchester United, Eriksson argumentierte für England. Man brauche Rooney, um Weltmeister zu werden. Er hatte das Land hinter sich.

Mehrmals pro Woche wurde Rooney untersucht: von ManU-Ärzten. Auch das Reha-Training absolvierte er unter Aufsicht seines Klubs, nicht bei der Nationalelf. Weil sich Mannschaftsarzt Mike Stone zu positiv über die Genesung des Stürmers äußerte und damit die Hoffnungen auf einen WM-Einsatz nährte, mußte er gehen.

Am 7. Juni stand nach dem letzten Gesundheitscheck endlich fest: Rooney kann bei der WM spielen. Ferguson ging davon aus, daß dies erst ab dem Achtelfinale möglich sei. Eriksson lächelte und sagte: »Wayne Rooney ist kein verletzter, sondern ein gesunder Spieler.« Er wechselte den 20jährigen schon im zweiten Spiel gegen Trinidad und Tobago ein, nach 58 Minuten für Michael Owen.

Mit Wayne Rooney reichte es zu Platz eins in Gruppe B.

Scheute keinen Zweikampf gegen Schweden: Wayne Rooney (r.) ist von Innenverteidiger Olof Mellberg nur durch ein Foul zu stoppen

---

Mittelfußbruch schon bei der EM 2004

Sein internationaler Durchbruch gelang Wayne Rooney bei der EM 2004. In der Vorrunde erzielte er vier Tore, zwei beim 3:0 gegen die Schweiz, zwei beim 4:2 gegen Kroatien. Mit 18 Jahren und acht Monten war Rooney der Star der Vorrundengruppe B, nicht Zinedine Zidane (Frankreich), nicht Dado Prso (Kroatien) und nicht sein Mannschaftskamerad David Beckham. Fast im Alleingang schoß Rooney England ins Viertelfi-

Das Aus für Wayne Rooney 2004: Er humpelt vom Platz

nale: frech, respektlos, intuitiv. Nach 27 Minuten aber war das Spiel gegen Gastgeber Portugal für ihn vorbei: In einem Zweikampf trat Jorge Andrade brutal nach Rooney. Diagnose: Mittelfußbruch, wie fast zwei Jahre später am 29. April 2006 wieder. Damals war es die Schlüsselszene. England schied mit 7:8 nach Elfmeterschießen aus.

Die Karriere Rooneys nahm aber erst richtig Fahrt auf: Im August wechselte er für die Rekordsumme von 37 Millionen Euro vom FC Everton zu Manchester United – zu Sir Alex Ferguson. Nie zuvor in der Geschichte des Profifußballs wurde für einen knapp 19jährigen eine höhere Ablösesumme gezahlt.

ANALYSE GRUPPE B

ENGLAND QUÄLTE SICH DURCH DIE VORRUNDE

Kluft zwischen Wunsch und Wirklichkeit

SCORER-LISTE GRUPPE B

	Torvorlagen	Tore	Scorerpunkte
Beckham (ENG)	3	–	3
Gerrard (ENG)	–	2	2
Crouch (ENG)	1	1	2
Cole, J. (ENG)	1	1	2
Allbäck (SWE)	1	1	2
Ljungberg (SWE)	–	1	1
Larsson (SWE)	–	1	1
Cuevas (PAR)	–	1	1
Edman (SWE)	1	–	1
Linderoth (SWE)	1	–	1
Dos Santos (PAR)	1	–	1
Santa Cruz (PAR)	1	–	1

Kein Spieler Trinidads und nur drei aus Paraguay tauchen in der Scorerliste der Gruppe B auf. Ein Zeichen, wie wenig durchschlagskräftig diese Teams in der Offensive waren

Bester Torschütze in Gruppe B: Steven Gerrard

Trotz der personell bestbesetzten Mannschaft seit 40 Jahren, wie Trainer Sven-Göran Eriksson schwärmte, enttäuschte England. Das Problem war das gleiche wie bei Schweden: ein schwaches Offensivspiel

Für den Druck hatten die Engländer selbst gesorgt. Gänzlich ohne britisches Understatement rückte Trainer Sven-Göran Eriksson sein Team in den engsten Kreis der Titelaspiranten. »Wenn wir von gravierenden Verletzungen verschont bleiben, haben wir gute Chancen auf den Titel«, las sich noch die bescheidenste Variante des Schweden.
Ein Optimismus, der sich auf den »besten Kader seit 40 Jahren« (Eriksson) gründete. Doch bereits das Auftaktspiel gegen Paraguay offenbarte eine tiefe Kluft zwischen Wunsch und Wirklichkeit. Besonders der Sturm enttäuschte. Während es der staksige Peter Crouch mit unbeholfenen Versuchen auf einen Torschuß und vier Torschußvorlagen brachte, war Michael Owen ein Totalausfall: ein Torschuß, eine Torschußvorlage, keinen Zweikampf von acht gewonnen. Deprimierender kann ein Zeugnis für einen Klasse-Stürmer nicht ausfallen. Da mit Wayne Rooney Englands Sturmhoffnung verletzungsbedingt geschont wurde, war Eriksson in seinem Handlungsspielraum allerdings auch erheblich eingeschränkt. Doch auch mit Rooney in den Spielen gegen Trinidad und Schweden lief die englische Offensive keineswegs rund. Den einzigen Treffer eines Stürmers markierte Peter Crouch zum 1:0 gegen Trinidad, bezeichnenderweise nach Foulspiel – er hatte seinen Gegenspieler vorher an den Haaren gezogen. Das Konzept, mit langen Anspielen in die Spitze für Gefahr zu sorgen, erwies sich in allen drei Spielen als wenig effektiv. Da auch das Mittelfeld um Joe Cole (mit 17 Hereingaben bester Flankengeber), Frank Lampard, Steven Gerrard (mit zwei Toren erfolgreichster Torschütze) und David Beckham weit unter dem gewohnten Leistungsniveau agierte, blieb das englische Kombinationsspiel

Englands Kombinationsspiel ideenlos und leicht ausrechenbar

rumpelig, ideenlos und leicht ausrechenbar.
Bedenkliche Schwächen gönnte sich erstaunlicherweise die hochgerühmte Abwehr um John Terry und Rio Ferdinand, dem mit 72 Prozent erfolgreichen Duellen besten Defensivmann. Gegen Paraguay verlor die Abwehr in der zweiten Hälfte 64 Prozent aller Zweikämpfe. Gegen Schweden, als England in der Schlußphase mächtig unter Druck geriet, wackelte sie erheblich. Schonungslos ehrlich zog David Beckham nach der Vorrunde das Fazit für sein Team: »Keine Frage, da gab es noch erhebliche Steigerungsmöglichkeiten.«
Das ebenfalls mit hohen Erwartungen angereiste Team aus Schweden bekam schon von WM-Neuling Trinidad seine Grenzen aufgezeigt. Trotz 24 Torschüssen im ersten Spiel brachten die hochgelobten, aber erschreckend hektisch agierenden Stürmer Henrik Larsson, Zlatan Ibrahimovic und Antreiber Fredrik Ljungberg keinen Treffer zustande.
Ärger in der Mannschaft um die richtige Taktik zeigte die ganze Hilflosigkeit. Fredrik Ljungberg, Vertreter eines schnellen Paßspiels, und Olof Mellberg, der das Spiel mit langen Pässen aus der Abwehr bevorzugt, gerieten aneinander.
Erst im Spiel gegen England vermochte sich die Offensive mit je einem Tor von Marcus Allbäck und Henrik Larsson besser in Szene zu setzen. Schweden beeindruckte nur durch konditionelle Stärke.
Als Problemfall entpuppte sich die Abwehr. Bereits im Spiel gegen Trinidad stürzte man bei schnell vorgetragenen Angriffen von einer Verlegenheit in die andere und offenbarte dabei eklatante Abstimmungsprobleme, die nie abgestellt werden konnten.
Das Problem von Paraguays Mannschaft, die durchweg einen technisch feinen Fußball bot, war ebenfalls eindeutig das mangelhafte Offensivspiel. Erst im letzten Spiel gegen Trinidad gelangen die ersten beiden Turniertreffer – zuwenig. Der agile Nelson Valdez war auf sich allein gestellt, sah sich immer wieder einer Überzahl an Verteidigern gegenüber. Sein Sturmpartner Roque Santa Cruz spielte nach Knieverletzung nicht in WM-Form. Trinidad war, anders als erwartet, kein Spielball der Großen. In drei Spielen kassierte der kämpferisch überzeugende WM-Neuling nur vier Tore. Aber er erzielte auch keinen Treffer und schied trotz Chancen aufs Achtelfinale aus.

FEHLTRITT
Frank Lampard liegt waagerecht in der Luft, versucht mit einem Seitfallzieher sein Glück. Er schlägt, irritiert von Stern John, am Ball vorbei. Eine typische Szene: Der Spielmacher und Chef des englischen Teams konnte seine Torgefährlichkeit nie unter Beweis stellen

ENGLAND ENTTÄUSCHTE ZUM AUFTAKT

Eigentor
in der dritten Minute

Trotz des frühen Treffers und des Ausfalls von Paraguays Torwart Justo Villar nach sieben Minuten verschlief der selbsternannte Titelfavorit das Spiel. Die sehr stark besetzte Mittelfeldreihe gab keine Impulse

Gerrard und Lampard blockierten sich

Nie so wirkungsvoll wie in Chelsea: Frank Lampard

England hatte ein Problem: Zwei Spielmacher waren einer zuviel. Frank Lampard vom FC Chelsea und Steven Gerrard vom FC Liverpool spielten gemeinsam im zentralen Mittelfeld und blockierten sich gegenseitig. »Wir passen gut zusammen. Gute Spieler können immer miteinander spielen«, widersprach Lampard. Allerdings mußte er als Alibi für die großen Probleme im Aufbau das Wetter heranziehen: »Die Hitze hat uns zu schaffen gemacht.«
Nur: Um Kräfte zu schonen, läßt man eigentlich den Ball laufen, und genau das funktionierte nicht. Der ehemalige deutsche Nationalspieler Dietmar Hamann, England-Kenner und Mitspieler von Steven Gerrard in Liverpool, sagte: »Das Problem ist, daß Lampard und Gerrard ziemlich ähnliche Spieler sind. Wenn es später im Turnier hart auf hart kommt, werden sie das System ändern oder einen von beiden opfern.«

Prinz William (23) saß schon eine Stunde vor dem Anpfiff auf seinem VIP-Stuhl in der Frankfurter Arena. Aber es brauchte nur knapp vier Minuten Spielzeit, da durfte er über die englischen Spieler königlich jubeln. David Beckham zirkelte einen Freistoß von der halblinken Seite kunstvoll in den Strafraum. Doch bevor sich Adressat Michael Owen hochschraubte, lenkte Paraguays Innenverteidiger Carlos Gamarra den Ball mit dem Schopf ins eigene Tor – 1:0 für den selbsternannten WM-Favoriten von der Insel. Es sollte schon der Endstand sein.
Dabei setzten die Engländer nach dem Führungstor munter nach. Sehr zur Freude der 25 000 britischen Fans unter den 48 000 Zuschauern lief der Ball zügig durch die Reihen der Briten. Paraguays Abwehr, in zahlreichen Qualifikationsspielen überaus sicher, wankte bei jedem Angriff bedenklich. Und als sich Paraguays Torhüter Justo

---

Nelson Valdez: »Wir haben ängstlich gespielt«

Villar in der achten Minute beim Herauslaufen verletzte und seinen Arbeitsplatz für Aldo Bobadilla räumen mußte, schien Englands Sieg nur noch Formsache.
Nach einer Viertelstunde aber schlich sich Leichtfertigkeit ins Spiel ein, plötzlich fehlte jeglicher Zug zum Tor, Pässe gingen ins Leere. Michael Owen offenbarte sich als glatter Ausfall, Sturmpartner Peter Crouch gewann zwar viele Kopfballduelle im Mittelfeld, brachte aber keine Torgefahr. Torjäger Wayne Rooney wurde schmerzlich vermißt. Da auch die Mittelfeldreihe mit David Beckham, Steven Gerrard, Frank Lampard und Joe Cole mit gewohnter Fußballkunst geizte, verflachte das Spiel zunehmend.
»Nur 35 Minuten haben wir so Fußball gespielt, wie wir uns das vorgenommen hatten«, kritisierte Englands Trainer Sven-Göran Eriksson. Die Spieler von Paraguays Trainer Aníbal Ruíz konnten mit der geschenkten englischen Zurückhaltung indes wenig anfangen. Zwar wies die Bilanz der Südamerikaner zur Pause neun Torschüsse aus, keiner aber verdiente das Prädikat gefährlich. Nelson Valdez rackerte unermüdlich, stand aber wegen des Ausfalls von Sturmpartner Roque Santa Cruz auf verlorenem Posten. Er gestand: »Wir haben ängstlich gespielt.«
In Halbzeit zwei gewann Paraguay ein optisches Übergewicht, echte Chancen blieben aber aus. Torwart Paul Robinson verlebte einen gemütlichen Nachmittag.
Erst in den letzten Spielminuten kam England noch einmal zu zwei Chancen – bezeichnenderweise durch Weitschüsse von Frank Lampard (73. und 88. Minute).
Sven-Göran Eriksson entschuldigte die dürftige Vorstellung seiner Mannschaft »mit den schwierigen Verhältnissen«, seine Spieler hätten unter der Hitze gelitten.
Vom Prinzen gab es dennoch Standing Ovations.

Beinarbeit: Der Engländer Steven Gerrard (links) und Carlos Paredes gehen mit gestrecktem Bein in den Zweikampf. Beide Mittelfeldspieler setzten nur wenige Akzente

ENGLAND – PARAGUAY

 1:0 (1:0)

ENGLAND-DATEN

Torhüter	Min.	Schüsse gehalten (von)	Flanken/ Ecken abgefangen	Glanz- taten	schwere Fehler	lange Pässe angekommen (von)	Note
Robinson	90	100% (3)	0	0	0	7% (14)	4

Spieler	Ball- kontakte in Min.	Zweik. gew. (von)	Fouls/ gefoult worden	Pässe angek. (von)	Schüsse/ Schuß- vorlagen	Tore/ Torvor- lagen	Note
Neville	69 in 90	40% (10)	0/1	76% (41)	0/1	0/0	4
Ferdinand	56 in 90	70% (23)	0/0	91% (23)	0/0	0/0	4
Terry	57 in 90	69% (26)	0/0	77% (31)	0/0	0/0	3
Cole, A.	66 in 90	31% (16)	1/0	89% (45)	0/1	0/0	3
1. Gerrard	57 in 90	56% (18)	1/2	80% (30)	3/1	0/0	2
Lampard	59 in 90	65% (17)	1/2	86% (37)	6/0	0/0	4
Beckham	56 in 90	54% (24)	0/3	71% (21)	2/2	0/1	3-
Cole, J.	42 in 82	48% (21)	3/2	88% (32)	1/1	0/0	3+
Hargreaves	6 in 8	100% (3)	0/0	100% (3)	0/0	0/0	–
Owen	15 in 55	0% (8)	0/0	75% (8)	1/1	0/0	5
Downing	20 in 35	33% (3)	0/0	90% (10)	1/1	0/0	4
1. Crouch	45 in 90	43% (44)	6/1	77% (22)	1/4	0/0	3

10. JUNI, 15 UHR, FRANKFURT

Schiedsrichter: Marco Rodríguez (Mexiko). **Assistenten:** José Luis Camargo (Mexiko), Leonel Leal (Costa Rica). **Tor:** 1:0 Gamarra (3., Eigentor). **Einwechslungen:** Downing für Owen (56.), Hargreaves für Cole, J. (83.) – Bobadilla für Villar (8.), Cuevas für Bonet (68.), Núñez für Toledo (82.). **Zuschauer:** 48 000

PARAGUAY-DATEN

Torhüter	Min.	Schüsse gehalten (von)	Flanken/ Ecken abgefangen	Glanz- taten	schwere Fehler	lange Pässe angekommen (von)	Note
Villar	7	0% (1)	0	0	0	0% (1)	–
Bobadilla	83	100% (5)	0	0	0	33% (6)	3

Spieler	Ball- kontakte in Min.	Zweik. gew. (von)	Fouls/ gefoult worden	Pässe angek. (von)	Schüsse/ Schuß- vorlagen	Tore/ Torvor- lagen	Note
Caniza	61 in 90	73% (15)	0/1	83% (35)	0/0	0/0	3
Cáceres	58 in 90	36% (25)	1/1	84% (32)	0/0	0/0	4
Gamarra	46 in 90	62% (21)	1/2	83% (23)	0/1	0/0	4-
Toledo	49 in 81	72% (18)	0/3	67% (24)	0/0	0/0	5
Núñez	8 in 9	40% (5)	0/0	50% (4)	0/0	0/0	4
Bonet	32 in 67	64% (14)	0/1	68% (19)	1/3	0/0	4
Cuevas	17 in 23	33% (6)	0/0	60% (10)	0/0	0/0	3
Acuña	66 in 90	22% (9)	0/0	71% (49)	2/1	0/0	3
Paredes	49 in 90	36% (25)	5/1	79% (33)	6/2	0/0	3
Riveros	35 in 90	65% (23)	2/2	79% (14)	1/1	0/0	5
Santa Cruz	52 in 90	32% (22)	0/0	61% (33)	2/5	0/0	5
1. Valdez	51 in 90	37% (30)	2/1	68% (22)	4/2	0/0	2

DIE ERSTE SENSATION DIESER WM

Zehn Spieler retten Trinidad Remis

Torwartheld Hislop: 2006 sein bestes Jahr

Glanztaten für den Außenseiter: Shaka Hislop

Vorher wurde nur über die Höhe des Sieges von Schweden diskutiert. Der WM-Neuling aber wehrte sich 44 Minuten in Unterzahl erfolgreich. Der 37 Jahre alte Ersatztorwart Shaka Hislop stieg zum gefeierten Helden auf

Sein Platz war auf der Bank. Das hatte Neil Shaka Hislop, die Nummer zwei im Tor von Trinidad und Tobago, emotionslos wie immer hingenommen. Bis der 1,93 Meter lange Torhüter am Feierabend seiner Karriere auf den Platz durfte und in seinem Länderspiel Nummer 25 das größte Spiel seines Lebens machte. Hislop hielt das 0:0 fest, brachte die schwedischen Weltklassestürmer immer wieder zur Verzweiflung.
Für den in England geborenen Torwart ist 2006 ohnehin ein gutes Jahr: Mit seinem Klub West Ham United zog er ins Finale des FA Cups ein, verlor erst nach Verlängerung und Elfmeterschießen gegen Liverpool. Und in der Premier League belegte West Ham einen beachtlichen neunten Rang. Für die Zukunft hat Hislop bereits vorgesorgt: Er hat seinen Abschluß in Maschinenbau gemacht.

Männer wie er zeigen Gefühle eher sparsam. Diesmal war es anders. Leo Beenhakker (63), ein Urgestein der Trainergilde, feixte wie ein kleiner Junge nach gelungenem Streich. »Es war so herrlich verrückt«, diktierte der Nationaltrainer von Trinidad und Tobago Reportern in die Blöcke. Der WM-Neuling trotzte vor 62 959 Zuschauern in Dortmund dem haushohen Favoriten Schweden ein 0:0 ab. Und das in Unterzahl ab der 46. Minute. Die WM hatte ihre erste Sensation.
Dabei hatten die Trinis vor dem Anpfiff einen Tiefschlag wegstecken müssen: Beim Warmmachen brach bei Stammtorwart Kelvin Jack eine Wadenverletzung wieder auf, Beenhakker schickte als Ersatz mit Shaka Hislop einen 37jährigen zwischen die Pfosten. Dessen Kommentar: »Kein Problem.«
Shaka Hislop verließ den Rasen als gefeierter Held – auch weil sich Schwedens Stürmer überaus unge-

»Schweden hat zwei Angreifer mit fünf Leuten zugedeckt«

schickt anstellten. Henrik Larssons Freistoß in der fünften Minute, Chancen für Zlatan Ibrahimovic (15.) und wieder Larsson (18.) – alles blieb ungenutzt. Was nicht über oder neben das Tor flog, wurde Beute von Shaka Hislop.
In der 33. Minute schrieb Carlos Edwards WM-Geschichte – international nur eine Randnotiz, für die Fußballer aus dem kleinsten WM-Land aller Zeiten (1,3 Millionen Einwoh-

ner) ein durchaus wichtiger Meilenstein. Edwards' Schuß aus 30 Metern verzeichneten Statistiker als ersten Torschuß der Karibik-Kicker. Die Spieler des WM-Debütanten wehrten sich indes nicht nur mit fußballerischen Mitteln, sie setzten auch ihre Körper außerhalb der im Regelwerk erlaubten Grenzen ein. Für seine rüde Attacke gegen Christian Wilhelmsson kassierte Avery John bereits in der 15. Minute die Gelbe Karte. Als er Sekunden nach der Pause Wilhelmsson ein weiteres Mal brachial fällte, schickte ihn Schiedsrichter Shamsul Maidin mit Gelb/Rot vom Platz.
Die Reaktion von Beenhakker, einem von vier holländischen Trainern bei der WM, überraschte alle: »Jeder hat mit einem defensiven Spieler gerechnet, und dann habe ich noch einen Stürmer gebracht. Die Schweden haben unsere zwei Angreifer mit fünf Leuten zugedeckt. Das war's, was ich wollte. Es ist großartig, daß es geklappt hat.«
Beinahe wäre Schweden sogar in Rückstand geraten. In der 59. Minute traf Cornell Glenn vom rechten Strafraumeck mit einem strammen Schuß das Lattenkreuz. Erst in der Schlußphase häuften sich wieder die Einschußmöglichkeiten der Schweden, allein vier davon vergab der eingewechselte Marcus Allbäck (68., 75., 80. und 82. Minute). Schwedens Trainer Lars Lagerbäck kommentierte zerknirscht: »Wir haben viele Chancen erspielt, aber nichts daraus gemacht.«

Sensation perfekt! Dwight Yorke, früherer Weltstar von Manchester United, feiert den Punktgewinn überschwenglich. In der linken Hand hält der Kapitän der Trinis sein Souvenir: ein schwedisches Trikot

TRINIDAD/TOBAGO – SCHWEDEN

 0:0

TRINIDAD/TOBAGO-DATEN

Torhüter	Min.	Schüsse gehalten (von)	Flanken/ Ecken abgefangen	Glanz- taten	schwere Fehler	lange Pässe angekommen (von)	Note
Hislop	90	100% (5)	0	2	0	67% (6)	1

Spieler	Ball- kontakte in Min.	Zweik. gew. (von)	Fouls/ gefoult worden	Pässe angek. (von)	Schüsse/ Schuß- vorlagen	Tore/ Torvor- lagen	Note
Gray	47 in 90	53% (19)	0/2	79% (24)	0/0	0/0	3
Sancho	24 in 90	59% (22)	1/1	67% (6)	0/0	0/0	2
Lawrence	36 in 90	56% (16)	1/0	88% (8)	0/0	0/0	2
John, A.	35 in 45	58% (12)	1/0	63% (16)	0/1	0/0	4
Yorke	61 in 90	44% (25)	3/0	74% (43)	0/1	0/0	2+
Birchall	38 in 90	53% (15)	1/0	74% (23)	1/0	0/0	3+
Theobald	25 in 66	38% (13)	1/1	94% (17)	0/0	0/0	3
Whitley	7 in 24	50% (6)	0/0	50% (4)	0/0	0/0	3
Edwards	44 in 90	52% (23)	0/1	60% (15)	2/2	0/0	3
Samuel	18 in 53	46% (13)	0/0	90% (10)	0/1	0/0	2-
Glenn	12 in 37	27% (11)	0/0	100% (2)	2/0	0/0	3
John, S.	38 in 90	38% (45)	2/2	88% (16)	2/2	0/0	3

10. JUNI, 18 UHR, DORTMUND

Schiedsrichter: Shamsul Maidin (Singapur). *Assistenten:* Prachya Permpanich (Thailand), Eisa Ghuloum (Vereinigte Arabische Emirate). *Einwechslungen:* Glenn für Samuel (52.), Whitley für Theobald (66.) – Allbäck für A. Svensson (62.), Kallström für Linderoth (78.), Jonson für Wilhelmsson (78.) *Zuschauer:* 62 959.

SCHWEDEN-DATEN

Torhüter	Min.	Schüsse gehalten (von)	Flanken/ Ecken abgefangen	Glanz- taten	schwere Fehler	lange Pässe angekommen (von)	Note
Shaaban	90	100% (1)	2	0	0	40% (5)	3

Spieler	Ball- kontakte in Min.	Zweik. gew. (von)	Fouls/ gefoult worden	Pässe angek. (von)	Schüsse/ Schuß- vorlagen	Tore/ Torvor- lagen	Note
Alexandersson	71 in 90	50% (14)	0/0	83% (42)	0/6	0/0	4
Mellberg	58 in 90	71% (28)	2/2	63% (30)	2/0	0/0	3
Lucic	41 in 90	56% (16)	0/0	82% (22)	1/1	0/0	4
Edman	76 in 90	38% (13)	0/0	90% (50)	3/3	0/0	4
Linderoth	64 in 78	70% (23)	0/1	76% (54)	0/2	0/0	5
Källström	20 in 12	80% (5)	0/0	88% (16)	1/3	0/0	4
Wilhelmsson	53 in 79	53% (17)	0/2	91% (34)	1/2	0/0	3
Jonson	16 in 11	33% (3)	0/0	90% (10)	1/0	0/0	4
Svensson, A.	27 in 62	27% (11)	1/0	88% (24)	0/0	0/0	4
Allbäck	8 in 28	50% (4)	1/1	67% (3)	3/0	0/0	4
Ljungberg	62 in 90	52% (25)	1/2	85% (39)	1/3	0/0	4
Ibrahimovic	52 in 90	40% (30)	1/2	63% (27)	6/1	0/0	4
Larsson	58 in 90	48% (31)	2/1	83% (30)	5/3	0/0	4

VERSTECKTES FOUL VOR DEM 1:0

Haarige Sache beim Tor von Crouch

Vor dem Führungstreffer in der 83. Minute griff Englands Sturmspitze seinem Gegenspieler Brent Sancho in die Rasta-Locken und verschaffte sich so den entscheidenden Vorteil. Sein Team stolperte doch noch zum Sieg

Peter Crouch macht seinen Gegnern angst

Crouch trifft den Ball mit dem Schienbein

Für Ästheten ist sein Spiel ohnehin keine Augenweide. Und dann diese Szene: Als Peter Crouch (25) in der 43. Minute, völlig frei sieben Meter vor dem Tor stehend, eine Flanke per Seitfallzieher verwerten wollte, prallte ihm der Ball gegen das Schienbein und flog Richtung Eckfahne. All die Spötter, vor allem die in England, sahen sich wieder einmal in ihrer Ablehnung bestätigt.
Der 2,01-Meter-Schlaks aus Liverpool (kam 2005 für zehn Millionen Euro vom FC Southampton) nahm es gelassen: »Ich kenne das nicht anders.« Crouch erzielt trotz seiner Größe die meisten Tore mit dem Fuß, zählt zu den besten Vorlagegebern in der englischen Premier League. Trainer Sven-Göran Eriksson lobt: »Allein seine Präsenz macht Gegnern angst.«

Keiner hatte es gesehen. Der japanische Schiedsrichter Toru Kamikawa nicht. Die 41 000 Zuschauer nicht. Auch den professionellen Fernseh-Experten war an der Szene nichts Unredliches aufgefallen. Vielleicht, weil sich bei den Spielern Trinidads keine Hand zum Protest regte. Grund dazu hätten sie gehabt. Nach dem Spiel entlarvten TV-Bilder und erste Fotos, wie Peter Crouch bei seinem Kopfball zum Führungstor in der 83. Minute seinen Gegenspieler Brent Sancho kräftig an dessen Rasta-Locken zog, ihn zudem runterdrückte und sich so die Lufthoheit im Kopfballduell sicherte. Ein klares Foulspiel.
»Der Schiedsrichter hätte pfeifen müssen«, beschied der ehemalige Fifa-Unparteiische Urs Meier. So aber stolperte England dank Peter Crouch, der zuvor bei sieben Torchancen kläglich versagt hatte, endlich auf die Siegerstraße. Steven Gerrard schraubte in der ersten Minute der Nachspielzeit mit einem Schuß von der Strafraumgrenze, abgegeben mit seinem schwächeren linken Fuß, das Ergebnis in erwartete Dimensionen.
Zwei Siege in Folge, das war England bei einem WM-Start bislang nur 1982 gelungen. Wichtiger aber: Die Mannschaft von Trainer Sven-Göran Eriksson qualifizierte sich damit vorzeitig fürs Achtelfinale. Die Begeisterung über den glanzlosen Triumph indes schäumte nur bei den englischen Fans über. Zu dürftig war wiederum, wie die englischen Spieler gegen das Tor von Trinidad und Tobago anliefen. Immer wieder versuchten sie es plump mit weiten Pässen in die Spitze. Dort aber versagte Stürmer Michael Owen erneut den Dienst, und der 2,01-Meter-Riese Peter Crouch hatte mit der eigenen Motorik seinen hartnäckigsten Gegenspieler. Rasch gelang es den Männern aus der Karibik, sich auf die stereotypen Angriffsbemühungen der Engländer einzustellen. Sven-Göran Eriksson zollte der Leistung des Fußballzwergs denn auch ordentlich Achtung: »Wir haben lange gebraucht, um den starken Widerstand zu brechen.«
Weil in der Offensive mit wenigen Ausnahmen bei Trinidad so gut wie nichts lief, geriet England nie wirklich an den Rand einer Niederlage. Die beste Möglichkeit vereitelte Abwehrchef John Terry in der 45. Minute, als er einen Kopfball von Stern John kurz vor der Torlinie artistisch für seinen abermals indisponierten Torwart Paul Robinson klärte.
Den größten Beifall bekam Wayne Rooney, der in der 58. Minute für Michael Owen eingewechselt wurde – ein unglaubliches Comeback, 47 Tage nach seinem Mittelfußbruch. Tatsächlich belebte Rooney das Spiel, konnte aber noch keine entscheidenden Akzente setzen. »Er ist noch nicht bei 100 Prozent«, kommentierte Trainer Eriksson.

»Wir haben lange gebraucht, um den Widerstand zu brechen«

Beweisstück: Peter Crouch hat mit seiner rechten Hand noch die wilde Mähne von Brent Sancho gepackt, drückt mit der linken den Abwehrspieler von Trinidad und Tobago auf den Boden. Der Beweis kommt zu spät, der Schiedsrichter pfiff nicht

ENGLAND – TRINIDAD/TOBAGO

 2:0 (0:0)

ENGLAND-DATEN

Torhüter	Min.	Schüsse gehalten (von)	Flanken/ Ecken abgefangen	Glanz-taten	schwere Fehler	lange Pässe angekommen (von)	Note
Robinson	90	100% (2)	1	0	0	80% (5)	4

Spieler	Ball-kontakte in Min.	Zweik. gew. (von)	Fouls/ gefoult worden	Pässe angek. (von)	Schüsse/ Schuß-vorlagen	Tore/ Torvor-lagen	Note
Carragher	36 in 57	50% (4)	1/1	81% (31)	1/2	0/0	3–
Lennon	28 in 33	60% (10)	0/1	100% (17)	0/1	0/0	3
Ferdinand	71 in 90	75% (12)	0/0	87% (55)	0/2	0/0	3
Terry	61 in 90	52% (21)	3/2	98% (42)	0/1	0/0	3+
Cole, A.	50 in 90	53% (15)	0/3	85% (27)	0/3	0/0	3+
Gerrard	67 in 90	54% (13)	1/2	81% (53)	3/4	1/0	4+
1. Lampard	72 in 90	60% (20)	2/2	84% (49)	7/2	0/0	2–
Beckham	89 in 90	100% (5)	0/0	83% (52)	3/7	0/2	3+
Cole, J.	60 in 74	59% (17)	3/3	87% (39)	4/2	0/0	3–
Downing	10 in 16	50% (2)	0/0	83% (6)	0/0	0/0	4+
Crouch	34 in 90	56% (16)	2/0	82% (22)	7/2	1/0	4
Owen	12 in 57	71% (7)	0/2	100% (5)	2/1	0/0	5
Rooney	12 in 33	20% (10)	1/1	86% (7)	0/0	0/0	4+

15. JUNI, 18 UHR, NÜRNBERG

Schiedsrichter: Toru Kamikawa (Japan). **Assistenten:** Yoshikazu Hiroshima (Japan), Dae-Young Kim (Südkorea). **Tore:** 1:0 Crouch (83.), 2:0 Gerrard (90.+1). **Einwechslungen:** Rooney für Owen (58.), Lennon für Carragher (58.), Downing für J. Cole (75.) – Glenn für Jones (70.), Wise für Theobald (85.). **Zuschauer:** 41 000.

TRINIDAD/TOBAGO-DATEN

Torhüter	Min.	Schüsse gehalten (von)	Flanken/ Ecken abgefangen	Glanz-taten	schwere Fehler	lange Pässe angekommen (von)	Note
1. Hislop	90	71% (7)	1	0	0	0% (3)	3–

Spieler	Ball-kontakte in Min.	Zweik. gew. (von)	Fouls/ gefoult worden	Pässe angek. (von)	Schüsse/ Schuß-vorlagen	Tore/ Torvor-lagen	Note
Edwards	39 in 90	42% (12)	2/0	59% (17)	1/1	0/0	4
Sancho	25 in 90	33% (15)	1/1	67% (9)	0/0	0/0	4
Lawrence	37 in 90	75% (12)	0/2	73% (15)	1/1	0/0	3+
1. Gray	29 in 90	50% (12)	2/2	71% (17)	0/1	0/0	4+
Yorke	49 in 90	54% (13)	2/2	79% (24)	0/5	0/0	3
1. Whitley	36 in 90	27% (11)	1/0	87% (23)	2/1	0/0	4–
Birchall	36 in 90	50% (12)	2/3	82% (11)	1/0	0/0	4+
1. Theobald	27 in 84	0% (9)	2/0	80% (15)	0/1	0/0	4–
Wise	6 in 6	0% (2)	0/0	100% (3)	0/0	0/0	–
John, S.	32 in 46	50% (18)	2/1	100% (13)	3/0	0/0	4+
1. Jones	21 in 69	44% (18)	2/1	92% (13)	1/0	0/0	4
Glenn	12 in 21	25% (8)	1/0	67% (3)	2/1	0/0	4

SCHWEDEN MUSSTE LANGE ZITTERN

Erlösung – erstes Tor nach 178 Minuten

Fredrik Ljungberg erzielte kurz vor Schluß gegen Paraguay den ersten Treffer seiner Mannschaft und beendete eine unverständliche Torflaute. In der Qualifikation war kein europäisches Team stärker in der Offensive

»Paraguay gab ein erbärmliches Bild ab«

Einsichtig: Mittelfeldspieler Roberto Acuña

Gnadenlos ins Gericht ging die Presse Paraguays mit ihrer Mannschaft am Tag nach dem frühen WM-Aus gegen Schweden. »Das ganze Land weint«, schrieb die Zeitung ABC. Und auf der Titelseite von Ultima Hora las man: »Ausgeschieden. Allein das Wort bereitet schon Schmerzen.« Die Tageszeitung Diario Popular setzte noch einen drauf: »Alles ist aus. Paraguay gab ein erbärmliches Bild ab.« Nur 1958 hatte das Team des südamerikanischen Landes ein ähnliches Schicksal ereilt. Bei den WM-Auftritten 1986, 1998 und 2002 erreichte die Mannschaft jeweils das Achtelfinale. Mittelfeldspieler Roberto Acuña sprach spürbar mitgenommen aus, wie sehr die Spieler selbst von der Pleite getroffen waren: »Wir wissen, wie sehr die Menschen in der Heimat trauern, weil unser Land so vom Fußball abhängig ist.«

Mit ihrem furiosen Angriffswirbel hatten sie in der Qualifikation zur WM ihre Gegner oft zum Spielball degradiert. 30 Treffer in zehn Spielen wies am Ende die Bilanz aus, kein anderes Team in Europa erzielte im Schnitt so viele Tore wie Schweden. »Unser Trainer steht eben auf Offensive«, erklärte Kapitän Olof Mellberg die Philosophie von Lars Lagerbäck.
Dann aber zeigte schon im ersten WM-Spiel das Team von Trinidad mit cleverer Defensiv-Taktik dem magischen Dreieck Henrik Larsson, Zlatan Ibrahimovic und Fredrik Ljungberg die Grenzen auf und verdarb die Freude am Spiel. Schlimmer noch: Nach dem 0:0 gegen den Neuling aus der Karibik mußten die Schweden auch im Spiel gegen Paraguay 89 Minuten warten, ehe sie das erste WM-Tor 2006 erzielten.
Fredrik Ljungberg bewahrte sein Land mit seinem Last-Minute-

»Wir haben das bekommen, was wir verdient haben«

Kopfball nach Vorlage von Einwechselspieler Marcus Allbäck vor einer weiteren bitteren Blamage. Sein Treffer nach 178 WM-Minuten markierte endlich das Ende der gelb-blauen Torflaute.
Diese hatte vor dem Spiel zu erheblichen Verstimmungen innerhalb der Mannschaft geführt. Ljungberg bemängelte das phantasielose Spiel aus der Abwehr mit zu vielen langen Pässen. Ein konstruk- tiver Aufbau sei so unmöglich. Eine klare Attacke gegen Olof Mellberg. Mit dem Abwehrchef hatte sich Ljungberg bei der WM 2002 im Training geprügelt, nun kam es zu einem lautstarken Wortgefecht. Erst Zlatan Ibrahimovic vermochte die Streithähne mit beherztem körperlichem Einsatz zu besänftigen. An der Spielweise indes änderte die hitzige Debatte nichts. Bis zur Halbzeit wies die Statistik bereits sonst nur selten erreichte 25 lange Pässe für die Lagerbäck-Elf aus, Gegner Paraguay versuchte es auf diese Weise 21mal.
Echte Torchancen waren auf beiden Seiten die Ausnahme. Mit Marcus Allbäck, der nach der Pause für den an der Leiste verletzten und wieder enttäuschenden Zlatan Ibrahimovic eingewechselt wurde, kam mehr Format ins schwedische Spiel. Doch der ehemalige Profi von Hansa Rostock vergab leichtfertig zwei hochkarätige Möglichkeiten. In der 59. Minute hatte er Torwart Aldo Bobadilla schon überlupft, ließ sich auf dem Zwölf-Meter-Weg ins freie Tor aber noch von Denis Caniza abfangen. Da auch Alleinunterhalter Nelson Valdez, der beste Feldspieler der ebenbürtigen Paraguayer, seine Gelegenheiten (46. und 52. Minute) nicht verwerten konnte, verkam das Spiel zu einer immer zäheren Angelegenheit.
Das Fazit von Paraguays Trainer Aníbal Ruíz fiel entsprechend hart aus: »Wir haben das bekommen, was wir verdient haben.«

Das Warten hat ein Ende: 1:0 für Schweden. Fredrik Ljungberg (r.) dreht schon zum Jubel ab. Torwart Aldo Bobadilla hechtet noch nach dem Ball, der ist aber bereits im Netz. Links: Carlos Gamarra

SCHWEDEN – PARAGUAY

 1:0 (0:0)

SCHWEDEN-DATEN

Torhüter	Min.	Schüsse gehalten (von)	Flanken/Ecken abgefangen	Glanz-taten	schwere Fehler	lange Pässe angekommen (von)	Note
Isaksson	90	100% (3)	0	0	0	45% (11)	3

Spieler	Ball-kontakte in Min.	Zweik. gew. (von)	Fouls/gefoult worden	Pässe angek. (von)	Schüsse/Schuß-vorlagen	Tore/Torvor-lagen	Note
Alexandersson	60 in 90	32% (19)	2/0	79% (42)	0/1	0/0	4
Mellberg	42 in 90	79% (24)	1/1	71% (24)	0/0	0/0	2–
1. Lucic	41 in 90	65% (17)	2/0	85% (26)	0/0	0/0	3+
Edman	80 in 90	42% (19)	3/0	74% (61)	0/1	0/0	3–
1. Linderoth	35 in 90	42% (26)	2/1	89% (27)	0/1	0/0	4
Wilhelmsson	41 in 67	40% (25)	3/4	75% (28)	2/1	0/0	3–
Jonson	16 in 23	83% (6)	1/2	86% (7)	1/1	0/0	4
Ljungberg	57 in 90	63% (27)	0/5	84% (32)	4/1	1/0	2–
Källström	67 in 85	57% (23)	1/1	76% (41)	4/2	0/0	3
Elmander	15 in 5	50% (2)	0/0	100% (3)	1/1	0/0	–
Ibrahimovic	20 in 45	40% (15)	1/0	85% (13)	2/2	0/0	5
Allbäck	15 in 45	47% (15)	1/0	33% (6)	2/2	0/1	4
Larsson	43 in 90	41% (59)	1/1	67% (24)	3/3	0/0	3–

15. JUNI, 21 UHR, BERLIN

Schiedsrichter: Lubos Michel (Slowakei). **Assistenten:** Roman Slysko, Martin Balko (beide Slowakei). **Tor:** 1:0 Ljungberg (89.). **Einwechslungen:** Allbäck für Ibrahimovic (46.), Jonson für Wilhelmsson (68.), Elmander für Källström (86.) – Dos Santos für Riveros (62.), López für Santa Cruz (63.), Barreto für Bonet (81.). **Zuschauer:** 72 000.

PARAGUAY-DATEN

Torhüter	Min.	Schüsse gehalten (von)	Flanken/Ecken abgefangen	Glanz-taten	schwere Fehler	lange Pässe angekommen (von)	Note
Bobadilla	90	89% (9)	1	1	0	0% (0)	2

Spieler	Ball-kontakte in Min.	Zweik. gew. (von)	Fouls/gefoult worden	Pässe angek. (von)	Schüsse/Schuß-vorlagen	Tore/Torvor-lagen	Note
1. Caniza	55 in 90	61% (23)	1/2	82% (34)	1/1	0/0	3–
Cáceres	51 in 90	63% (30)	0/1	84% (25)	0/0	0/0	3
Gamarra	25 in 90	64% (22)	1/1	57% (7)	0/1	0/0	3–
Núñez	62 in 90	50% (22)	1/2	72% (36)	3/2	0/0	4–
1. Acuña	56 in 90	39% (23)	2/1	85% (46)	2/5	0/0	3
Bonet	45 in 81	45% (22)	1/1	92% (37)	2/4	0/0	4+
1. Barreto	6 in 9	0% (5)	2/0	100% (1)	2/0	0/0	–
1. Paredes	43 in 90	45% (29)	3/0	90% (29)	1/3	0/0	4+
Riveros	32 in 61	63% (16)	1/3	78% (23)	1/0	0/0	3–
Dos Santos	23 in 29	58% (12)	2/0	82% (17)	0/0	0/0	4–
Santa Cruz	45 in 62	57% (21)	0/2	85% (34)	3/3	0/0	4–
López	19 in 28	36% (14)	1/2	33% (9)	0/0	0/0	4–
Valdez	52 in 90	38% (39)	0/3	81% (26)	6/2	0/0	3+

JUBILÄUM FÜR EINEN SCHWEDEN

2000. WM-Tor durch Marcus Allbäck

Michael Owen zum dritten Mal schwer verletzt

Auf der Trage vom Platz: Michael Owen

Die WM war nicht gut gelaufen für Michael Owen bis zu diesem Moment: Auswechslung gegen Paraguay nach nur 15 Ballkontakten in 56 Minuten, Auswechslung gegen Trinidad nach bloß zwölf Ballkontakten in 58 Minuten. Und dann beim ersten Ballkontakt in der 50. Sekunde im Spiel gegen Schweden der Kreuzbandriß im rechten Knie – in seinem 80. Länderspiel. Der Schock saß tief bei Michael Owen. »Es ist ein schwerer Schlag für mich, eine solche Verletzung zu erleiden«, jammerte der 26jährige. Wieder einmal. Denn er kennt die Leiden eines Fußballprofis nur zu gut: Die Karriere des Stürmers, bei seinem Ligadebüt 1997 als »Wonderboy«, »Cool Kid« oder »Teenage Sensation« zum Idol der jungen Generation in England erhoben, ist gezeichnet von schweren Verletzungen. Die schwersten: Vor der EM 2000 mußte Owen wegen einer Achillessehnen-Verletzung fünf Monate pausieren und kam über die Rolle eines Ersatzspielers nicht hinaus. Am Neujahrstag 2006 erlitt er einen Mittelfußbruch, setzte fast vier Monate aus. Die Folgen seines Trainings-Rückstandes spürte er noch bei der WM.

Fast genau 76 Jahre nach dem ersten WM-Tor des Franzosen Lucien Laurent erzielte der Stürmer auch einen Treffer für die Geschichtsbücher. Richtig glücklich war er aber nicht. Das lag an der Punkteteilung gegen England

Hätten die Fans mit der Lautstärke ihrer Gesänge den Ausgang des Spiels bestimmen können, Schweden wäre wohl mit einem knappen Sieg vom Platz gegangen. Auf dem Rasen sorgte die Wirklichkeit vor 45 000 Zuschauern in Köln für ein anderes Resultat. Als Schiedsrichter Massimo Busacca aus der Schweiz nach 93 Minuten eine Partie mit beachtlicher Dramaturgie beendete, verbuchten beide Teams jeweils zwei Treffer auf ihrer Habenseite. Ein Remis, das über den Achtelfinalgegner – Deutschland oder Ecuador – entschied und England besser gefiel. Trainer Sven-Göran Eriksson kommentierte mit spürbarer Erleichterung: »Gegen Deutschland wäre es von der Papierform her schwerer gewesen.« Die schwedische Tageszeitung Aftonbladet formulierte dagegen mit dramatischen Worten: »Ein Alptraum. Seit 1958 haben wir kein Pflichtspiel gegen Deutschland gewonnen. Das Spiel wird nicht nur eine Herausforderung. Es wird viel, viel schlimmer.«

Ein Gedanke, den Schwedens Trainer Lars Lagerbäck zu verdrängen suchte: »Ich genieße erst mal den heutigen Abend. Der war aufregend genug.« Während Lagerbäck auf den an der Leiste verletzten Zlatan Ibrahimovic verzichten mußte, experimentierte Eriksson. Steven Gerrard blieb auf der Bank. Es war eine Vorsichtsmaßnahme, denn mit einer weiteren Gelben Karte wäre er für das Achtelfinale gesperrt gewesen. Für ihn verstärkte Owen Hargreaves das Mittelfeld. Und für Peter Crouch durfte Wayne Rooney neben Michael Owen von Spielbeginn an stürmen.

Gleich mit seinem ersten Ballkontakt war das Spiel für Owen beendet. Der Stürmer von Newcastle United verdrehte sich nach 50 Sekunden ohne Verschulden eines Gegners das Knie und mußte durch Crouch ersetzt werden. Diagnose: Kreuzbandriß. Das WM-Aus. Nach zerfahrenem Auftakt beherrschte England das Spiel, ging in der 34. Minute durch Joe Cole mit einem sensationellen 25-Meter-Schuß in den rechten Winkel in Führung. Aus der Pause kam Schweden druckvoller und konzentrierter. Eine Ecke von Tobias Linderoth verlängerte Marcus Allbäck mit dem Kopf zum 1:1 (51.) – es war das 2000. Tor der WM-Geschichte, fast genau 76 Jahre nach dem ersten Treffer des Franzosen Lucien Laurent am 13. Juli 1930.

Und es war der Startschuß für Schwedens lange Schlußoffensive: Die Skandinavier drückten England in deren Hälfte zurück, hatten aber mit zwei Lattentreffern (54. und 59. Minute) Pech. Als der für Rooney eingewechselte Steven Gerrard das 2:1 (85.) per Kopf erzielte, schien die Partie entschieden. Henrik Larsson schaffte mit einem Abstauber in der 90. Minute noch das verdiente, aber unbefriedigende Remis.

> »Ich genieße erst mal den Abend. Der war aufregend genug«

Der Jubiläumstreffer: Marcus Allbäck verlängert den Eckball vor David Beckham (kleines Foto). Ashley Cole (großes Foto) kommt am langen Pfosten zwar noch an den Ball, erwischt ihn aber erst hinter der Linie und köpft ihn hoch ins Netz. Torwart Paul Robinson reagiert nicht, verharrt in Absprungstellung

SCHWEDEN – ENGLAND

 2:2 (0:1)

SCHWEDEN-DATEN

Torhüter	Min.	Schüsse gehalten (von)	Flanken/ Ecken abgefangen	Glanz- taten	schwere Fehler	lange Pässe angekommen (von)	Note
Isaksson	90	71% (7)	4	0	0	14% (7)	3+

Spieler	Ball- kontakte in Min.	Zweik. gew. (von)	Fouls/ gefoult worden	Pässe angek. (von)	Schüsse/ Schuß- vorlagen	Tore/ Torvor- lagen	Note
1. Alexandersson	40 in 90	47% (15)	1/2	56% (18)	0/0	0/0	4–
Mellberg	38 in 90	35% (17)	1/0	85% (26)	1/1	0/0	3
Lucic	44 in 90	64% (14)	0/0	83% (24)	1/1	0/0	3–
Edman	66 in 90	70% (10)	1/1	74% (42)	1/1	0/1	2–
Linderoth	48 in 90	50% (10)	1/0	79% (34)	0/3	0/1	2–
Andersson	1 in 3	0% (0)	0/0	100% (1)	0/0	0/0	–
Jonson	21 in 53	36% (14)	2/1	67% (12)	1/3	0/0	4–
Wilhelmsson	20 in 37	40% (5)	2/0	67% (12)	0/1	0/0	4
1. Ljungberg	40 in 90	52% (21)	2/3	88% (24)	1/0	0/0	3–
Källström	57 in 90	42% (24)	4/0	84% (32)	4/2	0/0	4+
Larsson	34 in 90	14% (22)	1/0	79% (24)	4/1	1/0	2–
Allbäck	31 in 74	64% (22)	2/3	82% (17)	1/1	1/0	3+
Elmander	9 in 16	25% (4)	0/0	67% (3)	0/0	0/0	4–

20. JUNI, 21 UHR, KÖLN

Schiedsrichter: Massimo Busacca (Schweiz). **Assistenten:** Francesco Buragina, Matthias Arnet (beide Schweiz). **Tore:** 0:1 J. Cole (34.), 1:1 Allbäck (51.), 1:2 Gerrard (85.), 2:2 Larsson (90.). **Einwechslungen:** Wilhelmsson für Jonson (54.), Elmander für Allbäck (75.), Andersson für Linderoth (90.+1) – Crouch für Owen (4.), Campbell für Ferdinand (56.), Gerrard für Rooney (69.). **Zuschauer:** 45 000.

ENGLAND-DATEN

Torhüter	Min.	Schüsse gehalten (von)	Flanken/ Ecken abgefangen	Glanz- taten	schwere Fehler	lange Pässe angekommen (von)	Note
Robinson	90	33% (3)	1	1	0	45% (11)	4+

Spieler	Ball- kontakte in Min.	Zweik. gew. (von)	Fouls/ gefoult worden	Pässe angek. (von)	Schüsse/ Schuß- vorlagen	Tore/ Torvor- lagen	Note
Carragher	61 in 90	29% (14)	0/0	88% (32)	0/0	0/0	4–
Ferdinand	35 in 55	71% (14)	2/0	84% (25)	0/0	0/0	3–
Campbell	16 in 35	56% (9)	0/1	90% (10)	0/0	0/0	4–
Terry	50 in 90	56% (18)	1/2	100% (31)	1/0	0/0	4
Cole, A.	72 in 90	75% (8)	0/2	88% (49)	0/1	0/0	3–
1. Hargreaves	58 in 90	63% (24)	4/1	97% (38)	2/1	0/0	3+
Beckham	45 in 90	38% (8)	1/2	83% (29)	1/7	0/0	3–
Lampard	77 in 90	60% (10)	0/1	89% (61)	5/2	0/0	4
Cole, J.	60 in 90	62% (26)	1/6	84% (37)	4/1	1/1	2
Rooney	28 in 68	27% (15)	0/0	64% (14)	5/3	0/0	4–
Gerrard	9 in 22	0% (0)	0/0	57% (7)	1/0	1/0	2–
Owen	1 in 5	0% (0)	0/0	100% (1)	0/0	0/0	–
Crouch	54 in 85	59% (32)	1/2	78% (41)	4/1	0/1	4+

TRINIDAD VON DEN FANS UMJUBELT

»Spiel verloren, aber die WM gewonnen«

Die Spieler des Fußball-Exoten genossen auch ihr letztes Spiel und flogen zum Feiern nach Hause. Nur ein Tor blieb ihnen in Deutschland versagt. Gegen Paraguay kam Evans Wise vom Viertligisten Waldhof Mannheim zum Einsatz

»Das Aus ist schwer zu ertragen«

Verständnis für den Zorn: Roque Santa Cruz (24)

Sie hatten enttäuscht bei dieser Weltmeisterschaft, und so ganz wohl war den Fußballern aus Paraguay nicht vor der Heimreise: »Die Leute werden wohl nicht mit Tomaten werfen«, hoffte Roque Santa Cruz vom FC Bayern München, »aber sie sind richtig sauer.« Der Stürmer, dem wie seinem Nebenmann Nelson Valdez bei der WM kein Tor gelungen war, lag richtig. Der Volkszorn in der Hauptstadt Asunción richtete sich nicht gegen die wenig überzeugenden Spieler, die erst gegen Trinidad zu passabler Form fanden. Das Volk organisierte vielmehr eine Demonstration gegen den Präsidenten des Fußballverbandes, Oscar Harrison. Im Zentrum der Angriffe stand auch der im Team umstrittene Trainer Aníbal Ruíz, ein Uruguayer. Santa Cruz zeigte Verständnis für den Zorn der Fans. »Das Aus ist für sie schwer zu ertragen. Sie haben nur den Fußball.«

Aus dem Traum vom Achtelfinale erwachten die Spieler Trinidads in der 25. Minute. Und Brent Sancho, 29jähriger Verteidiger vom unterklassigen englischen Klub Gillingham, wurde in diesem Moment klar, daß er schon wieder der Unglücksrabe seiner Mannschaft war.
Mit der Stirn wollte er einen Kopfball von Paraguays Mittelfeldspieler Julio Dos Santos unschädlich machen. Der Ball rutschte ihm aber auf die nach hinten gebundenen Rastazöpfe und von da aus unhaltbar für Torhüter Kelvin Jack ins eigene Tor. Schon gegen England hatte Brent Sancho bei Peter Crouchs Tor zum 0:1 den entscheidenden Zweikampf verloren.
Das 0:1 brachte Trinidad und Tobagos unbekümmerte Angriffsbemühungen umgehend zum Erliegen, erst in der zweiten Halbzeit ergriff das Team des Holländers Leo Beenhakker wieder die Iniative. Das 0:2 durch Einwechselstürmer Nelson

»Vorher war doch nur die Frage: Verlieren wir 0:6, 0:8 oder 0:5?«

Cuevas in der 86. Minute besiegelte die Niederlage. Zwischendurch hatte das Karibik-Team noch Glück, als Schiedsrichter Roberto Rosetti (Italien) in der 36. Minute einem regelgerechten Tor von Denis Caniza die Anerkennung verweigerte.
Für das Weiterkommen wäre ohnehin fremde Mithilfe nötig gewesen: England hätte Schweden mit zwei Toren Vorsprung schlagen müssen. Beenhakker lebte seinen Spielern Zuversicht vor, ließ sich ständig über den Zwischenstand aus Köln unterrichten. Sein Team warf Laufreude, taktisches Verständnis und Begeisterung in die Waagschale. Zuwenig gegen die technisch viel versierteren Profis aus Paraguay. Beispiel: Nachdem sich Stürmer Cornell Glenn das Knie verdreht hatte, setzte der Holländer mit Evans Wise einen Feierabendspieler von Waldhof Mannheim aus der vierten deutschen Liga ein (41.).
Als Verlierer mochte sich Wise nach dem WM-Abpfiff denn auch wirklich nicht fühlen: »Ich fliege mit meinen Jungs erhobenen Hauptes nach Hause. Zum Feiern.«
Evans Wise traf die Stimmung der auch in Kaiserslautern umjubelten Fußball-Exoten genau. »Vor dem Turnier«, so sah es Beenhakker, »war doch eigentlich nur die Frage, ob wir die Spiele 0:6, 0:8 oder 0:5 verlieren.« Ein Tor hätten sie allerdings gern geschossen bei ihrer ersten Teilnahme an einer Fußball-WM. Daß es ihnen versagt blieb, lag an der mäßigen Form von Dwight Yorke, dem viele Ballverluste unterliefen. Und daran, daß Leo Beenhakker der Mut fehlte, Russell Latapy früher als in der 67. Minute einzuwechseln. Der 37jährige überraschte mit einer ungewöhnlichen Übersicht.
Junior Bisnath, Stelzenläufer im Reisetross der karibischen Mannschaft, brachte es noch im Stadion auf den Punkt: »Wir haben das Spiel verloren, aber die WM gewonnen.«

Verteidiger-Sache: Dennis Lawrence (l.) aus Trinidad kommt vor Carlos Gamarra aus Paraguay an den Ball. Nicht nur in dieser Szene siegte Lawrence im Duell der beiden Innenverteidiger: Er gewann 57 Prozent seiner Zweikämpfe, Gamarra hingegen nur schwache 43 Prozent

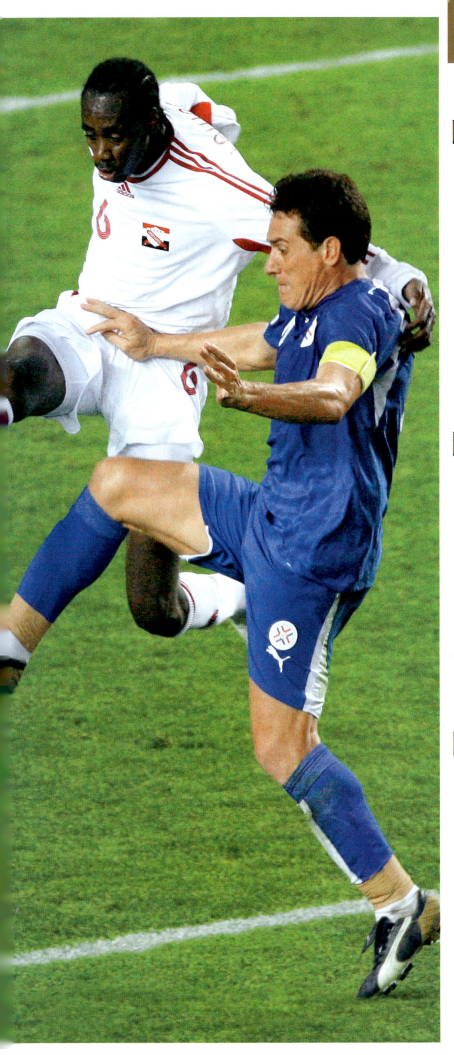

PARAGUAY – TRINIDAD/TOBAGO

 2:0 (1:0)

PARAGUAY-DATEN

Torhüter	Min.	Schüsse gehalten (von)	Flanken/Ecken abgefangen	Glanztaten	schwere Fehler	lange Pässe angekommen (von)	Note
Bobadilla	90	100% (2)	0	0	0	0% (1)	3

Spieler	Ballkontakte in Min.	Zweik. gew. (von)	Fouls/gefoult worden	Pässe angek. (von)	Schüsse/Schußvorlagen	Tore/Torvorlagen	Note
Caniza	37 in 88	56% (18)	2/2	73% (22)	0/1	0/0	3–
Da Silva	2 in 2	0% (0)	0/0	100% (2)	0/0	0/0	–
Cáceres	25 in 76	80% (10)	0/1	63% (8)	0/0	0/0	3–
Manzur	9 in 14	50% (4)	0/1	83% (6)	0/0	0/0	–
Gamarra	34 in 90	43% (14)	0/1	82% (22)	0/0	0/0	4+
Núñez	76 in 90	44% (16)	3/0	78% (41)	0/1	0/0	3
Acuña	74 in 90	53% (17)	1/0	82% (51)	2/4	0/0	3+
Barreto	64 in 90	57% (21)	2/4	81% (32)	2/3	0/0	2–
2. Paredes	58 in 90	57% (23)	4/3	92% (37)	4/0	0/0	3–
1. Dos Santos	56 in 90	42% (26)	3/1	83% (40)	1/2	0/1	4+
Santa Cruz	51 in 90	48% (23)	0/2	95% (37)	4/6	0/1	3–
Valdez	30 in 65	43% (21)	2/3	92% (12)	5/1	0/0	3
Cuevas	30 in 25	45% (11)	0/0	94% (16)	2/0	1/0	3

20. JUNI, 21 UHR, KAISERSLAUTERN

Schiedsrichter: Roberto Rosetti (Italien). *Assistenten:* Cristiano Copelli, Alessandro Stagnoli (beide Italien). *Tore:* 1:0 Sancho (25., Eigentor), 2:0 Cuevas (86.). *Einwechslungen:* Cuevas für Valdez (66.), Manzur für Cáceres (77.), Da Silva für Caniza (89.) – Jones für A. John (31.), Wise für Glenn (41.), Latapy für Whitley (67.). *Zuschauer:* 46 000.

TRINIDAD/TOBAGO-DATEN

Torhüter	Min.	Schüsse gehalten (von)	Flanken/Ecken abgefangen	Glanztaten	schwere Fehler	lange Pässe angekommen (von)	Note
Jack	90	75% (8)	2	0	0	33% (6)	2–

Spieler	Ballkontakte in Min.	Zweik. gew. (von)	Fouls/gefoult worden	Pässe angek. (von)	Schüsse/Schußvorlagen	Tore/Torvorlagen	Note
Edwards	65 in 90	72% (18)	0/4	65% (37)	0/1	0/0	3+
1. Sancho	27 in 90	47% (19)	3/1	100% (9)	0/0	0/0	5
Lawrence	32 in 90	57% (14)	0/0	84% (19)	0/0	0/0	4+
John, A.	13 in 30	0% (0)	0/0	44% (9)	0/0	0/0	4–
Jones	25 in 60	67% (18)	2/1	92% (12)	1/2	0/0	3–
Yorke	55 in 90	45% (22)	2/1	84% (31)	3/4	0/0	3–
2. Whitley	36 in 66	63% (19)	3/5	83% (23)	2/2	0/0	3+
Latapy	21 in 24	50% (4)	0/1	78% (18)	3/3	0/0	3–
Birchall	31 in 90	48% (21)	1/0	95% (21)	0/0	0/0	4+
Theobald	33 in 90	43% (14)	2/3	89% (19)	1/0	0/0	4–
John, S.	25 in 90	33% (24)	4/0	88% (8)	2/0	0/0	4
Glenn	17 in 40	31% (16)	1/1	50% (4)	1/0	0/0	4
Wise	37 in 50	43% (14)	1/0	71% (14)	1/3	0/0	4+

GRUPPE C

ARGENTINIEN	
ELFENBEINKÜSTE	
SERBIEN/MONTENEGRO	
HOLLAND	

Samstag, 10. Juni, Hamburg
Argentinien – Elfenbeinküste 2:1 (2:0)

Sonntag, 11. Juni, Leipzig
Serbien/Montenegro – Holland 0:1 (0:1)

Freitag, 16. Juni, Gelsenkirchen
Argentinien – Serbien/Montenegro 6:0 (3:0)

Freitag, 16. Juni, Stuttgart
Holland – Elfenbeinküste 2:1 (2:1)

Mittwoch, 21. Juni, Frankfurt
Holland – Argentinien 0:0

Mittwoch, 21. Juni, München
Elfenbeinküste – Serbien/M. 3:2 (1:2)

	Argentinien	Elfenbeinküste	Serbien/M.	Holland
Argentinien		2:1	6:0	0:0
Elfenbeinküste	1:2		3:2	1:2
Serbien/M.	0:6	2:3		0:1
Holland	0:0	2:1	1:0	

Mannschaft	G	U	V	Tore	Pkte
1. Argentinien	2	1	0	8:1	7
2. Holland	2	1	0	3:1	7
3. Elfenbeinküste	1	0	2	5:6	3
4. Serbien/Montenegro	0	0	3	2:10	0

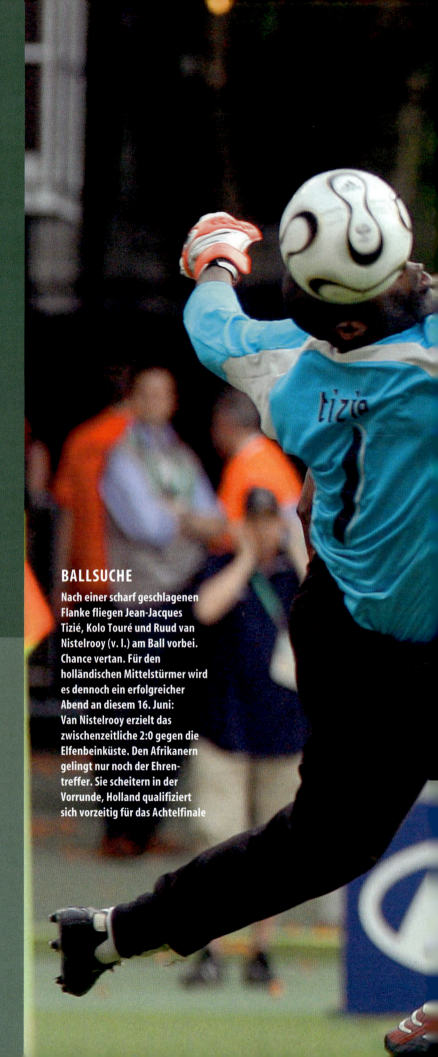

BALLSUCHE
Nach einer scharf geschlagenen Flanke fliegen Jean-Jacques Tizié, Kolo Touré und Ruud van Nistelrooy (v. l.) am Ball vorbei. Chance vertan. Für den holländischen Mittelstürmer wird es dennoch ein erfolgreicher Abend an diesem 16. Juni: Van Nistelrooy erzielt das zwischenzeitliche 2:0 gegen die Elfenbeinküste. Den Afrikanern gelingt nur noch der Ehrentreffer. Sie scheitern in der Vorrunde, Holland qualifiziert sich vorzeitig für das Achtelfinale

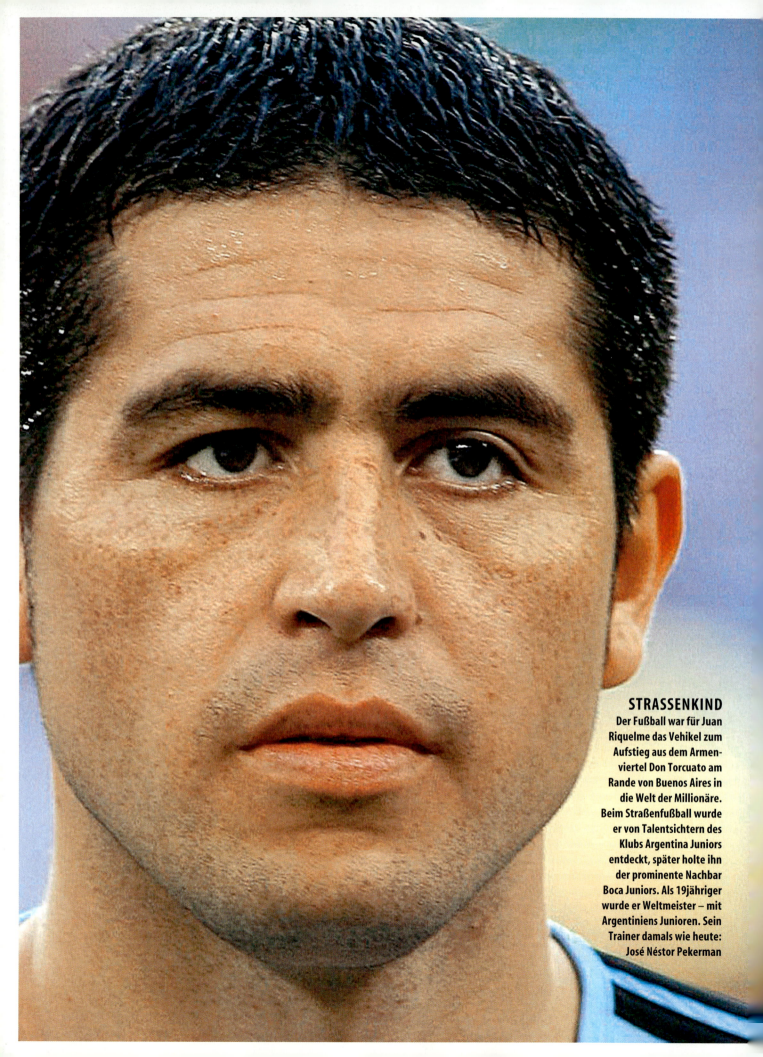

STRASSENKIND
Der Fußball war für Juan Riquelme das Vehikel zum Aufstieg aus dem Armenviertel Don Torcuato am Rande von Buenos Aires in die Welt der Millionäre. Beim Straßenfußball wurde er von Talentsichtern des Klubs Argentina Juniors entdeckt, später holte ihn der prominente Nachbar Boca Juniors. Als 19jähriger wurde er Weltmeister – mit Argentiniens Junioren. Sein Trainer damals wie heute: José Néstor Pekerman

STAR DER GRUPPE C

JUAN RIQUELME

Spielmacher der alten Prägung

Kein Angriff der Argentinier, der nicht über ihn lief. 278 Ballberührungen hatte der 28jährige in drei Spielen, immer auf der Suche nach dem sogenannten tödlichen Paß. Er zelebrierte die leise Art, Fußball zu spielen

Zollhäuschen – schon der Spitzname von Juan Riquelme mutet seltsam an. Einen wie Argentiniens Regisseur hatte keine andere Mannschaft im Kader. Riquelme ist leise, eine stille Melancholie umgibt den begnadeten Techniker. Er ist alles andere als ein Tempofußball-Bolzer. Und eigentlich paßt der 28jährige überhaupt nicht in die Zeit.

»Wenn der Ball zu ihm kommt«, erklärt Jorge Valdano, WM-Held von 1986, Riquelmes Spitznamen Zollhäuschen, »muß er haltmachen.« Riquelme will Spiel und Spielgerät stets kontrollieren. Aber Vorsicht: Urplötzlich macht er das Spiel schnell – wie vor Javier Saviolas 2:0 gegen die Elfenbeinküste, deren Abwehr Riquelme per Steilpaß aus dem Fußgelenk aushebelte.

»Er wartet nur auf den Moment, in dem er dich töten kann.« So analysierte Arsenal-Trainer Arsène Wenger Riquelmes Spiel vor dem Champions-League-Halbfinale gegen dessen spanischen Klub Villarreal. Treffender kann man es nicht ausdrücken. Ohne den Regisseur mit dem traurigen Blick ging nicht viel bei den Argentiniern, nach vorn schon gar nicht. 278 Ballkontakte hatte Riquelme in den Gruppenspielen, auf mehr kam nur Italiens defensiver Mittelfeldmann Andrea Pirlo. Zwei Tore bereitete Riquelme direkt vor, an der dem 2:0 gegen Serbien vorausgegangenen Ballstafette über 25 Stationen war er allein viermal beteiligt.

Trainer José Néstor Pekerman gab Riquelme volle Rückendeckung: gegenüber der Mannschaft, die bei jedem Angriff den Ball pflichtschuldigst bei ihm abzuliefern hatte, und auf dem Feld, wo Riquelme aller lästigen Defensivpflichten entbunden war. In seinem Rücken ackerten Esteban Cambiasso und Maxi Rodríguez. Dabei ist Riquelme keineswegs Wortführer im Team: Den Mund machen Abwehrmann Pablo

»Er wartet nur auf den Moment, in dem er dich töten kann«

Sorín, der Kapitän, und Sturmführer Hernán Crespo auf.

Nicht viele Trainer stehen so zu ihrem Star wie Pekerman. Jahrelang war der designierte Maradona-Nachfolger auf Grund seines Phlegmas nur zweite Wahl, sah die WM-Turniere 1998 und 2002 am TV-Gerät. 2002 wurde Bruder Cristian (damals 17, eines von zehn jüngeren Geschwistern) in Buenos Aires entführt und nach 30 Tagen gegen Lösegeld freigelassen. Grund genug für den bodenständigen Juan Riquelme, nach Europa zu wechseln. Nach einem verunglückten Gastspiel beim FC Barcelona fand er in Villarreal sein Fußballglück, weil der dortige Trainer, der Chilene Manuel Pellegrini, ähnlich auf ihn setzt wie Pekerman.

Niemand in der Vorrunde war fähig, den stillen Star zu stoppen und Argentinien lahmzulegen. »Viele denken, er sei langsam«, sagt Pekerman, »dabei ist er nur clever: Der Ball soll laufen, nicht die Spieler.« Im Lauf der Vorrunde hatten auch Europas Top-Klubs wieder Geschmack gefunden am letzten Spielmacher alter Prägung. Real Madrid hatte angeblich angefragt, und Inter Mailand bot Villarreal 18 Millionen Euro Ablöse.

Immer mit Kopf: Juan Riquelme (r.) benutzt ihn in dieser Szene auch einmal zum Ballführen. Der Denker und Lenker läuft am Holländer Kew Jaliens vorbei

---

Didier Drogba: Gruppensieger der Herzen

Es ist tragisch, wenn eine der besten Vorrundenmannschaften ausscheiden muß, aber das Team der Elfenbeinküste verabschiedete sich ohne Tränen. Entspannt sah der gelbgesperrte Superstar Didier Drogba zu, wie seine Kameraden einen 0:2-Rückstand gegen Serbien/Montenegro noch in ein 3:2 verwandelten – der erste WM-Sieg der Elfenbeinküste in ihrer Fußballgeschichte.

Didier Drogbas 1:2 gegen Argentinien. Rechts: Heinze

Der wuchtige Drogba war bester Spieler in den unglücklich verlorenen Spielen gegen Argentinien und Holland (jeweils 1:2), ohne aus der homogenen Mannschaft besonders herauszuragen. Siebenmal schoß er auf das argentinische Tor, einmal traf er – ivorische WM-Tor-Premiere. Auch gegen Holland führte der 28jährige von Chelsea London das Team nach 0:2-Rückstand wieder ins Spiel zurück, gewann als Angreifer überragende 61 Prozent seiner Zweikämpfe. 15mal schossen die Westafrikaner aufs Tor, dreimal so häufig wie Hollands Sturm, mindestens ein Strafstoß wurde ihnen verweigert. Drogba und seine technisch starken Teamkollegen wurden die Gruppensieger der Herzen.

ANALYSE GRUPPE C

ARGENTINIEN GLÄNZTE IM ANGRIFF
Effektiv wie kein zweites Team

SCORER-LISTE GRUPPE C

	Torvorlagen	Tore	Scorerpunkte
Crespo (ARG)	1	2	3
Dindane (ELF)	1	2	3
Saviola (ARG)	2	1	3
Rodríguez (ARG)	–	2	2
Messi (ARG)	1	1	2
Tévez (ARG)	1	1	2
van Persie (HOL)	1	1	2
Robben (HOL)	1	1	2
Riquelme (ARG)	2	–	2
Cambiasso (ARG)	–	1	1
v. Nistelrooy (HOL)	–	1	1
Drogba (ELF)	–	1	1
Koné, B. (ELF)	–	1	1
Kalou (ELF)	–	1	1
Ilic (SRB)	–	1	1
Zigic (SRB)	–	1	1
Heinz (ARG)	1	–	1
Zokora (ELF)	1	–	1
Boka (ELF)	1	–	1
Keita (ELF)	1	–	1
Djordjevic, P. (SRB)	1	–	1
Stankovic (SRB)	1	–	1

Gleich drei Spieler teilten sich Rang eins der Scorerwertung: Crespo, Dindane und Saviola. Dahinter folgten sechs Spieler mit zwei Scorerpunkten

Geteilter Platz eins: Hernán Crespo (Argentinien)

Nur 4,6 Torschüsse benötigten die Südamerikaner im Schnitt für einen Treffer. Acht Tore in der Vorrunde waren der beste WM-Wert. Das große Plus gegenüber Holland und der spielerisch beeindruckenden Elfenbeinküste

Keine Mannschaft mit Ausnahme von Deutschland spielte in der Vorrunde so dominant auf wie Argentinien. Sehr zum Leidwesen des großartigen Teams der Elfenbeinküste, das in anderen Gruppen beste Chancen aufs Weiterkommen gehabt hätte. Argentinien, Holland, die Elfenbeinküste, Serbien/Montenegro – als Todesgruppe hatte man diese Gruppe C betitelt. Als besonders unangenehm und abwehrstark galt vor allem die serbische Auswahl, die zum letzten Mal im Verbund mit dem demnächst selbständigen Montenegro antrat.

Die Spieler, die Jugoslawiens große Tradition zu schultern hatten, entpuppten sich allerdings als Enttäuschung des Turniers. Zehn Gegentore kamen zusammen, die meisten der Vorrunde. Allein sechs kassierten sie gegen Argentinien. Die lustlose Vorstellung war einer WM-Teilnahme unwürdig. Abwehrkräfte wie Mladen Krstajic (Schalke 04) und Igor Duljaj kamen auf Bilanzen von 33 beziehungsweise 31 Prozent gewonnenen Zweikämpfen – indiskutabel.

Im letzten Gruppenspiel reichte nicht einmal eine 2:0-Führung gegen die Elfenbeinküste, um aus der Vorrunde auch nur einen Punkt nach Belgrad mitzunehmen.

Die anderen drei Teams begegneten sich auf Augenhöhe. Argentinien mit dem herausragenden Juan Riquelme verwirrte die Gegner durch schnelles Kurzpaßspiel.

Esteban Cambiassos Tor zum 2:0 gegen Serbien/Montenegro (31.) ging eine Kombination über 25 Stationen voraus, ohne daß ein Gegenspieler den Fuß an den Ball brachte. Die geringsten Sorgen mußte sich Trainer José Néstor Pekerman über seinen Angriff machen. Erste Wahl waren Javier Saviola (FC Sevilla, ein Tor) und Hernán Crespo (Chelsea London, zwei Tore), in der Hinterhand hatte er noch seinen zweiten

Die Elfenbeinküste lag dreimal 0:2 zurück – es gab nur ein Happy End

Sturm mit Jungstar Lionel Messi (19, FC Barcelona) und Carlos Tévez (22, Corinthians São Paulo). Allesamt Stürmer vom Feinsten. Die Statistik unterstreicht Argentiniens gefährliche Effizienz: Nur 4,6 Torschüsse benötigten die Albiceleste, die Himmelblau-Weißen, für ein Tor. Die Argentinier spielten, paßten, dribbelten und schossen sich während der Vorrunde in die Rolle des WM-Topfavoriten.

Im dritten Gruppenspiel genügte ein 0:0 gegen Holland zum Gruppensieg. Bei den Holländern machten sich die Reform-Anstrengungen des neuen Bondscoaches Marco van Basten (41) in der Vorwärtsbewegung positiv bemerkbar. Platz zwei verdankten sie vor allem ihren extrem schnellen Angreifern Arjen Robben und Robin van Persie. Gemeinsam knackten sie im ersten Spiel das anfangs noch stabile Abwehrbollwerk von Serbien. Angespielt wurden sie meist mit langen Bällen statt aus Mittelfeldkombinationen heraus – Hollands Stilwandel war augenfällig.

Weniger beeindruckend war, was Marco van Basten in der Abwehr präsentierte: Vor allem die Außenverteidiger wirkten anfällig. Ob Giovanni van Bronckhorst links oder rechts Johnny Heitinga und Kew Jaliens, entspannt zurückgelehnt konnte van Basten ihre Aktionen nie genießen.

Trotzdem reichte es für Holland, für die begeisternden Afrikaner von der Elfenbeinküste nicht. Den Zuschauern gefiel, wie sie ohne Respekt Weltklasseteams wie Argentinien oder Holland angriffen und beste Chancen herausspielten. Superstar Didier Drogba (28, Chelsea London) vermied jegliche Allüren, gab sich als Teamspieler, riß seine Mannschaft zweimal nach 0:2-Rückständen mit zur letztlich vergeblichen Aufholjagd. Großartige 55 Prozent seiner Zweikämpfe zum Beispiel gewann er gegen Argentiniens Abwehrprofis – ein phantastischer Wert.

Die Westafrikaner scheiterten an schwacher Chancenverwertung – und an Naivität in der Vorwärtsbewegung. So schön die Vorstöße von Linksverteidiger Arthur Boka (zwölf Flanken in der Vorrunde, nur drei Spieler schlugen mehr) anzuschauen waren, so brenzlig wurde es im Strafraum der Ivorer, wenn er bei Ballverlust nicht rechtzeitig auf seinen Posten zurückgekehrt war. Die Elfenbeinküste kassierte zu viele unnötige Gegentore: Dreimal lag sie 0:2 zurück, nur einmal gab es ein Happy End: gegen Serbien

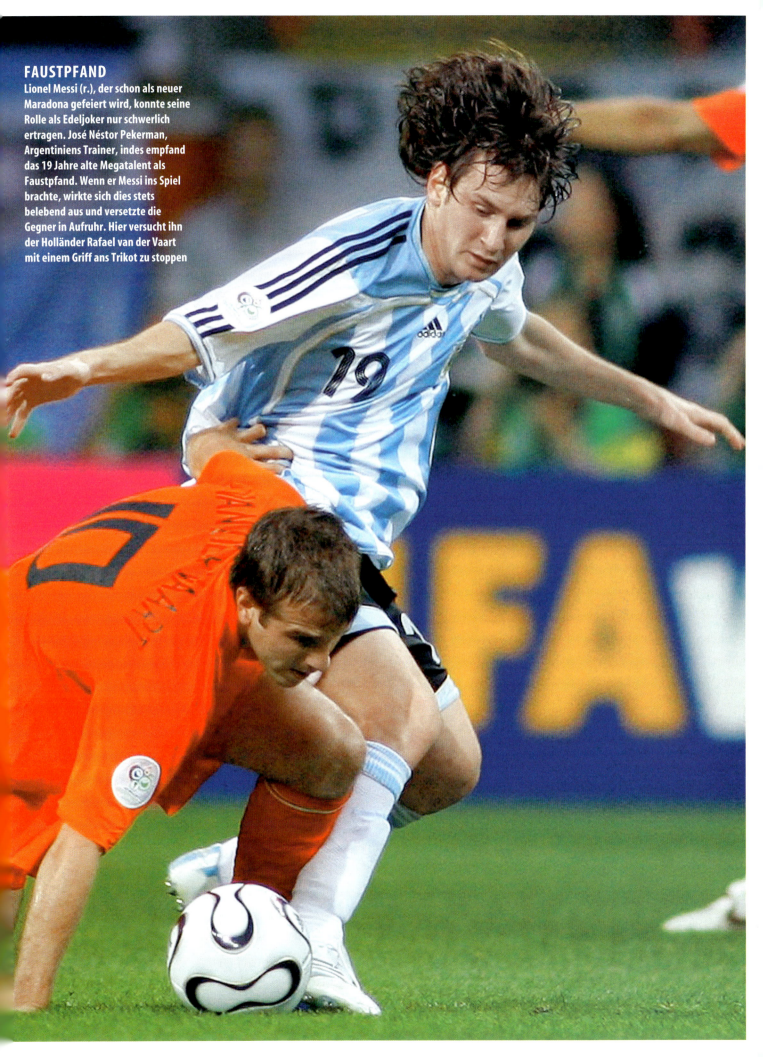

FAUSTPFAND
Lionel Messi (r.), der schon als neuer Maradona gefeiert wird, konnte seine Rolle als Edeljoker nur schwerlich ertragen. José Néstor Pekerman, Argentiniens Trainer, indes empfand das 19 Jahre alte Megatalent als Faustpfand. Wenn er Messi ins Spiel brachte, wirkte sich dies stets belebend aus und versetzte die Gegner in Aufruhr. Hier versucht ihn der Holländer Rafael van der Vaart mit einem Griff ans Trikot zu stoppen

ARGENTINIEN SIEGT AUFREIZEND NÜCHTERN

Duell zweier Fußball-Temperamente

Afrikaner nahmen 3000 Argentinier mit zur Party

Kochte für die Fans: Didier Drogbas Mutter Clotilde

Der WM-Neuling Elfenbeinküste machte den arrivierten Fußballnationen in Sachen Fankultur einiges vor. Auf dem Gelände der Hamburger Trabrennbahn, in Nachbarschaft zur Arena, feierte der Anhang der afrikanischen Mannschaft auf einem landestypischen Markt. Didier Drogbas Mutter Clotilde (48) kochte persönlich für die Fans, selbst Premierminister Charles Konan Banny schaute vor dem Spiel vorbei. Auf dem Speisezettel: Fisch, Hühnchen und fritierte Bananen. Nach der Niederlage vergaßen die Afrikaner ihren Frust schnell: Auf dem Pferdesport-Areal feierten sie mit 3000 argentinischen Fans, die heimische Wurst und Bier beisteuerten.

Der hocheingeschätzte Außenseiter Elfenbeinküste stellte die spielstärkere und leidenschaftlichere Mannschaft. Aber zwei Vorlagen von Argentiniens Spielmacher Riquelme führten zum Sieg. Didier Drogba traf zu spät

Das erste Spiel der Weltmeisterschaft auf Weltklasse-Niveau war ein Kampf kompakter Mannschaften – und doch auch das Duell zweier herausragender Persönlichkeiten: Juan Riquelme gegen Didier Drogba. Fußball-Temperamente, wie sie unterschiedlicher kaum sein könnten. Hier Juan Riquelme, Argentiniens Spielmacher mit unbewegtem Gesicht, dessen Pässe und Freistöße gegnerische Abwehrreihen mit der Schärfe einer Stahlklinge durchschneiden. Dagegen die Leidenschaft von Didier Drogba, einem technisch versierten Kämpfer von unwiderstehlicher Kraft, beeindruckender Koordination und unbändigem Willen.
Beide leisteten ihren Beitrag zu einem Spiel, das die Zuschauer im Hamburger Stadion, unter ihnen 8000 Argentinier, zeitweise von den Sitzen riß.
Nachdem sich Afrikas Vizemeister erste Chancen herausgespielt hatte,

Henri Michel: »Ein Spiel, aus dem wir lernen können«

setzte Riquelme zu seinen entscheidenden Geniestreichen an. Das 1:0 von Hernán Crespo (24.) leitete er per Freistoß von der linken Seite ein, zwang die Verteidiger der Elfenbeinküste mit einem kunstvoll angeschnittenen Ball zu einem Kopfball-Abwehrfehler. Acht Minuten vor der Pause gab Riquelme die Vorlage zu Javier Saviolas 2:0.
Es war das Verdienst der Führungspersönlichkeit Didier Drogba (»Ich bin hier, um Weltmeister zu werden«), daß die Afrikaner angesichts des deutlichen Rückstandes nicht resignierten. Zunächst fast allein schien es der Hüne mit der südamerikanischen Weltklasse-Abwehr um Roberto Ayala und Gabriel Heinze aufzunehmen. Der Star des FC Chelsea riß seine Mannschaft mit zu einem Schlußspurt, der die auf Ergebnisverwaltung spezialisierten Argentinier noch gehörig durcheinanderwirbelte. Sein Tor in der 82. Minute, erzielt mit dem linken Fuß aus acht Metern, kam aber zu spät.
Die Enttäuschung war groß. Didier Drogba sprach von einem »Mangel an Realismus«, sein französischer Trainer Henri Michel gab sich bescheiden. »Ein Spiel, aus dem wir lernen können.«
Die stärksten argentinischen Gemütsregungen zeigte der frühere Weltstar Diego Maradona auf der Tribüne. Ein Engagement, für das sich der oft von ihm kritisierte Trainer José Pekerman ausdrücklich bedankte. Argentinien, aufreizend nüchtern und prompt von einigen zwingenden Angriffen der ballgewandten Ivorer in Verlegenheit gebracht, ging gleichwohl als verdienter Sieger aus dem Spiel hervor.
Die umstrittenste Szene des Spiels war das nicht gegebene Tor in der 35. Minute: Elfenbeinküste-Torwart Jean-Jacques Tizié lenkte einen Kopfball Ayalas an den Innenpfosten und bekam den Ball erst hinter der Torlinie unter Kontrolle.

056

Hand-Ball: Didier Drogba (rechts) führt den Ball mit der rechten Hand. Ebenso regelwidrig hat Argentiniens Innenverteidiger Gabriel Heinze der Stürmerstar mit beiden Händen fest im Griff

ARGENTINIEN – ELFENBEINKÜSTE

 2:1 (2:0)

ARGENTINIEN-DATEN

Torhüter	Min.	Schüsse gehalten (von)	Flanken/ Ecken abgefangen	Glanz- taten	schwere Fehler	lange Pässe angekommen (von)	Note
Abbondanzieri	90	80% (5)	2	1	0	0% (1)	3+

Spieler	Ball- kontakte in Min.	Zweik. gew. (von)	Fouls/ gefoult worden	Pässe angek. (von)	Schüsse/ Schuß- vorlagen	Tore/ Torvor- lagen	Note
Burdisso	47 in 90	60% (20)	1/1	81% (26)	0/0	0/0	4
Ayala	53 in 90	71% (21)	2/2	94% (32)	1/0	0/0	3+
1. Heinze	49 in 90	43% (21)	2/1	84% (31)	0/1	0/1	3+
Sorín	53 in 90	48% (23)	2/2	93% (27)	0/0	0/0	2+
Mascherano	61 in 90	43% (21)	0/0	85% (41)	0/0	0/0	4
Rodríguez	39 in 90	53% (15)	1/1	86% (28)	2/1	0/0	3
Cambiasso	54 in 90	35% (17)	3/1	89% (45)	0/1	0/0	2-
Riquelme	74 in 90	38% (8)	0/1	86% (57)	3/2	0/1	1
Aimar	0 in 1	0% (0)	0/0	0% (0)	0/0	0/0	–
1. Saviola	44 in 75	57% (23)	3/3	73% (30)	3/2	1/0	2
1. González	9 in 15	43% (7)	1/1	60% (5)	0/0	0/0	3
Crespo	17 in 63	33% (6)	0/1	50% (6)	1/0	1/0	3
Palacio	18 in 27	18% (11)	0/0	78% (9)	0/0	0/0	4

10. JUNI, 21 UHR, HAMBURG

Schiedsrichter: Frank de Bleekere (Belgien). *Assistenten:* Peter Hermans, Walter Vromans (beide Belgien). *Tore:* 1:0 Crespo (24.), 2:0 Saviola (38.), 2:1 Drogba (82.). *Einwechslungen:* Palacio für Crespo (64.), González für Saviola (75.), Aimar für Riquelme (90.+3) – Dindane für Kalou (55.), B. Koné für Akalé (62.), A. Koné für Keita (77.). *Zuschauer:* 49 480.

ELFENBEINKÜSTE-DATEN

Torhüter	Min.	Schüsse gehalten (von)	Flanken/ Ecken abgefangen	Glanz- taten	schwere Fehler	lange Pässe angekommen (von)	Note
Tizié	90	50% (4)	0	0	0	0% (0)	4

Spieler	Ball- kontakte in Min.	Zweik. gew. (von)	Fouls/ gefoult worden	Pässe angek. (von)	Schüsse/ Schuß- vorlagen	Tore/ Torvor- lagen	Note
1. Eboué	47 in 90	40% (10)	3/0	96% (28)	0/0	0/0	3+
Touré, K.	44 in 90	86% (14)	0/0	89% (27)	1/2	0/0	4
Mëité	51 in 90	63% (8)	1/0	86% (37)	0/0	0/0	4
Boka	68 in 90	50% (20)	2/3	79% (38)	0/0	0/0	3
Touré, Y.	68 in 90	50% (10)	1/0	88% (57)	1/4	0/0	4
Zokora	58 in 90	50% (20)	1/3	84% (44)	1/0	0/0	3
Keita	33 in 76	50% (22)	2/1	87% (15)	2/2	0/0	4
Koné, A.	8 in 14	50% (4)	1/0	86% (7)	0/1	0/0	3
Kalou	27 in 55	41% (17)	1/1	79% (14)	3/1	0/0	3
Dindane	19 in 35	33% (15)	0/0	57% (7)	0/3	0/1	4
Akalé	38 in 61	53% (17)	0/3	83% (24)	2/1	0/0	3
Koné, B.	16 in 29	60% (5)	0/0	71% (7)	4/0	0/0	4
1. Drogba	39 in 90	55% (31)	2/4	73% (15)	7/5	1/0	2-

HOLLÄNDER BEKÄMPFEN SICH GEGENSEITIG

Attacke gegen Torjäger Robben

Unbändige Freude: Torschütze Arjen Robben feiert nach Spielschluß den knappen Sieg. Serbien, hier in Person von Mittelfeldspieler Igor Duljaj (Nummer 4), ist auf dem Boden der Tatsachen. Im Hintergrund: Hollands Torwart Edwin van der Sar

Mehr als die Abwehrspieler von Serbien und Montenegro setzte Robin van Persie dem Torschützen zum 1:0-Sieg zu. Er warf dem einzigen herausragenden Spieler der Partie puren Egoismus vor – und löste neue Debatten aus

Markus Merk: Nur einmal am Boden

Nach dem Unfall mit van Bommel: Markus Merk

Nach 23 Spielminuten leistete sich Markus Merk den einzigen Fehltritt. Deutschlands bester – und zum Ärger des DFB bei der WM einziger – Schiedsrichter war in den Laufweg des holländischen Spielmachers Mark van Bommel geraten, für den 44-jährigen Doktor der Zahnmedizin führte der Körper- zum unfreiwilligen Bodenkontakt. Merk nahm es mit Humor, der Extremsportler (100-Kilometer-Läufe) konnte schon immer einiges vertragen. Heikle Situationen im Spiel pflegt er mit einem Lächeln und klarer Körpersprache zu meistern. »Super, was er gepfiffen hat. Einer der Besten der Welt«, lobte Serbiens Verteidiger Mladen Krstajic nach dem Abpfiff.
Sichere Entscheidungen fällen – seine Spezialität hat der seit 1992 international pfeifende Merk inzwischen zum Beruf gemacht. Seit 2004 ist die Zahnarztpraxis in Kaiserslautern zu. Merk gibt Manager-Seminare.

Das Auftaktspiel gewonnen und trotzdem Krach: Die Spieler des WM-Mitfavoriten Holland leisteten sich nach dem 1:0 gegen Serbien unverständliche Zwistigkeiten. Ausgerechnet Torschütze Arjen Robben (22), der 37 216 Zuschauer in Leipzig und Millionen Holländer am TV begeistert hatte, stand nach dem Spiel am Pranger. »Manchmal trifft er Entscheidungen, die gut für ihn sind«, sagte Sturmkollege Robin van Persie (22), im Fußball-Alltag mit Arsenal London Ortsrivale von Chelsea-Star Robben. Und er ergänzte: »Aber nicht für das Team.«
Van Persie, wie der Torschütze ein Exponent des neuen Jugendstils von Bondscoach Marco van Basten, hatte Robben den Ball in der 18. Minute in den Lauf gespielt. Zentral vor dem Strafraum, uneigennützig und perfekt. Der schnelle Dribbelkönig erkannte seine Chance, sprintete der serbischen Innenverteidigung mühelos davon und schob

»Er trifft Entscheidungen, die gut für ihn sind, aber nicht fürs Team«

den Ball am herausstürzenden Torwart Dragoslav Jevric vorbei ins Tor. Daß die rund 25 000 holländischen Fans nicht noch öfter Grund zum Jubeln hatten, lag nicht nur an Robbens Eigensinn bei weiteren ausgelassenen Chancen. Auch nicht an der Auswechslung seines hoffnungslos überforderten Gegenspielers Nenad Djordjevic.
Beide Mannschaften bemühten hinterher vor allem die Hitze als Alibi für eine wenig ansprechende zweite Halbzeit. Nicht nach dem Geschmack des ausgewechselten Stars Ruud van Nistelrooy war zudem der Zustand des Rasens: »Zu hart«, befand der Angreifer von Manchester United, dem erstaunlich viele Bälle versprungen waren. Enttäuschend aber war vor allem die Untätigkeit der Mannschaft Serbiens und Montenegros. Trainer Ilija Petkovic hatte die gefährlichen Ognjen Koroman und Nikola Zigic zunächst nicht aufgestellt. Aber selbst mit ihren Einwechslungen machte er das Spiel seines Teams nicht druckvoller, auch nicht durch den Einsatz von Bundesliga-Stürmer Danijel Ljuboja (VfB Stuttgart) in der Schlußphase.
Noch die beste Chance vergab Koroman mit einem Aufsetzer (71.) und machte seinem Frust nach dem Abpfiff gehörig Luft: »Ich sehe keine Logik darin, so defensiv anzutreten.« Heftige Kritik an Trainer Petkovic' ängstlichem Konzept übte auch Nebenmann Mateja Kezman: »Wenn wir nicht beginnen, nach vorn zu spielen, fliegen wir aus dem Turnier.« Petkovic räumte eine »etwas zu passive« Spielweise ein und versprach trotzig sechs Punkte aus den folgenden Gruppenspielen.
Keinen Frust schob anscheinend nur HSV-Mittelfeldstar Rafael van der Vaart. Er hatte sich zweimal vergeblich warm laufen müssen und trat danach als (friedvoller) Mannschaftsspieler auf: »Wichtig ist doch, daß wir gewonnen haben.« ◂

058

SERBIEN/M. – HOLLAND

 0:1 (0:1)

SERBIEN/M.-DATEN

Torhüter	Min.	Schüsse gehalten (von)	Flanken/ Ecken abgefangen	Glanz- taten	schwere Fehler	lange Pässe angekommen (von)	Note
Jevric	90	80% (5)	3	0	0	33% (3)	3+

Spieler	Ball- kontakte in Min.	Zweik. gew. (von)	Fouls/ gefoult worden	Pässe angek. (von)	Schüsse/ Schuß- vorlagen	Tore/ Torvor- lagen	Note
Djordjevic, N.	21 in 42	50% (6)	0/0	33% (12)	0/0	0/0	4–
1. Koroman	30 in 48	62% (13)	0/2	75% (12)	2/1	0/0	4+
1. Gavrancic	41 in 90	54% (13)	1/3	84% (19)	0/0	0/0	4
Krstajic	32 in 90	75% (12)	1/0	57% (18)	1/0	0/0	3–
1. Dragutinovic	37 in 90	38% (8)	2/2	72% (18)	0/1	0/0	4–
Duljaj	29 in 90	59% (17)	3/2	92% (13)	0/0	0/0	4+
Nadj	26 in 90	50% (14)	0/4	83% (18)	0/0	0/0	4
1. Stankovic	28 in 90	42% (12)	4/4	100% (12)	2/2	0/0	4+
Djordjevic, P.	48 in 90	36% (11)	0/2	69% (20)	0/4	0/0	3–
Kezman	20 in 66	8% (13)	1/0	100% (5)	1/1	0/0	4–
Ljuboja	10 in 24	50% (4)	0/1	75% (8)	0/1	0/0	5+
Milosevic	25 in 45	41% (17)	1/2	77% (13)	5/2	0/0	3–
Zigic	12 in 45	47% (15)	1/0	43% (7)	1/0	0/0	4

11. JUNI, 15 UHR, LEIPZIG

Schiedsrichter: Markus Merk (Deutschland).
Assistenten: Christian Schräer, Jan-Hendrik Salver (beide Deutschland).
Tor: 0:1 Robben (18.).
Einwechslungen: Koroman für N. Djordjevic (43.), Zigic für Milosevic (46.), Ljuboja für Kezman (67.) – Landzaat für van Bommel (60.), Kuyt für van Nistelrooy (69.), Boulahrouz für Mathijsen (86.).
Zuschauer: 37216.

Aufstellung:
- JEVRIC
- GAVRANCIC, KRSTAJIC
- N. DJORDJEVIC, DRAGUTINOVIC
- DULJAJ, NADJ
- STANKOVIC, P. DJORDJEVIC
- KEZMAN, MILOSEVIC
- ROBBEN, VAN NISTELROOY, VAN PERSIE
- COCU, SNEIJDER, VAN BOMMEL
- VAN BRONCKHORST, HEITINGA
- MATHIJSEN, OOIJER
- VAN DER SAR

HOLLAND-DATEN

Torhüter	Min.	Schüsse gehalten (von)	Flanken/ Ecken abgefangen	Glanz- taten	schwere Fehler	lange Pässe angekommen (von)	Note
van der Sar	90	100% (4)	2	0	0	20% (10)	1–

Spieler	Ball- kontakte in Min.	Zweik. gew. (von)	Fouls/ gefoult worden	Pässe angek. (von)	Schüsse/ Schuß- vorlagen	Tore/ Torvor- lagen	Note
1. Heitinga	50 in 90	57% (14)	3/3	91% (34)	0/0	0/0	3
Ooijer	48 in 90	54% (13)	1/0	92% (38)	0/0	0/0	4+
Mathijsen	54 in 85	68% (25)	2/0	95% (40)	0/0	0/0	3+
Boulahrouz	7 in 5	0% (0)	0/0	100% (4)	0/0	0/0	–
1. van Bronckhorst	88 in 90	69% (13)	2/1	89% (66)	1/1	0/0	2–
van Bommel	41 in 59	60% (5)	2/1	92% (37)	0/3	0/0	3
Landzaat	15 in 31	6% (1)	0/0	100% (13)	0/1	0/0	4+
Cocu	46 in 90	67% (12)	2/1	89% (36)	2/1	0/0	3–
Sneijder	74 in 90	33% (12)	2/0	78% (60)	3/3	0/0	3+
van Persie	33 in 90	62% (12)	1/3	86% (21)	2/2	0/1	2
Robben	75 in 90	44% (27)	2/4	68% (41)	9/2	1/0	2+
van Nistelrooy	33 in 68	33% (15)	3/0	77% (26)	1/0	0/0	3–
Kuyt	11 in 22	20% (5)	2/0	89% (9)	0/1	0/0	4+

JAVIER SAVIOLA ÜBERRAGTE ALLE

Sturm auf ein Tor ohne Gegenwehr

Maradona paffte Zigarren und trank Champagner

Genußmensch: Maradona feiert sich und Argentinien

Argentinien bot auch im zweiten Gruppenspiel eine Weltklasseleistung. Mit 6:0 überrollten die Südamerikaner das lustlose Team von Serbien und Montenegro. Dessen Stars und Trainer Ilija Petkovic schämten sich zutiefst

War er ein Maskottchen, der einstige Weltstar Diego Armando Maradona, der bei allen Spielen Argentiniens auf exponiertem Tribünenplatz herumhüpfte? Oder eine peinliche Altlast? Vor den Spielen besuchte er seine Argentinier stets in der Kabine, munterte sie auf. Während des Spiels waren der 45jährige und sein familiärer Hofstaat vor allem für die TV-Kameras der Hingucker, wenn auf dem Spielfeld gerade mal nichts passierte.

Maradona, Weltmeister 1986 und trotz zahlloser Skandale amtierender Fußballgott der argentinischen Fans, enttäuschte die Fernseh-Regisseure in ihren Ü-Wagen nie, herzte Tochter Gianina und Ex-Ehefrau Claudia, schwenkte blau-weißes Tuch, paffte Siegeszigarren und trank Champagner. Stoppen konnte den Superstar nur die Polizei. In der Nacht vor dem Spiel gegen Serbien war er auf der A2 bei Hamm-Uentrop mit 120 km/h unterwegs, erlaubt waren 80. Auch ein Fußballgott muß mal zahlen – 200 Euro Bußgeld.

Ich entschuldige mich.« Selten zuvor hat ein Profi derart dramatisch Abbitte für ein schwaches Spiel geleistet wie Mateja Kezman. In der Belgrader Zeitung Danas veröffentlichte der Torjäger der Mannschaft von Serbien und Montenegro am Tag nach dem 0:6 gegen Argentinien eine Kolumne, in der es hieß: »Ich stehe unter Schock und kann nicht erklären, was geschehen ist.«

Kezman hatte mehr Grund für die zerknirschte Ansprache an die Landsleute als alle seine Mitspieler. Nach 65 Minuten war der 27jährige vom italienischen Schiedsrichter Roberto Rosetti des Feldes verwiesen worden – nach einem Frustfoul an Javier Mascherano. Zu diesem Zeitpunkt lag sein Team bereits aussichtslos mit 0:3 zurück. Und ließ mit sich geschehen, was auch immer Argentinien auf den Rasen in Gelsenkirchen zauberte.

Mit jedem Tor stieß die Spiellaune der Südamerikaner auf weniger Gegenwehr. Beim ersten Treffer nach einem Doppelpaß auf dem linken Flügel – fünf Minuten und 48 Sekunden waren gespielt – mußte Stürmer Maxi Rodríguez noch sprinten, um an seinen Gegenspielern vorbeizukommen. Aber schon das zweite Tor durch den früh eingewechselten Esteban Cambiasso (17.) kündete bis zum finalen Paß, von Hernán Crespo mit der Hacke gespielt, mehr von serbischer Passivität als von argentinischer Spielkunst. Über 25 Stationen war der Ball in gemächlichem Tempo zum Schützen gewandert, ohne daß ihn auch nur ein Serbe berührt hatte. Aus einer an diesem Nachmittag gleichwohl auf höchstem Niveau aufspielenden argentinischen Mannschaft ragte der offensive Mittelfeldmann Javier Saviola heraus. Zu allen drei Toren in der ersten Hälfte leistete der für den FC Sevilla spielende 24jährige die Vorarbeit, brillierte durch Pässe und machte das Spiel in die Spitze immer im richtigen Moment schnell. Bei seiner Auswechslung regneten Ovationen der 15 000 Argentinien-Anhänger auf ihn nieder.

Es war das Pech der Serben, daß Argentiniens Trainer José Néstor Pekerman auch nach deutlicher Führung die Spannung in seiner Mannschaft hoch hielt. Das gelang ihm durch die Einwechslung zweier bislang vernachlässigter Jungstars, die, vor Ehrgeiz brennend, aufs Spielfeld stürmten: Carlos Tévez (22) und Lionel Messi (18). Beide boten sich dem Trainer mit

> »Ich stehe unter Schock und kann nicht erklären, was geschehen ist«

höchst engagierten Leistungen und je einem Tor an. »Wir spielen auf sehr hohem Niveau«, bilanzierte Regisseur Juan Riquelme nüchtern. Gegner Mladen Krstajic (Schalke) hingegen benutzte die Worte »Schmach« und »Schande«. Genauso deutlich wurde Serbiens Trainer Ilija Petkovic: »Eines der schlimmsten Ergebnisse in unserer Fußballgeschichte. Davon werden noch Generationen reden.«

Foul aus purem Frust: In der 65. Minute grätscht Mateja Kezman mit gestreckten Beinen den Argentinier Javier Mascherano um – Rote Karte

ARGENTINIEN – SERBIEN/M.

 6:0 (3:0)

ARGENTINIEN-DATEN

Torhüter	Min.	Schüsse gehalten (von)	Flanken/ Ecken abgefangen	Glanz- taten	schwere Fehler	lange Pässe angekommen (von)	Note
Abbondanzieri	90	100% (1)	6	0	0	50% (2)	2−

Spieler	Ball- kontakte in Min.	Zweik. gew. (von)	Fouls/ gefoult worden	Pässe angek. (von)	Schüsse/ Schuß- vorlagen	Tore/ Torvor- lagen	Note
Burdisso	71 in 90	70% (10)	2/3	90% (49)	0/0	0/0	2−
Ayala	38 in 90	43% (7)	1/0	82% (28)	0/0	0/0	3+
Heinze	53 in 90	80% (10)	1/2	91% (35)	0/0	0/0	2
Sorín	88 in 90	45% (11)	2/2	95% (59)	1/0	0/0	2−
Mascherano	70 in 90	50% (14)	1/3	95% (63)	0/0	0/0	3
González	5 in 16	50% (4)	0/0	80% (5)	0/0	0/0	4+
Cambiasso	64 in 74	71% (7)	1/0	95% (59)	1/1	1/0	2
Rodríguez	57 in 74	67% (12)	0/5	87% (46)	2/1	2/0	1−
Messi	19 in 16	67% (6)	1/2	94% (16)	1/2	1/1	1−
Riquelme	127 in 90	58% (12)	1/3	95% (108)	3/3	0/1	2+
Saviola	31 in 58	62% (13)	1/1	73% (22)	1/2	0/2	1
Tévez	34 in 32	50% (8)	1/0	86% (29)	1/1	1/1	2+
1. Crespo	31 in 90	29% (7)	1/0	83% (24)	3/2	1/1	2+

16. JUNI, 15 UHR, GELSENKIRCHEN

Schiedsrichter: Roberto Rosetti (Italien). *Assistenten:* Cristiano Copelli, Alessandro Stagnoli (beide Italien). *Tore:* 1:0 Rodríguez (6.), 2:0 Cambiasso (31.), 3:0 Rodríguez (41.), 4:0 Crespo (78.), 5:0 Tévez (84.), 6:0 Messi (88.). *Einwechslungen:* Cambiasso für González (17.), Tévez für Saviola (59.), Messi für Rodríguez (75) – Ergic für Nadj (46.), Ljuboja für Koroman (50.), Vukic für Milosevic (70.). *Zuschauer:* 52 000

SERBIEN/MONTENEGRO-DATEN

Torhüter	Min.	Schüsse gehalten (von)	Flanken/ Ecken abgefangen	Glanz- taten	schwere Fehler	lange Pässe angekommen (von)	Note
Jevric	90	33% (9)	2	0	0	0% (3)	5

Spieler	Ball- kontakte in Min.	Zweik. gew. (von)	Fouls/ gefoult worden	Pässe angek. (von)	Schüsse/ Schuß- vorlagen	Tore/ Torvor- lagen	Note
Duljaj	46 in 90	31% (13)	2/1	96% (28)	0/0	0/0	6
Gavrancic	44 in 90	78% (9)	0/2	59% (27)	1/0	0/0	4−
Dudic	28 in 90	40% (5)	0/0	89% (19)	0/0	0/0	5
1. Krstajic	51 in 90	33% (9)	2/0	73% (33)	1/0	0/0	6
1. Nadj	14 in 45	57% (7)	2/1	90% (10)	0/0	0/0	4−
Ergic	23 in 45	55% (11)	1/2	89% (18)	1/1	0/0	4
1. Koroman	26 in 49	60% (10)	3/1	79% (14)	0/0	0/0	5+
Ljuboja	16 in 41	0% (4)	0/0	75% (8)	0/0	0/0	5+
Djordjevic, P.	70 in 90	63% (8)	1/1	91% (55)	1/1	0/0	4
Stankovic	38 in 90	25% (16)	2/2	68% (25)	0/1	0/0	5−
Kezman	18 in 65	40% (15)	5/2	86% (7)	0/1	0/0	5−
Milosevic, K.	36 in 69	25% (12)	3/0	87% (23)	2/0	0/0	5
Vukic	11 in 21	50% (2)	0/1	88% (8)	0/1	0/0	4−

ELFENBEINKÜSTE IN DER VORRUNDE GESCHEITERT

Friedhof der Elefanten in Stuttgart

Mit ungewohnt ergebnisorientiertem Fußball erreichte Holland vorzeitig die zweite Runde. Der Gegner aus Westafrika konnte wie gegen Argentinien begeistern, war aber wieder zu harmlos vor dem gegnerischen Tor

»Abidjan legte sich einfach schlafen«

Das Spiel ist aus: Ein Fan trauert auf der Tribüne

In einer Vorstadt soll es zu vereinzelten Krawallen gekommen sein. Ansonsten »legte sich Abidjan um 18 Uhr einfach schlafen«, beschrieb die Zeitung Dernières Nouvelles die melancholische Stille, die die fußballverrückte Metropole der Elfenbeinküste nach Spielende (Ortszeit, MESZ minus zwei Stunden) erfaßte. »Es ist, als wäre etwas in unserer Seele gestorben.« Die Mehrzahl der Einwohner hatte mit der Qualifikation für die K.o.-Runde gerechnet.
Für ein paar Tage hatte die Nationalmannschaft das geteilte Land, den von der Regierung kontrollierten Süden und das Rebellengebiet im Norden der einstigen französischen Musterkolonie, geeint. Für eine Woche hatten die verfeindeten Volksgruppen gemeinsam gefiebert, jetzt bestimmen wieder Unruhen das Leben. 7000 UN-Blauhelm-Soldaten sind in der Elfenbeinküste stationiert.

Ausgerechnet unter Bondscoach Marco van Basten, einem der spektakulärsten Stürmer der achtziger Jahre, hat Holland seine fußballerische Unschuld verloren. Das 2:1 über die Elfenbeinküste sicherte sein Team mit pragmatischem Ergebnisfußball – und Glück. Also genau jenen Merkmalen, die Hollands Fans vor der WM dem Erzrivalen Deutschland zugeschrieben und so leidenschaftlich gehaßt hatten.
»Wir konnten in der zweiten Halbzeit nur verteidigen«, gab Marco van Basten zu. Was er nicht sagte: Keiner seiner Mittelfeldspieler, Mark van Bommel, Wesley Sneijder und Phillip Cocu, hatte im Spiel gegen die Elfenbeinküste so viele Ballkontakte wie Kapitän Edwin van der Sar – der Torwart.
Das bedeutet: Der jahrzehntelang gepflegte Spielstil, gekennzeichnet durch einen Mix aus eleganten Dribblings, schnellen Ballpassagen und überraschenden Diagonalpäs-

»Unglaublich, daß die nun schon zweimal verloren haben«

sen, war zielstrebigem Fußball englischer Prägung mit langen Pässen aus der Abwehr gewichen. Diesmal überragte Robin van Persie, auch weil er mit seinem Freistoß für die Führung gesorgt hatte. Seinen scharfen 18-Meter-Schuß mit dem linken Fuß in die Torwart-Ecke mußte sich der mit 1,83 Metern nicht gerade großgewachsene Schlußmann Jean-Jacques Tizié (33) ankreiden lassen.

Das 2:0 bereitete Linksaußen Arjen Robben vor, Star-Mittelstürmer Ruud van Nistelrooy vollendete. »Das war das wichtigste Tor meines Lebens«, kommentierte der Routinier und übertrieb damit wohl. Beeindruckend war die Effizienz des holländischen Spiels: Das 2:0 resultierte aus dem zweiten Torschuß. Der Rest des Spiels gehörte weitgehend den begeisternden »Elefanten«, so der Spitzname des Teams von der Elfenbeinküste. Gute Chancen für ein Unentschieden hatten sie einige. Daß es aber zu nicht mehr als dem Ehrentor durch Bakari Koné noch vor der Pause reichte, zeigt die Abschlußschwäche der Westafrikaner. »Wir brauchen zu viele Torchancen«, analysierte der französische Trainer Henri Michel das Verpassen des Achtelfinals. Weder Didier Drogba (zwei Torschüsse) noch die erstmals in der Startelf aufgebotene zweite Spitze Arouna Koné konnten sich gegen die keineswegs sichere holländische Innenverteidigung durchsetzen. Die starken Ivorer trafen durch Didier Zokora die Torlatte (33.), hätten zudem nach einem Catchergriff van Bronckhorsts an Kolo Touré (12.) einen Strafstoß erhalten müssen.
Stuttgart wurde zum »Elefantenfriedhof«, die WM verlor mit der Elfenbeinküste frühzeitig eine ihrer größten Attraktionen. Selbst Hollands Bundesliga-Legionär Rafael van der Vaart (HSV) konnte es nicht fassen: »Unglaublich, daß die nun schon zweimal verloren haben.« ◂

062

Ausgespielt: Jean-Jacques Tizié reckt sich, doch der Ball ist bereits an seiner rechten Faust vorbei ins Tor geflogen. 1:0 für Holland nach einem scharf geschossenen Freistoß von Robin van Persie (verdeckt hinter der Mauer)

HOLLAND – ELFENBEINKÜSTE

 2:1 (2:1)

HOLLAND-DATEN

Torhüter	Min.	Schüsse gehalten (von)	Flanken/ Ecken abgefangen	Glanz- taten	schwere Fehler	lange Pässe angekommen (von)	Note
van der Sar	90	86% (7)	1	0	0	30% (10)	2−

Spieler	Ball- kontakte in Min.	Zweik. gew. (von)	Fouls/ gefoult worden	Pässe angek. (von)	Schüsse/ Schuß- vorlagen	Tore/ Torvor- lagen	Note
Heitinga	26 in 45	73% (11)	1/2	88% (16)	0/1	0/0	4
1. Boulahrouz	27 in 45	54% (13)	3/1	71% (17)	0/1	0/0	4+
Ooijer	38 in 90	44% (9)	1/0	90% (29)	0/0	0/0	4+
1. Mathijsen	45 in 90	52% (21)	2/1	85% (33)	0/0	0/0	4+
van Bronckhorst	49 in 90	72% (18)	1/0	70% (27)	0/0	0/0	3+
1. van Bommel	23 in 90	45% (20)	5/1	67% (12)	0/0	0/0	4
Cocu	24 in 90	47% (17)	1/0	93% (14)	0/1	0/0	3−
Sneijder	16 in 50	25% (4)	1/0	80% (15)	0/0	0/0	4
van der Vaart	19 in 40	50% (10)	0/3	67% (6)	3/0	0/0	3−
van Persie	55 in 90	59% (29)	5/6	67% (24)	3/1	1/0	1−
1. Robben	42 in 90	56% (18)	2/0	90% (20)	2/5	0/1	2+
van Nistelrooy	26 in 73	45% (20)	1/1	80% (15)	3/0	1/0	2−
Landzaat	8 in 17	33% (6)	1/0	100% (4)	0/0	0/0	4

16. JUNI, 18 UHR, STUTTGART

Schiedsrichter: Oscar Ruiz (Kolumbien). *Assistenten:* Fernando Tamayo (Ecuador), José Navia (Kolumbien). *Tore:* 1:0 van Persie (23.), 2:0 van Nistelrooy (27.), 2:1 B. Koné (38.). *Einwechslungen:* Boulahrouz für Heitinga (46.), van der Vaart für Sneijder (50.), Landzaat für van Nistelrooy (73.) – Yapi-Yapo für B. Koné (62.), Dindane für Romaric (62.), Akalé für A. Koné (73.). *Zuschauer:* 52 000

ELFENBEINKÜSTE-DATEN

Torhüter	Min.	Schüsse gehalten (von)	Flanken/ Ecken abgefangen	Glanz- taten	schwere Fehler	lange Pässe angekommen (von)	Note
Tizié	90	75% (8)	1	0	1	0% (1)	3−

Spieler	Ball- kontakte in Min.	Zweik. gew. (von)	Fouls/ gefoult worden	Pässe angek. (von)	Schüsse/ Schuß- vorlagen	Tore/ Torvor- lagen	Note
Eboué	62 in 90	39% (18)	1/1	84% (25)	1/1	0/0	4
Touré, K.	49 in 90	53% (17)	1/0	67% (27)	2/0	0/0	4
Meïté	46 in 90	62% (13)	1/1	90% (30)	2/0	0/0	4
1. Boka	47 in 90	41% (17)	5/2	83% (18)	2/1	0/0	4+
Touré, Y.	45 in 90	58% (12)	1/2	92% (37)	0/3	0/0	3−
1. Zokora	40 in 90	56% (16)	1/4	90% (30)	1/2	0/1	3+
Koné, B.	21 in 62	27% (11)	1/1	80% (15)	2/1	1/0	3
Dindane	15 in 28	25% (16)	2/2	83% (6)	1/0	0/0	4−
Romaric	37 in 62	40% (15)	1/1	87% (23)	2/4	0/0	4
Yapi-Yapo	36 in 28	56% (9)	0/1	93% (27)	2/1	0/0	3−
2. Drogba	38 in 90	61% (28)	1/4	67% (12)	2/4	0/0	3−
Koné, A.	32 in 73	48% (21)	1/2	71% (17)	4/2	0/0	4+
Akalé	9 in 17	0% (3)	0/0	60% (5)	0/1	0/0	5+

BEIDE TRAINER SETZTEN AUF RESERVISTEN

Schaulaufen der Stars von der Bank

Familienfrieden im Königshaus bewahrt

Kronprinz Willem-Alexander und Ehefrau Máxima

Der Argentinier José Néstor Pekerman schonte vier Stammspieler, Hollands Bondscoach Marco van Basten gleich fünf. Nur drei Ersatzmänner konnten überzeugen. Holland hatte nie die Chance auf einen Sieg

Zu fürchten hatte Hollands Trainer Marco van Basten hernach nur den Hochadel auf der Tribüne. Vor allem »König« Johan Cruyff (59), Superstar der siebziger Jahre und erbarmungslosester Kritiker im Land. Er urteilte erstaunlich milde und wertete den Auftritt der holländischen Mannschaft im großen Zusammenhang: »In dieser Gruppe mit nur einem Gegentor weiterzukommen, war kein Kinderspiel.«

Auch die wahren Blaublüter konnten sich für das Ergebnis begeistern. »Toll, daß wir die Todesgruppe überlebt haben«, sagte Kronprinz Willem Alexander, der mit seiner aus Argentinien stammenden Ehefrau Máxima im Waldstadion zuschaute. In deren Brust schlugen diesmal zwei Herzen.

Van Basten nutzte den hohen Besuch, dem 0:0 etwas Positives abzugewinnen. »Wir haben durch das Unentschieden den Familienfrieden im Königshaus bewahrt. Man weiß nie, wofür das gut ist.«

Es war das erste Aufeinandertreffen zweier Titelaspiranten bei der WM. Und eine Halbzeit lang bekamen die 48 000 Zuschauer in Frankfurt Weltklasse zu sehen, vor allem von den Argentiniern. Danach wurde die Vorstellung beider schon fürs Achtelfinale qualifizierten Mannschaften zunehmend müde – am Ende gab es sogar Pfiffe für das torlose Spiel.

Schonung fürs Achtelfinale hatten beide Trainer ausgegeben, und so lag der Reiz der Begegnung in der Besichtigung der Reserven. Schnell wurde klar: Argentiniens Trainer José Néstor Pekerman war zu beneiden. Vier gelbbelastete Stammkräfte schonte er, unter anderem Hernán Crespo und Javier Saviola, seinen Parade-Angriff. Wer in so einem Fall Alternativen wie Carlos Tévez (22), den Torschützenkönig des olympischen Turniers 2004, und Lionel Messi hat, muß sich keine Sorgen machen.

Der noch 18jährige Messi, schon

»Wir haben alles richtig gemacht, nur nicht das Tor getroffen«

vor dem Turnier als ein möglicher WM-Star gehandelt, versetzte selbst Rafael van der Vaart in Erstaunen. »Der wird in zwei, drei Jahren der beste Spieler der Welt sein«, urteilte der Holländer, der im rechten Mittelfeld durchspielen durfte.

Gleich fünf Mann schonte Hollands Bondscoach Marco van Basten, gab neben van der Vaart auch Khalid Boulahrouz, Kew Jaliens, Tim de Cler und Stürmer Dirk Kuyt eine Chance. Während Kuyt mit Hollands bester Torchance aufwarten konnte – er scheiterte mit einem scharfen Schuß aus halblinker Position an Torwart Roberto Abbondanzieri (17.) – machte vor allem der kantige Innenverteidiger Boulahrouz auf sich aufmerksam. Zunächst hatte er Glück, als er einen Freistoß von Juan Riquelme in höchster Not an den Pfosten des eigenen Tores (28.) lenkte, später gewann er einige Duelle gegen die schnellen und dribbelstarken Tévez und Messi.

Großchancen erarbeiteten sich ab Mitte der ersten Halbzeit nur noch die Argentinier. Maxi Rodríguez schoß haarscharf am linken Torpfosten vorbei (29.), Tévez zwang 1,97-Meter-Torwart Edwin van der Sar zu einer Glanzparade (73.). Obwohl Argentinien die zweite Halbzeit im Schongang absolvierte, kontrollierte die Mannschaft jederzeit das Spiel. »Der Punkt war das Maximale, was wir herausholen konnten«, sagte der erneut enttäuschende Torjäger Ruud van Nistelrooy desillusioniert. Bis zu seiner Auswechslung nach 56. Minuten schoß er nicht einmal aufs Tor. Zufriedener gab sich Carlos Tévez: »Wir haben alles richtig gemacht«, befand der 1,68 Meter kleine Angriffs-Wirbelwind, »nur nicht das Tor getroffen. Warum auch immer?«

Nur die holländische Presse gab sich unbeeindruckt. De Volkrant titelte: »Das war Unentschieden-Schieben!«

Unermüdlich: Der quirlige Flügelstürmer Carlos Tévez war neben Juan Riquelme bester Spieler. Immer wieder suchte er den Zweikampf, wie hier mit André Ooijer, und stellte Hollands Abwehr vor erhebliche Probleme. Tévez führte 32 Zweikämpfe – mehr als jeder andere auf dem Platz

HOLLAND – ARGENTINIEN

 0:0

HOLLAND-DATEN

Torhüter	Min.	Schüsse gehalten (von)	Flanken/ Ecken abgefangen	Glanz- taten	schwere Fehler	lange Pässe angekommen (von)	Note
van der Sar	90	100% (2)	4	1	0	40% (10)	2–

Spieler	Ball- kontakte in Min.	Zweik. gew. (von)	Fouls/ gefoult worden	Pässe angek. (von)	Schüsse/ Schuß- vorlagen	Tore/ Torvor- lagen	Note
Jaliens	49 in 90	42% (12)	2/2	77% (30)	0/1	0/0	4
Boulahrouz	67 in 90	70% (23)	0/1	94% (51)	0/0	0/0	3
1. Ooijer	51 in 90	50% (12)	1/0	98% (44)	0/0	0/0	3–
1. de Cler	75 in 90	61% (23)	1/1	80% (50)	0/1	0/0	4+
Sneijder	60 in 85	38% (16)	0/1	80% (49)	2/1	0/0	4+
Maduro	5 in 5	50% (2)	0/0	100% (1)	0/0	0/0	–
van der Vaart	40 in 90	47% (30)	3/3	89% (18)	2/1	0/0	4–
Cocu	50 in 90	48% (21)	3/1	90% (39)	2/0	0/0	4
van Persie	21 in 66	38% (13)	6/1	50% (14)	1/1	0/0	4
Landzaat	26 in 24	50% (6)	1/0	91% (23)	0/1	0/0	4+
1. Kuyt	50 in 90	52% (25)	3/3	54% (35)	2/2	0/0	3–
van Nistelrooy	13 in 55	25% (16)	1/2	100% (10)	0/1	0/0	4–
Babel	16 in 35	13% (8)	1/0	86% (7)	1/0	0/0	4–

21. JUNI, 21 UHR, FRANKFURT

Schiedsrichter: Luis Medina Cantalejo (Spanien). **Assistenten:** Victoriano Giráldez Carrasco, Pedro Medina Hernández (beide Spanien). **Einwechslungen:** Babel für van Nistelrooy (56.), Landzaat für van Persie (67.), Maduro für Sneijder (86.) – Coloccini für Burdisso (24.), Cruz für Messi (70.), Aimar für Riquelme (80.).
Zuschauer: 48 000

ARGENTINIEN-DATEN

Torhüter	Min.	Schüsse gehalten (von)	Flanken/ Ecken abgefangen	Glanz- taten	schwere Fehler	lange Pässe angekommen (von)	Note
Abbondanzieri	90	100% (3)	2	1	0	100% (1)	3

Spieler	Ball- kontakte in Min.	Zweik. gew. (von)	Fouls/ gefoult worden	Pässe angek. (von)	Schüsse/ Schuß- vorlagen	Tore/ Torvor- lagen	Note
Burdisso	8 in 23	33% (6)	0/0	67% (3)	0/0	0/0	4+
Coloccini	31 in 67	63% (16)	1/1	80% (15)	1/0	0/0	3+
Ayala	39 in 90	62% (13)	3/3	91% (23)	0/0	0/0	3+
Milito	51 in 90	82% (17)	2/1	85% (34)	0/0	0/0	3+
Cufré	46 in 90	54% (13)	2/4	71% (21)	0/0	0/0	3–
1. Mascherano	40 in 90	55% (20)	4/3	82% (34)	1/0	0/0	4
Rodríguez	36 in 90	60% (15)	0/2	90% (21)	3/0	0/0	3+
1. Cambiasso	34 in 90	40% (10)	1/1	80% (20)	0/1	0/0	3–
Riquelme	77 in 79	65% (23)	0/3	75% (52)	2/4	0/0	2
Aimar	5 in 11	60% (5)	0/0	75% (4)	1/0	0/0	–
Messi	38 in 69	37% (27)	0/1	90% (20)	1/2	0/0	3
Cruz	8 in 21	40% (10)	0/1	100% (2)	0/1	0/0	4
Tévez	48 in 90	38% (32)	1/3	94% (31)	5/5	0/0	2

GLANZ IN EINEM BEDEUTUNGSLOSEN SPIEL

Lustvoller Abgang
mit Toren und Tänzen

Beide Trainer gaben ihren Job auf

Arbeitete seit 2004 für die Elfenbeinküste: Henri Michel

Das vorzeitige Aus beider Mannschaften bei der WM bedeutete auch das Aus für beide Trainer. Schon einen Tag nach der 0:6-Niederlage gegen Argentinien hatte Serbiens Coach Ilija Petkovic verlauten lassen: »Wenn wir daheim sind, trete ich zurück.« Er kam damit einer Beurlaubung durch den Verband zuvor. Beendet war in diesem Moment auch das Engagement des französischen Trainers der Elfenbeinküste. Kurz nach dem Spiel lüftete Henri Michel das Geheimnis um seine Zukunft: »Für mich war es heute das letzte Spiel, ich werde das Land verlassen und einen Klub in Katar übernehmen. Ich habe dem afrikanischen Fußball genug gegeben.«

Im Regen von München erkämpfte die Elfenbeinküste nach dem 0:2 noch einen umjubelten 3:2-Triumph über Serbien. Einen Zwei-Tore-Rückstand in einen Sieg zu verwandeln, war zuletzt vor 24 Jahren bei einer WM gelungen

Freudentaumel im Münchner Dauerregen. Als Bonaventure Kalou in der 86. Minute den Handelfmeter zum 3:2-Sieg für die Elfenbeinküste verwandelte, baten die »Elefanten« kollektiv zum Tanz. Wild hüpfend tobte eine Traube orangebedresster Spieler um die Eckfahne auf der linken Spielfeldseite, als gäbe es den ersten WM-Titelgewinn einer afrikanischen Mannschaft zu bejubeln. Und mitten im Gewühl war einer, den eine Gelbsperre zum Zuschauen verdammt hatte: Didier Drogba, der große Star der Elfenbeinküste. Es war der Höhepunkt eines bemerkenswerten Spiels vor 66 000 begeisterten Zuschauern, bei dem es außer drei Punkten für die Ehre nicht viel zu ergattern gab. Nach zwei lustvollen Auftritten gegen Holland und Argentinien, die jeweils 1:2 endeten und das vorzeitige Aus in der Vorrunde bedeuteten, vermeldete Trainer Henri Michel sichtlich gerührt: »Ich bin sehr

»Ich habe meine Philosophie aufgegeben – auf Druck«

glücklich über diesen Sieg und freue mich für meine Mannschaft.« Eine gewisse Erleichterung war auch den Worten seines serbischen Trainerkollegen Ilija Petkovic zu entnehmen: »Ich denke, daß es unser bestes Spiel hier war. Wir sind sehr stolz, daß wir uns heute so gut verkauft haben.« Nach dem 0:6-Fiasko gegen Argentinien hatte die gesamte Nation sein Team mit Häme überzogen und mit derben Worten an den Pranger gestellt. Von »Schande« war die Rede, von einem »Schaden für Generationen«. Als Konsequenz der desaströsen Vorstellung Serbien und Montenegros hatten einige Funktionäre vorzeitig ihre Koffer gepackt. Auch Mateja Kezman und Ognjen Koroman hatten sich fluchtartig vom Team abgesetzt, so daß Petkovic nur noch 18 Feldspieler verblieben.
Mit Nikola Zigic von Roter Stern Belgrad beorderte er den immer wieder von Fans und Medien geforderten Angreifer in die Startelf: »Ich habe damit meine Defensiv-Philosophie aufgegeben – auf Druck von außen.«
Zigic bescherte mit seinem 1:0 (10.) nach einem 40-Meter-Paß von Dejan Stankovic Serbien den ersten WM-Treffer. Und nur zehn Minuten später gelang Sasa Ilic mit einem Abstauber das 2:0. Beiden Toren waren katastrophale Abwehrfehler vorausgegangen. Mit enormem Angriffswirbel (36 Torschüsse und 66 Prozent Ballbesitz bedeuteten Rekord für diese WM) aber drehte Michels Elf das Spiel. Der überragende Aruna Dindane verkürzte per Handelfmeter (37.) und glich mit seinem zweiten Tor zum 2:2 (67.) aus. Dann kam der Auftritt von Kalou nach einem Handspiel von Milan Dudic. Einen Zwei-Tore-Rückstand in einen Sieg zu verwandeln, war zuletzt vor 24 Jahren bei einer WM gelungen: Deutschland 1982 im legendären Halbfinale gegen Frankreich (8:7 nach Elfmeterschießen).

Gutes Ende: In der 86. Minute, vier Minuten vor Ablauf der offiziellen Spielzeit ihrer letzten WM-Partie, war die Welt für die Spieler der Elfenbeinküste wieder in Ordnung. Bonaventure Kalou (Nummer 8), der Torschütze zum 3:2-Sieg, und seine Mitspieler feierten enthusiastisch

ELFENBEINKÜSTE – SERBIEN/M.

 3:2 (1:2)

ELFENBEINKÜSTE-DATEN

Torhüter	Min.	Schüsse gehalten (von)	Flanken/ Ecken abgefangen	Glanz- taten	schwere Fehler	lange Pässe angekommen (von)	Note
Barry	90	33% (3)	3	0	0	0% (0)	4+

Spieler	Ball- kontakte in Min.	Zweik. gew. (von)	Fouls/ gefoult worden	Pässe angek. (von)	Schüsse/ Schuß- vorlagen	Tore/ Torvor- lagen	Note
Eboué	64 in 90	45% (11)	2/1	93% (46)	2/6	0/0	4+
Domoraud	41 in 90	29% (7)	3/1	97% (36)	0/2	0/0	5–
Kouassi	58 in 90	38% (13)	1/0	92% (49)	1/1	0/0	4
Boka	100 in 90	54% (13)	1/4	96% (57)	6/6	0/1	2–
Touré, Y.	89 in 90	60% (10)	0/2	84% (70)	9/1	0/0	2–
Zokora	89 in 90	68% (19)	0/1	97% (67)	1/4	0/0	3
Keita	37 in 72	36% (14)	4/2	72% (25)	2/6	0/1	3+
Kalou	23 in 18	71% (7)	0/0	83% (18)	2/0	1/0	3+
Akalé	43 in 59	40% (5)	0/1	94% (32)	2/1	0/0	4
Koné, B.	11 in 31	0% (3)	0/0	88% (8)	0/1	0/0	4+
Dindane	50 in 90	43% (14)	0/2	79% (28)	6/2	2/0	2
Koné, A.	35 in 90	50% (20)	1/4	96% (24)	5/3	0/0	2–

21. JUNI, 21 UHR, MÜNCHEN

Schiedsrichter: Marco Rodríguez (Mexiko). **Assistenten:** José Luis Camargo (Mexiko), Leonel Leal (Costa Rica). **Tore:** 0:1 Zigic (10.), 0:2 Ilic (20.), 1:2 Dindane (37., Handelfmeter), 2:2 Dindane (67.), 3:2 Kalou (86., Handelfmeter). **Einwechslungen:** B. Koné für Akalé (60.), Kalou für Keita (73.) – Nadj für Krstajic (16.), Milosevic für Zigic (67.). **Zuschauer:** 66 000

SERBIEN/M.-DATEN

Torhüter	Min.	Schüsse gehalten (von)	Flanken/ Ecken abgefangen	Glanz- taten	schwere Fehler	lange Pässe angekommen (von)	Note
Jevric	90	70% (10)	1	0	0	67% (3)	3

Spieler	Ball- kontakte in Min.	Zweik. gew. (von)	Fouls/ gefoult worden	Pässe angek. (von)	Schüsse/ Schuß- vorlagen	Tore/ Torvor- lagen	Note
Djordjevic, N.	24 in 90	71% (7)	0/0	38% (13)	0/0	0/0	4
Gavrancic	26 in 90	23% (13)	4/1	50% (8)	1/0	0/0	5–
Krstajic	11 in 15	100% (5)	0/0	67% (3)	0/0	0/0	3–
Nadj	6 in 31	20% (5)	2/0	100% (1)	0/0	0/0	5
Dudic	22 in 90	50% (8)	0/0	86% (7)	0/0	0/0	6
Duljaj	24 in 90	67% (9)	1/1	100% (14)	0/0	0/0	4
Ergic	22 in 90	45% (11)	0/0	92% (12)	0/0	0/0	4–
Ilic	41 in 90	26% (15)	3/0	77% (26)	1/0	1/0	3
Djordjevic, P.	48 in 90	91% (11)	0/0	73% (26)	1/4	0/0	2+
Stankovic	35 in 90	47% (17)	2/0	89% (18)	2/2	0/1	3
Zigic	31 in 66	56% (25)	5/2	92% (13)	3/1	1/0	2–
Milosevic	13 in 24	67% (6)	1/3	100% (5)	0/0	0/0	5+

GRUPPE D

- MEXIKO
- IRAN
- ANGOLA
- PORTUGAL

Sonntag, 11. Juni, Nürnberg
Mexiko – Iran   3:1 (1:1)

Sonntag, 11. Juni, Köln
Angola – Portugal   0:1 (0:1)

Freitag, 16. Juni, Hannover
Mexiko – Angola   0:0

Samstag, 17. Juni, Frankfurt
Portugal – Iran   2:0 (0:0)

Mittwoch, 21. Juni, Gelsenkirchen
Portugal – Mexiko   2:1 (2:1)

Mittwoch, 21. Juni, Leipzig
Iran – Angola   1:1 (0:0)

	Mexiko	Iran	Angola	Portugal
Mexiko		3:1	0:0	1:2
Iran	1:3		1:1	0:2
Angola	0:0	1:1		0:1
Portugal	2:1	2:0	1:0	

Mannschaft	G	U	V	Tore	Pkte
1. Portugal	3	0	0	5:1	9
2. Mexiko	1	1	1	4:3	4
3. Angola	0	2	1	1:2	2
4. Iran	0	1	2	2:6	1

BANN GEBROCHEN
Über 60 Minuten war Portugal gegen das iranische Tor angerannt – ohne zählbaren Erfolg. 0:0 stand es, bis Deco endlich traf: mit einem Sonntagsschuß aus 20 Metern in den Torwinkel. Es war wie ein Befreiungsschlag für die portugiesischen Spieler. Zum gemeinsamen Torjubel mußten Costinha (Nummer 6), Maniche (18), Ricardo Carvalho (16) und Luís Figo (rechts) Deco erst einfangen. Portugal gewann 2:0 und war nach zwei Spieltagen für das Achtelfinale qualifiziert

KÄMPFERNATUR
Luís Figo ist der letzte aktive Spieler aus der sogenannten Goldenen Generation Portugals. Die gewann 1991 die Junioren-WM bei der U 20. Bei der EM 2004 waren noch Torhüter Vítor Baía, Abwehrspieler Fernando Couto und Mittelfeldspieler Ruí Costa dabei. Sie wurden von Trainer Luiz Felipe Scolari zu Ersatzleuten degradiert, Figo biß sich trotz schwächerer Leistungen und der zwischenzeitlichen Verbannung auf die Ersatzbank durch und wurde wieder Scolaris wichtigster Spieler

STAR DER GRUPPE D

LUÍS FIGO

Er öffnet sich jetzt anderen Menschen

Der 33 Jahre alte Portugiese hat sich verändert. Gelöst und entspannt und deshalb so stark wie seit Jahren nicht mehr trat er auf. Der Mittelfeldspieler war der unumstrittene Führungsspieler. Dabei war er schon abgeschrieben

Eindruck bei Frauen macht er nach wie vor. Das ist nicht neu. Bei großen Turnieren sahnt Luís Figo (33) in schöner Regelmäßigkeit den Titel »attraktivster Spieler« ab. Auch diesmal waren nur wenige dabei, die mit ihm konkurrieren konnten. Dem Familienmenschen Figo, dessen schwedische Frau Helen die einzige ist, der außer der Reihe Besuche im Mannschaftsquartier gestattet sind, bedeuten solche Auszeichnungen nichts. Wie gehabt.

Neu war etwas anderes. Figo hat sich verändert. Gelöst und entspannt trat er auf. »Er lächelt, flachst und ist verfügbar«, notierte die spanische Tageszeitung Jornal de Notícias erstaunt. Tugenden, die noch in jüngster Vergangenheit nicht zu den Stärken des begnadeten Mittelfeldspielers gehörten. Pressekonferenzen waren ihm verhaßt, Interviews zuwider, Persönliches tabu.

Bei der WM sprach der bekennende Christ, der sich zuweilen vor wichtigen Spielen zum Gebet zurückzieht, bereitwillig in jedes Mikrofon. Und lächelte sogar, wenn er über seine Ziel redete: »Wir haben bei unseren Landsleuten etwas gutzumachen.«

Gemeint war das peinliche Vorrunden-Aus Portugals bei der WM 2002. »Zu alt, zu unbeweglich, zu langsam – vergeßt Figo«, urteilte Vanderlei Luxemburgo, sein damaliger Trainer bei Real Madrid, vernichtend. Vier Jahre sind seitdem vergangen und die Bewertung Makulatur. Von Unbeweglichkeit keine Spur bei Luís Filipe Madeira Caeiro, wie Figos voller Name lautet. Gegen Mexiko kamen alle seiner 43 Pässe beim Mitspieler an, gegen den Iran waren es 80 Prozent, gegen Angola 87. Werte, von denen andere nur träumen können. Bei vier der fünf Tore Portugals in der Vorrunde leistete er die Vorarbeit. Kurzum: Alles lief über Figo.

»Ich muß niemandem mehr etwas beweisen«

Luís Figo hat seine Rolle neu definiert, er war Mannschaftsspieler, einer, der den jungen Spielern Halt gab. »Er ist unser absoluter Führungsspieler«, sagte Verteidiger Fernando Meira. Figos Leistung ließ sogar Portugals lebende Spielerlegende Eusébio schwärmen: »Figo ist mein legitimer Nachfolger.« Über die Gründe des grandiosen Comebacks rätselte die »Welt am Sonntag« und fand heraus: »Die Wandlung Figos hängt damit zusammen, daß er außer seinen fußballerischen Fähigkeiten auch endlich seine charakterlichen Eigenschaften gewürdigt weiß. In dem Brasilianer Luiz Felipe Scolari hat er einen Trainer gefunden, der ihm das Gefühl gibt, unverzichtbar zu sein.« Jener Scolari, mit dem er sich bei der EM 2004 überwarf, danach aus dem Nationalteam zurücktrat. Nur zehn Monate später überredete der Brasilianer Figo zur Rückkehr. Figo, der Scolari heute einen »der besten Trainer der Welt« nennt, ließ sich nicht lange bitten: »Ich habe einfach wieder dieses Feuer in mir gespürt.« Wahrscheinlich aber trifft es ein anderer Satz von ihm besser: »Ich muß niemandem mehr etwas beweisen.« Nur sich selbst.

Den Gegner im Rücken: Luís Figo deckt den Ball vor dem Mexikaner Carlos Salcido ab. Der Kapitän Portugals lebt von seiner Übersicht, Kraft und Dynamik

Figos Nachfolger ist schon gefunden

Noch sind die Rollen klar verteilt. Figo in der Führungsrolle, Cristiano Ronaldo als sein Nachfolger auserkoren. So steht es auf der Agenda von Portugals Trainer Luis Felipe Scolari. »Cristiano bringt alle Voraussetzungen mit, um eines Tages in die Fußstapfen von Luís Figo zu treten«, sagt er.

Kein Zweifel, der junge Ronaldo von Manchester United hat trotz seiner erst 21 Jahre das Zeug dazu. Seine Ballbehandlung ist

Zauberer mit Durchsetzungskraft: Cristiano Ronaldo

eine Augenweide, seine Antritte sind atemberaubend. Er hat die Technik, jedem Gegenspieler Knoten in die Beine zu dribbeln. Dazu ist er torgefährlich, sucht den Abschluß, wann immer möglich. Wie Figo eben. Der prophezeit ihm denn auch »eine große Zukunft«. Ronaldos Marktwert wird auf rund 30 Millionen Euro geschätzt. Tendenz steil steigend.

ANALYSE GRUPPE D

PORTUGAL TRAF AUF ÜBERFORDERTE GEGNER

Spaziergang durch die Vorrunde

SCORER-LISTE GRUPPE D

	Torvorlagen	Tore	Scorerpunkte
Figo (POR)	4	–	4
Bravo (MEX)	–	2	2
Simão (POR)	1	1	2
Naelson (MEX)	1	1	2
Pauleta (POR)	–	1	1
Deco (POR)	–	1	1
Ronaldo (POR)	–	1	1
Maniche (POR)	–	1	1
Fonseca (MEX)	–	1	1
Flávio (ANG)	–	1	1
Golmohammadi (IRN)	–	1	1
Bakhtiarizadeh (IRN)	–	1	1
Méndez (MEX)	1	–	1
Franco (MEX)	1	–	1
Pardo (MEX)	1	–	1
Zé Kalanga (ANG)	1	–	1
Rezaei (IRN)	1	–	1
Mahdavikia (IRN)	1	–	1

Luís Figo gewann die Scorerwertung der Gruppe D ohne ein eigenes Tor. Seine vier Torvorlagen waren in der WM-Vorrunde unübertroffen

Erfolgreichster Torschütze: Mexikos Omar Bravo

In keiner der drei Begegnungen gegen Angola, den Iran und Mexiko mußten die Spieler des Vize-Europameisters von 2004 an ihre Leistungsgrenze gehen. Nur das Sturmduo mit Pauleta und Cristiano Ronaldo fiel etwas ab

Souverän und ohne große Mühe marschierte Portugal durch die Vorrunde und wurde seiner Favoritenrolle vollauf gerecht. Mit neun Punkten holte die Elf von Luiz Felipe Scolari die optimale Ausbeute, brauchte dabei nicht einmal an ihre Leistungsgrenzen zu gehen.

Zumeist allerdings waren es Auftritte gegen überforderte Gegner, Portugal glänzte nicht. So reichten gelegentliche Geniestreiche eines vorzüglich aufgelegten Luís Figo, um die Gegner in Schach zuhalten. Mit vier Torvorlagen setzte sich Figo unangefochten an die Spitze aller Torvorbereiter. Immer wieder war er es, der mit großem Laufpensum das Spiel seiner Mannschaft antrieb und mit seiner Übersicht das Spiel ordnete. Trainer Scolari durfte sich denn auch bestätigt fühlen in seiner Einschätzung vor der Weltmeisterschaft: »Figo wird eine entscheidende Figur.«

Hinter den Erwartungen zurück blieb die Sturmformation mit Pauleta und Jungstar Cristiano Ronaldo. Besonders Ronaldo wußte wenig zu überzeugen. Zwar belegen allein sieben Torschüsse, drei Torschußvorlagen und ein Treffer (gegen den Iran) seinen enormen Tordrang, jedoch beraubte er sich nicht nur in diesem Spiel mit überzogenen Einzelaktionen größerer Effektivität.

Mit einer Quote von elf Schüssen pro Tor rangierte Portugal entsprechend im grauen Mittelmaß dieser WM. Auch in der Zweikampfstatistik reichte es mit 51,8 Prozent gewonnener Duelle nur zu Platz acht, weit abgeschlagen etwa hinter den Teams aus Deutschland (58 Prozent) und Italien (55 Prozent). Nach zwei Pflichtsiegen gegen Angola und gegen den Iran konnte sich Scolari allerdings den Luxus leisten, im Spiel gegen Mexiko fünf gelbgefährdete Stammspieler auf der Tribüne zu schonen.

Nur jeder elfte Schuß landete im gegnerischen Tor

Die Mexikaner hatten das Achtelfinale bereits nach dem 3:1-Auftakt so gut wie erreicht. Weniger dominant, als das Ergebnis nahelegt, war der Auftritt. Ohne die gütige Mithilfe von Irans Abwehrspieler Rahman Rezaei wäre ein Remis für die Perser durchaus möglich gewesen. Trainer Ricardo La Volpe sah sich schon nach dem ersten Spiel heftiger Kritik ausgesetzt, weil er mit Francisco Fonseca seinen effektivsten Angreifer auf der Bank gelassen hatte. Ein Vorwurf mit Substanz. Mit Fonseca in der Startformation im Spiel gegen Portugal lief das Angriffsspiel der Mexikaner, die auf den verletzten Jared Borgetti verzichten mußten, wesentlich runder. Fonseca schoß Mexikos einziges Tor, wurde zum Spieler des Tages gekürt.

Neuling Angola konnte auch ohne Sieg erhobenen Hauptes die Heimreise antreten. Das Team von Trainer Luis de Oliveira Gonçalves gefiel vor allem durch unbändigen Kampfgeist und baute auf eine gut funktionierende Abwehr. Zwischen dem ersten Gegentor gegen Portugal und dem zweiten gegen den Iran war Angola 246 Minuten ohne Gegentreffer.

Die Chancen auf den Einzug ins Achtelfinale – Angola hätte den Iran im letzten Spiel mit drei Toren Unterschied schlagen müssen – machte eine zu harmlose Offensive zunichte. Meist mit nur einem Angreifer, Fabrice Akwá, agierend, reichte es nur zu einem Tor in drei Spielen – Flávios 1:1 gegen den Iran. Gonçalves lag trotzdem mit seinem Fazit richtig: »Wir haben unser Ziel erreicht und der Welt gezeigt, daß Angola nicht nur mit Bürgerkrieg und Armut zu verbinden ist.«

Leistung anbieten wollte auch der Iran. Gleich mit vier aktuellen Bundesliga-Profis im Kader (Zandi, Hashemian, Mahdavikia und Karimi) blieb das Team aber ohne Sieg, schaffte nur ein müdes 1:1 gegen Angola. Einzig Mehdi Mahdavikia als unermüdlicher Flankengeber (16) sorgte für Gefahr. Unruhe im Team gab es schon nach dem ersten Spiel gegen Mexiko wegen des Einsatzes von Spieler-Denkmal Ali Daei. Seine Mitspieler kritisierten zu Recht ein kaum wahrnehmbares Laufpensum. Daei mußte im Spiel gegen Portugal die Bank drücken. Besserung trat nicht ein. Auch ohne ihn reichte es gegen Portugal nur zu acht Torschüssen.

Fast zwangsläufig erklärte Trainer Branko Ivankovic nach der Vorrunde seinen Rücktritt.

SCHAMGEFÜHL
Zum Weggucken fand Pauleta, Sturmführer der portugiesischen Mannschaft, so manche Szene von sich. Gegen Angola führte nur einer seiner sechs Versuche, ein Tor zu erzielen, zum Erfolg, gegen den Iran scheiterte er dreimal. Symptomatisch für die Angriffsschwäche der Mannschaft. Gegen Mexiko schaute Pauleta als Vorsichtsmaßnahme zu – er war schon mit einer Gelben Karte belastet

IRAN MIT SCHLIMMEN ABWEHRFEHLERN

Geschenke für Mexikos Spieler

Sánchez: Vor dem Spiel seinen Vater beerdigt

Von Gefühlen zerrissen: Oswaldo Sánchez

Eine Halbzeit lang waren die Iraner die bessere Mannschaft. Dann entschieden Konditionsmängel und das schwache Zweikampfverhalten das Spiel. Bravo und Zinha führten Mexiko innerhalb von drei Minuten zum Sieg

Kurz nach dem Abpfiff fiel Torwart Oswaldo Sánchez auf die Knie, reckte seine Arme in den Himmel. Mit der Geste gedachte er seines Vaters, der vier Tage vor dem Spiel an einem Herzinfarkt gestorben war. Felipe Sánchez war nur 55 Jahre alt geworden.

Er hatte seinem Sohn versprochen, zum Spiel nach Nürnberg zu reisen. Statt dessen mußte Oswaldo Sánchez zum letzten Geleit des Vaters in seine Heimatstadt Guadalajara fliegen. Am Tag vor dem Spiel kehrte Sánchez nach Deutschland zurück. Die Mannschaft lief mit Trauerflor auf.

Mexikos Trainer Ricardo La Volpe lobte seinen Torwart nach dem Spiel: »Sein Vater hat ihn als Engel im Himmel beschützt und ihm die Stärke gegeben, fast alle Schüsse zu halten.«

Schon vor dem Anpfiff wurden Mexikos Spieler vom Gegner mit Geschenken bedacht. Blumen gab es für Torwart Oswaldo Sánchez, einen handgewebten Teppich für Spielführer Rafael Márquez. Im Spiel zeigten sich die Iraner nicht weniger großzügig: Kapitale Schnitzer vom iranischen Torhüter Ebrahim Mirzapour und von Verteidiger Rahman Rezaei bescherten den Mexikanern den Führungstreffer zum 2:1. Irans Trainer Branko Ivankovic ärgerte sich: »Vor dem zweiten Tor haben wir einen fürchterlichen Fehler gemacht. Danach konnten wir gegen das erfahrene mexikanische Team nicht mehr viel ausrichten.«

Dabei hatte seine Mannschaft vor 41 000 Zuschauern und bei sengender Hitze (29 Grad) das Spiel diktiert. Angetrieben von Mehdi Mahdavikia (HSV) und Ali Karimi (Bayern München), erspielten sich die ballsicheren Iraner gute Torchancen. In der vierten Minute

»Größte Befriedigung für uns sind die drei Punkte«

scheiterte der agile Mahdavikia mit einem strammen Distanzschuß an Torwart Sánchez, der trotz des Todes seines Vaters aufgelaufen war (»Mein Vater hätte gewollt, daß ich spiele«). Wenige Minuten später vergab Vahid Hashemian (Hannover 96) binnen Sekunden zwei hochkarätige Möglichkeiten. Die Spieler von Trainer Ivankovic griffen früh an, ließen Mexiko nicht ins Spiel finden. Erst nach rund 20 Minuten liefen die Kombinationen der Mittelamerikaner flüssiger, ohne das Tor von Mirzapour in Gefahr zu bringen. Ein Grund: Sturmspitze Jared Borgetti, Profi beim englischen Premier-League-Klub Bolton Wanderers, erwischte einen rabenschwarzen Tag. So war es in der 28. Minute eine Standardsituation, die Mexiko den Führungstreffer bescherte. Pável Pardo zirkelte einen Freistoß auf den Elfmeterpunkt, Guillermo Franco verlängerte mit dem Kopf, und Omar Bravo brauchte aus drei Metern den Ball nur noch mit dem rechten Fuß einzudrücken.

Nach dem Wechsel änderte Mexiko seine Taktik, agierte nach den Einwechslungen von Antonio »Zinha« Naelson und José Francisco Fonseca wesentlich offensiver und drängte den Iran in die Defensive. Branko Ivankovic: »Daß wir so zusammengebrochen sind, lag an der mangelnden Vorbereitung einiger Spieler. Wegen Verletzungen hatte ich fast nie den kompletten Kader zusammen.«

Zudem wurde Verteidiger Rahman Rezaei zur größten Schwachstelle. Sein Fehler vor dem 1:2 durch Omar Bravo war nur einer von vielen. Insgesamt gewann Rezaei nur 46 Prozent seiner Zweikämpfe. Auch das 3:1 durch »Zinha« (Naelson) entstand unter Mithilfe der iranischen Abwehr: Zinha köpfte eine Flanke von Mario Méndez freistehend ein. Lapidares Fazit von Mexikos Trainer La Volpe: »Die größte Befriedigung für uns sind die drei Punkte.« ◂

Bis zuletzt alles im Blick: Der zweifache Torschütze Omar Bravo köpft. Beide Augen fixieren den Ball

MEXIKO – IRAN

 3:1 (1:1)

MEXIKO-DATEN

Torhüter	Min.	Schüsse gehalten (von)	Flanken/ Ecken abgefangen	Glanz- taten	schwere Fehler	lange Pässe angekommen (von)	Note
Sánchez	90	80% (5)	0	0	1	0% (2)	3+

Spieler	Ball- kontakte in Min.	Zweik. gew. (von)	Fouls/ gefoult worden	Pässe angek. (von)	Schüsse/ Schuß- vorlagen	Tore/ Torvor- lagen	Note
Márquez	78 in 90	74% (23)	1/2	84% (50)	2/0	0/0	1–
Osorio	64 in 90	85% (13)	1/2	90% (48)	0/0	0/0	2–
1. Salcido	62 in 90	60% (15)	0/0	91% (35)	0/0	0/0	3
Pardo	73 in 90	27% (15)	4/0	93% (47)	2/4	0/0	3
Méndez	44 in 90	48% (29)	4/5	85% (26)	0/2	0/1	2-
1. Torrado	18 in 45	18% (11)	1/0	85% (13)	0/0	0/0	5+
Naelson	35 in 45	58% (12)	1/0	88% (24)	2/1	1/1	2+
Pineda	37 in 90	38% (13)	4/2	67% (21)	0/1	0/0	3–
Bravo	37 in 90	37% (19)	1/3	85% (13)	3/1	2/0	1–
Franco	19 in 45	42% (12)	1/1	38% (8)	3/2	0/1	2-
Pérez	24 in 45	67% (12)	1/1	100% (16)	1/0	0/0	3+
Borgetti	17 in 51	27% (15)	4/2	100% (7)	0/2	0/0	4–
Fonseca	13 in 39	29% (7)	2/1	86% (4)	0/0	0/0	4+

11. JUNI, 18 UHR, NÜRNBERG

Schiedsrichter: Roberto Rosetti (Italien). *Assistenten:* Cristiano Copelli, Alessandro Stagnoli (beide Italien). *Tore:* 1:0 Bravo (28.), 1:1 Golmohammadi (36.), 2:1 Bravo (76.), 3:1 Naelson (79.). *Einwechslungen:* Pérez für Franco (46.), Naelson für Torrado (46.), Fonseca für Borgetti (52.) – Madanchi für Karimi (63.), Borhani für Nosrati (81.). *Zuschauer:* 41 000.

IRAN-DATEN

Torhüter	Min.	Schüsse gehalten (von)	Flanken/ Ecken abgefangen	Glanz- taten	schwere Fehler	lange Pässe angekommen (von)	Note
Mirzapour	90	40% (5)	1	0	0	50% (2)	4–

Spieler	Ball- kontakte in Min.	Zweik. gew. (von)	Fouls/ gefoult worden	Pässe angek. (von)	Schüsse/ Schuß- vorlagen	Tore/ Torvor- lagen	Note
Kaebi	55 in 90	75% (8)	0/1	76% (29)	0/0	0/0	4+
Rezaei	38 in 90	46% (13)	3/2	79% (19)	1/1	0/1	5+
Golmohammadi	45 in 90	91% (11)	1/4	90% (21)	1/0	1/0	2
Nosrati	43 in 80	63% (16)	1/2	75% (20)	1/0	0/0	4+
Borhani	10 in 10	0% (0)	0/0	86% (7)	0/0	0/0	–
Teymourian	40 in 90	58% (31)	5/5	92% (26)	1/1	0/0	3+
1. Nekounam	38 in 90	61% (18)	1/3	86% (22)	0/1	0/0	3–
Mahdavikia	69 in 90	57% (14)	0/3	92% (38)	3/1	0/0	3+
Karimi	44 in 62	48% (27)	2/3	68% (19)	0/2	0/0	4+
Madanchi	12 in 28	38% (13)	2/1	80% (5)	0/0	0/0	5+
Hashemian	34 in 90	31% (26)	1/0	90% (10)	1/1	0/0	4+
Daei	26 in 90	32% (19)	3/1	58% (12)	0/0	0/0	4–

PORTUGAL VON EIGENEN FANS VERHÖHNT

Blamage statt schöner Lehrstunde

Luís Figo wieder der Chef der Mannschaft

Dirigierte seine Mitspieler: Luís Figo (33)

Alles sah nach einem Debakel für WM-Neuling Angola aus. Pauleta schoß Portugal nach vier Minuten in Führung, hatte noch einige weitere Chancen. Aber dann verfielen die Spieler des Vize-Europameisters in Selbstgefälligkeit

Das Denkmal hatte zuletzt ein paar feine Risse bekommen. Figo sei mit 33 Jahren zu alt, nicht mehr in Form und zu divenhaft, moserten Kritiker in Portugal. Trainer Luiz Felipe Scolari ließ sich dennoch nicht beirren. »Wenn Figo spielt wie in seinen besten Momenten, kann er uns sehr weiterhelfen«, sagte er vor der Partie. Und Mannschaftskollege Hugo Viana ergänzte: »Mit seiner Erfahrung ist er ungemein wertvoll für uns.«
Den schönen Worten folgte ein schönes Spiel: Figo war der Chef der Mannschaft, fast jeder Angriff lief über ihn. Bis zum Schluß kämpfte er um eine Resultatsverbesserung, trieb seine emotionslosen Mitspieler immer wieder an — letztlich vergeblich. So waren die Kritiker schnell verstummt und die Mitspieler voll des Lobes für ihren Kapitän. Fernando Meira: »Figo hat ein hervorragendes Spiel gemacht.«

Angola gegen seine ehemalige Kolonialmacht Portugal — an Brisanz mangelte es nicht. »Das ist kein normales Fußballspiel, das ist viel mehr«, stellte Portugals Trainer Luiz Felipe Scolari vor der Partie klar. Die Vorfälle im letzten Länderspiel beider Mannschaften ließen ihn zu dieser Erkenntnis gelangen. 2001 war es, vor nun schon fünf Jahren, doch vergessen kann es niemand: Nach vier Roten Karten für die Afrikaner wurde das Spiel abgebrochen, Portugals 5:1-Führung geriet zur Nebensache. In Köln besannen sich die Akteure auf ihr Spiel. Schiedsrichter Jorge Larrionda aus Uruguay zückte zwar fünfmal die Gelbe Karte, die Begegnung blieb jedoch jederzeit fair. Dennoch gab es nicht wenige Portugiesen, die diese 90 Minuten schnell vergessen wollten. Nur 1:0 gewann der Vize-Europameister von 2004 gegen den WM-Neuling. Schlimmer noch: Das Team wurde von den eigenen Fans gnadenlos ausgepfiffen.

»Das ist kein normales Fußballspiel, das ist viel mehr«

Dabei hatten die Portugiesen furios begonnen. Nach nur zwölf Sekunden schloß Pauleta den ersten Angriff mit einem Linksschuß aus 14 Metern ab, der Ball aber rollte rechts knapp neben das Tor. Und schon in der vierten Minute brachte ein Geniestreich von Luís Figo die Führung: Mit rasantem Antritt übersprintete er Gegenspieler Jamba, paßte millimetergenau auf Pauleta, und Portugals Rekordtorschütze machte sein 47. Länderspiel-Tor. Auch ohne Deco, der im Training umgeknickt war und von Scolari geschont wurde, beherrschte Portugal das Spiel. Fast alle Angriffe liefen über den überragenden Figo. Der Mittelfeldstar von Inter Mailand hatte die meisten Ballkontakte (86), spielte die meisten Pässe (41), von denen auch noch 87 Prozent den eigenen Mitspieler fanden, und bereitete mit sieben Torschußvorlagen fast genauso viele Chancen vor wie seine Nebenleute zusammen. Nur Zählbares wollte nicht mehr herausspringen.
Bemerkenswert waren lediglich zwei Aktionen von Cristiano Ronaldo. Der 21jährige Stürmerstar von Manchester United traf in der 35. Minute per Kopf die Latte und scheiterte kurz vor der Halbzeit mit einem Schuß aus 14 Metern an Angolas Schlußmann João Ricardo. Angola brauchte eine halbe Stunde, dann löste sich die Mannschaft aus der Umklammerung. Chancen aber blieben bis auf einen sehenswerten Fallrückzieher von Nationalheld Fabrice Akwá (26.) und einen 20-Meter-Schuß von André Macanga (43.) Mangelware. Die »Palancas Negras« (Schwarze Antilopen), wie sie sich nennen, kämpften bis zum Schluß tapfer. So konnte Trainer Luis De Oliveira Gonçalves seinem Team wenigstens bescheinigen: »Wir haben auf unserem höchsten Level gespielt.« Luís Figo war nach dem Spiel bitterböse: »Das war ein magerer Sieg.« ◂

Überflieger: Der portugiesische Abwehrspieler Nuno Valente klärt den Ball per Kopf vor dem anstürmenden Mendonça. Nur eine Momentaufnahme: Auch Valente enttäuschte

ANGOLA – PORTUGAL

 0:1 (0:1)

ANGOLA-DATEN

Torhüter	Min.	Schüsse gehalten (von)	Flanken/Ecken abgefangen	Glanz-taten	schwere Fehler	lange Pässe angekommen (von)	Note
João Ricardo	90	86% (7)	2	0	0	25% (4)	2–

Spieler	Ball-kontakte in Min.	Zweik. gew. (von)	Fouls/gefoult worden	Pässe angek. (von)	Schüsse/Schuß-vorlagen	Tore/Torvor-lagen	Note
1. Locô	46 in 90	56% (16)	2/0	64% (22)	1/1	0/0	4
1. Jamba	54 in 90	67% (15)	2/1	58% (19)	0/0	0/0	4–
Kali	38 in 90	85% (13)	0/0	86% (14)	0/0	0/0	3
Delgado	60 in 90	48% (29)	8/2	68% (22)	0/2	0/0	4–
Figueiredo	47 in 80	44% (36)	4/4	78% (27)	3/3	0/0	3–
Miloy	2 in 10	33% (6)	0/0	100% (1)	0/0	0/0	–
1. Macanga	55 in 90	49% (39)	3/3	81% (37)	1/1	0/0	4
Zé Kalanga	33 in 70	36% (11)	0/0	80% (15)	1/2	0/0	5+
Edson	9 in 20	40% (5)	2/1	75% (4)	0/0	0/0	4–
Mateus	32 in 90	34% (29)	1/2	69% (13)	2/1	0/0	5+
Mendonça	56 in 90	35% (23)	3/3	94% (15)	2/5	0/0	3
Akwá	24 in 60	15% (13)	3/0	67% (9)	5/1	0/0	4+
Mantorras	19 in 30	75% (12)	0/2	75% (8)	1/0	0/0	4+

11. JUNI, 21 UHR, KÖLN

Schiedsrichter: Jorge Larrionda (Uruguay). **Assistenten:** Walter Rial, Pablo Fandiño (beide Uruguay). **Tor:** 0:1 Pauleta (4.). **Einwechslungen:** Mantorras für Akwá (60.), Edson für Zé Kalanga (70.), Miloy für Figueiredo (80.) – Costinha für Ronaldo (60.), Maniche für Petit (72.), Viana für Tiago (83.). **Zuschauer:** 45 000.

PORTUGAL-DATEN

Torhüter	Min.	Schüsse gehalten (von)	Flanken/Ecken abgefangen	Glanz-taten	schwere Fehler	lange Pässe angekommen (von)	Note
Ricardo	90	100% (3)	2	0	0	50% (4)	2

Spieler	Ball-kontakte in Min.	Zweik. gew. (von)	Fouls/gefoult worden	Pässe angek. (von)	Schüsse/Schuß-vorlagen	Tore/Torvor-lagen	Note
Miguel	75 in 90	47% (19)	3/0	83% (33)	0/1	0/0	3–
Meira	40 in 90	77% (13)	0/1	91% (21)	1/0	0/0	3
Carvalho	56 in 90	38% (8)	1/0	90% (35)	0/1	0/0	3
1. Valente	78 in 90	71% (17)	1/1	89% (34)	1/1	0/0	4
Petit	58 in 72	50% (24)	6/1	95% (36)	1/1	0/0	4–
Maniche	18 in 18	80% (5)	0/0	100% (11)	1/0	0/0	3–
Figo	86 in 90	60% (43)	0/9	87% (41)	0/7	0/1	1–
Tiago	61 in 83	64% (25)	1/4	86% (32)	2/2	0/0	3
Viana	9 in 7	0% (3)	0/0	86% (6)	0/0	0/0	–
1. Ronaldo	44 in 60	40% (25)	2/5	94% (17)	4/1	0/0	3
Costinha	18 in 30	67% (12)	1/1	92% (12)	0/0	0/0	3
Simão	72 in 90	46% (37)	4/6	83% (30)	4/3	0/0	2–
Pauleta	33 in 90	25% (16)	0/0	78% (14)	6/2	1/0	3

ANGOLA ÜBERRASCHTE FAVORIT MEXIKO

Erster WM-Punkt wurde wie Sieg gefeiert

Torwart Ricardo: Jobsuche mit Glanzparaden

Schwächen bei Flanken: Ricardo. Rechts: Akwá

Eindrucksvoller hätte er sich nicht um einen Job bewerben können. Mit seinen Glanzparaden stieg Angolas vereinsloser Torwart João Ricardo (36) zum besten Spieler seiner Elf auf. Eine Leistung, die auch Mexikos Trainer Ricardo La Volpe Respekt abrang: »Er hat in überragender Manier gehalten.« Ricardos Vorstellung war um so bemerkenswerter, weil er seit zwei Jahren ohne Verein war. Sein letzter Klub Moreirense hatte seinen Vertrag 2004 nicht verlängert. Seitdem hielt er sich bei dem Zweitligisten Portimonense fit. Die mangelnde Spielpraxis wurde nur bei seinem Strafraumspiel auffällig. Bei Flanken hatte er sichtlich Probleme, fing einige aber auch spektakulär mit einer Hand ab. Wie viele Angolaner portugiesischer Abstammung war Ricardo vor dem Bürgerkrieg in seine Heimat nach Europa geflüchtet. Zur WM holte ihn Trainer Gonçalves ins Team, weil er einen erfahrenen Torwart suchte. »Ich kämpfe für ganz Afrika«, sagte Ricardo.

Ohne Stürmerstar Borgetti blieb Mexikos Angriff harmlos. Zweimal rettete der Pfosten Angola vor einem Gegentor. Die Afrikaner hatten auch nach dem Platzverweis für André Macanga wenig Mühe, das Unentschieden zu halten

Bei den letzten Übungseinheiten seiner Mannschaft hatte sich Trainer Ricardo La Volpe betont lässig gegeben: scherzend und mit einer weißfiltrigen Zigarette im Mund, in der Hand einen Plastikbecher mit dem für ihn unverzichtbaren düster-schwarzen Kaffee. Die gute Laune verdarben ihm seine Spieler aber schnell und nachhaltig.

Als die Halbzeitpause im Spiel gegen WM-Debütant Angola angebrochen war, verharrte Ricardo La Volpe wie angewurzelt vor seiner Trainerbank. Die Arme vor dem Oberkörper verschränkt, den Blick finster auf den Rasen gerichtet. Fassungslos ließ der Trainer die dürftige Leistung seiner Elf im Geiste Revue passieren. Angola, vor der WM Nummer 58 der Fifa-Weltrangliste, hatte gegen die Nummer 8 ein 0:0 gehalten. Und dies ohne erkennbare Mühe oder eine größere Portion Glück.

Fatalerweise für Mexiko hatte das

Rafael Márquez: »Wir haben so gut gespielt, wie es ging«

Resultat auch nach Spielende Bestand. Und dies, obwohl Angola ab der 79. Minute mit nur zehn Akteuren auskommen mußte. Mittelfeldspieler Macanga wurde wegen absichtlichen Handspiels von Schiedsrichter Shamsul Maidin aus Singapur vom Platz geschickt. Im zweiten Spiel gewann Angola seinen ersten WM-Punkt. Mehr als 100 000 Menschen feierten in der Hauptstadt Luanda die Sensation.

Schon die Vorzeichen hatten nichts Gutes für Mexiko verheißen. Ausgerechnet Sturm- und Nationalheld Jared Borgetti, dessen Tor beim Konföderationen-Pokal 2005 Weltmeister Brasilien besiegte, hatte wegen einer Wadenverletzung passen müssen.

Die Hoffnung, der gegen den Iran als zweifacher Torschütze gefeierte Omar Bravo und Sturmpartner Guillermo Franco würden es ohne Borgetti richten, erfüllte sich nicht. Der Hauptgrund: Angolas Verteidiger gingen diesmal von Spielbeginn an konzentriert zu Werke. Die entscheidende Lehre aus der Begegnung gegen Portugal, als bereits in der vierten Minute das Gegentor zur späteren Niederlage gefallen war. Zusätzlichen Respekt verschaffte sich die Elf von Trainer Luis de Oliveira Gonçalves durch ihre rustikale Gangart. 48 Fouls in zwei Partien – kein anderes Team der WM spielte bis dahin unfairer. So geriet das Tor des überragend haltenden João Ricardo nur selten ernsthaft in Gefahr. Mexiko agierte in seinem Bemühen, einen Treffer zu erzielen, erschreckend planlos. Viele ungenaue Pässe, wenig Tempo, kaum Flügelspiel. Dabei stellte Kapitän Rafael Márquez nach dem Spiel klar: »Wir haben so gut gespielt, wie es ging.« Die 13 Torschüsse der Mexikaner führten nur zu zwei nennenswerten Chancen: einem Pfostenschuß nach Freistoß von Rafael Márquez (14.) und einem von Omar Bravo (89.) aus zwei Meter Entfernung.

In Bedrängnis: Mexikos Torwart Oswaldo Sánchez klatscht eine Flanke mit den Handflächen ab. Angolas Starstürmer Fabrice Akwá springt vergeblich. Mario Méndez steigt gar nicht erst zum Kopfballduell hoch. Links: Pável Pardo

MEXIKO – ANGOLA

 0:0

MEXIKO-DATEN

Torhüter	Min.	Schüsse gehalten (von)	Flanken/ Ecken abgefangen	Glanz- taten	schwere Fehler	lange Pässe angekommen (von)	Note
Sánchez	90	100% (1)	5	0	0	0% (1)	2–

Spieler	Ball- kontakte in Min.	Zweik. gew. (von)	Fouls/ gefoult worden	Pässe angek. (von)	Schüsse/ Schuß- vorlagen	Tore/ Torvor- lagen	Note
Márquez	92 in 90	70% (20)	1/7	85% (60)	2/1	0/0	2–
Osorio	65 in 90	71% (14)	0/0	98% (44)	0/0	0/0	3
Salcido	81 in 90	63% (8)	2/0	89% (62)	1/0	0/0	4
Pardo	84 in 90	50% (16)	4/0	87% (60)	1/2	0/0	3–
Torrado	84 in 90	56% (18)	1/0	92% (72)	0/0	0/0	3–
Méndez	52 in 90	62% (21)	2/4	88% (33)	1/0	0/0	3–
1. Pineda	32 in 77	73% (15)	2/0	67% (18)	0/0	0/0	3–
Morales	10 in 13	33% (3)	0/1	100% (6)	0/1	0/0	–
Naelson	33 in 51	38% (16)	0/1	68% (25)	1/1	0/0	4–
Arellano	32 in 39	38% (8)	1/0	72% (25)	1/2	0/0	3–
Bravo	37 in 90	8% (12)	1/1	75% (24)	3/2	0/0	4
Franco	37 in 73	64% (22)	2/5	83% (23)	2/3	0/0	4
Fonseca	13 in 17	60% (5)	0/1	75% (8)	1/0	0/0	4+

16. JUNI, 21 UHR, HANNOVER

Schiedsrichter: Shamsul Maidin (Singapur). **Assistenten:** Prachya Permpanich (Thailand), Eisa Ghuloum (Vereinigte Arabische Emirate). **Einwechslungen:** Arellano für Naelson (52.), Fonseca für Franco (74.), Morales für Pineda (78.) – Mantorras für Mateus (68.), Marques für Figueiredo (73.), Miloy für Zé Kalanga (83.). **Zuschauer:** 43 000

ANGOLA-DATEN

Torhüter	Min.	Schüsse gehalten (von)	Flanken/ Ecken abgefangen	Glanz- taten	schwere Fehler	lange Pässe angekommen (von)	Note
1. Ricardo	90	100% (5)	6	2	0	40% (5)	1–

Spieler	Ball- kontakte in Min.	Zweik. gew. (von)	Fouls/ gefoult worden	Pässe angek. (von)	Schüsse/ Schuß- vorlagen	Tore/ Torvor- lagen	Note
Locó	49 in 90	38% (13)	2/1	90% (29)	1/1	0/0	4+
Jamba	33 in 90	54% (13)	3/1	87% (15)	0/0	0/0	4+
Kali	25 in 90	57% (14)	0/0	83% (12)	0/0	0/0	3–
1. Delgado	57 in 90	80% (10)	1/0	69% (36)	0/0	0/0	3+
Figueiredo	56 in 72	44% (16)	3/2	90% (39)	2/1	0/0	3–
Marques	11 in 18	50% (4)	0/1	100% (7)	0/0	0/0	4
Macanga	44 in 79	56% (9)	1/0	96% (28)	0/1	0/0	4–
1. Zé Kalanga	42 in 82	41% (17)	1/2	76% (25)	0/2	0/0	4–
Miloy	0 in 8	0% (1)	0/0	0% (0)	0/0	0/0	–
Mateus	27 in 67	30% (20)	2/2	88% (16)	1/1	0/0	5+
Mantorras	13 in 23	50% (8)	1/2	86% (7)	0/0	0/0	4
Mendonça	66 in 90	43% (30)	3/4	93% (43)	3/1	0/0	3–
Akwá	42 in 90	30% (23)	3/1	80% (25)	1/1	0/0	4+

PORTUGAL ÜBERSTEHT ERSTMALS SEIT 1966 DIE VORRUNDE

40 Jahre auf diesen Tag gewartet

Portugal siegte mit neuer Taktik: Sicherheitsfußball statt Fußballzauber. Wieder war Luís Figo bester Spieler auf dem Platz und an beiden Toren entscheidend beteiligt. Für den Iran bedeutete die zweite Niederlage das vorzeitige WM-Aus

Demonstration gegen Irans Staatspräsidenten

Demonstranten schwenken israelische Fahnen

Auch das zweite WM-Spiel des Iran wurde von Protesten gegen den iranischen Staatspräsidenten Mahmud Ahmadinedschad begleitet. Eine Stunde vor dem Anpfiff versammelten sich vor der Alten Oper in Frankfurt nach Polizeischätzungen etwa 500 Menschen. Der Historiker Arno Lustiger und der Publizist Michel Friedman verlangten als Redner ein EU-weites Einreiseverbot für Ahmadinedschad – nach dem Vorbild der Beschränkungen für den weißrussischen Präsidenten Alexander Lukaschenko. Die Führung in Teheran bezeichnete die Demonstrationen gegen Ahmadinedschad als mißlungen. »Die zionistische Lobby in Deutschland war sehr daran interessiert, während der WM gewaltige Demonstrationen gegen den Iran zu veranstalten. Aber trotz der massiven Mobilisierung kamen nur sehr wenige, und die Veranstaltungen entpuppten sich letztlich als ein Flop«, kommentierte Außenamtssprecher Hamid-Resa Assefi die Proteste.

Sein Befehl ließ an Deutlichkeit nichts zu wünschen übrig. »General Felipão«, Portugals energischer Trainer Luiz Felipe Scolari, beschied seine Spieler in knappen Worten: »Ich erwarte einen Sieg.« Mit drei Punkten gegen den Iran wollte Portugal vorzeitig die Qualifikation für die K.o.-Runde perfekt machen. Ein Glücksgefühl, das man zuletzt vor 40 Jahren bei der WM genießen durfte, als noch der legendäre Eusébio spielte. Der Auftrag wurde erfüllt, weil sich die Iraner in die Rolle eines willigen Opfers fügten. Ohne nennenswerte Gegenwehr ließ sich die Elf von Trainer Branko Ivankovic vor 48 000 Zuschauern in Frankfurt mit 2:0 besiegen. Brav attestierte hinterher der iranische Trainer seinem Kontrahenten: »Portugal hat verdient gewonnen.« Auch HSV-Profi Mehdi Mahdavikia erkannte an: »Der Gegner war besser.« Scolari hatte seine Mannschaft nach der desolaten Vorstellung ge-

»Es geht nicht um die Höhe des Sieges. Nur darum, zu gewinnen«

gen Angola auf drei Positionen umgebaut. Die wichtigste Änderung: Für Simão rückte der zuvor wegen einer Verletzung geschonte und schmerzlich vermißte Spielmacher Deco ins zentrale Mittelfeld. Auf iranischer Seite hatte sich Ivankovic zum mutigen Schritt entschlossen, Sturm-Idol Ali Daei (150 Länderspiele) nach seiner schwachen Leistung gegen Mexiko, als sein Aktionsradius gegen Null ging, auf die Bank zu verbannen. Ohne nennenswerte Besserung auf dem Rasen: Während die Iraner verhalten zu Werke gingen und in vielen Szenen den Ball hektisch verstolperten, kontrollierte Portugal das Spiel. Freude am Geschehen mochte nur bedingt aufkommen. Schnell wurde klar, was Scolari seinen Spielern als Marschroute eingeschärft hatte: »Es geht nicht um die Höhe des Sieges, sondern nur darum, daß wir gewinnen.« Kostproben virtuosen Spiels blieben den Zuschauern damit weitgehend versagt. Dafür gab es eine nüchterne Darbietung erfolgsorientierten Fußballs, die Portugals Medien als »intelligent und konzentriert« lobten. Letztlich stand wieder einmal Luís Figo für den Triumph Portugals: In unnachahmlicher Manier trat er in der 63. Minute an, kurvte mit dem Ball nach innen und paßte auf Deco. Dessen Schuß schlug aus 20 Metern unhaltbar in der linken oberen Torecke ein.

Auch beim zweiten Tor war der Profi von Inter Mailand Wegbereiter: Figos Alleingang beendete Yaha Golmohammadi im linken Strafraumeck mit einem Foul – Elfmeter. Cristiano Ronaldo schoß den Ball unhaltbar in den linken Winkel und sank anschließend mit lautem Jubelschrei auf die Knie. Das Tor war für den Stürmer wie eine Befreiung: Im Spiel gegen Angola hatte Scolari den eigensinnigen Jungstar mit seiner Auswechslung nach 60 Minuten abgestraft.

Platz gemacht: Im Laufduell hält Luís Figo (l.) mit dem linken Arm den ihn hart bedrängenden Iraner Mehrzad Madanchi auf Distanz. Der portugiesische Kapitän gewann 48 Prozent seiner Zweikämpfe. Ein mittelmäßiger Wert

080

PORTUGAL – IRAN

 2:0 (0:0)

PORTUGAL-DATEN

Torhüter	Min.	Schüsse gehalten (von)	Flanken/Ecken abgefangen	Glanz-taten	schwere Fehler	lange Pässe angekommen (von)	Note
Ricardo	90	100% (3)	0	0	0	57% (7)	3

Spieler	Ballkontakte in Min.	Zweik. gew. (von)	Fouls/gefoult worden	Pässe angek. (von)	Schüsse/Schußvorlagen	Tore/Torvorlagen	Note
Miguel	58 in 90	43% (21)	1/0	83% (35)	2/0	0/0	4+
Meira	43 in 90	71% (17)	2/2	93% (28)	0/0	0/0	3
Carvalho	52 in 90	64% (11)	1/0	89% (45)	1/0	0/0	3+
Valente	83 in 90	50% (16)	2/0	86% (58)	0/1	0/0	3–
1. Costinha	56 in 90	85% (20)	1/0	89% (37)	1/0	0/0	3
Maniche	66 in 66	57% (7)	2/0	91% (54)	3/2	0/0	3+
Petit	21 in 24	60% (5)	1/0	80% (15)	1/0	0/0	3–
Figo	63 in 87	48% (29)	4/5	80% (30)	1/8	0/2	2
Simão	7 in 3	0% (2)	0/0	100% (4)	0/1	0/0	–
1. Deco	68 in 79	38% (24)	1/2	82% (39)	2/3	1/0	2
Tiago	9 in 11	33% (3)	1/0	100% (7)	0/1	0/0	–
Ronaldo	65 in 90	56% (32)	2/7	83% (30)	7/3	1/0	2–
1. Pauleta	16 in 90	15% (13)	1/1	83% (6)	3/0	0/0	4+

17. JUNI, 15 UHR, FRANKFURT

Schiedsrichter: Eric Poulat (Frankreich).
Assistenten: Lionel Dagorne, Vincent Texier (beide Frankreich).
Tore: 1:0 Deco (63.), 2:0 Ronaldo (80., Foulelfmeter).
Einwechslungen: Petit für Maniche (67.), Tiago für Deco (80.), Simão für Figo (88.) – Zandi für Karimi (65.), Khatibi für Madanchi (66.), Bakhtiarizadeh für Golmohammadi (88.).
Zuschauer: 48 000

IRAN-DATEN

Torhüter	Min.	Schüsse gehalten (von)	Flanken/Ecken abgefangen	Glanz-taten	schwere Fehler	lange Pässe angekommen (von)	Note
Mirzapour	90	75% (8)	1	1	0	0% (0)	3+

Spieler	Ballkontakte in Min.	Zweik. gew. (von)	Fouls/gefoult worden	Pässe angek. (von)	Schüsse/Schußvorlagen	Tore/Torvorlagen	Note
1. Kaebi	39 in 90	41% (27)	4/1	50% (22)	0/0	0/0	4
Rezaei	28 in 90	60% (5)	0/0	60% (15)	0/0	0/0	4–
1. Golmohammadi	35 in 87	50% (14)	3/1	94% (16)	0/1	0/0	4–
Bakhtiarizadeh	7 in 3	100% (1)	0/0	40% (5)	0/0	0/0	–
Nosrati	39 in 90	60% (25)	2/5	80% (20)	0/1	0/0	3–
Teymourian	43 in 90	50% (24)	1/3	84% (25)	0/1	0/0	4
1. Nekounam	40 in 90	67% (24)	1/3	89% (27)	2/0	0/0	3+
Mahdavikia	72 in 90	69% (16)	0/3	77% (30)	0/2	0/0	3+
Karimi	23 in 64	27% (15)	0/0	91% (11)	1/1	0/0	4
Zandi	16 in 26	75% (4)	0/1	90% (10)	1/1	0/0	4+
1. Madanchi	28 in 65	60% (10)	3/2	80% (15)	1/0	0/0	4
Khatibi	9 in 25	25% (4)	1/0	100% (3)	1/0	0/0	5+
Hashemian	39 in 90	19% (31)	2/0	75% (16)	2/0	0/0	4

FÜNF STARS VON PORTUGAL AUF DER TRIBÜNE

Schonung fürs wichtigere Achtelfinale

Trainer Luis Felipe Scolari wollte bei Cristiano Ronaldo, Deco, Pauleta, Nuno Valente und Costinha keine zweite Gelbe Karte riskieren. Die B-Elf schaffte trotzdem den dritten Sieg – unter Mithilfe Mexikos

**Francisco Fonseca –
20. Tor im 32. Länderspiel**

Das Ehrentor: Fonseca trifft per Kopf (29. Minute)

Schon beim Konföderationen-Cup 2005 in Deutschland hatte Francisco Fonseca (26) für Aufsehen gesorgt. Für seine zwei Tore brauchte der antrittsschnelle Angreifer von Cruz Azul nur fünf Torschüsse, war damit der effektivste Stürmer des Turniers. Zum Vergleich: Sturmpartner Jared Borgetti benötigte damals für seine drei Treffer immerhin 13 Versuche. Mit dem Tor gegen Portugal verbesserte Fonseca sein Konto in 32 Länderspielen auf 20.
In Mexiko ist er der Liebling der Massen, wird von allen nur »Kikín« gerufen. Ein Name, den er zu Ehren seines bereits mit 15 Jahren verstorbenen Bruders Kikín trägt.
Bei Trainer Ricardo La Volpe war Fonseca in den ersten zwei Spielen nur Ersatz, stand gegen Portugal zum ersten Mal in der Startelf und überzeugte als bester Angreifer: sieben Torschüsse, drei Torschußvorlagen, ein Treffer.

Es war viel Platz auf der Auswechselbank der portugiesischen Nationalmannschaft. Nur 18 Spieler statt der möglichen 23 hatte Trainer Luiz Felipe Scolari auf dem Spielberichtsbogen notieren lassen. Fünf Stammspielern verordnete der Brasilianer eine Schonpause: Er wollte bei ihnen keine zweite Gelbe Karte in der Vorrunde riskieren und damit eine Sperre für das Achtelfinale.
Sie saßen auf den blaubezogenen Sesseln der noblen Haupttribüne und interessierten sich zuweilen nur nebenbei fürs Spiel: Mittelfeldstar Deco telefonierte auf dem Handy; Cristiano Ronaldo, Pauleta, Nuno Valente und Costinha plauderten in fröhlicher Runde. Derweil rackerten die Reservisten vor 52 000 Zuschauern, um Mexiko im Spiel um Gruppenplatz eins in Schach zu halten. Daß tatsächlich mit dem 2:1 der dritte WM-Sieg für Portugal zu Buche stand, verdankte die Mannschaft allerdings

»Es tut weh, wenn man mit einer Niederlage weiterkommt«

weniger eigener Souveränität als vielmehr dem Unvermögen der mexikanischen Offensivspieler. Sie überboten sich im Auslassen bester Torchancen. Scolari analysierte nachsichtig: »Unser Ziel, den ersten Platz, haben wir erreicht.«
Ganz unzufrieden waren die Mexikaner indes auch nicht: Zum vierten Mal in Folge schafften sie den Sprung ins WM-Achtelfinale. Francisco Fonseca brachte es auf den Punkt: »Wir wollten natürlich nicht verlieren, aber wir sind trotzdem qualifiziert. Das ist das einzige, was zählt.«
Eine Zitterpartie hatte Mexikos Trainer Ricardo La Volpe mit einem Sieg unbedingt vermeiden wollen. Er verbannte die gegen Angola enttäuschenden Guillermo Franco und Antonio »Zinha« Naelson zunächst auf die Ersatzbank. Fonseca und Omar Bravo stürmten.
Doch schon Portugals erster Konter sorgte für Ernüchterung. Simão spielte den Ball klug in den Rücken der Abwehr, und Maniche verwertete aus 14 Metern direkt zum 1:0. (6.). Als Mexikos Kapitän Rafael Márquez den Ball im Strafraum mit der Hand berührte, Schiedsrichter Lubos Michel aus der Slowakei keine Sekunde mit seinem Elfmeterpfiff zögerte und Simão nach fünf Schritten Anlauf den Ball mittig ins Tor drosch, schien das Spiel gelaufen (24.). Weil aber auch Luís Figo nach zwei guten Spielen zunehmend abbaute, geriet Portugals Spielfluß ins Stocken. Den Mexikanern gelang allerdings nur eine Ergebniskosmetik mit dem Anschlußtreffer des guten Fonseca (29.). Denn Omar Bravo nutzte seine Chance vom Elfmeterpunkt nach Foul und Handspiel von Miguel nicht. Er schoß den Ball weit über das Tor (57.). Und Luis Pérez sah für eine allzu offensichtliche Schwalbe (61.) Gelb/Rot. Rafael Márquez schämte sich: »Es tut weh, wenn man mit einer Niederlage weiterkommt.«

Zugedeckt: Mexikos Kapitän Rafael Márquez gibt Nuno Gomes keine Möglichkeit, zum Kopfball hochzusteigen. Ein klares Foul, aber der Schiedsrichter pfeift nicht. Und wieder ist Márquez, der schon den Handelfmeter verschuldete, gefährlich nah mit der Hand am Ball

PORTUGAL – MEXIKO

 2:1 (2:1)

PORTUGAL-DATEN

Torhüter	Min.	Schüsse gehalten (von)	Flanken/ Ecken abgefangen	Glanz-taten	schwere Fehler	lange Pässe angekommen (von)	Note
Ricardo	90	83% (6)	2	0	0	33% (15)	2

Spieler	Ball-kontakte in Min.	Zweik. gew. (von)	Fouls/ gefoult worden	Pässe angek. (von)	Schüsse/ Schuß-vorlagen	Tore/ Torvor-lagen	Note
1. Miguel	46 in 60	47% (15)	2/1	89% (27)	1/0	0/0	4–
Ferreira	29 in 30	100% (3)	0/1	86% (21)	0/0	0/0	3
Meira	35 in 90	50% (20)	4/0	96% (25)	0/0	0/0	3–
Carvalho	37 in 90	58% (19)	0/1	92% (26)	0/0	0/0	3–
Caneira	69 in 90	78% (18)	2/2	80% (49)	0/0	0/0	2–
Petit	58 in 90	50% (24)	2/1	93% (44)	0/0	0/0	4+
1. Maniche	63 in 90	50% (8)	1/2	96% (46)	5/2	1/0	2–
Tiago	58 in 90	52% (27)	1/2	90% (40)	3/1	0/0	4+
Figo	62 in 79	47% (19)	1/1	100% (43)	1/4	0/1	3
1. Boa Morte	8 in 11	57% (7)	1/0	100% (3)	1/0	0/0	–
Simão	52 in 90	41% (34)	5/2	88% (33)	2/4	1/1	3–
Postiga	24 in 68	30% (20)	5/2	83% (12)	1/1	0/0	4+
1. Gomes	9 in 22	33% (6)	2/0	80% (5)	0/1	0/0	4+

21. JUNI, 16 UHR, GELSENKIRCHEN

Schiedsrichter: Lubos Michel (Slowakei).
Assistenten: Roman Slysko, Martin Balko (beide Slowakei).
Tore: 1:0 Maniche (6.), 2:0 Simão (24., Handelfmeter), 2:1 Fonseca (29.).
Besonderes Vorkommnis: Bravo verschießt Handelfmeter (57.).
Einwechslungen: Ferreira für Miguel (61.), Gomes für Postiga (69.), Boa Morte für Figo (80.) – Naelson für Rodríguez (46.), Castro für Pineda (69.), Franco für Méndez (80.).
Zuschauer: 52 000

MEXIKO-DATEN

Torhüter	Min.	Schüsse gehalten (von)	Flanken/ Ecken abgefangen	Glanz-taten	schwere Fehler	lange Pässe angekommen (von)	Note
Sánchez	90	60% (5)	2	0	0	100% (1)	3–

Spieler	Ball-kontakte in Min.	Zweik. gew. (von)	Fouls/ gefoult worden	Pässe angek. (von)	Schüsse/ Schuß-vorlagen	Tore/ Torvor-lagen	Note
1. Rodríguez	30 in 45	86% (7)	0/2	95% (21)	0/0	0/0	4
1. Naelson	22 in 45	58% (12)	1/0	93% (14)	1/0	0/0	4–
Osorio	53 in 90	67% (12)	0/5	100% (38)	0/0	0/0	4+
Salcido	74 in 90	53% (19)	2/1	79% (47)	1/1	0/0	4
1. Márquez	87 in 90	59% (29)	3/2	81% (54)	0/2	0/0	4+
Pardo	67 in 90	50% (20)	1/3	85% (39)	2/5	0/1	3
Méndez	36 in 79	37% (19)	2/2	79% (24)	0/0	0/0	5+
Franco	6 in 11	0% (1)	0/0	67% (3)	0/1	0/0	–
Pérez	44 in 61	28% (18)	3/2	78% (27)	0/1	0/0	5
Pineda	37 in 68	50% (12)	1/1	87% (23)	0/0	0/0	4–
Castro	22 in 22	57% (7)	0/1	100% (12)	0/0	0/0	4+
Bravo	40 in 90	39% (31)	1/5	83% (18)	5/3	0/0	5+
Fonseca	46 in 90	52% (33)	1/2	86% (22)	7/3	1/0	2–

FLÁVIO ERZIELTE ERSTES WM-TOR ANGOLAS

Stolz auf das zweite Unentschieden

Karimi: »Probleme mit Ivankovic und Ali Daei«

Verweigerte seinen Einsatz: Ali Karimi

Für den Iran endete die Weltmeisterschaft mit einem Eklat. Auf der Ersatzbank verweigerte Bundesliga-Profi Ali Karimi (27, Bayern München) seinem Trainer Branko Ivankovic den Dienst, als dieser ihn einwechseln wollte. »Ich hatte ihn gefragt, ob er spielen will«, teilte der 52jährige Kroate später mit. Karimi lehnte ab und erklärte: »Weil ich Probleme habe mit Ivankovic und Ali Daei.« Ex-Bayern-Spieler Daei war im Alter von 37 Jahren und mit Bauchansatz immer noch Platzhirsch im WM-Kader.
Der umstrittene Branko Ivankovic hatte schon in den ersten WM-Tagen angekündigt, seinen Vertrag nicht zu verlängern. Sportliche Kritik übte Mehdi Mahdavikia, Bundesliga-Profi des Hamburger SV, am Auftritt seines Landes: »Das war nicht unser wahres Gesicht, wir haben uns sehr schlecht aus dem Turnier verabschiedet.«

Trainer Luis de Oliveira Gonçalves wertete das erste WM-Turnier seines Landes als Erfolg. Einen Sieg gegen den Iran und womöglich die Qualifikation für das Achtelfinale verhinderten seine zögerliche Taktik und ein Abwehrfehler

Verdächtig blau schimmerten die Ränge in Leipzig. Blau zählt weder zu den Landesfarben Angolas noch des Iran, blau waren die leer gebliebenen Schalensitze des offiziell ausverkauften Leipziger Zentralstadions. Nur etwa 33 000 Zuschauer wollten sich bei 34 Grad Hitze das Spiel ansehen. Die, die gekommen waren, gingen nicht unzufrieden. Wie Sachsens Ministerpräsident Georg Milbradt, der vom »sportlichen Kampfgeist« beider Mannschaften angetan war. Mit dieser Formulierung analysierte er das 1:1 trefflich: Vier verletzungsbedingte Auswechslungen und sechs Gelbe Karten zeugten von mehr Ruppigkeit als Spielkunst. Eine Chance aufs Achtelfinale hatten nur noch die Afrikaner, sie mußten auf Sieg spielen. Trainer Luis de Oliveira Gonçalves kündigte eine offensive Gangart an, bei der Aufstellung verließ ihn der Mut aber schon wieder: Angola trat mit Fabrice Akwá als einziger Spitze gewohnt verhalten an, statt Stürmer Love lief mit Miloy ein fünfter Mittelfeldspieler auf.
Die Mannschaft ging die Aufgabe mit entsprechend wenig Angriffsschwung an. Das Führungstor nach einer Stunde Spielzeit fiel buchstäblich aus heiterem Himmel – die besseren Chancen in dem mäßigen Spiel hatte bis dahin der Iran, und Angreifer Akwá saß zu dem Zeitpunkt längst mit einer Oberschenkelverletzung auf der Bank. Zé Kalanga wurde auf dem rechten Flügel klug von Spielmacher Paulo Figueiredo angespielt, flankte auf den Kopf des für Akwá eingewechselten Flávio – das 1:0. Vor Freude über das erste WM-Tor seines Landes konnte sich Flávio nach dem Spiel nicht so schnell beruhigen: »Ich bin so glücklich. Ich war der glücklichste Mann in der Kabine.« Angola hatte aber nur diesen einen hellen Moment, umrahmt von etlichen nicht WM-tauglichen Aktionen. Grenzwertig war vor allem das Abwehrverhalten, erst recht die Aktionen von Torwart João Ricardo, der gegen Mexiko noch eine Klasseleistung geboten hatte. Er unterlief Flanken, boxte harmlose Schüsse unkonventionell ins Feld zurück. Nach einer Ecke Mehdi Mahdavikias in der 75. Minute ließ er einen Kopfball des iranischen Verteidigers Sohhrab Bakhtiarizadeh aus 15 Meter Entfernung in die Torecke rutschen. Das Aus im Kampf um das Achtelfinale und Anlaß für heftige Wortduelle mit seinen Vorderleuten Mendonça und Luís Delgado. Angola hätte einen Sieg mit drei Toren Unterschied benötigt. »Wir waren nicht intelligent genug, unsere Führung zu verteidigen«, sagte de Oliveira Gonçalves ohne jeglichen Groll in der Stimme. Alle Welt habe doch deutliche Niederlagen seines Teams erwartet. »Ich bin stolz auf meine Mannschaft, das Volk von Angola kann nach unseren zwei Unentschieden stolz sein.«

»Ich bin so glücklich. Ich war der glücklichste Mann in der Kabine«

Geschichtsträchtiger Augenblick: Flávio köpft in der 60. Minute Angolas erstes WM-Tor. Irans Torwart Ebrahim Mirzapour kann dem Ball nur noch hinterhergucken

084

IRAN – ANGOLA

 1:1 (0:0)

IRAN-DATEN

Torhüter	Min.	Schüsse gehalten (von)	Flanken/ Ecken abgefangen	Glanz- taten	schwere Fehler	lange Pässe angekommen (von)	Note
Mirzapour	90	86% (7)	3	0	0	0% (1)	3−

Spieler	Ball- kontakte in Min.	Zweik. gew. (von)	Fouls/ gefoult worden	Pässe angek. (von)	Schüsse/ Schuß- vorlagen	Tore/ Torvor- lagen	Note
Kaebi	36 in 66	100% (7)	0/2	74% (19)	0/0	0/0	4+
Borhani	11 in 24	0% (4)	1/0	100% (5)	1/0	0/0	4
Rezaei	44 in 90	70% (10)	0/1	74% (27)	2/0	0/0	3−
Bakhtiarizadeh	42 in 90	53% (19)	3/1	69% (26)	1/0	1/0	2−
Nosrati	10 in 12	100% (1)	0/0	100% (8)	0/0	0/0	−
Shojaei	43 in 78	38% (21)	5/2	80% (30)	0/2	0/0	4+
1. Teymourian	47 in 90	65% (26)	2/5	89% (38)	1/2	0/0	3−
Mahdavikia	77 in 90	35% (17)	4/3	84% (44)	1/7	0/1	2−
2. Madanchi	36 in 90	50% (12)	3/3	65% (17)	1/1	0/0	4
1. Zandi	49 in 90	50% (12)	1/2	71% (28)	5/1	0/0	3−
Daei	42 in 90	63% (24)	1/1	65% (26)	4/4	0/0	5+
Hashemian	17 in 38	67% (9)	1/1	90% (10)	2/3	0/0	4
Khatibi	25 in 51	67% (6)	0/0	91% (11)	2/0	0/0	4+

21. JUNI, 16 UHR, LEIPZIG

Schiedsrichter:
Mark Shield (Australien).
Assistenten:
Nathan Gibson,
Ben Wilson
(beide Australien).
Tore:
0:1 Flávio (60.),
1:1 Bakhtiarizadeh (75.).
Einwechslungen:
Shojaei für Nosrati (13.),
Khatibi für
Hashemian (39.),
Borhani für Kaebi (67.) –
Love für Mateus (23.),
Flávio für Akwá (51.),
Marques für
Figueiredo (73.).
Zuschauer: 38 000

ANGOLA-DATEN

Torhüter	Min.	Schüsse gehalten (von)	Flanken/ Ecken abgefangen	Glanz- taten	schwere Fehler	lange Pässe angekommen (von)	Note
Ricardo	90	89% (9)	1	0	0	25% (4)	4−

Spieler	Ball- kontakte in Min.	Zweik. gew. (von)	Fouls/ gefoult worden	Pässe angek. (von)	Schüsse/ Schuß- vorlagen	Tore/ Torvor- lagen	Note
2. Locó	40 in 90	31% (13)	2/1	55% (20)	0/0	0/0	5+
Jamba	31 in 90	40% (20)	1/1	71% (7)	0/0	0/0	5+
Kali	26 in 90	60% (5)	1/1	58% (12)	0/0	0/0	4
Delgado	59 in 90	50% (12)	2/0	71% (28)	0/2	0/0	4+
Figueiredo	34 in 72	64% (11)	0/5	80% (20)	1/3	0/0	3
Marques	4 in 18	50% (6)	0/1	100% (2)	0/0	0/0	−
Miloy	30 in 90	63% (27)	2/1	85% (13)	2/0	0/0	3−
2. Zé Kalanga	38 in 90	54% (13)	3/4	79% (19)	0/5	0/1	3
Mateus	5 in 22	33% (6)	0/0	100% (1)	1/0	0/0	4−
Love	31 in 68	42% (19)	2/1	79% (14)	4/5	0/0	3
1. Mendonça	50 in 90	30% (20)	4/4	92% (25)	6/0	0/0	4
Akwá	20 in 50	20% (5)	2/0	83% (12)	3/2	0/0	4+
Flávio	16 in 40	27% (11)	3/0	64% (11)	1/1	1/0	3+

GRUPPE E

ITALIEN	
GHANA	
USA	
TSCHECHIEN	

Montag, 12. Juni, Gelsenkirchen
USA – Tschechien   0:3 (0:2)

Montag, 12. Juni, Hannover
Italien – Ghana   2:0 (1:0)

Samstag, 17. Juni, Köln
Tschechien – Ghana   0:2 (0:1)

Samstag, 17. Juni, Kaiserslautern
Italien – USA   1:1 (1:1)

Donnerstag, 22. Juni, Hamburg
Tschechien – Italien   0:2 (0:1)

Donnerstag, 22. Juni, Nürnberg
Ghana – USA   2:1 (2:1)

	Italien	Ghana	USA	Tschechien
Italien		2:0	1:1	2:0
Ghana	0:2		2:1	2:0
USA	1:1	1:2		0:3
Tschechien	0:2	0:2	3:0	

Mannschaft	G	U	V	Tore	Pkte
1. Italien	2	1	0	5:1	7
2. Ghana	2	0	1	4:3	6
3. Tschechien	1	0	2	3:4	3
4. USA	0	1	2	2:6	1

KAMPFMASCHINE
In Italien gibt es einen häßlichen Spott: »Der Mensch stammt vom Gattuso ab.« Gennaro Gattuso (l.) ficht das nicht an. Er weiß, daß er ein unverzichtbarer Spieler ist. Einer, der weniger Fußball spielt, mehr die Gegner bearbeitet, sie provoziert, 90 Minuten mit allen erlaubten und unerlaubten Mitteln bekämpft. Nach langer Verletzung stand er gegen Tschechien erstmals in der Stammelf und führte Italien mit zum 2:0-Sieg und Einzug ins Achtelfinale. Milan Baros, hier Gegner von Gattuso, hatte nichts Gleichwertiges entgegenzusetzen

LEHRZEIT
Seine Europa-Karriere begann Michaël Essien 2000 beim SC Bastia auf Korsika. Er spielte linker und rechter Außenverteidiger, auch vor der Abwehr. Nach seinem Wechsel 2003 zu Olympique Lyon etablierte er sich als Mittelfeldspieler, half aber auch als Innenverteidiger aus. Für den FC Chelsea bestritt er vergangene Saison sechs Champions-League-Spiele. Er wurde 17mal gefoult, foulte selbst auch 17mal – erhielt aber keine Gelbe Karte

STAR DER GRUPPE E

MICHAËL ESSIEN

Motor in den Tiefen des Mittelfeldes

Fouls gehören zu seinem Berufsalltag. Aber die Gelbe Karte für ein Allerweltsfoul an Claudio Reyna verstand der Ghanaer nicht. Sie zog eine Sperre für das Achtelfinale nach sich. So blieb nur der Ruhm einer glänzenden Vorrunde

Als Schiedsrichter Markus Merk ihm in der fünften Minute die Gelbe Karte zeigte, erstarrten Ghanas Fußballfans vor den Schwarzweiß-Fernsehern. Michaël Essiens Foul am amerikanischen Spielmacher Claudio Reyna im letzten Gruppenspiel gegen die USA bedeutete ein Spiel Sperre für den Star der Mannschaft, ausgerechnet in der K.o.-Runde. Fouls gehören zum Fußball-Alltag des 23jährigen, der 2005 für eine Ablösesumme von 38 Millionen Euro vom französischen Meister Olympique Lyon zum englischen Titelträger FC Chelsea gewechselt war. Michaël Essien ist, anders als die großen Führungspersönlichkeiten aus Afrika wie Elfenbeinküsten-Star Didier Drogba oder Togos Emmanuel Adebayor, kein Torjäger, nicht mal ein Spielgestalter. Diesen Job erledigt in Ghanas Team Stephen Appiah.
Essiens Einsatzort liegt vor der Abwehr. Als defensiver Mittelfeldspieler ist er zuständig für die Spieleröffnung, aber eben auch für das Abfangen gegnerischer Angriffe. Der ebenso schnelle wie geschickte Ghanaer ist zuweilen nicht zimperlich in der Wahl seiner Mittel. In der Vorrunde zur letzten Champions League beispielsweise bekam Dietmar Hamann Essiens Härte zu spüren. »Als das schlimmste Foul meiner Karriere«, bezeichnete Hamann Essiens Aktion, für die der sich öffentlich entschuldigte und, nachträglich per TV-Beweis überführt, zu zwei Spielen Sperre verurteilt wurde.
Normalerweise erledigt der womöglich beste defensive Mittelfeldspieler der Welt seine Arbeit eleganter. Ungeheuer seine Dynamik, instinktsicher sein Stellungsspiel: Essien bringt den Körper wie kein Zweiter im Zweikampf zwischen Ball und Gegner. »Der Motor des Mittelfeldspiels«, charakterisiert Ghanas Fußball-Legende Abedi Pelé Essien, »denn er hat die Kraft.«

Schmerzhafte Zusammenstöße haben seinen Charakter geprägt

Essien trieb sein Team zu Platz zwei in der Gruppe – vor den favorisierten Tschechen und Amerikanern. Um diese Klasse in so jungen Jahren zu erlangen, muß ein Fußballer durch eine harte Schule gehen. Michaël Essiens Schule war ein Ascheplatz in Ghanas Hauptstadt Accra, wo er mit Freunden kickte. Nebenan umdribbelte der Junge Bäume, barfuß und in höchstem Tempo. Nach schmerzhaften Zusammenstößen bekam er zu hören: Hör auf zu heulen und steh auf. »Das hat meinen Charakter geprägt.«
Weh tat ihm aber die Stimmung in der Heimat, als er Anfang 2006 wegen einer Knöchelverletzung seine Teilnahme am Afrika-Cup absagte. Ohne Essien scheiterten die »Black Stars« sang- und klanglos in der Vorrunde. Er habe sich für seinen Verein Chelsea geschont, fluchten die Zeitungen in Accra. »Ich war immer loyal zum Nationalteam«, beteuerte er.
Auch die Gelbe Karte von Markus Merk verstand er nicht. Einer seiner größten Fans sah es genauso: »Einfach ungerecht, daß er nicht mitspielen darf im Achtelfinale«, sagte Bruce Arena, der Trainer der mit 1:2 unterlegenen US-Mannschaft.

Die Szene, die Michaël Essien (r.) um das Achtelfinale brachte: Er grätscht US-Spielmacher Claudio Reyna von hinten um und erhält die Gelbe Karte

---

Andrea Pirlo: Zehner und Sechser in einer Person

Über Michael Ballack war einmal eine ähnliche Debatte geführt worden: Ist Andrea Pirlo nun eine Nummer 6 oder eine 10? Einer für die Spieleröffnung oder der Spielmacher? Der 27jährige vom AC Mailand hat die Antwort in der Vorrunde selbst gegeben: Er ist beides. Mit 16 Jahren gab er sein Debüt in der Serie A bei Brescia, Milan-Trainer Carlo Ancelotti schulte die junge Offensivkraft später zum Aufbauspieler um. Wenn

Keiner war so oft am Ball wie Andrea Pirlo

Italiens Superstar Francesco Totti verletzt war (wie vor der WM) oder einen schlechten Tag hatte (was öfter vorkam), konnte Squadra-Trainer Marcello Lippi immer auf das Regie-Talent seines Abräumers zurückgreifen. Bis zur letzten Saison, als Pirlo in ein Leistungstief fiel und bei Milan nicht mehr gesetzt war. Lippi hielt mit der ihm eigenen Sturheit weiter am Mittelfeldspieler fest und wurde belohnt. Andrea Pirlo, der kämpfende Techniker, war Italiens bester Feldspieler der Gruppenphase. Er kam auf sagenhafte 304 Ballkontakte, bis dahin die meisten aller Spieler dieser WM. »Wenn ich sehe, was Andrea mit dem Ball macht«, sagt sein weniger begnadeter Mitspieler Gennaro Gattuso neidlos, »dann frage ich mich, ob ich Fußballspieler bin.«

ANALYSE GRUPPE E

ITALIEN BELEBTE LÄNGST VERGANGENE ZEITEN

Riegeltaktik wie in den siebziger Jahren

SCORER-LISTE GRUPPE E

	Torvorlagen	Tore	Scorerpunkte
Rosicky (TCH)	–	2	2
Pirlo (ITA)	1	1	2
Appiah (GHA)	1	1	2
Gyan (GHA)	1	1	2
Totti (ITA)	2	–	2
Nedved (TCH)	2	–	2
Iaquinta (ITA)	–	1	1
Gilardino (ITA)	–	1	1
Materazzi (ITA)	–	1	1
Inzaghi (ITA)	–	1	1
Muntari (GHA)	–	1	1
Dramani (GHA)	–	1	1
Koller (TCH)	–	1	1
Dempsey (USA)	–	1	1
Perrotta (ITA)	1	–	1
Pimpong (GHA)	1	–	1
Grygera (TCH)	1	–	1
Convey (USA)	1	–	1
Beasley (USA)	1	–	1

Sechs Spieler kamen auf zwei Scorerpunkte. Tomas Rosicky führt die Liste als ein einziger zweifacher Torschütze an. Er traf nur gegen die USA

Höhepunkt nur in einem Spiel: Tomas Rosicky

Die Ankündigungen von Trainer Marcello Lippi waren nichts als schöne Worte. Mit vier offensiven Spielern wollte er stürmen lassen. Es waren manchmal nur zwei, die neun anderen verteidigten das eigene Tor – gekonnt

Zu beneiden waren sie nicht, die Anhänger der italienischen Fußballer. Tifoso sein bedeutete: Ballgeschiebe bejubeln müssen, regelmäßig mehr Spieler in der eigenen Spielfeldhälfte zu erleben als in der gegenüberliegenden und als Star keinen Ballzauberer anzuhimmeln, sondern den Torwart Gianluigi Buffon.
Italien kehrte in der Vorrunde trotz aller vorherigen Ankündigungen zum altbewährten Defensivfußball zurück. Im entscheidenden Spiel um den Gruppensieg gegen Tschechien in Hamburg vertraute Trainer Marcello Lippi phasenweise auf eine einzige Angriffsspitze (erst Alberto Gilardino, dann Filippo Inzaghi), unterstützt durch nur einen offensiven Mittelfeldspieler (Francesco Totti).
Der Catenaccio, Italiens gefürchtete Riegeltaktik der sechziger und siebziger Jahre, erlebte sein Comeback ausgerechnet unter Marcello Lippi. Der galt in Italien mal als Trainer mit Sinn für das Angriffsspiel. Vor dem Turnier hatte er geschwärmt von der Vielzahl seiner Topstürmer, allen voran von Europas erfolgreichstem Torschützen Luca Toni (31 Tore für den AC Florenz). Hinzu kamen Inzaghi, Alberto Gilardino, Vincenzo Iaquinta. Nicht zu vergessen Alt-Ballzauberer Alessandro Del Piero. Vier offensive Spieler sollten immer auflaufen.
Beim 2:0 gegen Ghana lieferte Italien noch sein ansehnlichstes Spiel ab. Spielmacher Francesco Totti schoß dreimal aufs Tor, fünfmal brachte er Mitspieler in Schußposition, ehe er mit einer Prellung ausgewechselt wurde. Franz Beckenbauer lobte: »Italien hat ein hervorragendes Spiel gemacht.« Furchtbar dagegen war die Leistung beim 1:1 gegen die spielerisch limitierten USA. In diesem Spiel verlor Lippis Team nach einem Platzverweis für Mittelfeldspieler Daniele De Rossi vollkommen den Faden.

Nur ein Gegentor in drei Spielen: Es war ein Eigentor

Aber: Italien verlor nicht, spielte extrem effizient, verfügte mit den Innenverteidigern Fabio Cannavaro, Alessandro Nesta und dem defensiven Mittelfeldmann Andrea Pirlo davor über ein nahezu unüberwindliches Dreieck im Abwehrzentrum. Und Italien hatte mit Gianluigi Buffon einen der Weltbesten seines Fachs im Tor. Nur ein Gegentor in drei Spielen kassierte er, ein Eigentor noch dazu von Cristian Zaccardo.
Die Überraschung der Gruppe E war Ghana bei seiner WM-Premiere. Zur Eröffnung lief es noch etwas holperig, trennten sich die »Black Stars« regelmäßig einen Tick zu spät vom Ball. Und die Mittelfeld-Leistungsträger Michaël Essien und Stephen Appiah ignorierten noch weitgehend den Rest der Mannschaft. Aber der Gegner hieß ja auch Italien.

Gegen Tschechiens alte Herren hingegen – vier Spieler in der Startaufstellung waren deutlich über 30 Jahre alt – überzeugten die Afrikaner (mit 25,2 Jahren im Schnitt jüngstes Team der WM) voll und hätten auf ihren flinken Beinen deutlicher als 2:0 gewinnen können. Ungewöhnlich für afrikanische Mannschaften überzeugte Ghana vor allem durch Disziplin in der Defensive. Die Weise, wie vor allem Angreifer Asamoah Gyan gegen eine hilflose Tschechen-Abwehr beste Chancen versiebte, gab Trainer Ratomir Dujkovic allerdings zu denken. Auch wenn der 2:1-Sieg im letzten Spiel über die USA etwas glücklich zustande kam: Der Achtelfinal-Einzug Ghanas war hoch verdient.
Geschlagen verließ die Mannschaft der Tschechischen Republik, bei der EM 2004 noch eine Macht, ihr Quartier im Westerwald. Den souveränen Auftaktsieg über die USA hatten sie mit dem Ausfall von Stürmerstar Jan Koller bezahlt. Da auch Milan Baros bis zum letzten Spiel verletzt fehlte, Vladimir Smicer gar nicht erst mitgefahren und Tomas Galasek mit Trainingsrückstand weit von seiner Bestform entfernt war, hatte das Team keine Siegchance gegen Ghana und Italien.
Gegen die USA hatte Tschechien dank eines (noch) überragenden Tomas Rosicky keine Mühe gehabt. Die chancenlosen Amerikaner steigerten sich danach, lieferten Italien einen grandiosen Kampf und verpaßten den Sieg allein auf Grund von Undiszipliniertheiten: Ohne die Platzverweise für Pablo Mastroeni und Eddie Pope hätten sie wohl mehr erreicht als das 1:1.

KLEINES BOLLWERK
Fabio Cannavaro freut sich diebisch über ein Tor seiner Mannschaft. Der Kapitän der Italiener, nur 1,75 Meter groß, bildete zusammen mit seinem Nebenmann Alessandro Nesta und Andrea Pirlo, dem defensiven Mittelfeldspieler vor der Abwehr, ein unüberwindbares Dreieck in der Innenverteidigung

TOMAS ROSICKY MIT ZWEI TREFFERN

Rolle als Torjäger dankbar angenommen

»Wir haben für den Sieg teuer bezahlt«

43. Minute: 2,02-Meter-Riese Jan Koller am Boden

Der Schreck saß tief. Die Zuschauer schwiegen für einen Moment, als sich Jan Koller (33) in der 43. Minute nach einem Zweikampf mit Oguchi Onyewu unter Oberschenkelschmerzen am Boden wand.
Zu präsent war ihnen noch der Kreuzbandriß, den der Stürmer am 24. September 2005 im Bundesliga-Spiel gegen Mainz 05 erlitten hatte. Nach siebenmonatiger Spielpause kämpfte sich der 2,02 Meter große, 100 Kilo schwere Profi zurück in Dortmunds Elf – und die tschechische Nationalmannschaft. Koller wurde auf einer Trage in die Kabine getragen, humpelte während der zweiten Halbzeit aus dem Stadion. Diagnose: Muskelfaserriß im rechten Oberschenkel, Ausfall für die nächsten Spiele. Tomas Rosicky reagierte geschockt: »Wir haben für den Sieg teuer bezahlt.«

Der nur 1,75 Meter große Mittelfeldspieler lenkte nicht nur zusammen mit Pavel Nedved das Spiel der tschechischen Mannschaft. Die schwachen Amerikaner ließen ihm auch genügend Platz vor ihrem Strafraum

Die deutschen Zuschauer wunderten sich einfach nur über Tomas Rosicky. Jahrelang hatte er ein paar Kilometer von Gelsenkirchen entfernt, beim Erzrivalen Borussia Dortmund, recht ordentlich Fußball gespielt, selten genug überragend. Hier nun, mit seiner tschechischen Nationalmannschaft, zeigte der 1,75 Meter kleine Spielmacher, wieviel mehr er zu leisten in der Lage ist. Beim 3:0-Sieg über die chancenlosen Amerikaner gelangen Rosicky zwei sensationelle Tore.
Bei beiden Treffern profitierte der 25jährige von der Vorarbeit seines acht Jahre älteren Nebenmannes Pavel Nedved. Der nach der Europameisterschaft 2004 zurückgetretene und im Herbst 2005 ins Nationalteam zurückgekehrte Star von Juventus Turin konnte sich gegen die USA ähnlich ungehindert auf dem Spielfeld bewegen wie alle tschechischen Mittelfeldspieler.
In der 36. Minute schlug Nedved ei-

Tomas Rosicky: »Eigentlich bin ich kein großer Angreifer«

ne Linksflanke vors Tor, der großgewachsene US-Verteidiger Oguchi Onyewu köpfte den Ball unbehindert in den Lauf des heranstürmenden Rosicky, und der traf mit einem Vollspannstoß in den Torwinkel. Ähnlich chancenlos wie beim 2:0 war der gute amerikanische Torwart Kasey Keller (Borussia Mönchengladbach) auch bei Rosickys zweitem Streich, als der – von Nedved freigespielt – allein auf ihn zu-

lief und den Ball mit dem Außenrist ins Tor spitzelte (76.). Zwischendurch beförderte Tomas Rosicky den Ball auch noch mit einem strammen Rechtsschuß an die Querlatte (68.).
Tschechiens Trainerfuchs Karel Brückner hatte seine Mittelfeldspieler in der Besprechung zu häufigen Weitschüssen ermutigt. »Eigentlich bin ich kein großer Angreifer«, räumte Rosicky lächelnd ein, »aber diesmal, denke ich, habe ich das ganz gut hingekriegt.« Geschockt verließen die Amerikaner die Gelsenkirchener Arena. Nur Eddie Pope (58 Prozent) und Oguchi Onyewu (76 Prozent) überzeugten mit überdurchschnittlichen Zweikampfwerten.
Einer äußerte sich wütend über die schwache Einstellung mancher Kollegen. »Man muß gewinnen wollen«, sagte Kapitän Claudio Reyna, der sich wenigstens mit einem sehenswerten Pfostenschuß in der 28. Minute gegen den Untergang zu wehren versuchte. Zu keinem Zeitpunkt konnten die wenig kompakt auftretenden Amerikaner an die forschen Vorstellungen 2002 (u. a. gegen Deutschland) erinnern, als sie das Viertelfinale erreichten.
Das größte Fußballwunder am vierten WM-Tag aber war: Im Schalker Fußballtempel wurden drei Tore von Dortmunder Spielern bejubelt. Denn das 1:0 hatte Jan Koller, bis Ende der Saison 2005/06 Kollege von Tomas Rosicky beim BVB, erzielt – per Kopfball.

Oft nur durch Fouls vom Ball zu trennen: Tomas Rosicky wird von US-Verteidiger Eddie Lewis gelegt. Der Tscheche gewann 54 Prozent seiner Zweikämpfe – ein guter Wert für einen offensiven Mittelfeldspieler

USA – TSCHECHIEN

 0:3 (0:2)

USA-DATEN

Torhüter	Min.	Schüsse gehalten (von)	Flanken/ Ecken abgefangen	Glanz- taten	schwere Fehler	lange Pässe angekommen (von)	Note
Keller	90	25% (4)	0	0	0	18% (11)	4–

Spieler	Ball- kontakte in Min.	Zweik. gew. (von)	Fouls/ gefoult worden	Pässe angek. (von)	Schüsse/ Schuß- vorlagen	Tore/ Torvor- lagen	Note
Cherundolo	41 in 45	46% (13)	1/0	64% (25)	0/0	0/0	4–
Johnson	21 in 45	42% (12)	1/2	100% (12)	3/0	0/0	4
Pope	77 in 90	58% (12)	2/0	86% (51)	1/0	0/0	4–
1. Onyewu	66 in 90	76% (34)	4/4	82% (39)	0/0	0/0	3+
Lewis	71 in 90	40% (10)	1/0	63% (51)	0/0	0/0	5+
1. Reyna	83 in 90	43% (21)	3/2	84% (64)	2/4	0/0	3
Mastroeni	27 in 45	17% (6)	0/1	84% (25)	0/0	0/0	5+
O'Brian	35 in 45	43% (7)	0/2	70% (27)	0/3	0/0	4+
Beasley	49 in 90	38% (24)	1/1	85% (33)	1/0	0/0	5+
Donovan	36 in 90	33% (15)	1/2	84% (25)	0/1	0/0	4–
Convey	43 in 90	40% (10)	0/0	96% (23)	1/1	0/0	4
McBride	29 in 76	42% (26)	0/1	59% (17)	0/0	0/0	4–
Wolff	6 in 14	29% (7)	0/1	100% (2)	2/0	0/0	4

12. JUNI, 18 UHR, GELSENKIRCHEN

Schiedsrichter: Carlos Amarilla (Paraguay).
Assistenten: Amelio Andino, Manuel Bernal (beide Paraguay).
Tore: 0:1 Koller (5.), 0:2 Rosicky (36.), 0:3 Rosicky (76.).
Einwechslungen: O'Brian für Mastroeni (46.), Johnson für Cherundolo (46.), Wolff für McBride (77.) – Lokvenc für Koller (45.), Polak für Poborsky (82.), Stajner für Rosicky (86.).
Zuschauer: 52 000.

TSCHECHIEN-DATEN

Torhüter	Min.	Schüsse gehalten (von)	Flanken/ Ecken abgefangen	Glanz- taten	schwere Fehler	lange Pässe angekommen (von)	Note
Cech	90	0% (0)	4	0	0	20% (5)	3+

Spieler	Ball- kontakte in Min.	Zweik. gew. (von)	Fouls/ gefoult worden	Pässe angek. (von)	Schüsse/ Schuß- vorlagen	Tore/ Torvor- lagen	Note
1. Grygera	60 in 90	62% (13)	1/1	75% (36)	3/1	0/1	3
1. Rozehnal	44 in 90	54% (13)	2/1	61% (31)	0/0	0/0	3–
Ujfalusi	48 in 90	79% (19)	0/0	81% (21)	1/0	0/0	2–
Jankulovski	74 in 90	63% (19)	1/0	64% (47)	0/0	0/0	3
Galasek	58 in 90	61% (18)	4/1	79% (43)	0/1	0/0	3+
1. Rosicky	53 in 85	54% (13)	0/1	74% (43)	3/0	2/0	1–
Stajner	9 in 5	0% (0)	1/0	67% (6)	0/1	0/0	–
Plasil	42 in 90	62% (21)	0/3	73% (26)	1/1	0/0	3
Poborsky	41 in 81	50% (10)	0/1	69% (29)	1/3	0/0	3–
Polak	9 in 9	75% (4)	0/1	100% (6)	0/0	0/0	–
Nedved	60 in 90	46% (24)	3/2	90% (42)	0/4	0/2	2
Koller	17 in 49	24% (21)	1/3	82% (11)	1/0	1/0	2–
1. Lokvenc	25 in 45	42% (19)	3/1	94% (18)	1/0	0/0	5

ITALIENS AUFTAKTSIEG VERSÖHNT FANS

Krise in nur einem Spiel besiegt

Andrea Pirlo und Vincenzo Iaquinta schossen das Land aus der landesweiten Fußball-Depression. Mit einem 2:0 über den viermaligen Afrika-Meister Ghana machte die Squadra Azzurra den Liga-Skandal fast vergessen

»Es tut mir leid für mich und ganz Afrika«

Niedergeschlagen nach Abpfiff: Sammy Kuffour

Sammy Kuffour hatte ein Zittern in der Stimme. »Es tut mir sehr leid«, sagte Ghanas Abwehr-Chef, »für mich, meine Familie, mein Land und ganz Afrika.« Durch einen Fehler hatte der 29jährige die Niederlage seiner Mannschaft gegen Italien besiegelt: Einen Rückpaß auf seinen Torwart Richard Kingson hatte er in der 83. Minute spielen wollen, um über den Torhüter schnell einen Angriff einzuleiten und doch noch Italiens 1:0-Führung auszugleichen.
Es wurde ein Paß, wie er in Kuffours Karriere immer wieder vorgekommen war, schon in seiner Zeit bei Bayern München: zu schwach, schlampig. Vincenzo Iaquinta nahm das Geschenk gern an, überlief Kingson und traf ins verwaiste Tor.
Das sind die Fehler, an denen weniger stabile Typen zerbrechen. Kuffour aber brauchte den Trost seines römischen Kameraden Francesco Totti nach dem Abpfiff nicht. Ghana-Teamkollege Hans Sarpei: »Der Sammy richtet sich selber auf.«

Wettskandal. Bestechung. Gelbe Karten und Platzverweise per Telefonbestellung. Ergebnisse manipuliert, praktisch die gesamte Meisterschaft hinter verschlossenen Türen verschoben: Italien und sein Volkssport Nummer eins lagen am Boden vor der Weltmeisterschaft. Aber wie das in Italien nun einmal so ist: Ein furioser Auftritt der Nationalmannschaft vertrieb alle Sorgen mit einem Schlag.
»Lippi, das war dein erstes Meisterwerk«, schwärmte die Gazzetta dello Sport am Tag nach dem überzeugenden 2:0-Erfolg über den stark eingeschätzten Afrika-Vertreter Ghana. In der Tat hatte der heftig angegriffene Trainer offenbar alles richtig gemacht: den langzeitverletzten Spielmacher Francesco Totti von Anfang an gebracht, Simone Perrotta auf der rechten Außenbahn und den zuletzt kritisierten Andrea Pirlo im Mittelfeld auch. Alle drei steigerten sich auf dem Rasen zu WM-Form.

Luca Toni: »Wir waren zur rechten Zeit auf der Höhe«

»Der Gladiator ist zurück«, lautete die Schlagzeile von La Republica. Gemeint: Francesco Totti. Bis zu seiner Auswechslung nach einer leichten Prellung war der Römer, mit windschnittiger Kurzfrisur aufgelaufen, der unumstrittene Taktgeber der Squadra Azzurra.
Andrea Pirlo brachte Italien mit einem Distanzschuß aus halblinker Position nach einer kurz gespielten Ecke in Führung. Nach 82 Minuten und 22 Sekunden räumte der von Lippi für Alberto Gilardino eingewechselte Vincenzo Iaquinta mit dem 2:0 die letzten Zweifel am italienischen Sieg aus.
Die selbstbewußt angereisten Ghanaer überzeugten im Mittelfeld – und enttäuschten im Angriff. Immer wieder deutete der bis zur WM teuerste afrikanische Fußballer (35 Millionen Euro Ablöse), Mittelfeldstar Michaël Essien von Chelsea London, seine Sonderklasse an: mit exzellentem Zweikampfverhalten, großartigem Laufpensum, explosiven Antritten und einer extraordinären Ballbehandlung. Michaël Essien, über den fast jeder Angriff lief, war Kopf und Herz von Ghanas Mannschaft. Auch Nebenmann Stephen Appiah (Fenerbahçe Istanbul) überzeugte.
Neben diesen Weltstars fiel der Angriff allerdings deutlich ab: Matthew Amoah (25) kam von der Dortmunder Ersatzbank, Asamoah Gyan (20) aus der zweiten italienischen Liga zur Weltmeisterschaft. Und das war bei den wenigen Torchancen, die Italiens Innenverteidigung mit Fabio Cannavaro und Alessandro Nesta zuließ, erkennbar.
Stürmer Luca Toni, der in der 25. Minute nur die Torlatte traf, befand: »Wir waren zur rechten Zeit auf der Höhe.« Da fuhren durch Rom bereits die ersten Autokorsos. La Republica analysierte die Stimmung präzise: »Die Menge vergißt den Skandal.«

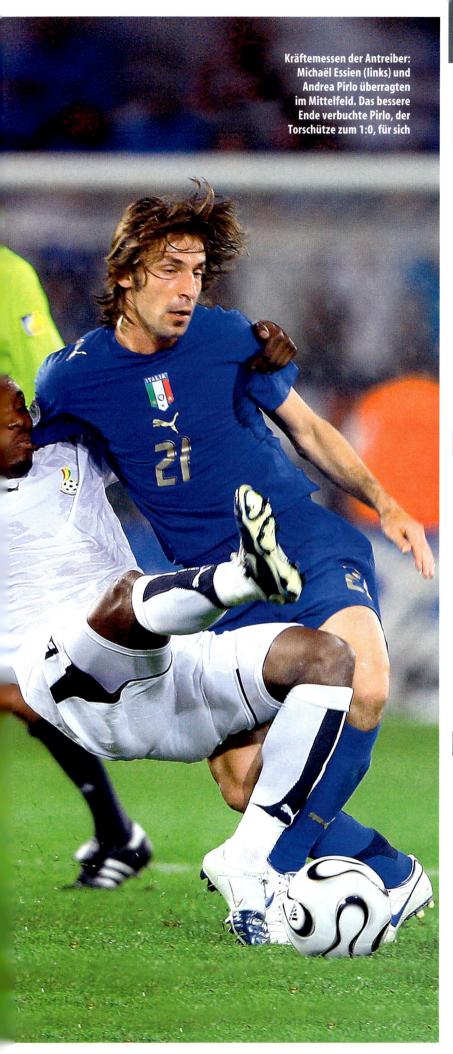

Kräftemessen der Antreiber: Michaël Essien (links) und Andrea Pirlo überragten im Mittelfeld. Das bessere Ende verbuchte Pirlo, der Torschütze zum 1:0, für sich

ITALIEN – GHANA

 2:0 (0:0)

ITALIEN-DATEN

Torhüter	Min.	Schüsse gehalten (von)	Flanken/ Ecken abgefangen	Glanz-taten	schwere Fehler	lange Pässe angekommen (von)	Note
Buffon	90	100% (4)	2	0	0	50% (2)	2–

Spieler	Ball-kontakte in Min.	Zweik. gew. (von)	Fouls/ gefoult worden	Pässe angek. (von)	Schüsse/ Schußvorlagen	Tore/ Torvorlagen	Note
Zaccardo	55 in 90	69% (13)	0/2	74% (34)	0/1	0/0	2
Nesta	43 in 90	68% (19)	0/0	93% (28)	0/0	0/0	2
Cannavaro	36 in 90	68% (19)	0/2	78% (18)	2/0	0/0	2+
Grosso	50 in 90	50% (14)	2/1	76% (21)	1/0	0/0	3–
Pirlo	76 in 90	65% (20)	1/3	76% (58)	1/3	1/0	1
Perrotta	42 in 90	64% (22)	0/1	63% (27)	3/0	0/0	2–
1. De Rossi	54 in 90	44% (9)	1/1	93% (40)	1/1	0/0	4+
Totti	45 in 55	38% (8)	0/3	62% (26)	3/5	0/1	2+
1. Camoranesi	21 in 35	60% (15)	1/2	83% (12)	0/2	0/0	3–
Gilardino	19 in 63	36% (14)	0/2	80% (10)	1/2	0/0	3–
1. Iaquinta	6 in 27	33% (6)	1/0	100% (1)	1/0	1/0	3+
Toni	39 in 81	48% (31)	1/4	72% (18)	4/1	0/0	2–
Del Piero	3 in 9	25% (4)	1/0	100% (2)	0/0	0/0	–

12. JUNI, 21 UHR, HANNOVER

Schiedsrichter: Carlos Simon (Brasilien). **Assistenten:** Aristeu Tavares, Ednilson Corona (beide Brasilien). **Tore:** 1:0 Pirlo (40.), 2:0 Iaquinta (83.). **Einwechslungen:** Camoranesi für Totti (56.), Iaquinta für Gilardino (64.), Del Piero für Toni (82.) – Shilla für Pappoe (46.), Pimpong für Amoah (68.), Tachie-Mensah für Gyan (89.). **Zuschauer:** 43 000

GHANA-DATEN

Torhüter	Min.	Schüsse gehalten (von)	Flanken/ Ecken abgefangen	Glanz-taten	schwere Fehler	lange Pässe angekommen (von)	Note
Kingson	90	82% (11)	2	1	0	33% (6)	3+

Spieler	Ball-kontakte in Min.	Zweik. gew. (von)	Fouls/ gefoult worden	Pässe angek. (von)	Schüsse/ Schußvorlagen	Tore/ Torvorlagen	Note
Painstil	71 in 90	36% (14)	2/0	80% (41)	0/4	0/0	4
Mensah	46 in 90	70% (23)	2/3	96% (26)	0/0	0/0	2–
Kuffour	47 in 90	64% (22)	1/0	97% (30)	0/0	0/0	4–
Pappoe	40 in 45	33% (6)	2/0	85% (26)	1/0	0/0	4–
Shilla	28 in 45	29% (7)	0/0	79% (24)	0/0	0/0	4–
Addo, E.	45 in 90	60% (10)	1/0	88% (33)	0/1	0/0	4+
Appiah	84 in 88	43% (14)	1/1	86% (77)	4/3	0/0	2–
Essien	105 in 88	43% (23)	3/3	92% (83)	9/4	0/0	2+
1. Muntari	41 in 88	45% (22)	3/1	67% (24)	1/3	0/0	4+
Amoah	23 in 67	33% (15)	1/0	92% (13)	2/1	0/0	4
Pimpong	9 in 23	17% (6)	1/0	100% (3)	0/0	0/0	5+
1. Gyan	28 in 88	29% (31)	3/0	40% (10)	2/2	0/0	4+
Tachie-Mensah	1 in 2	0% (1)	0/0	0% (0)	0/0	0/0	–

TSCHECHIENS TORWART CECH HADERTE

Frühes Gegentor »ein bißchen Schicksal«

Nach nur 68 Sekunden führte Ghana nach einem Fehler von Tomas Ujfalusi. Eine Schlüsselszene. Tschechien mußte die Abwehr lockern und bot den Afrikanern Raum für ihr Spiel. Selbst der tschechische Trainer Brückner war begeistert

»Steht auf, wenn ihr Ghana seid!«

Den Tränen vor Rührung nahe: Stephen Appiah (r.)

Ob es nun Sympathie für den Außenseiter war, die Freude an ästhetischen Bewegungen oder das Bedürfnis, sich mit dem Stärkeren zu identifizieren – das deutsche Publikum im Kölner Stadion schwenkte früh auf die Seite Ghanas um. Es jubelte den ersehnten ersten Erfolg einer afrikanischen Mannschaft (Otto Addo: »Wir mußten ein Zeichen für Afrika setzen«) förmlich herbei.
Addo, in Hamburg geboren und bei Mainz 05 unter Vertrag, hatte es schon vor dem Spiel gespürt: »Man merkte auf der Straße den Zuspruch«, sagte der 30jährige.
»Steht auf, wenn ihr Ghana seid«, sangen die Zuschauer in der Arena immer lauter. Als sie auch noch begannen, »Ghana, Ghana« zu skandieren, gab Mittelfeldspieler Stephen Appiah (25) später zu, sei er den Tränen nahe gewesen. Am Ende aber waren sich Kölns Zuschauer wieder selbst am nächsten. Sie stimmten den Karnevalshit »Viva Colonia« an.

Natürlich spielte Ghanas Trainer Ratomir Dujkovic der frühe Zeitpunkt der Führung in die Karten. Schon nach 68 Sekunden kam Asamoah Gyan frei an der Strafraumgrenze an den Ball und schoß aus 14 Metern in die lange Ecke. Torwart Petr Cech war chancenlos und nannte diese Schlüsselszene später »ein bißchen Schicksal«. Denn Tschechien mußte fortan die Abwehr lockern und bot den leichtfüßigen Gegnern bei deren schnell und direkt vorgetragenen Angriffen den Raum, den sie brauchten.
Schwerfällig bewegten sich hingegen die Tschechen über das Kölner Fußballfeld. Keine Spur mehr von der lockeren Souveränität, mit der sie fünf Tage zuvor die USA geschlagen und sich in den engeren Favoritenkreis geschossen hatten. Petr Cech, der 24jährige Schlußmann des FC Chelsea, wurde nicht nur beim frühen Gegentor von seinen Vorderleuten im Stich gelas-

»Unser Job ist so: Der König ist tot, es lebe der neue König«

sen. Gegen Matthew Amoah (72.), Sulley Ali Muntari (74.) und zweimal Michaël Essien (78., 79.) bestand er Eins-gegen-eins-Duelle und verhinderte eine Demütigung. Erst gegen Muntaris Gewaltschuß zum 2:0 in der 82. Minute war der mit Abstand beste tschechische Spieler machtlos.
Unter seinen schwachen Vorderleuten war Tomas Ujfalusi der hilfloseste. Schon vor dem ersten Tor hatte der beim AC Florenz unter Vertrag stehende Innenverteidiger mit einem eigentümlichen Hechtsprung eine Flanke Essiens verfehlt, statt den Torschützen Gyan zu markieren. In der 65. Minute wußte er sich nur mit einem Foul gegen Amoah zu helfen, was ihm die Rote Karte einbrachte und Ghana einen Strafstoß. Gyan schoß zur Erleichterung von Tschechiens Trainer Karel Brückner an den Pfosten.
Allen voran Asamoah Gyan, aber auch die ähnlich leichtfüßigen Mittelfeldspieler Stephen Appiah (25, Fenerbahçe Istanbul) und Sulley Ali Muntari (21, Udinese), die Tschechiens Regisseur Tomas Rosicky nicht zum Zug kommen ließen, überragten. Tschechiens Offensivabteilung brachte nur ein Abseitstor zustande. Nedved traf in der 46. Minute per Kopf. Das Fehlen der Stammkräfte Jan Koller (Muskelfaserriß) und Milan Baros (Fersenverletzung) machte sich negativ bemerkbar – Ersatz Vratislav Lokvenc blieb gegen Ghanas Abwehr wirkungslos.
Karel Brückner gab sich als fairer Verlierer: »Ghana war wunderbar.« Petr Cech spielte das 0:2 als Betriebsunfall herunter: »Wir haben ein Spiel vergeigt, das kann jedem passieren.« Ghanas Trainer Ratomir Dujkovic wertete den Sieg als arbeitsplatzerhaltende Maßnahme: »Nach dem 0:2 gegen Italien haben sie in Ghana meinen Kopf gefordert. Jetzt bin ich wieder der Held. Unser Job ist so: Der König ist tot, es lebe der neue König.«

Erster Sieg für ein afrikanisches Team bei dieser WM: Torwart Richard Kingson (r.) sinkt nach dem Schlußpfiff auf die Knie. Torschütze Asamoah Gyan (l.) gratuliert. Kingson spielte fast fehlerlos

TSCHECHIEN – GHANA

 0:2 (0:1)

TSCHECHIEN-DATEN

Torhüter	Min.	Schüsse gehalten (von)	Flanken/ Ecken abgefangen	Glanz- taten	schwere Fehler	lange Pässe angekommen (von)	Note
Cech	90	71% (7)	4	0	0	25% (8)	3+

Spieler	Ball-kontakte in Min.	Zweik. gew. (von)	Fouls/ gefoult worden	Pässe angek. (von)	Schüsse/ Schuß-vorlagen	Tore/ Torvor-lagen	Note
Grygera	75 in 90	65% (17)	0/3	59% (37)	1/2	0/0	3–
Rozehnal	33 in 90	58% (24)	2/1	89% (18)	0/1	0/0	4
Ujfalusi	26 in 66	67% (15)	2/0	69% (16)	0/0	0/0	5–
Jankulovski	65 in 90	67% (15)	1/2	70% (33)	4/1	0/0	4
Galasek	26 in 45	100% (4)	0/0	90% (21)	0/0	0/0	4–
Polak	26 in 45	50% (8)	1/1	88% (17)	1/1	0/0	4
Poborsky	28 in 55	29% (14)	3/1	64% (14)	1/2	0/0	4–
Stajner	23 in 35	60% (10)	1/2	79% (14)	1/3	0/0	4+
Plasil	32 in 67	43% (14)	1/2	89% (18)	3/1	0/0	4+
Sionko	10 in 23	38% (8)	0/0	100% (3)	1/0	0/0	4–
Rosicky	54 in 90	67% (24)	0/5	69% (35)	4/4	0/0	4+
Nedved	45 in 90	39% (18)	1/2	80% (30)	3/1	0/0	4
Lokvenc	37 in 90	46% (35)	3/1	55% (20)	1/3	0/0	5+

17. JUNI, 18 Uhr, KÖLN

Schiedsrichter:
Horacio Elizondo (Argentinien).
Assistenten:
Darío García, Rodolfo Otero (beide Argentinien).
Tore:
0:1 Gyan (2.),
0:2 Muntari (82.).
Besonderes Vorkommnis:
Gyan verschießt Foulelfmeter (66.).
Einwechslungen:
Polak für Galasek (46.),
Stajner für Poborsky (56.),
Sionko für Plasil (68.) –
Boateng für O. Addo (46.),
E. Addo für Amoah (80.),
Pimpong für Gyan (85.).
Zuschauer: 45 000.

GHANA-DATEN

Torhüter	Min.	Schüsse gehalten (von)	Flanken/ Ecken abgefangen	Glanz- taten	schwere Fehler	lange Pässe angekommen (von)	Note
Kingson	90	100% (4)	5	0	0	100% (1)	2

Spieler	Ball-kontakte in Min.	Zweik. gew. (von)	Fouls/ gefoult worden	Pässe angek. (von)	Schüsse/ Schuß-vorlagen	Tore/ Torvor-lagen	Note
Painstil	53 in 90	55% (11)	1/0	70% (30)	1/0	0/0	4+
Mensah	35 in 90	55% (22)	1/0	81% (16)	0/0	0/0	3–
Shilla	33 in 90	61% (23)	0/3	71% (17)	0/0	0/0	2–
Mohammed	45 in 90	36% (14)	3/0	81% (21)	1/1	0/0	4
Essien	58 in 90	36% (14)	1/1	90% (41)	3/2	0/0	2–
Addo, O.	20 in 45	46% (13)	3/3	91% (11)	1/1	0/0	4+
Boateng	33 in 45	55% (11)	2/1	89% (27)	1/2	0/0	3
Muntari	42 in 90	48% (21)	4/3	85% (26)	5/2	1/0	2+
Appiah	71 in 90	73% (15)	0/1	78% (49)	3/7	0/1	2
Amoah	28 in 79	21% (28)	4/1	69% (16)	3/2	0/0	3+
Addo, E.	10 in 11	0% (0)	0/1	89% (9)	0/0	0/0	–
Gyan	36 in 84	41% (32)	0/2	90% (20)	4/3	1/1	2
Pimpong	4 in 6	50% (2)	1/0	50% (4)	0/0	0/0	–

DREI PLATZVERWEISE AUF DEM BETZENBERG

Häßliche Fouls
trübten das Spiel

Dreimal Rot in einem Spiel – erst zum vierten Mal

Schiedsrichter Larrionda griff konsequent durch

Der Italiener Daniele De Rossi schlug zu, die Amerikaner Pablo Mastroeni und Eddie Pope traten ihre Gegenspieler. Italien enttäuschte und konnte selbst in Überzahl kaum Chancen herausspielen. Den USA wurde ein Tor aberkannt

Schiedsrichter Jorge Larrionda (38) konnte sich des allgemeinen Beifalls sicher sein. Drei Spieler hatte der Mann aus Uruguay vom Feld gestellt und sich damit den Respekt der Kommentatoren verschafft. »Die Partie ist ihm nie aus den Händen geglitten«, lobte Gazzetta dello Sport aus Italien.
Nur wenige kritisierten Larrionda, Angestellter einer Baufirma und in der Freizeit Vogelzüchter. Einer von ihnen war Franz Beckenbauer. »Das Spiel war nicht brutal. Fußball ist kein Erholungsheim. Wenn wir keine Härte sehen wollen, müssen wir zum Basketball gehen.« Auch US-Kapitän Claudio Reyna merkte an: »Er hat seine Karten zu schnell verteilt.«
Italien gegen die USA war erst das vierte Spiel der WM-Geschichte mit drei Platzverweisen. Die weiteren Partien: Brasilien – Tschechoslowakei 1938, Ungarn – Brasilien 1954, Südafrika – Dänemark 1998. Und es war nicht das härteste Spiel dieser WM. Das entwickelte sich erst im Achtelfinale zwischen Portugal und Holland.

Franz Beckenbauer konnte sich die Häme nicht verkneifen: Selbst in Unterzahl seien die Amerikaner Favorit Italien ebenbürtig gewesen, kommentierte der Chef des WM-Organisationskomitees, was er gerade auf dem Betzenberg miterlebt hatte. Zehn Italiener waren 43 Minuten lang nicht in der Lage gewesen, gegen eine auf neun Spieler dezimierte US-Mannschaft ein Tor zu erzielen.
Deren Torwart Kasey Keller fand als erster die Muße, die Heldentaten zu würdigen: »Meine Jungs da draußen sind tot. Ich kann nur stolz auf sie sein«, sagte der 36jährige von Borussia Mönchengladbach. Er hatte das 1:1-Unentschieden in der 73. und 79. Minute mit Klasseparaden gegen den eingewechselten Alessandro Del Piero gerettet.
Viel mehr Diskussionsstoff bot hernach allerdings der oft übertriebene und unfaire Einsatz in den Zweikämpfen. Die häßlichste Szene des Spiels: Daniele De Rossi, Italiens

---

»Meine Jungs da draußen sind tot. Ich kann nur stolz auf sie sein«

Mann fürs Grobe, rammte bei einem Kopfballduell dem Amerikaner Brian McBride mit voller Absicht den Ellenbogen ins Gesicht (28.). McBride brach blutüberströmt zusammen. Nach dem Platzverweis für De Rossi (Italiens Trainer Marcello Lippi: »Der soll im eigenen Saft schmoren«) flogen auch die US-Rauhbeine Pablo Mastroeni (45.) und Eddie Pope (47.) vom Feld. Was Italien keineswegs zum Vorteil

gereichte – eine Tatsache, die Lippi ins Grübeln brachte: »Wir konnten nicht mal das Glück nutzen, auf zwei Gegenspieler weniger zu treffen.« Italien versinke »im Morast«, kommentierte La Repubblica.
Schon zu Spielbeginn hatten die Amerikaner Vorteile, gerieten aber überraschend in Rückstand. Andrea Pirlo zirkelte einen Freistoß auf den Kopf seines Klubkameraden Alberto Gilardino, der nickte den Ball an Keller vorbei ins Tor (22.). Die beiden Stars vom AC Mailand gehörten zu den Besseren in einer schlechten Mannschaft, in der ganz besonders Regisseur Francesco Totti enttäuschte. Seine Auswechslung in der 35. Minute war allerdings taktisch begründet: Nach De Rossis Platzverweis brachte Lippi mit Gennaro Gattuso einen defensiven Mittelfeldspieler.
Kurios der Ausgleich fünf Minuten nach dem 1:0: Unbedrängt lenkte Verteidiger Cristian Zaccardo eine Freistoßflanke des Amerikaners Bobby Convey ins eigene Tor. Er wollte den Ball klären. Nach 65 Minuten erzielten die USA ein zweites Tor durch DaMarcus Beasley, dem aber die Anerkennung verweigert wurde: Brian McBride stand abseits in der Flugbahn, irritierte Torwart Gianluigi Buffon. Trainer Bruce Arena, der das Team im Vergleich zum ersten Spiel auf fünf Positionen verändert hatte, machte eine ganz neue Erfahrung: »Zehn gegen elf üben wir ja schon mal im Training. Aber neun gegen zehn, das war neu.«

Im Laufschritt vom Platz: Brian McBride, gezeichnet vom Ellenbogenschlag De Rossis, wird von zwei Betreuern begleitet. Die Blutung wird mit zwei Klammerpflastern gestoppt. McBride hält bis zum Ende durch – mit dröhnendem Kopf, wie er erzählt

ITALIEN – USA

 1:1 (1:1)

ITALIEN-DATEN

Torhüter	Min.	Schüsse gehalten (von)	Flanken/ Ecken abgefangen	Glanz- taten	schwere Fehler	lange Pässe angekommen (von)	Note
Buffon	90	0% (1)	3	0	0	50% (2)	4+

Spieler	Ball- kontakte in Min.	Zweik. gew. (von)	Fouls/ gefoult worden	Pässe angek. (von)	Schüsse/ Schuß- vorlagen	Tore/ Torvor- lagen	Note
Zaccardo	26 in 54	67% (9)	0/0	100% (13)	0/0	0/0	5+
Del Piero	39 in 36	33% (9)	2/0	81% (31)	3/1	0/0	3–
Nesta	63 in 90	62% (13)	1/0	91% (53)	0/1	0/0	3–
Cannavaro	50 in 90	67% (18)	3/1	82% (34)	0/0	0/0	3
1. Zambrotta	59 in 90	55% (20)	2/1	85% (39)	1/0	0/0	4+
Pirlo	120 in 90	58% (19)	0/2	82% (98)	1/5	0/1	2
Perrotta	42 in 90	61% (18)	0/1	74% (19)	1/3	0/0	3+
De Rossi	20 in 28	33% (3)	1/0	92% (13)	0/0	0/0	5–
1. Totti	25 in 35	43% (14)	1/1	64% (14)	0/0	0/0	4–
Gattuso	56 in 55	59% (17)	0/5	98% (45)	1/0	0/0	3
Gilardino	17 in 90	63% (19)	0/4	88% (8)	3/1	1/0	2–
Toni	25 in 61	67% (21)	3/7	44% (9)	2/0	0/0	3
Iaquinta	11 in 29	30% (10)	0/0	100% (5)	0/0	0/0	4–

17. JUNI, 21 UHR, KAISERSLAUTERN

Schiedsrichter: Jorge Larrionda (Uruguay).
Assistenten: Walter Rial, Pablo Fandiño (beide Uruguay).
Tore: 1:0 Gilardino (22.), 1:1 Zaccardo (27., Eigentor).
Einwechslungen: Gattuso für Totti (35.), Del Piero für Zaccardo (54.), Iaquinta für Toni (61.) – Conrad für Convey (52.), Beasley für Dempsey (62.).
Zuschauer: 46 000.

USA-DATEN

Torhüter	Min.	Schüsse gehalten (von)	Flanken/ Ecken abgefangen	Glanz- taten	schwere Fehler	lange Pässe angekommen (von)	Note
Keller	90	67% (3)	1	1	0	14% (7)	3

Spieler	Ball- kontakte in Min.	Zweik. gew. (von)	Fouls/ gefoult worden	Pässe angek. (von)	Schüsse/ Schuß- vorlagen	Tore/ Torvor- lagen	Note
Cherundolo	59 in 90	38% (13)	1/3	77% (39)	0/1	0/0	4
Pope	19 in 47	17% (12)	5/0	94% (17)	0/0	0/0	5
Onyewu	32 in 90	45% (11)	5/1	83% (18)	0/0	0/0	4
Bocanegra	47 in 90	62% (21)	1/1	83% (24)	2/2	0/0	3–
Reyna	73 in 90	54% (26)	1/2	89% (54)	2/0	0/0	3+
Mastroeni	28 in 45	36% (14)	4/1	100% (17)	2/1	0/0	5+
Dempsey	30 in 62	40% (15)	1/2	100% (16)	1/1	0/0	4+
Beasley	18 in 28	33% (6)	0/0	100% (1)	1/0	0/0	4
Donovan	38 in 90	40% (20)	0/1	76% (25)	0/5	0/0	3–
Convey	23 in 52	46% (13)	0/1	75% (8)	2/2	0/1	3
Conrad	17 in 38	50% (6)	1/0	100% (7)	0/0	0/0	4
McBride	42 in 90	39% (33)	3/2	71% (17)	3/0	0/0	3–

ÜBERRASCHENDES AUS IN DER VORRUNDE

Rot für Polak – Tschechen verzweifelten

63 Minuten gegen die Schmerzen angekämpft

Milan Baros (r.) opferte sich auf. Links: Marco Materazzi

Der WM-Mitfavorit scheiterte an Torwart Gianluigi Buffon, der eigenen Angriffsmisere und einem dummen Foul. Mit einer gewohnt disziplinierten Abwehrleistung erreichte Italien das Achtelfinale. Gattusos Jubel war unbändig

Karel Brückner zerrann der Erfolg unter den Fingern. Vier Jahre lang hatte der Trainer die tschechische Mannschaft geduldig aufgebaut. Pavel Nedved und die anderen Mittdreißiger Vladimir Smicer, Karel Poborsky, Tomas Galasek und Jan Koller sollten ein letztes Mal auftrumpfen und den Titel holen. Dann fielen vor und während der Vorrunde nacheinander die Stürmer Milan Baros, Koller (beide verletzt) und Vratislav Lokvenc (Gelbsperre) aus. Um gegen Italien überhaupt einen Klasseangreifer im Team zu haben, ließ sich der nicht vollständig von einer Fersenverletzung genesene Baros aufstellen. Baros kämpfte in der Spitze einen aussichtslosen Kampf. Nach dem Abpfiff äußerte Brückner Mitgefühl: Der 24jährige von Aston Villa habe gespielt, solange er die Schmerzen habe aushalten können. Das waren 63 Minuten – ohne Erfolg.

Italiens brachialer Mittelfeldspieler Gennaro Gattuso war hinausgespurtet zu seinem Trainer, langte ihm ins Gesicht. Beinahe hätte er Marcello Lippi den Unterkiefer ausgerenkt, so unbändig freute sich der bärtige Mailänder (italienischer Spott: »Der Mensch stammt vom Gattuso ab«) über das 2:0 gegen Tschechien.
Sekunden vorher war Filippo Inzaghi durch die aufgerückte tschechische Abwehr und an Torwart Petr Cech vorbeigelaufen, hatte unbehindert die Entscheidung herbeigeführt (87.). Das Tor besiegelte das Ausscheiden der Tschechen und Italiens Gruppensieg.
Es war ein unerwartet ungefährdeter Erfolg über eine der besten europäischen Mannschaften der vergangenen Jahre. Schon in der 26. Minute führte Marco Materazzi von Inter Mailand, wie Inzaghi eingewechselt, die Vorentscheidung herbei. Altstar Karel Poborsky (34) ließ den kräftigen Verteidiger nach

»Viele Faktoren haben gegen uns gesprochen, nicht zuletzt wir selbst«

einer Ecke von Francesco Totti aus den Augen, der nutzte die Freiheit und seine 1,93 Meter Körpergröße zu einem gewaltigen Kopfball über Jan Polak hinweg in die linke Torecke. Ein Fall für die Statistiker: Nie zuvor hatte Materazzi bei einer WM aufs Tor geschossen oder geköpft, nun traf er mit seinem ersten Versuch.
Damit war die Aufgabe der Tschechen, gegen Italiens Defensivkünstler zum Sieg zu kommen, bereits enorm schwer geworden. Schier aussichtslos erschien sie nach der Pause: In der Nachspielzeit der ersten Halbzeit hatte Jan Polak nach einem Foul an Francesco Totti Gelb/Rot erhalten, mit zehn Spielern liefen die Tschechen dem Geschehen hinterher. »Viele Faktoren haben gegen uns gesprochen, nicht zuletzt wir selbst«, brummte Trainer Karel Brückner. Gemeint haben dürfte er neben dem überflüssigen Platzverweis die erbärmliche Vorstellung des zu Turnierbeginn noch so furios aufspielenden Dortmunders Tomas Rosicky.
Einzig Pavel Nedved hatte das Zeug zu überzeugender Gegenwehr. Schon in der Anfangsphase glänzte er mit Zuspielen – das beste in der 9. Minute mit dem Außenrist auf Milan Baros – und mit kernigen Schüssen auf das bestens von Gianluigi Buffon bewachte Tor Italiens in der 12., 17., 53. und 70. Minute. Lippi lobte: »Ich spreche nicht über einzelne, aber Buffon war natürlich schon sehr stark.«
In der Schlußphase mußte Nedved sich in seinem letzten Länderspiel neben dem eingewechselten Hannoveraner Jiri Stajner in der Angriffsspitze abmühen. Ein Umstand, der die Verzweiflung der seit Turnierbeginn von Personalsorgen gebeutelten Tschechen unterstrich. Nach dem Abpfiff war auch Marcello Lippi entspannt, er verzieh sogar Gennaro Gattuso: »Er hat mich nicht geschlagen. Es ist eben seine Art, Freude zu zeigen.«

Trauriger Abgang: Pavel Nedved beendete mit der Niederlage gegen Italien seine Karriere in der Nationalelf

TSCHECHIEN – ITALIEN

 0:2 (0:1)

TSCHECHIEN-DATEN

Torhüter	Min.	Schüsse gehalten (von)	Flanken/ Ecken abgefangen	Glanz- taten	schwere Fehler	lange Pässe angekommen (von)	Note
Cech	90	67% (6)	1	0	0	38% (8)	3–

Spieler	Ball- kontakte in Min.	Zweik. gew. (von)	Fouls/ gefoult worden	Pässe angek. (von)	Schüsse/ Schuss- vorlagen	Tore/ Torvor- lagen	Note
Grygera	94 in 90	83% (6)	0/0	82% (78)	0/0	0/0	4
Kovac	38 in 77	72% (18)	0/2	83% (23)	0/0	0/0	2–
Heinz	8 in 13	67% (3)	0/0	80% (5)	1/0	0/0	–
Rozehnal	55 in 90	50% (10)	0/0	89% (36)	0/0	0/0	4
Jankulovski	67 in 90	62% (21)	1/1	82% (49)	0/1	0/0	4+
Polak	28 in 45	30% (10)	4/0	100% (25)	0/1	0/0	6
Poborsky	24 in 45	44% (9)	0/1	63% (19)	1/0	0/0	4
Stajner	34 in 45	27% (15)	1/0	74% (23)	0/3	0/0	4–
Rosicky	60 in 90	53% (19)	2/2	90% (49)	1/3	0/0	4
Plasil	54 in 90	44% (18)	0/0	85% (40)	0/0	0/0	4
Nedved	69 in 90	48% (33)	4/3	86% (42)	5/3	0/0	2–
Baros	29 in 63	24% (29)	4/0	89% (9)	2/0	0/0	3–
Jarolim	31 in 27	50% (12)	0/1	95% (22)	1/0	0/0	4–

22. JUNI, 16 UHR, HAMBURG

Schiedsrichter: Benito Archundia (Mexiko).
Assistenten: José Ramírez (Mexiko), Héctor Vergara (Kanada).
Tore: 0:1 Materazzi (26.), 0:2 Inzaghi (87.).
Einwechslungen: Stajner für Poborsky (46.), Jarolim für Baros (64.), Heinz für Kovac (78.) – Materazzi für Nesta (17.), Inzaghi für Gilardino (60.), Barone für Camoranesi (74.).
Zuschauer: 50 000

ITALIEN-DATEN

Torhüter	Min.	Schüsse gehalten (von)	Flanken/ Ecken abgefangen	Glanz- taten	schwere Fehler	lange Pässe angekommen (von)	Note
Buffon	90	100% (7)	1	0	0	50% (4)	2

Spieler	Ball- kontakte in Min.	Zweik. gew. (von)	Fouls/ gefoult worden	Pässe angek. (von)	Schüsse/ Schuss- vorlagen	Tore/ Torvor- lagen	Note
Zambrotta	54 in 90	71% (17)	1/0	92% (39)	0/1	0/0	2–
Nesta	8 in 16	33% (3)	1/0	100% (6)	0/0	0/0	3–
Materazzi	41 in 74	56% (9)	0/0	94% (31)	1/0	1/0	2
Cannavaro	55 in 90	68% (22)	1/1	89% (36)	1/0	0/0	3+
Grosso	52 in 90	82% (11)	0/0	71% (28)	0/2	0/0	3
Gattuso	78 in 90	56% (34)	2/5	89% (56)	2/1	0/0	3
Pirlo	108 in 90	56% (16)	1/3	91% (89)	0/5	0/0	2–
Perrotta	45 in 90	40% (20)	0/0	77% (30)	1/2	0/1	3–
Camoranesi	44 in 73	33% (24)	3/1	78% (27)	2/1	0/0	3
Barone	5 in 17	50% (2)	1/0	75% (4)	0/0	0/0	4+
Totti	86 in 90	53% (19)	1/5	80% (59)	7/4	0/1	3
Gilardino	17 in 59	33% (18)	2/1	71% (7)	0/0	0/0	4+
Inzaghi	9 in 31	50% (8)	1/0	50% (4)	3/0	1/0	3+

GHANA ALS EINZIGES TEAM AUS AFRIKA WEITER

UN-Chef Annan der erste Gratulant

Über dem 2:1-Sieg gegen die USA lag aber der Makel eines umstrittenen Elfmeterpfiffs von Markus Merk. Stephen Appiah nutzte das Geschenk. Getrübt wurde Ghanas Freude durch die Gelbsperre für Michaël Essien

Nur drei Spieler verdienen ihr Geld in Ghana

Enthusiasmus: Jubelfeier in Ghanas Hauptstadt Accra

Um das Spiel gegen die USA sehen zu können, hatten alle Ghanaer einen halben Tag freibekommen. Nach dem Schlußpfiff zogen kilometerlange Autokorsos durch die Hauptstadt Accra, die mit 1,9 Millionen Einwohnern größte Stadt des Landes.

»Die ganze Welt scheint glücklich zu sein«, schrieb The Accra Daily Mail. Ghana, das mit 238 537 Quadratkilometern flächenmäßig etwas kleiner ist als Großbritannien, gehört zu den ärmsten Staaten der Welt. Fast die Hälfte der 21 Millionen Einwohner Ghanas hat zum Überleben nicht mehr als einen Dollar pro Kopf am Tag zur Verfügung. Die Armut treibt auch die besten Fußballer aus dem Land: Im WM-Kader standen nur drei Spieler von ghanaischen Klubs: Ersatztorwart George Owu sowie die Verteidiger Shilla Illiasu und Daniel Quaye.

Mit dem Schlußpfiff geriet ein ganzer Kontinent in Bewegung. Nicht nur in Ghana tanzten Millionen Menschen spontan auf den Straßen. Team-Koordinator Anthony Baffoe, der frühere Bundesliga-Profi, formulierte die Dimension des Sieges in staatstragender Diktion: »Das ist nicht nur ein Erfolg für Ghana. Das ist einer für ganz Afrika.« Sein Herz ließ der in Ghana geborene UN-Generalsekretär Kofi Annan sprechen. Aus Genf übermittelte er diese Botschaft: »Ich bin stolz auf meine Jungs.«

Die WM war um eine faustdicke Überraschung reicher. Weil Tschechien im Parallelspiel gegen Italien verlor, stürmte Ghana bei seiner ersten WM-Teilnahme mit dem 2:1-Triumph über die gleichfalls ambitionierten Amerikaner gleich ins Achtelfinale. Daran hatten nur die verwegensten Optimisten geglaubt. 41 000 Zuschauer im Stadion von Nürnberg feierten die »Black Stars«

»Das ist nicht nur ein Erfolg für Ghana. Das ist einer für Afrika«

ekstatisch. Ghana überstand als erst fünftes Land aus Afrika eine WM-Vorrunde: Zuvor hatten das nur Marokko (1986), Kamerun (1990), Nigeria (1994 und 1998) und Senegal (2002) geschafft.

Es war ein spannendes Spiel, aber keines für Ästheten. Zu sehr waren beide Mannschaften auf die Sicherung ihres Tores aus. Ghanas Trainer Ratomir Dujkovic fehlten seine bislang einzigen Torschützen Sulley Ali Muntari und Asamoah Gyan wegen einer Gelbsperre. Die USA mußten auf Abwehrspieler Eddie Pope (Gelb/Rot) verzichten, Pablo Mastroeni setzte wegen einer Roten Karte aus.

Unverständlich blieb, warum US-Trainer Bruce Arena für den dringend benötigten Sieg gegen Ghana mit Brian McBride nur einen Angreifer aufbot. Das ließ die Washington Post zu dem bösen Urteil kommen: Arena sei ein »internationales Rätsel, wenn es um die Mannschaftsaufstellung geht«.

Ein Fehler von Kapitän Claudio Reyna leitete den Niedergang der USA ein, als er den Ball vor dem Strafraum an Haminu Dramani vertändelte. Der sprintete in den Strafraum und ließ mit einem lässigen Schlenzer Torwart Kasey Keller keine Chance (22.).

Die aufkeimende Hoffnung der Amerikaner nach Clint Dempseys fulminantem Volleyschuß zum 1:1 (43.) zerstörte ein überaus umstrittener Elfmeterpfiff von Markus Merk: Oguchi Onyewu hatte Razak Pimpong nur leicht geschubst, der fiel, Merk entschied spontan auf Strafstoß. Stephen Appiah verwandelte zum 2:1 (45. +2 Minuten). US-Verteidiger Steven Cherundolo kommentierte erbost: »Der Elfer war der Knackpunkt. Es war nie und nimmer einer.« Getrübt wurde Ghanas Freude allerdings durch die zweite Gelbe Karte für Mittelfeldspieler Michaël Essien (5.), die eine Sperre für das Achtelfinale nach sich zog.

GHANA – USA

 2:1 (2:1)

GHANA-DATEN

Torhüter	Min.	Schüsse gehalten (von)	Flanken/Ecken abgefangen	Glanz-taten	schwere Fehler	lange Pässe angekommen (von)	Note
Kingson	90	50% (2)	5	0	0	33% (3)	3+

Spieler	Ball-kontakte in Min.	Zweik. gew. (von)	Fouls/ gefoult worden	Pässe angek. (von)	Schüsse/ Schuß-vorlagen	Tore/ Torvor-lagen	Note
Painstil	59 in 90	50% (16)	2/0	70% (33)	1/1	0/0	4
1. Mensah	38 in 90	65% (17)	2/2	88% (24)	0/0	0/0	3
1. Shilla	36 in 90	39% (18)	2/0	92% (24)	0/0	0/0	4+
Mohammed	52 in 90	45% (20)	1/1	70% (40)	0/0	0/0	4
2. Essien	64 in 90	71% (21)	1/2	78% (50)	2/3	0/0	2
Boateng	23 in 45	46% (13)	3/1	88% (16)	0/1	0/0	5+
Addo, O.	17 in 45	53% (15)	0/3	80% (10)	0/1	0/0	3–
Dramani	32 in 79	20% (15)	5/0	70% (23)	1/0	1/0	3
Tachie-Mensah	5 in 11	25% (8)	2/1	100% (2)	1/0	0/0	–
1. Appiah	53 in 90	21% (19)	4/1	83% (36)	3/1	1/0	3–
Amoah	16 in 58	27% (11)	1/0	100% (7)	1/0	0/0	4+
Addo, E.	7 in 32	67% (6)	0/1	50% (6)	0/0	0/0	3–
Pimpong	21 in 90	22% (32)	7/2	93% (14)	1/2	0/1	3–

22. JUNI, 16 UHR, NÜRNBERG

Schiedsrichter: Markus Merk (Deutschland). *Assistenten:* Christian Schräer, Jan-Hendrik Salver (beide Deutschland). *Tore:* 1:0 Dramani (22.), 1:1 Dempsey (43.), 2:1 Appiah (45.+2), Foulelfmeter) *Einwechslungen:* O. Addo für Boateng (46.), E. Addo für Amoah (59.), Tachie-Mensah für Dramani (80.) – Olsen für Reyna (40.), Johnson für Cherundolo (61.), Convey für Lewis (74.). *Zuschauer:* 41 000.

USA-DATEN

Torhüter	Min.	Schüsse gehalten (von)	Flanken/Ecken abgefangen	Glanz-taten	schwere Fehler	lange Pässe angekommen (von)	Note
Keller	90	33% (3)	1	0	0	0% (5)	4

Spieler	Ball-kontakte in Min.	Zweik. gew. (von)	Fouls/ gefoult worden	Pässe angek. (von)	Schüsse/ Schuß-vorlagen	Tore/ Torvor-lagen	Note
Cherundolo	26 in 60	80% (10)	0/3	83% (12)	0/0	0/0	3–
Johnson	14 in 30	78% (9)	0/0	100% (4)	1/0	0/0	4
Conrad	50 in 90	78% (23)	1/6	74% (31)	0/0	0/0	3
Onyewu	51 in 90	72% (18)	2/2	88% (32)	1/1	0/0	3–
Bocanegra	57 in 90	71% (17)	1/1	69% (35)	2/0	0/0	4+
Reyna	31 in 39	75% (4)	0/1	67% (27)	0/1	0/0	5+
Olsen	31 in 51	53% (15)	3/4	79% (14)	1/0	0/0	4–
1. Lewis	26 in 73	43% (14)	1/2	70% (10)	0/1	0/0	4–
Convey	10 in 17	60% (5)	1/1	40% (5)	1/1	0/0	4
Dempsey	31 in 90	61% (28)	3/6	76% (17)	2/0	1/0	3
Donovan	26 in 90	32% (19)	1/1	67% (15)	1/3	0/0	4–
Beasley	57 in 90	50% (22)	1/1	78% (40)	0/2	0/1	2–
McBride	29 in 90	43% (28)	1/2	63% (16)	2/2	0/0	4

Neidvoller Blick: Jimmy Conrad bekommt die ganze Dimension der Niederlage noch einmal vor Augen geführt. Ghana jubelt, Amerika trauert. Vorn: Ghanas Kapitän Stephen Appiah

GRUPPE F

BRASILIEN	
KROATIEN	
AUSTRALIEN	
JAPAN	

Montag, 12. Juni, Kaiserslautern
Australien – Japan   3:1 (0:1)

Dienstag, 13. Juni, Berlin
Brasilien – Kroatien   1:0 (1:0)

Sonntag, 18. Juni, Nürnberg
Japan – Kroatien   0:0

Sonntag, 18. Juni, München
Brasilien – Australien   2:0 (0:0)

Donnerstag, 22. Juni, Dortmund
Japan – Brasilien   1:4 (1:1)

Donnerstag, 22. Juni, Stuttgart
Kroatien – Australien   2:2 (1:1)

	Brasilien	Kroatien	Australien	Japan
Brasilien		1:0	2:0	4:1
Kroatien	0:1		2:2	0:0
Australien	0:2	2:2		3:1
Japan	1:4	0:0	1:3	

Mannschaft	G	U	V	Tore	Pkte
1. Brasilien	3	0	0	7:1	9
2. Australien	1	1	1	5:5	4
3. Kroatien	0	2	1	2:3	2
4. Japan	0	1	2	2:7	1

VERSTECKSPIEL
Kroatiens Torhüter Stipe Pletikosa ist unter einem Haufen Spieler begraben. Aber er hat das Wichtigste in den Händen: den Ball – und das vor der Torlinie. Die Australier Tim Cahill, der auf ihm liegende John Aloisi (Nummer 15) und Mark Viduka (rechts) reklamieren Tor, Dario Srna (Mitte) und Dario Simic (links) wettern dagegen. Es steht 2:1 für Kroatien, aber die Australier lassen sich auch durch diese Szene nicht entmutigen. Sie schaffen noch den 2:2-Ausgleich. Das Unentschieden ist für Australien soviel wert wie ein Sieg. Die Mannschaft qualifiziert sich damit für das Achtelfinale.

FERNWEH
Schon als Spieler suchte Guus Hiddink die Herausforderung in der Fremde: Er spielte in den USA für die Washington Diplomats und San Jose Earthquakes (1976 bis 1978). Als Trainer betreute er unter anderem noch Real Madrid, Fenerbahçe Istanbul, CF Valencia und Celtic Glasgow

STAR DER GRUPPE F

GUUS HIDDINK

Unerreichbares erreichbar machen

Der Holländer ist der Mann für die Wunder. Überraschend führte er Außenseiter Australien ins Achtelfinale, wie vor vier Jahren die ebenso durchschnittlich begabte Elf von Südkorea. Hinter dem Erfolg steckt pure Tüftelei

Erklären kann er seinen Erfolg nicht. Wie auch. Der Name von Guus Hiddink steht für Ereignisse, die man gemeinhin als Sensation beschreibt. Oder als Wunder. Ein solches schaffte der Trainer wieder mit dem Einzug Australiens ins Achtelfinale. Einer Mannschaft, der man bestenfalls den Part eines braven Punktelieferanten zugedacht hatte.

Die höher gehandelten Teams aus Kroatien und Japan traten nach der Vorrunde die Heimreise an, Australien erst nach dem Achtelfinale. Viele fühlten sich an die WM 2002 erinnert. Damals hatte der Holländer Hiddink Südkorea trainiert und – umjubelt von Millionen Koreanern – die durchschnittlich begabte Elf bis auf Platz vier geführt.

»Es gibt kein Geheimnis Guus Hiddink«, wiegelt der 59jährige neugierige Fragen nach seinem Erfolgsrezept listig ab. So ganz stimmt das natürlich nicht. Aber mit kleinen Lügen läßt sich prima am Mythos Hiddink stricken.

Ein wenig ließ er sich nach dem 3:1-Triumph gegen Japan in die Karten blinzeln. »Wenn man keinen Plan hat, muß man Glück haben. Aber ich hatte den Plan, das Glück zu erzwingen.« Als genialer Tüftler taktischer Varianten hatte er gegen die Asiaten mit Tim Cahill und John Aloisi zwei zusätzliche Angreifer in der zweiten Halbzeit ins Spiel geschickt. Er hatte gespürt, wie den Japanern die Kräfte schwanden. Cahill und Aloisi drehten das verloren geglaubte Spiel. Weltmeister Brasilien nervte er mit einer massierten Deckung. Und dank überragender Physis trotzte Hiddinks Team den Kroaten ein Unentschieden ab. »Wir sind wahrscheinlich fitter als andere Teams«, bescheinigte Kapitän Mark Viduka seinem Chef vorzügliche Arbeit. Der brachte die »Socceroos« aber nicht nur körperlich auf Vordermann. Hiddink flößte ihnen eine gehörige Portion

---

Guus Hiddink war ein rustikaler, wenig begabter Verteidiger

Selbstbewußtsein ein, lehrte sie modernes Spielverständnis. »Guus gibt uns den Glauben an uns«, sagte Viduka voller Respekt. All das, obwohl der ausgebildete Sportlehrer, der in seinem Heimatort Varsseland als rustikaler, aber wenig begabter Verteidiger den Fußball für sich entdeckte, nebenbei noch einen anderen Job hatte. Hiddink war zugleich hauptamtlicher Trainer des PSV Eindhoven, errang die holländische Meisterschaft. 2004/05 führte er Eindhoven sogar ins Halbfinale der Champions League. Auch das eine Überraschung. Der Tagesspiegel erkannte eine besondere Gabe des introvertierten Kulttrainers: »Die Magie, über sich selbst hinauszuwachsen, gehört bei Hiddink zum System.« Eine Fähigkeit, die auch bei seiner nächsten Mission durchaus hilfreich wäre.

Blues- und Golf-Fan Hiddink, der perfekt Deutsch, Englisch, Französisch und leidlich Spanisch spricht, beendete seinen Job in Australien und betreut nun Rußlands Nationalmannschaft. Die hat den Anschluß an das Weltniveau verloren. Mit anderen Worten: Guus Hiddink hätte einen besseren Job nicht finden können.

Hiddink erfolgreichster holländischer WM-Trainer

Die Tradition holländischer Trainer in Südkorea setzten nach Guus Hiddink zwei Landsleute fort: Jon Bonfrere und Dick Advocaat, der im September 2005 die Mannschaft übernahm und bei der WM betreute. Neben Hiddink und Advocaat waren noch zwei weitere holländische Trainer bei der WM tätig: Leo Beenhakker betreute den Exoten Trinidad und Tobago, der ehemalige Stürmerstar Marco van Basten die Auswahl seines Heimatlandes.

Hiddinks Nachfolger in Südkorea: Dick Advocaat

Wirklich erfolgreich aber war nur Hiddink: Beenhakker und Advocaat scheiterten mit ihren Mannschaften in der Vorrunde, van Basten im Achtelfinale. Da war zwar auch für Hiddinks Team Australien Endstation (gegen Italien), aber mit der Qualifikation für die Runde der letzten 16 war er auf dem fünften Kontinent schon ein kleiner Volksheld geworden.

Gratulation an den Überraschungs-Zweiten: Nach dem 2:2 im letzten Gruppenspiel beglückwünschte der kroatische Kapitän Niko Kovac (rechts) Guus Hiddink

ANALYSE GRUPPE F

BRASILIEN ÜBERZEUGTE NUR GEGEN JAPAN

Ballzauber nur eine Halbzeit lang

SCORER-LISTE GRUPPE F

	Torvorlagen	Tore	Scorerpunkte
Ronaldo (BRA)	1	2	3
Cahill (AUS)	1	2	3
Aloisi (AUS)	2	1	3
Gilberto (BRA)	1	1	2
Kewell (AUS)	1	1	2
Kovac, N. (KRO)	1	1	2
Kaká (BRA)	–	1	1
Adriano (BRA)	–	1	1
Fred (BRA)	–	1	1
Juninho (BRA)	–	1	1
Moore (AUS)	–	1	1
Srna (KRO)	–	1	1
Nakamura (JPN)	–	1	1
Tamada (JPN)	–	1	1
Cafú (BRA)	1	–	1
Robinho (BRA)	1	–	1
Cicinho (BRA)	1	–	1
Juan (BRA)	1	–	1
Ronaldinho (BRA)	1	–	1
Emerton (AUS)	1	–	1
Kranjcar (KRO)	1	–	1
Komano (JPN)	1	–	1
Alex (JPN)	1	–	1

Überraschend belegten die beiden Australier Tim Cahill und John Aloisi die Plätze zwei und drei. Damit ist die gute Vorrunde auch nach Zahlen bewiesen

Zwei Tore in der Vorrunde: Ronaldo

Erfahrung vor Jugend, und immer ans Ergebnis denken – mit dieser Ein- und Aufstellung des Titelverteidigers enttäuschte Trainer Carlos Alberto Parreira die Fans. So begeisterte nur ein anderes Team: Außenseiter Australien

Brasiliens Trainer Carlos Alberto Parreira reiste zur WM mit einem Problem an, um das ihn alle Kollegen beneideten. Er gebot über einen Kader, der nur Stars zählte. Neben arrivierten Virtuosen wie den WM-gestählten Spielern Cafú, Ronaldo, Emerson, Lucio, Zé Roberto oder Ronaldinho warteten die hungrigen Spieler Robinho (Real Madrid) und Fred (Olympique Lyon) auf ihre Chance, der Welt ihre Qualität zeigen zu dürfen.

Parreira hatte sich aber schon vorher auf die Devise »Erfahrung vor Jugend« festgelegt und dank seiner Autorität jeglichen Begehrlichkeiten vorgebeugt. Auch aus seiner dezent defensiven Taktik machte er kein Geheimnis und hielt sich sehr zum Leidwesen enttäuschter Beobachter auch daran.

»Wenn ich zum Beispiel Robinho für Zé Roberto am Anfang des Spiels bringen würde, dann bye-bye WM-Titel«, begründete er seine Ein- und Aufstellung. Als sich Parreiras auserwählte Elf zum ersten Anpfiff aufreihte, blickten die Beobachter ausschließlich in bekannte Gesichter. Die erhoffte Gala blieb den Zuschauern aber versagt. Offenbar wog die Bürde des haushohen Favoriten tatsächlich schwerer als vermutet. Belebung, die die Jungstars hätten liefern können, blieb aus. Das Spiel gegen Kroatien verkümmerte zum bürokratischen Ballgeschiebe, schwerfällig, ausrechenbar. Hauptschuld am Trauerspiel trugen ausgerechnet Protagonisten, von denen man Geniales erwartet hatte. Ronaldinho, frisch gekürt als spanischer Meister und Champions-League-Sieger, wirkte überspielt. Fleißig zwar, aber weniger präsent als in seinem Klub Barcelona, kam er über den Part eines Mitläufers nicht hinaus. Er selbst entschuldigte seine mäßigen Leistungen mit einer »anderen, etwas defensiveren Rolle«, die ihm Parreira zugedacht hatte.

Australien überrannte am Schluß Japan und Kroatien

Da auch Ronaldo beharrlich jede überflüssige Bewegung verweigerte und in Adriano einen ebenso indisponierten Sturmpartner zur Seite hatte, bewahrte nur ein sehenswerter Treffer von Kaká die Seleção vor einer Blamage.

Erst im dritten Spiel gegen Japan (4:1) brillierte Brasilien; die Elf war dank eines 2:0-Sieges über Australien bereits fürs Achtelfinale qualifiziert. Die körperlich klar unterlegenen Asiaten wurden in der zweiten Halbzeit mitunter schwindelig gespielt.

So schloß Brasilien ohne echten Glanz die Vorrunde mit drei nüchtern kalkulierten Siegen als Gruppenerster ab. Brasiliens Ballzauber vergangener Tage war dem Diktat ergebnisorientierten Handelns erbarmungslos zum Opfer gefallen. Da vermochte Australiens Fußball die Herzen mehr zu wärmen. Nur die kühnsten Optimisten hatten dem Land, das erst zum zweiten Mal nach 1974 für ein Endrundenturnier qualifiziert war, vier Pluspunkte zugetraut. Das reichte fürs Achtelfinale und war vollauf verdient. Taktisch von Trainer Guus Hiddink gut auf jeden Gegner eingestellt, hielt sich das Team brav an die Regie-Einfälle von außen und erkämpfte sich einen Sieg und ein Unentschieden. Hauptgrund für das erfolgreiche Abschneiden der »Socceroos« waren die bemerkenswerte Fitness aller Akteure und der hohe körperliche Einsatz. Als einzige Mannschaft der Gruppe konnte Australien das hohe Tempo nahezu in allen Spielen bis zum Schlußpfiff halten.

Großer Verlierer der Gruppe wurde Kroatien. Gegen Brasilien zu zaudernd und ängstlich, gegen Japan nicht entschlossen genug, als Dario Srna sogar einen Elfmeter vergab. Und gegen Australien wurde vor allem der unbedingte Siegeswille vermißt. Daß mehr dringewesen wäre, belegt die Zweikampfbilanz. Mit 52,4 Prozent belegte Kroatien nach der Vorrunde Rang fünf. Ein guter Wert, aber kein Trost.

In den Bestenlisten suchte man die Japaner zumeist vergeblich. Nur Yuji Nakazawa schaffte mit seiner Zweikampfbilanz (70,7 Prozent gewonnene Duelle) den Sprung in die Top Ten. Das Problem der technisch versierten Japaner: Es haperte an Kondition, Durchsetzungsvermögen und an körperlicher Größe. Besonders bitter: In den entscheidenden Momenten patzte auch noch der sonst sehr gut haltende Torwar Yoshikatsu Kawagushi.

FINGERZEIG
Mit krauser Stirn und weit aufgerissenen Augen zeigt Ronaldinho seinen Mitspielern an, wie der Ball und sie hätten laufen müssen. Sosehr sich der beste Fußballspieler der Welt auch mühte, er konnte das Spiel Brasiliens kaum mit seiner brillanten Technik, seiner Schnelligkeit, seiner Übersicht und seinen Pässen beeinflussen. Ronaldinho blieb in der Gruppenphase nur ein Mitläufer

HIDDINKS GESPÜR FÜR RICHTIGE SPIELER

Plan vom ganz großen Glück

Schiedsrichter entschuldigt sich

Mann mit Ehrgefühl: Essam Abd El Fatah

Über den Mann läßt sich viel Gutes sagen: freundlich, sympathisches Lächeln, gebildet. Im Hauptberuf ist Essam Abd El Fatah (40) Pilot. Lieber aber dreht er seine Runden auf dem Fußballplatz. Der Ägypter ist Schiedsrichter aus Leidenschaft – und einer mit einer steilen Karriere. Sein erstes Länderspiel (Marokko gegen Sierra Leone) pfiff er am 8. Juni 2003, fast genau drei Jahre später sein erstes WM-Spiel.
Es hatte für Abd El Fatah einen negativen Höhepunkt, als er Japans 1:0 trotz eines klaren Foulspiels anerkannte. Andere Schiedsrichter haken so einen Fehler schnell ab, nicht so der Mann aus Kairo. Nur Minuten später hatte er die Einsicht, stellte sich neben den australischen Torwart Mark Schwarzer und entschuldigte sich. Der Treffer wurde natürlich nicht annulliert, dennoch war es eine große Geste.

Erst in den letzten Minuten gelang Australien die Wende. Die drei Treffer erzielten die Einwechselspieler Tim Cahill und John Aloisi. So fiel nicht mehr ins Gewicht, daß Japan mit einem irregulären Tor in Führung gegangen war

Als die australische Mannschaft Aufstellung zur Nationalhymne nahm, stand Tim Cahill (26) mißmutig vor der Ersatzbank, wenige Meter von Trainer Guus Hiddink entfernt. Ausgerechnet Cahill, von dem der ehemalige Bundestrainer Berti Vogts sagte: »Er ist so wichtig für Australien wie Ballack für uns.«
In seinen ersten vier Länderspielen hatte Cahill sechs Tore geschossen – nun schmorte der Profi vom englischen Premier-League-Klub FC Everton 52 endlose Minuten auf der Ersatzbank, bis ihn Hiddink endlich für Marco Bresciano auf das Feld schickte. Beim Stand von 0:1. Wohl nie zuvor bewies Hiddink mit einer Einwechslung eine glücklichere Hand. Gut 30 Minuten später war Tim Cahill der Mann des Tages: Nach einer Ecke (84.) schoß er den Ball aus elf Metern ins Netz – das 1:1 war gleichzeitig das erste Tor der Socceroos bei einer WM.

»Es ist eben ein Teil unserer Mentalität, nie aufzugeben.«

Fünf Minuten später legte Cahill nach. Sein Schuß aus 17 Metern prallte vom Innenpfosten zum 2:1 ins Tor. Und als John Aloisi ein energisches Solo in der Nachspielzeit mit dem 3:1 abschloß, war Australiens Glück perfekt – und das von Guus Hiddink. Aloisi hatte er in der 75. Minute eingewechselt. Hiddink kommentierte das so: »Wenn man keinen Plan hat, muß man Glück haben. Aber ich hatte den Plan, das Glück zu erzwingen.«

Verteidiger Lucas Neill meinte: »Es ist eben ein Teil unserer Mentalität, nie aufzugeben.« Und für Tim Cahill war es ein Sieg mit historischer Dimension: »Das waren die dramatischsten zehn Minuten im australischen Fußball, das wird in die Geschichte eingehen.«
So endete die Begegnung genauso furios, wie sie begonnen hatte. Beide Mannschaften spielten sofort Tempo-Fußball. Während die japanische Elf mit Kurzpaßspiel den Erfolg suchte, setzten die Australier auf geradliniges Spiel mit weiten Pässen – und hatten die besseren Chancen in der ersten halben Stunde. Den Führungstreffer (26. Minute) aber markierte Japan. Ein als Flanke gedachter Ball von Shunsuke Nakamura segelte über Torwart Mark Schwarzer hinweg ins Tor. Daß Naohiro Takahara und Atsushi Yanagisawa Schwarzer unfair attackierten, wurde vom ägyptischen Schiedsrichter Essam Abd El Fatah übersehen. Als Guus Hiddink die Szene auf einem Monitor am Spielfeldrand nochmals sah, war er kaum zu beruhigen. Wie schon im Testspiel gegen Deutschland kurz vor der Weltmeisterschaft ließen die Japaner beim australischen Sturmlauf in der zweiten Halbzeit zu viele Konterchancen leichtfertig aus. Zudem schwand gegen Ende der Partie neben der Kondition auch die Konzentration. Für Guus Hiddink war die späte Wende im Spiel Genugtuung: »Am Ende hat die Gerechtigkeit gesiegt.«

Menschen-Auflauf: Tim Cahill läßt sich am Platzrand von seinen Mitspielern für das 2:1 feiern. Cahill war erst in der 53. Minute eingewechselt worden, traf nach 30 Minuten Anlauf binnen fünf Minuten gleich zweimal

AUSTRALIEN – JAPAN

 3:1 (0:1)

AUSTRALIEN-DATEN

Torhüter	Min.	Schüsse gehalten (von)	Flanken/ Ecken abgefangen	Glanz- taten	schwere Fehler	lange Pässe angekommen (von)	Note
Schwarzer	90	50% (2)	2	0	0	0% (0)	4

Spieler	Ball- kontakte in Min.	Zweik. gew. (von)	Fouls gefoult worden	Pässe angek. (von)	Schüsse/ Schuss- vorlagen	Tore/ Torvor- lagen	Note
1. Moore	47 in 60	44% (9)	2/0	88% (32)	0/0	0/0	4
Kennedy	18 in 30	63% (19)	1/2	86% (7)	4/4	0/0	3
Neill	69 in 90	77% (22)	0/0	89% (44)	1/0	0/0	3+
Chipperfield	46 in 90	50% (20)	1/1	88% (26)	0/0	0/0	4
1. Grella	40 in 90	41% (17)	3/1	93% (30)	0/0	0/0	4
Wilkshire	39 in 74	30% (10)	3/0	70% (23)	1/2	0/0	4+
1. Aloisi	11 in 16	75% (4)	1/0	67% (6)	3/1	1/1	2
Emerton	39 in 90	64% (14)	3/1	89% (28)	0/0	0/0	3+
Bresciano	32 in 52	44% (9)	2/2	81% (16)	3/3	0/0	3–
1. Cahill	17 in 38	17% (6)	1/0	92% (12)	2/2	2/1	1–
Culina	60 in 90	38% (8)	0/0	80% (41)	1/4	0/0	3
Kewell	45 in 90	36% (28)	2/2	86% (28)	3/3	0/1	3+
Viduka	47 in 90	43% (30)	2/2	77% (22)	6/4	0/0	2–

12. JUNI, 15 UHR, KAISERSLAUTERN

Schiedsrichter: Essam Abd El Fatah (Ägypten). **Assistenten:** Dramane Dante (Mali), Mamadou N'Doye (Senegal). **Tore:** 0:1 Nakamura (26.), 1:1 Cahill (84.), 2:1 Cahill (89.), 3:1 Aloisi (90.+2). **Einwechslungen:** Cahill für Bresciano (53.), Kennedy für Moore (61.), Aloisi für Wilkshire (75.) – Moniwa für Tsuboi (56.), Ono für Yanagisawa (79.), Oguro für Moniwa (90.+1). **Zuschauer:** 46 000.

JAPAN-DATEN

Torhüter	Min.	Schüsse gehalten (von)	Flanken/ Ecken abgefangen	Glanz- taten	schwere Fehler	lange Pässe angekommen (von)	Note
Kawaguchi	90	67% (9)	2	1	1	0% (0)	3–

Spieler	Ball- kontakte in Min.	Zweik. gew. (von)	Fouls gefoult worden	Pässe angek. (von)	Schüsse/ Schuss- vorlagen	Tore/ Torvor- lagen	Note
Tsuboi	18 in 55	43% (7)	0/0	100% (11)	0/0	0/0	4–
1. Moniwa	10 in 35	22% (9)	3/0	100% (3)	0/0	0/0	5
Oguro	5 in 3	0% (2)	0/0	0% (0)	0/0	0/0	–
1. Miyamoto	30 in 90	50% (16)	1/0	80% (10)	0/0	0/0	5+
Nakazawa	42 in 90	59% (22)	2/4	73% (15)	0/0	0/0	4
Komano	44 in 90	79% (14)	0/1	81% (16)	1/1	0/1	3
Fukunishi	49 in 90	59% (17)	0/2	80% (30)	2/0	0/0	3–
Nakata	61 in 90	32% (22)	1/3	76% (38)	0/2	0/0	4
Alex	43 in 90	73% (15)	0/3	82% (22)	1/2	0/0	3+
Nakamura	70 in 90	70% (20)	2/4	91% (46)	2/2	1/0	2
1. Takahara	43 in 90	45% (31)	1/3	87% (23)	3/2	0/0	3–
Yanagisawa	29 in 78	35% (17)	1/2	89% (19)	2/1	0/0	4+
Ono	5 in 12	25% (4)	0/0	0% (0)	0/0	0/0	–

RONALDO HATTE NUR 14 BALLKONTAKTE

Arbeit ganz einfach verweigert

72 000 Zuschauer freuten sich in Berlin auf eine Fußball-Gala des WM-Favoriten Brasilien. Sie wurden enttäuscht – und der Superstar zur verhöhnten Lachnummer. Den einzigen Glanzpunkt setzte Torschütze Kaká

Neun Spieler aus der Bundesliga

Duell auch in der Bundesliga: Ivan Klasnic und Juan

Auch wenn Deutschland nicht spielt, wird auf dem Rasen mitunter deutsch gesprochen. Gleich neun Spieler, die sich in Berlin gegenüberstanden, spielen oder spielten in der Bundesliga. Bei den Brasilianern war Emerson von 1997 bis 2000 bei Bayer Leverkusen unter Vertrag. Innenverteidiger Juan hat bei der Werksmannschaft noch einen Kontrakt bis 2008, Lucio steht bei Bayern in Diensten, Zé Roberto verließ nach der Saison 2005/06 den Klub.
Bei Kroatien liefen mit Abwehrspieler Josip Simunic (Hertha BSC), Stürmer Ivan Klasnic (Werder Bremen) und Mittelfeldmann Marko Babic (Leverkusen) drei Erstliga-Akteure auf. Die Brüder Robert und Niko Kovac wurden sogar in Berlin geboren. Robert steht derzeit bei Juventus Turin auf der Gehaltsliste, Niko wechselt zur neuen Saison zu Red Bull Salzburg.

Nach 69 Minuten fiel im Drama »Ronaldo« der letzte Vorhang. Der Star wurde ausgewechselt. Genauso langsam, wie er zuvor über das Spielfeld geschlichen war, bewegte er sich vom Rasen. Fast apathisch. Begleitet von den Pfiffen der 72 000 Zuschauer im Berliner Stadion. Nur ein Torschuß, keine Torschußvorlage, die wenigsten Ballkontakte aller brasilianischen Spieler (14), nur ein gewonnener Zweikampf – das war seine verheerende Spielbilanz. Konsterniert kommentierte Günter Netzer Ronaldos Auftritt: »Ich bin entsetzt. Das war Arbeitsverweigerung.« Herbe Kritik setzte es auch von Mitspieler Kaká: »Ronaldo hat vorher gesagt, daß er noch nicht in Topform ist. Aber ein bißchen mehr Bewegung würde der ganzen Mannschaft guttun.«
Nur Trainer Carlos Alberto Parreira verteidigte »Pummelnaldo« (BILD) nach der Partie rührend: »Er ist halt schwer, und es war ziemlich heiß.«

Parreira: »Er ist halt schwer, und es war ziemlich heiß«

Ronaldos Vorstellung paßte zu der des gesamten Teams. Der hochgehandelte WM-Favorit quälte sich zu einem mühsamen 1:0 gegen Kroatien. Der erhoffte Ballzauber geriet zum grauen Verwaltungsakt. Es war der achte Sieg in Folge bei einem WM-Turnier – ein Rekord, der die Herzen der Fans nicht höher schlagen ließ. Die Kroaten waren fast die gesamte Spielzeit gleichwertig, kämpften engagiert, kombinierten gefällig, blieben aber im Angriff ohne durchschlagende Wirkung. Pelé hatte vor dem Turnier bereits orakelt, daß sich Brasilien mit der Bürde des hohen WM-Favoriten schwertun könnte. Leider sollte er recht behalten. Nur in den Anfangsminuten dominierte Parreiras Elf. Kroatiens Spieler wurden früh attackiert, gesucht wurde der schnelle Weg zum Tor. Dann hatte sich das Team von Trainer Zlatko Kranjcar gefangen. Und das Spiel begann dahinzuplätschern.
Bis zur 44. Minute: Cafú setzte sich auf der rechten Seiten durch, paßte flach nach innen auf Kaká. Und der schlenzte mit dem Innenrist seines schwächeren linken Fußes den Ball aus 20 Meter Entfernung hoch in den linken Winkel – der Siegtreffer. Nicht nur diese Aktion machte Kaká zum besten Akteur seiner Mannschaft. Superstar Ronaldinho hatte zwar die meisten Ballkontakte (101), konnte sich aber nicht wie gewohnt in Szene setzen. Auch Sturm-As Adriano blieb blaß.
Nach dem Wechsel verstärkte Kroatien seine Offensivbemühungen. Doch Dado Prso (50.), Ivan Klasnic (53.) und Marko Babic (70.) scheiterten an Torhüter Dida. Trainer Zlatko Kranjcar sagte später traurig: »Wir hätten gewinnen können.«
Und Ronaldo? Der saß die letzten Minuten auf Brasiliens Auswechselbank, ganz allein in der Ecke, stützte seinen rechten Arm auf die Lehne, als säße er auf einem gemütlichen Sessel.

Einsicht: Der Kroate Dado Prso reckt sich vergeblich im Kopfballduell mit Lucio. Der brasilianische Innenverteidiger gewann 60 Prozent seiner Zweikämpfe. Der unermüdliche Arbeiter Prso bestritt die meisten Duelle der Kroaten – genau 29

BRASILIEN – KROATIEN

 1:0 (1:0)

BRASILIEN-DATEN

Torhüter	Min.	Schüsse gehalten (von)	Flanken/ Ecken abgefangen	Glanz-taten	schwere Fehler	lange Pässe angekommen (von)	Note
Dida	90	100% (3)	1	0	0	100% (1)	2

Spieler	Ballkontakte in Min.	Zweik. gew. (von)	Fouls/ gefoult worden	Pässe angek. (von)	Schüsse/ Schuß-vorlagen	Tore/ Torvor-lagen	Note
Cafú	72 in 90	53% (19)	1/0	88% (43)	1/5	0/1	3
Lucio	45 in 90	60% (20)	0/2	83% (18)	0/1	0/0	2–
Juan	38 in 90	62% (21)	3/0	94% (17)	0/0	0/0	3
Carlos, R.	72 in 90	67% (6)	0/0	89% (45)	4/1	0/0	3
1. Emerson	63 in 90	43% (14)	4/2	96% (45)	1/0	0/0	4
Zé Roberto	48 in 90	71% (17)	1/1	92% (39)	1/1	0/0	2–
Kaká	68 in 90	52% (33)	2/5	86% (44)	4/3	1/0	2–
Ronaldinho	101 in 90	43% (30)	3/3	73% (70)	3/2	0/0	3–
Adriano	33 in 90	29% (24)	4/1	94% (17)	2/2	0/0	4
Ronaldo	14 in 69	14% (7)	0/1	88% (8)	1/0	0/0	6
Robinho	18 in 21	44% (9)	1/3	100% (12)	1/3	0/0	3+

13. JUNI, 21 UHR, BERLIN

Schiedsrichter: Benito Archundia (Mexiko). Assistenten: José Ramírez (Mexiko), Héctor Vergara (Kanada). Tor: 1:0 Kaká (44.). Einwechslungen: Robinho für Ronaldo (70.) – J. Leko für N. Kovac (41.), Olic für Klasnic (56.). Zuschauer: 72 000.

KROATIEN-DATEN

Torhüter	Min.	Schüsse gehalten (von)	Flanken/ Ecken abgefangen	Glanz-taten	schwere Fehler	lange Pässe angekommen (von)	Note
Pletikosa	90	80% (5)	0	0	0	40% (5)	3+

Spieler	Ballkontakte in Min.	Zweik. gew. (von)	Fouls/ gefoult worden	Pässe angek. (von)	Schüsse/ Schuß-vorlagen	Tore/ Torvor-lagen	Note
Simic	37 in 90	54% (13)	2/0	88% (17)	0/0	0/0	4
1. Kovac, R.	63 in 90	75% (20)	1/2	93% (43)	0/1	0/0	2–
Simunic	46 in 90	67% (3)	1/0	93% (30)	0/0	0/0	4+
1. Tudor	68 in 90	62% (21)	2/2	82% (49)	0/2	0/0	3
1. Kovac, N.	33 in 40	60% (10)	1/3	96% (25)	0/0	0/0	4+
Leko	29 in 50	33% (15)	4/0	89% (19)	1/3	0/0	4
Srna	47 in 90	46% (24)	2/3	74% (19)	1/0	0/0	4
Babic	66 in 90	57% (23)	1/2	78% (49)	2/1	0/0	3–
Kranjcar	46 in 90	37% (19)	1/1	86% (28)	2/2	0/0	4
Prso	50 in 90	45% (29)	3/2	70% (20)	3/1	0/0	3
Klasnic	19 in 55	43% (14)	0/2	83% (6)	2/0	0/0	4
Olic	10 in 35	33% (9)	0/2	63% (8)	0/0	0/0	5+

KAWAGUCHI RETTETE JAPAN DAS REMIS

Selbst Elfmeter half nicht weiter

Dario Srna scheiterte in der 22. Minute vom Elfmeterpunkt, Kroatien blieb auch im zweiten Vorrundenspiel ohne Tor. Aber auch Japans Trainer Zico war bitter enttäuscht. Seine Psycho-Tricks verpufften wirkungslos

Nicht nur der Sohn des Trainers

Vater und Sohn: Niko (r.) und Zlatko Kranjcar

Auch wenn das Spiel keinen Sieger hatte, einen Gewinner gab es trotzdem: Mit seiner Leistung ließ Niko Kranjcar (21) viele Kritiker im eigenen Land verstummen. Die hatten ihm immer wieder vorgehalten, er sei nur in die Nationalmannschaft gerückt, weil Vater Zlatko deren Trainer ist. Der wiederum hatte stets betont, nicht die Familienbande zählten, nur die Leistung.

Mit zahlreichen geschickten Pässen stellte Niko Kranjcar seine Qualitäten als Spielmacher unter Beweis. 72 Prozent seiner Anspiele erreichten den Mitspieler — eine gute Quote. Und nur Ivan Klasnic (5) schoß häufiger aufs japanische Tor. Mit einem seiner vier Schüsse hatte Kranjcar Pech: Er traf die Latte. Ein verstecktes Lob heimste Kranjcar sogar von Zico ein, der sich nach dem Spiel erleichtert äußerte: »Zum Glück haben wir in der zweiten Halbzeit Kranjcar besser in den Griff gekriegt.«

Sorgenvoll hatten die Akteure schon vor dem Spiel immer wieder zum Himmel gespäht. Die Sonne stach, die Thermometer zeigten fast 30 Grad an. Es waren nicht die Voraussetzungen, um den 41 000 Zuschauern eine Fußballgala zu zeigen. So geschah, was zu befürchten war: Die 90 Minuten gerieten zur Darbietung mit überschaubarem Unterhaltungswert. Treffsicher machte Japans Trainer Zico den Schuldigen aus: »Die Hitze hat kein besseres Spiel zugelassen.« Das ebenso freudlose wie torlose Remis bescherte beiden Mannschaften ihren ersten WM-Punkt. Dabei hatte Kroatiens Mannschaftskapitän Niko Kovac die Bedeutung des Spiels zuvor seinen Mitspielern mit dramatischem Appell erklärt: »Das ist ein Spiel um Sein oder Nichtsein.« Auch Zico wußte nur zu gut um den Ernst der Lage. Nach dem 1:3 gegen Australien, als Japan das Spiel erst in der Schlußphase aus der Hand gegeben

»Das ist ein Spiel um Sein oder Nichtsein«

hatte, versuchte er seine Spieler mit psychologischen Tricks zu animieren. Der ansonsten als leiser Vertreter seiner Zunft geltende Brasilianer stauchte die Mannschaft im Training brüllend zusammen. »Ich wollte alle wachrütteln.« Zudem gab er mit Mitsuo Ogasawara und Akira Kaji zwei frischen Kräften die Chance in der Stammelf.

Der Auftakt gestaltete sich denn auch ansehnlich. Beide Teams starteten mit flottem Tempo, suchten die Offensive, die Spieler gingen entschlossen in die Zweikämpfe. Echte Torchancen aber sprangen nicht heraus, weil es den Anspielen in die Spitze auf beiden Seiten an Präzision mangelte.

So verdankte der erste Höhepunkt seine Entstehung dem Zufall. Ein weiter Abschlag des kroatischen Torwarts Stipe Pletikosa in der 22. Minute erreichte im gegnerischen Strafraum Dado Prso. Der suchte den Zweikampf mit Gegenspieler Tsuneyasu Miyamoto, hakte ein und sank zu Boden. Pierre Littbarski, ein ausgewiesener Kenner des japanischen Fußballs, nannte das ungeschickte Abwehrverhalten Miyamotos eine »Dummheit«. Das Geschenk konnten die Kroaten gleichwohl nicht nutzen: Yoshikatsu Kawaguchi parierte den plaziert getretenen Elfmeter von Dario Srna mit spektakulärer Parade.

Bis zur Halbzeit sorgte nur noch ein 20-Meter-Lattenschuß (28.) von Niko Kranjcar, dem begabten, aber umstrittenen Sohn des kroatischen Trainers Zlatko Kranjcar, kurz für Aufregung. Nach dem Wechsel erspielten sich die Asiaten die beste Möglichkeit, aber Atsushi Yanagisawa schlenzte den Ball mit dem Außenrist freistehend aus fünf Meter Torentfernung vorbei (51.).

Betrübt bilanzierte Joe Simunic: »Wir hatten genügend Chancen, aber wenn man selbst einen Elfmeter nicht nutzt, muß man sich nicht beschweren.«

Elfmeter-Held: Japans Torwart Yoshikatsu Kawaguchi pariert in der 22. Minute den plaziert getretenen Strafstoß von Dario Srna

JAPAN – KROATIEN

 0:0

JAPAN-DATEN

Torhüter	Min.	Schüsse gehalten (von)	Flanken/ Ecken abgefangen	Glanz- taten	schwere Fehler	lange Pässe angekommen (von)	Note
1. Kawaguchi	90	100% (7)	1	2	0	0% (2)	2+

Spieler	Ball- kontakte in Min.	Zweik. gew. (von)	Fouls/ gefoult worden	Pässe angek. (von)	Schüsse/ Schuß- vorlagen	Tore/ Torvor- lagen	Note
Kaji	52 in 90	73% (11)	1/3	88% (34)	1/4	0/0	3
2. Miyamoto	49 in 90	22% (18)	4/1	87% (31)	0/0	0/0	5
Nakazawa	37 in 90	93% (15)	1/2	75% (24)	1/1	0/0	3+
1. Alex	55 in 90	53% (17)	1/1	74% (34)	4/1	0/0	3–
Fukunishi	20 in 45	45% (11)	0/1	94% (17)	0/0	0/0	4
Inamoto	29 in 45	67% (9)	1/1	83% (18)	1/1	0/0	3–
Nakamura	57 in 90	40% (20)	1/3	83% (42)	3/3	0/0	3–
Nakata	66 in 90	35% (17)	2/1	82% (55)	3/1	0/0	4+
Ogasawara	48 in 90	22% (18)	4/0	85% (33)	2/0	0/0	5+
Takahara	27 in 84	39% (23)	1/2	81% (16)	1/2	0/0	4
Oguro	6 in 6	40% (5)	0/1	100% (2)	0/0	0/0	–
Yanagisawa	23 in 60	30% (10)	2/2	93% (15)	1/3	0/0	4
Tamada	9 in 30	40% (5)	0/1	50% (2)	0/0	0/0	4–

18. JUNI, 15 UHR, NÜRNBERG

Schiedsrichter: Frank de Bleeckere (Belgien).
Assistenten: Peter Hermans, Walter Vromans (beide Belgien).
Besonderes Vorkommnis: Kawaguchi hält Foul- elfmeter von Srna (22.).
Einwechslungen: Inamoto für Fukunishi (46.), Tamada für Yanagisawa (61.), Oguro für Takahara (85.) – Olic für Tudor (70.), Modric für Kranjcar (78.), Bosnjak für Srna (87.).
Zuschauer: 41 000

KROATIEN-DATEN

Torhüter	Min.	Schüsse gehalten (von)	Flanken/ Ecken abgefangen	Glanz- taten	schwere Fehler	lange Pässe angekommen (von)	Note
Pletikosa	90	100% (6)	1	0	0	33% (6)	2–

Spieler	Ball- kontakte in Min.	Zweik. gew. (von)	Fouls/ gefoult worden	Pässe angek. (von)	Schüsse/ Schuß- vorlagen	Tore/ Torvor- lagen	Note
Simic	37 in 90	75% (8)	1/0	88% (26)	0/0	0/0	3
2. Kovac, R.	34 in 90	50% (14)	3/0	83% (24)	0/0	0/0	4
Simunic	30 in 90	72% (18)	1/2	93% (15)	2/0	0/0	2–
Tudor	28 in 69	55% (11)	0/1	83% (18)	1/1	0/0	4
Olic	13 in 21	38% (8)	2/1	29% (7)	2/2	0/0	4–
Kovac, N.	41 in 90	71% (21)	2/1	78% (18)	1/2	0/0	3
1. Srna	64 in 86	53% (17)	1/3	72% (18)	2/9	0/0	4+
Bosnjak	1 in 4	0% (2)	0/0	0% (0)	0/0	0/0	–
Babic	43 in 90	63% (19)	3/4	93% (15)	3/2	0/0	3
Kranjcar	36 in 77	37% (19)	2/1	72% (25)	4/1	0/0	3+
Modric	14 in 13	100% (3)	0/0	89% (9)	1/1	0/0	–
Prso	33 in 90	42% (26)	3/3	88% (16)	1/4	0/0	3+
Klasnic	31 in 90	54% (13)	1/2	69% (13)	5/0	0/0	3

BRASILIEN QUÄLTE SICH UND DIE FANS

Pflichtsieg dank höheren Beistandes

Gemeinschaftsgefühl: Spieler und Betreuer feiern Adriano (Mitte) nach seinem ersten WM-Tor. Der bullige Stürmer widmete den Treffer seinem zwei Tage vor dem Spiel geborenen Sohn »Adriano junior«. Er tat es mit einer wiegenden Bewegung seiner Arme, als trüge er das Baby. Ronaldinho (l.) machte begeistert mit. Rechts: Kaká

Einwechselspieler Fred dankte dem Segen Gottes, die brasilianische Presse sah »bürokratischen Fußball«. Auch im zweiten Spiel tat sich das Team von Carlos Alberto Parreira schwer. Australien fehlte nur Cleverness

»Spieler kommen rein wie verdreckte Autos«

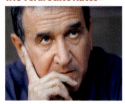

Philosoph am Platzrand: Carlos Alberto Parreira

Er zählt zu den bekanntesten Bürgern Brasiliens. Kein Schritt von Carlos Alberto Parreira (63), den nicht eine Traube von Journalisten begleitet. Und dennoch vermag er auch sie immer wieder zu überraschen. So erklärte er ihnen, wie er sich geistig in Form hält. »Ab und zu rückwärts laufen, beide Hände benutzen, das hält das Gehirn fit – hat mir meine Tochter gesagt. Jedenfalls kann ich morgens, wenn ich vor dem Spiegel stehe, meinen Scheitel auch mit links ziehen.«

Weil Parreira auf seine Tochter hört, raunzt er jetzt regelmäßig auch Presseleute an. Sie hatte ihm geraten, Gefühle rauszulassen. Bei seinen Spielern dagegen läßt er eher Nachsicht und Milde walten. Seine Aufgabe umschreibt er so: »Die Spieler kommen rein wie verdreckte Autos, und wir müssen sie dann waschen und polieren.«

Brasiliens Trainer Carlos Alberto Parreira konnte auf seinem Marschplan hinter den Einzug ins Achtelfinale ein Häkchen machen. »Wir sind unter den letzten 16, das war unser Ziel, das ist das Wichtigste«, resümierte Parreira sichtlich zufrieden nach dem 2:0 des Fußball-Giganten gegen Australien, den Emporkömmling vom fünften Kontinent. Zugleich schraubte sein Team die Serie von WM-Siegen in Folge auf nunmehr neun – ein Rekord. Das letzte Spiel hatten die Südamerikaner am 12. Juli 1998 verloren: im Finale gegen Frankreich mit 0:3. Mit der Leistung der Mannschaft allein war der Triumph indes nur unzureichend zu erklären. So sah sich der für Adriano eingewechselte Stürmer Fred, dessen Abstauber-Tor in der Schlußminute den Endstand bedeutete, genötigt anzufügen: »Wir verdanken diesen Erfolg auch Gottes Segen.«

»Wir sind unter den letzten 16, das war das Wichtigste«

Mit himmlischem Beistand hätte Australien womöglich das Ergebnis anders gestalten können. Den lange Zeit auf Augenhöhe mit dem WM-Favoriten agierenden kampfstarken »Socceroos« fehlten aber das Glück und die Kaltschnäuzigkeit im Abschluß. Reihenweise wurden beste Gelegenheiten ausgelassen. Weder Mile Sterjovski (55.) nach bösem Schnitzer von Torwart Dida noch Harry Kewell (68.), Marco Bresciano (80) oder Mark Viduka (86.) vermochten den Ball im Tor unterzubringen. Trainer Guus Hiddink formulierte es schlicht so: »Der Unterschied war, daß Brasilien im Strafraum einfach torgefährlicher war.«

Das beherrschende Thema vor dem Spiel blieb die Diskussion um eine Personalie. Nur wenige Zuschauer zeigten sich überrascht, als der schwerfällige und dickliche Starstürmer Ronaldo als letzter aus der Kabine kam und auf den Rasen trottete. Parreira hatte ihn trotz der Kritik nach dem Auftaktspiel in der Startelf belassen – so hatte er es auch angekündigt.

Ronaldo dankte ihm das Vertrauen mit einem erheblich vergrößerten Bewegungsradius. 30 Ballkontakte in 72 Minuten (gegenüber nur 14 in 69 Minuten in der Begegnung gegen Kroatien) ließen seine Bemühungen erkennen.

Höhepunkt seines Schaffens war in der 49. Minute ein kluger Paß auf Nebenmann Adriano, der mit einem Flachschuß aus 18 Metern die Führung besorgte. Parreira attestierte dem gescholtenen Ronaldo Fortschritte: »Er hat viel besser gespielt als gegen Kroatien. Aber er braucht noch mehr Spiele, um seinen Rhythmus zu finden.« Den hat Kaká offensichtlich schon. Der Mann vom AC Mailand stahl Weltfußballer Ronaldinho als Taktgeber im Mittelfeld erneut die Show. Der brasilianischen Presse war das nicht genug. »Brasilien spielt bürokratischen Fußball«, schrieb die Gazeta Esportiva.

BRASILIEN – AUSTRALIEN

 2:0 (0:0)

BRASILIEN-DATEN

Torhüter	Min.	Schüsse gehalten (von)	Flanken/Ecken abgefangen	Glanz-taten	schwere Fehler	lange Pässe angekommen (von)	Note
Dida	90	100% (4)	0	0	0	25% (4)	3–

Spieler	Ball-kontakte in Min.	Zweik. gew. (von)	Fouls/ gefoult worden	Pässe angek. (von)	Schüsse/ Schuß-vorlagen	Tore/ Torvor-lagen	Note
1. Cafú	47 in 90	50% (10)	2/1	88% (26)	0/3	0/0	3
Lucio	37 in 90	44% (25)	0/4	100% (16)	1/0	0/0	3–
Juan	53 in 90	70% (23)	1/2	88% (33)	1/0	0/0	3
Carlos, R.	57 in 90	55% (11)	0/2	85% (34)	3/0	0/0	3–
Emerson	39 in 71	53% (15)	0/3	83% (29)	0/0	0/0	3–
Gilberto Silva	10 in 19	33% (3)	0/0	83% (6)	0/0	0/0	4
Zé Roberto	59 in 90	47% (17)	2/1	91% (45)	0/2	0/0	3
Kaká	62 in 90	71% (21)	2/4	87% (45)	4/2	0/0	2–
Ronaldinho	92 in 90	40% (15)	0/2	84% (67)	0/6	0/0	3–
Adriano	40 in 88	58% (19)	1/3	95% (22)	5/1	1/0	2–
Fred	5 in 2	50% (2)	0/0	75% (4)	1/1	1/0	–
1. Ronaldo	30 in 71	38% (13)	0/2	88% (17)	3/4	0/1	3–
1. Robinho	12 in 19	40% (5)	0/0	100% (7)	4/2	0/1	3+

18. JUNI, 18 UHR, MÜNCHEN

Schiedsrichter: Markus Merk (Deutschland).
Assistenten: Christian Schräer, Jan-Hendrik Salver (beide Deutschland).
Tore: 1:0 Adriano (49.), 2:0 Fred (90.).
Einwechslungen: Gilberto Silva für Emerson (72.), Robinho für Ronaldo (72.) – Bresciano für Popovic (41.), Kewell für Cahill (56.), Aloisi für Moore (69.).
Zuschauer: 66 000

AUSTRALIEN-DATEN

Torhüter	Min.	Schüsse gehalten (von)	Flanken/Ecken abgefangen	Glanz-taten	schwere Fehler	lange Pässe angekommen (von)	Note
Schwarzer	90	50% (4)	3	0	0	44% (9)	3–

Spieler	Ball-kontakte in Min.	Zweik. gew. (von)	Fouls gefoult worden	Pässe angek. (von)	Schüsse/ Schuß-vorlagen	Tore/ Torvor-lagen	Note
Moore	26 in 68	69% (13)	0/0	85% (13)	0/0	0/0	4+
Aloisi	9 in 22	50% (4)	0/0	67% (3)	1/2	0/0	4
Neill	47 in 90	65% (17)	2/1	92% (36)	0/1	0/0	3–
Popovic	26 in 40	38% (8)	2/1	82% (17)	0/0	0/0	4–
Bresciano	33 in 50	33% (12)	3/1	81% (21)	2/1	0/0	4–
1. Emerton	49 in 90	53% (17)	1/0	89% (35)	1/0	0/0	4–
Grella	50 in 90	33% (6)	1/0	90% (42)	1/0	0/0	5+
Chipperfield	42 in 90	26% (19)	4/1	86% (28)	0/1	0/0	5+
1. Culina	42 in 90	33% (6)	1/0	88% (33)	2/2	0/0	4–
Sterjovski	41 in 90	60% (10)	1/2	75% (24)	1/1	0/0	4–
Cahill	31 in 55	42% (24)	4/1	91% (23)	1/0	0/0	4
Kewell	22 in 35	33% (9)	1/1	83% (12)	1/0	0/0	5+
Viduka	36 in 90	53% (34)	4/0	77% (13)	3/4	0/0	3

RONALDO MIT WM-TOREN 13 UND 14

Phänomen trifft wieder – gleich zweimal

Vor der Partie wurde sein aktuelles Gewicht publik: satte 90,5 Kilogramm. Doch der Wunderstürmer bewies, daß er auch als Schwergewicht treffen kann. Erstmals zauberte Brasilien. Und Japan hatte Anteil am unterhaltsamen Spiel

Japans Trainer Zico sang Brasiliens Hymne mit

Zico von den TV-Kameras eingefangen: Er singt

Er stand in Diensten der Japaner, sein Herz aber schlug für ein anderes Land. Als vor dem Spiel die brasilianische Nationalhymne ertönte, sang Zico (53) jedes Wort leise mit. Seine Wurzeln konnte er nicht verleugnen. 89 Länderspiele bestritt er für Brasilien, erzielte dabei 66 Tore, viermal war er Landesmeister mit CR Flamengo und 1981 der Weltfußballer des Jahres. Wegen seiner Spielkunst nannte man Zico den »weißen Pelé«.
Nach der WM 2002 übernahm er Japans Nationalmannschaft als Trainer, schaffte mit ihr als erstes von 31 Teams die WM-Qualifikation. Nach dem 1:4 gegen sein Heimatland erklärte Zico seinen Rücktritt. »Ich bin dankbar für die Chance, die Japan mir gab, dort zu arbeiten.« Er sagte es auf portugiesisch. Japanisch hat er nie gelernt.

Für reichlich Gesprächsstoff sorgte ausgerechnet ein Mann, den sein Beruf sonst zum Schweigen verpflichtet. Weil Konditionstrainer Moracy Sant'Anna sich aber verplapperte, war das Geheimnis um Ronaldos Gewicht öffentlich gelüftet. Satte 90,5 Kilogramm hatte der 1,83 Meter große Stürmer bei seinem letzten Gang auf die Waage offenbart. Der Grund, der Ronaldo zum verspotteten Pummel werden ließ und seine Vorstellungen gegen Kroatien und Australien erklärten.
Ronaldo selbst räumte ein: »Nach 45 Tagen ohne Training war ich in einem schlechteren körperlichen Zustand als meine Kollegen hier angekommen.« Trainer Carlos Alberto Parreira verschrieb ihm Praxis statt Bank und begründete: »Weil ich an ihn glaube.«
Eine bessere Strategie hätte er nicht wählen können. Im Spiel gegen Japan meldet sich »il fenomeno« (das Phänomen) als Torschütze

»Brasilien entdeckt, was für ein Schwergewicht Ronaldo ist«

zurück. Zwei Treffer (45.+1, 81.) und insgesamt acht Torschüsse überzeugten nicht nur 65 000 Zuschauer in Dortmund und Millionen Fans in der Heimat. Mit nunmehr 14 WM-Toren zog er mit Rekordhalter Gerd Müller gleich, der seit 1974 die Bestmarke alleine hielt. Seine Leistung inspirierte sogar seine Kritiker. Die italienische Gazzetta dello Sport verstieg sich zur süffisanten Schlagzeile: »Ronaldos Rekord: Brasilien entdeckt, was für ein Schwergewicht er ist.«
Zuvor hatte die brasilianische Mannschaft trotz fünf neuer Spieler (Parreira: »Eine Weltmeisterschaft gewinnst du nicht mit elf Spielern, sondern mit 23«) kollektiv den Ball als Freund zurückgewonnen und ihr bis dahin mit Abstand bestes Spiel abgeliefert. Feine Kombinationen, schwungvolle Angriffe und 23 Torschüsse zeugten von Spaßfußball pur. Parreira brachte es auf die griffige Kurzformel: »Wir haben heute brasilianisch gespielt.«
Daß das Spiel zur Gala geriet, durften sich auch die wackeren Japaner als Erfolg ans Revers heften. Unerschrocken stürmisch mischten sie von Beginn an mit, gingen sogar mit 1:0 in Führung. Keiji Tamada (34.) überraschte aus kurzer Distanz Torwart Dida – es war das erste WM-Gegentor Brasiliens nach 460 Minuten. Zuletzt hatte Englands Michael Owen 2002 im Viertelfinale gegen die Seleção getroffen.
Juninho Pernambucanos kerniger Schuß aus 22 Metern, der dem sonst sicheren Torhüter Yoshikatsu Kawaguchi über die Fäuste strich (53.), Gilbertos erstes Länderspiel-Tor (59.) und Ronaldos Doppelpack (Japans Trainer Zico: »Er ist ein Kanonier. Er ist phantastisch«) sorgten noch für das standesgemäße 4:1, Brasiliens zehnten WM-Sieg in Folge.
Die lebende Legende Pelé, 1958, 1962 und 1970 Weltmeister, adelte: »Das war es, was die Fans sehen wollten: lebensfroher Fußball.«

Comeback: Ronaldo (r.) trifft in der Nachspielzeit der ersten Halbzeit per Kopf nach Kopfballvorlage von Cicinho. Torwart Yoshikatsu Kawaguchi ist ohne Abwehrmöglichkeit. Es ist Ronaldos erster WM-Treffer seit dem 2:0 gegen Oliver Kahn in der 79. Minute des WM-Endspiels 2002

JAPAN – BRASILIEN

 1:4 (1:1)

JAPAN-DATEN

Torhüter	Min.	Schüsse gehalten (von)	Flanken/ Ecken abgefangen	Glanz- taten	schwere Fehler	lange Pässe angekommen (von)	Note
Kawaguchi	90	71% (14)	1	0	1	0% (3)	3

Spieler	Ball- kontakte in Min.	Zweik. gew. (von)	Fouls/ gefoult worden	Pässe angek. (von)	Schüsse/ Schuß- vorlagen	Tore/ Torvor- lagen	Note
1. Kaji	50 in 90	64% (11)	2/2	77% (31)	0/3	0/0	4
Tsuboi	32 in 90	58% (12)	0/0	90% (21)	0/1	0/0	4–
Nakazawa	42 in 90	50% (4)	0/0	97% (33)	0/0	0/0	5+
Alex	49 in 90	67% (9)	1/1	77% (30)	0/1	0/1	3–
Inamoto	67 in 90	47% (17)	3/0	91% (45)	2/0	0/0	4
Nakamura	60 in 90	22% (9)	0/0	85% (48)	1/5	0/0	4+
Nakata, H.	53 in 90	26% (19)	1/0	80% (44)	1/0	0/0	4–
Ogasawara	31 in 55	60% (15)	0/1	63% (19)	0/1	0/0	4+
Nakata, K.	28 in 35	75% (8)	0/1	100% (23)	2/0	0/0	4+
Maki	21 in 59	33% (15)	1/0	67% (9)	2/0	0/0	4
Takahara	2 in 6	0% (1)	0/0	100% (1)	0/0	0/0	–
Oguro	10 in 25	60% (5)	0/0	100% (7)	2/0	0/0	4–
Tamada	42 in 90	33% (15)	1/1	82% (28)	1/0	1/0	3+

22. JUNI, 21 UHR, DORTMUND

Schiedsrichter:
Eric Poulat (Frankreich).
Assistenten:
Lionel Dagorne, Vincent Texier (beide Frankreich).
Tore:
1:0 Tamada (34.),
1:1 Ronaldo (45.+1),
1:2 Juninho (53.),
1:3 Gilberto (59.),
1:4 Ronaldo (81.).
Einwechslungen:
K. Nakata für Ogasawara (56.), Takahara für Maki (60.), Oguro für Takahara (66.) – Zé Roberto für Kaká (71.), Ricardinho für Ronaldinho (71.), Rogério Ceni für Dida (82.).
Zuschauer: 65 000

BRASILIEN-DATEN

Torhüter	Min.	Schüsse gehalten (von)	Flanken/ Ecken abgefangen	Glanz- taten	schwere Fehler	lange Pässe angekommen (von)	Note
Dida	82	50% (2)	0	0	0	71% (7)	3–
Rogério Ceni	8	100% (1)	0	0	0	0% (1)	–

Spieler	Ball- kontakte in Min.	Zweik. gew. (von)	Fouls/ gefoult worden	Pässe angek. (von)	Schüsse/ Schuß- vorlagen	Tore/ Torvor- lagen	Note
Cicinho	96 in 90	57% (14)	1/1	89% (65)	1/2	0/1	2–
Lucio	54 in 90	67% (9)	0/1	89% (44)	0/1	0/0	3+
Juan	40 in 90	80% (10)	0/0	92% (36)	0/1	0/1	3
1. Gilberto	89 in 90	50% (18)	2/1	95% (63)	2/2	1/1	3+
Juninho	90 in 90	67% (9)	0/2	96% (69)	5/0	1/0	2–
Gilberto Silva	67 in 90	42% (12)	1/0	93% (57)	1/1	0/0	3
Kaká	56 in 70	27% (15)	1/0	100% (37)	2/3	0/0	3–
Zé Roberto	20 in 20	75% (4)	0/1	95% (19)	0/0	0/0	3–
Ronaldinho	87 in 70	38% (8)	0/1	84% (70)	2/8	0/1	2–
Ricardinho	32 in 20	60% (5)	0/1	93% (28)	0/1	0/0	3
Robinho	73 in 90	59% (22)	1/3	95% (57)	3/3	0/1	2–
Ronaldo	32 in 90	50% (14)	0/0	89% (19)	8/1	2/0	2

DAS TOR ZUM REMIS WAR DER SIEG

King Harry traf – Australien im Taumel

Dreimal Gelb für den Kroaten Simunic

Schiedsrichter Poll verlor die Übersicht

Australiens tapfere Spieler sorgten für eine Sensation. Mit einem leidenschaftlich erkämpften 2:2 gegen Kroatien im letzten Gruppenspiel qualifizierten sie sich für das Achtelfinale. Premier John Howard adelte Harry Kewell

Der chaotische Verlauf des Spiels ging zu einem Gutteil auf das Konto des britischen Schiedsrichters Graham Poll. Zumindest einen klaren Strafstoß verweigerte der 42jährige den Australiern, übersah dafür Kewells Abseitsposition beim entscheidenden Tor zum 2:2-Ausgleich. Profi-Schiedsrichter Poll, der vor seiner Laufbahn im Management eines Unternehmens im heimischen Hertfordshire tätig war, hatte es allerdings auch nicht leicht mit dem leidenschaftlich geführten Spiel. Vollständig die Übersicht verlor Poll in der Schlußphase: Dreimal, einmal zu oft, zeigte er dem kroatischen Verteidiger Josip Simunic die Gelbe Karte: in der 61. Minute, in der 90. Minute und dann noch einmal in der dritten Minute der Nachspielzeit. Erst da zückte er auch noch die Rote Karte als Folge. Seltsamerweise hatte es zuvor keine Proteste australischer Spieler gegeben. »So ein Fehler darf nicht vorkommen, das kann man nicht verzeihen«, urteilte Fifa-Präsident Joseph Blatter. Das Aus für Poll. Er war schon als einer der Kandidaten für das WM-Finale gehandelt worden.

Verrückt war das. Drei Platzverweise, vier Tore und einen Sensationssieger vom fünften Kontinent erlebten 52 000 Zuschauer in Stuttgart, obwohl das entscheidende Gruppenspiel zwischen Kroatien und Australien unentschieden ausging. Australien zog an der Seite von Weltmeister Brasilien ins Achtelfinale ein. »Absoluter Wahnsinn«, stammelte Stürmer Mark Viduka nach dem Schlußpfiff. Sein holländischer Trainer Guus Hiddink wäre am liebsten zum Feiern in die Wahlheimat zurückgeflogen (Daily Telegraph: »Prost, Guus!«), denn die befand sich im Jubeltaumel. Ministerpräsident John Howard zum Beispiel hatte vor einer Großleinwand in Canberra mitgefiebert und rief hinterher spontan die Monarchie aus, indem er Australiens überragenden Torschützen Harry Kewell zu King Harry ernannte.
Kewell war es gewesen, der die Jubelorgien auslöste. 1:2 lag seine

»Es reicht nicht, wenn nur ein oder zwei Spieler mitmachen«

Mannschaft elf Minuten vor dem Ende in dem aufregenden Kampfspiel zurück, als sich eine Flanke von der rechten Seite in den kroatischen Strafraum senkte. Der eingewechselte Stürmer John Aloisi bekam den Kopf an den Ball, leitete weiter zum links lauernden Kewell. Daß dessen Torschuß zum 2:2 aus Abseitsposition erfolgte, interessierte keinen australischen Fan. Zweimal hatten die Australier zurückgelegen. Zunächst nach Dario Srnas gewaltigem Freistoßtor aus 23 Metern. Zwei Minuten und elf Sekunden waren erst gespielt. Dann noch mal, als der überraschend für Mark Schwarzer ins Team gerückte Ersatztorwart Zeljko Kalac, 2,02 Meter groß und von beträchtlicher Unbeweglichkeit, einen harmlosen 20-Meter-Roller des kroatischen Kapitäns Niko Kovac unter seinem Körper hindurch ins Tor rutschen ließ (56. Minute). Auch die Kroaten, deren sonstige Passivität ihren Trainer Zlatko Kranjcar in seiner Coaching-Zone zu wilden Gesten der Verzweiflung trieb, hatten einen Unsicherheitsfaktor in der Abwehr: Stjepan Tomas, für den gelbgesperrten Robert Kovac in die Innenverteidigung gerückt, patzte nicht nur in der 38. Minute, als ihm ein Handspiel unterlief. Dieser Schnitzer aber war fatal: Craig Moore verwandelte den Strafstoß sicher zum 1:1-Ausgleich.
Die Australier verdienten sich ihre Tore durch enorme Kampfmoral. Da ihnen zudem erstaunliche Ballstafetten gelangen, kamen sie zu vielen Torgelegenheiten. Vor allem Kewell und Viduka erwiesen sich für Kroatiens Abwehr als ständige Bedrohung.
Nach dem Ausscheiden, berichtete der restlos bediente Niko Kovac, war die Stimmung in der kroatischen Kabine »depressiv«. Er übte vernichtende Kritik an seinem Team: »Es reicht nicht, wenn nur ein oder zwei Spieler mitmachen. Und die anderen ausfallen.«

Handgreiflich: Josip Simunic hält den australischen Angreifer Mark Viduka mit einem Kinnschieber auf Distanz. Der kommt trotzdem zum Kopfball, verfehlt aber das Tor

KROATIEN – AUSTRALIEN

 2:2 (1:1)

KROATIEN-DATEN

Torhüter	Min.	Schüsse gehalten (von)	Flanken/ Ecken abgefangen	Glanz- taten	schwere Fehler	lange Pässe angekommen (von)	Note
1. Pletikosa	90	71% (7)	2	1	0	25% (4)	3+

Spieler	Ball- kontakte in Min.	Zweik. gew. (von)	Fouls/ gefoult worden	Pässe angek. (von)	Schüsse/ Schuß- vorlagen	Tore/ Torvor- lagen	Note
Simic	35 in 85	30% (10)	3/0	83% (25)	0/0	0/0	5
Tomas	25 in 82	58% (12)	0/3	80% (10)	0/0	0/0	5+
Klasnic	0 in 8	0% (1)	0/0	0% (0)	0/1	0/0	–
Simunic	41 in 90	65% (31)	3/3	96% (23)	0/0	0/0	4
1. Tudor	45 in 90	66% (29)	2/1	75% (24)	1/0	0/0	4
Kovac, N.	47 in 90	62% (29)	2/2	93% (29)	2/1	1/1	2–
Srna	59 in 90	32% (19)	2/3	65% (20)	2/4	1/0	3+
Babic	43 in 90	58% (26)	2/1	83% (29)	0/1	0/0	4+
Kranjcar	41 in 64	47% (19)	1/2	85% (27)	2/1	0/1	3–
Leko, J.	12 in 26	43% (7)	1/1	67% (9)	0/0	0/0	3–
Prso	52 in 90	49% (41)	1/3	75% (20)	1/1	0/0	3–
Olic	23 in 73	13% (15)	1/0	100% (13)	0/0	0/0	4+
Modric	15 in 17	83% (6)	0/1	75% (8)	3/1	0/0	3–

22. JUNI, 21 UHR, STUTTGART

Schiedsrichter: Graham Poll (England). *Assistenten:* Philip Sharp, Glenn Turner (beide England). *Tore:* 1:0 Srna (3.), 1:1 Moore (38., Handelfmeter), 2:1 N. Kovac (56.), 2:2 Kewell (79.) *Einwechslungen:* J. Leko für Kranjcar (65.), Modric für Olic (74.), Klasnic für Tomas (83.) – Aloisi für Grella (63.), Bresciano für Sterjovski (71.), Kennedy für Chipperfield (75.). *Zuschauer:* 52 000

Aufstellung:
- PLETIKOSA
- SIMIC, TOMAS, SIMUNIC
- TUDOR, N. KOVAC
- SRNA, KRANJCAR, BABIC
- PRSO, OLIC
- VIDUKA
- KEWELL, CAHILL, STERJOVSKI
- CULINA, GRELLA
- CHIPPERFIELD, EMERTON
- MOORE, NEILL
- KALAC

AUSTRALIEN-DATEN

Torhüter	Min.	Schüsse gehalten (von)	Flanken/ Ecken abgefangen	Glanz- taten	schwere Fehler	lange Pässe angekommen (von)	Note
Kalac	90	33% (3)	3	0	1	25% (4)	4–

Spieler	Ball- kontakte in Min.	Zweik. gew. (von)	Fouls/ gefoult worden	Pässe angek. (von)	Schüsse/ Schuß- vorlagen	Tore/ Torvor- lagen	Note
Emerton	76 in 87	35% (17)	2/1	75% (51)	2/2	0/1	4+
Neill	69 in 90	52% (23)	2/1	88% (52)	0/1	0/0	3–
Moore	45 in 90	68% (28)	0/1	85% (26)	1/0	1/0	2–
Chipperfield	46 in 74	60% (20)	1/1	88% (17)	2/2	0/0	3+
Kennedy	11 in 16	73% (11)	1/2	67% (3)	0/0	0/0	4
Grella	50 in 62	33% (12)	3/0	80% (44)	0/2	0/0	4+
Aloisi	9 in 28	38% (13)	1/1	67% (3)	0/1	0/1	3–
Culina	56 in 90	40% (10)	1/0	91% (43)	2/3	0/0	4+
Sterjovski	30 in 70	38% (16)	0/1	93% (14)	2/1	0/0	3–
Bresciano	16 in 20	50% (8)	0/1	67% (3)	0/0	0/0	3
Kewell	53 in 90	44% (27)	1/3	78% (32)	4/1	1/0	2–
Cahill	41 in 90	38% (32)	5/5	81% (31)	1/2	0/0	3–
Viduka	34 in 90	50% (28)	4/1	68% (19)	2/1	0/0	3+

GRUPPE G

FRANKREICH	🇫🇷
SCHWEIZ	🇨🇭
SÜDKOREA	🇰🇷
TOGO	🇹🇬

Dienstag, 13. Juni, Frankfurt
Südkorea – Togo　　　　　2:1 (0:1)

Dienstag, 13. Juni, Stuttgart
Frankreich – Schweiz　　　0:0

Sonntag, 18. Juni, Leipzig
Frankreich – Südkorea　　1:1 (1:0)

Montag, 19. Juni, Dortmund
Togo – Schweiz　　　　　0:2 (0:1)

Freitag, 23. Juni, Köln
Togo – Frankreich　　　　0:2 (0:0)

Freitag, 23. Juni, Hannover
Schweiz – Südkorea　　　2:0 (1:0)

GÖTTERDÄMMERUNG

Der Ball rollt nur einen Meter entfernt aus. Aber er ist für Zinedine Zidane (vorn) unerreichbar. Der Schweizer Ricardo Cabanas hat den französischen Spielmacher gefoult. Auch als Zidane wieder steht, kann er dem Spiel seiner Elf nicht mehr Wirkung verleihen. Dieses Bild hat Symbolkraft. Götterdämmerung. Die Partie endet 0:0, Zidane hat eine Gelbe Karte erhalten und bekommt im nächsten Spiel noch eine. Im entscheidenden letzten Spiel gegen Südkorea muß er deshalb zugucken und sieht am Fernseher, wie seine Mitspieler ohne ihn ihre beste Leistung zeigen und als Zweiter der Vorrunden-Gruppe G weiterkommen

	Frankreich	Schweiz	Südkorea	Togo
Frankreich		0:0	1:1	2:0
Schweiz	0:0		2:0	2:0
Südkorea	1:1	0:2		2:1
Togo	0:2	0:2	1:2	

Mannschaft	G	U	V	Tore	Pkte
1. Schweiz	2	1	0	4:0	7
2. Frankreich	1	2	0	3:1	5
3. Südkorea	1	1	1	3:4	4
4. Togo	0	0	3	1:6	0

TOR-MASCHINE
Thierry Henry ist ein Torjäger par excellence: Seit der Saison 1999/2000 erzielte er für seinen Verein Arsenal London in 219 Ligaspielen 164 Tore. Im Schnitt sind das 0,75 Tore pro Spiel. Er verlängerte seinen Vertrag beim Londoner Klub vor der WM um vier Jahre bis 2010

STAR DER GRUPPE G

THIERRY HENRY

Leidet immer ein wenig im Nationalteam

Der pfeilschnelle Stürmer mußte die ersten beiden Spiele allein im französischen Angriff auflaufen. Das mag er nicht, er kann seine Stärken so nicht voll ausspielen. Dennoch erzielte er zwei der drei Tore seiner Mannschaft

In der Mixed-Zone, dem einzigen Berührungspunkt mit der Außenwelt, zeigt sich bei einer WM der Zustand des Nervenkostüms. Zinedine Zidane (34), Liebling der französischen Fans und früher auch der Medien, pflegte in den Tagen von Deutschland 2006 wort- und grußlos durchzurauschen. Der als arrogant geltende Thierry Henry (28) blieb stehen und plauderte.
Beantwortete notfalls auch zum zehnten Mal die gleichen Fragen. Keine Frage, der Starstürmer von Arsenal London hatte aufgeholt. Aber noch immer lag Altstar Zidane in puncto Anerkennung eine Nasenlänge vorn: An öffentlichen Trainingstagen trugen nach wie vor mehr Fans Trikots mit dem Namenszug Zidane, bejubelten ihn lautstark. Darunter litt Henry.
Beim FC Arsenal in London schießt er Tore wie am Fließband. Nur im blauen Nationaltrikot kam Henry, Topstürmer der Premier und Champions League, nicht immer so zum Zug wie in seinem Verein. Bis zum Spiel gegen Togo. Als Zidane wegen einer Gelbsperre zugucken mußte und Franck Ribéry das Spiel organisierte, es schnell machte, Henry den Raum verschaffte, den er brauchte, wurde er zum wertvollsten Spieler neben Patrick Vieira. Sein 2:0 aus der Drehung war die Entscheidung, Frankreich war für das Achtelfinale qualifiziert. Kein französischer Spieler war während der WM-Vorrunde annähernd soviel auf dem Platz unterwegs wie Henry. Er rackerte, rochierte, riß Räume auf für die Mittelfeldkollegen. Das mußte er auch, denn Trainer Raimond Domenech verweigerte ihm in den ersten zwei Spielen den Nebenmann im Angriff. Das Spiel als einzige Spitze ist nicht Henrys Spiel.
Frankreich und sein Torjäger, ein großes Mißverständnis? Bei Arsenal bevorzugt sein Trainer und

Als Zinedine Zidane gegen Togo fehlte, lebte Thierry Henry auf

Landsmann Arsène Wenger eine abgemilderte Form des britischen Kick-and-rush-Fußballs. Schnelles, steiles Spiel in die Spitze mit wenigen Ballkontakten – wie erfunden für den pfeilschnellen Henry.

Chelsea-Verteidiger William Gallas erklärt den Unterschied zum Stil der Équipe Tricolore: Da werde der »Zidane-Stiefel gespielt, Ball halten, schauen, spielen«. Für Sprinter wie Henry sind viele Wege vom Gegner schnell zugestellt.
Dafür spricht auch die Statistik. 81 Länderspiele hatte Henry für seine bis dahin 35 Tore benötigt, ein großartiger Schnitt von 0,4 Toren pro Spiel. Aber Frankreichs zweiter Angriffsstar David Trézéguet kam auf einen besseren Wert: 32 Tore in nur 65 Begegnungen, 0,5 Treffer. Immerhin: Zwei von drei Vorrunden-Tore gingen auf das Konto des in Les Ulis im Süden von Paris aufgewachsenen Thierry Henry.
2005, nachdem er von Spaniens Nationaltrainer Luis Aragonés als »dreckiger Neger« bezeichnet worden war, rief Henry mit einem Sportartikelhersteller eine Anti-Rassismus-Kampagne ins Leben: »Stand up. Speak up«. Steh auf! Wehr Dich! Thierry Henry hat es auch auf dem Platz getan.

Das 2:0 gegen Togo: Thierry Henry (l.) schießt den Ball nach schneller Drehung ein. Gegenspieler Massamesso Tchangai reagiert zu langsam

---

Pascal Zuberbühler: Die Null stand

So richtig über den Weg getraut hatten sie Pascal Zuberbühler in der Schweiz nie. Gern segelte der 1,97-Meter-Mann im Tor an Flanken und Eckbällen vorbei, und in Leverkusen erzählen sich die Fans jede Menge Geschichten über »krumme Dinger«, die ihm in seiner kurzen, unglücklichen Bundesliga-Laufbahn 2000/01 (13 Spiele) unter dem 98 Kilogramm schweren Körper durchgerutscht waren.

Torwart mit kleinen Fehlern: Pascal Zuberbühler

Und dann diese WM-Vorrunde: drei Spiele, kein Gegentor. Kein anderer Torwart des Turniers kam auf diese Quote.
Nicht daß er fehlerfrei gespielt hätte. Gegen Südkorea in der 42. Minute faßte der Baseler dreimal ins Leere, ehe die Situation geklärt wurde. Da lugte er wieder um den Torpfosten, der »Fliegenfänger« Zuberbühler aus Leverkusener Zeiten. Aber mit jeder abgefangenen Flanke, jeder Parade wuchs das Selbstbewußtsein des 35jährigen. Und als die Schweiz als erste Mannschaft seit Italien 1990 die Vorrunde ohne Gegentor überstanden hatte, zeigte Pascal Zuberbühler es auch: »Ich denke, das Gerede von der kleinen Schweiz kann man langsam vergessen. Oder nicht?«

ANALYSE GRUPPE G

SCHWEIZ ÜBERRASCHEND GRUPPENERSTER

Stimmungshoch
hielt drei Spiele an

SCORER-LISTE GRUPPE G

	Torvorlagen	Tore	Scorerpunkte
Frei (CH)	–	2	2
Henry (FRA)	–	2	2
Barnetta (CH)	1	1	2
Vieira (FRA)	1	1	2
Park, Ji-S. (KOR)	1	1	2
Senderos (CH)	–	1	1
Ahn (KOR)	–	1	1
Lee, Chun-S. (KOR)	–	1	1
Moh. Kader (TOG)	–	1	1
Lustrinelli (CH)	1	–	1
Yakin (CH)	1	–	1
Margairaz (CH)	1	–	1
Wiltord (FRA)	1	–	1
Ribéry (FRA)	1	–	1
Song (KOR)	1	–	1
Lee, Chun-S. (KOR)	1	–	1
Romao (TOG)	1	–	1

Der Schweizer Alexander Frei und Thierry Henry gewannen gleichauf die Scorer-Wertung. Insgesamt kamen fünf Spieler auf zwei Punkte

Erzielte das einzige Tor für Togo: Mohamed Kader

Trainer Jakob »Köbi« Kuhn wurde für seine fünfjährige Aufbauarbeit mit zwei Siegen und einem Unentschieden belohnt. Aber er bekam auch Hinweise, was noch fehlt: Die spielerischen Grenzen waren schnell erreicht

Wenn die Spieler der Schweizer Nationalmannschaft zum Lehrgang oder zum Länderspiel zusammenkommen durften vor der WM, freuten sie sich wie die Kinder. Es machte einfach Spaß, zu dieser lustigen Gruppe Spieler zu stoßen. Verantwortlich für das helvetische Stimmungshoch war der Trainer. Niemand hatte dem 62jährigen Ex-Nationalspieler Jakob »Köbi« Kuhn ernsthaft eine mehr als fünfjährige Amtszeit zugetraut, als er den Job am 10. Juni 2001 übernahm. Noch viel weniger die Qualifikation für die Weltmeisterschaft im Nachbarland. Und schon gar nicht, daß die Mannschaft souverän als Gruppenerster ins Achtelfinale einziehen würde.

Köbi Kuhns väterliche Art und seine Kompetenz beim Umbau des behäbigen Schweizer Fußballverbandes zu einer der führenden Talentschmieden Europas waren das Erfolgsrezept seiner fünfjährigen Amtszeit vor der WM. Mit dem Selbstbewußtsein, zweimal in der Qualifikation nicht gegen das große Frankreich verloren zu haben, starteten die Eidgenossen gegen denselben Gegner ins Turnier. Beim torlosen Unentschieden glänzten sie mit guten Zweikampfwerten, beim entscheidenden 2:0 über Südkorea mit exzellenten. Abgesehen vom kurz vor Schluß eingewechselten Behrami kamen die Spieler im Schnitt auf 57,3 Prozent gewonnene Duelle.

Die spielerischen Grenzen wurden dem Schweizer Team allerdings schon gegen Togo aufgezeigt. Besonders vor der Pause tauchten die gewitzten Ballzauberer aus Afrika zeitweise im Minutentakt vor Torwart Pascal Zuberbühler auf und scheiterten an mangelnder Konzentration im Abschluß.
Was bei den Schweizern beeindruckte: Obwohl Kuhn mit Philippe Senderos (21), Philipp Degen (23)

Schweiz spielt seit fünf Jahren das gleiche 4-4-2-System

und Tranquillo Barnetta (21) junge Spieler eingebaut hatte, wirkte die »Nati« eingespielt. Mittelfeldspieler Raphael Wicky (29) vom Hamburger SV: »Seit fünf Jahren spielen wir das gleiche System. Jeder weiß, was er zu tun hat.«
Sein Trainer bevorzugt ein 4-4-2, wobei er während der Vorrunde auf der Suche nach dem geeigneten Sturmpartner für den gesetzten Alexander Frei (Stade Rennes) erfolglos blieb. Gegen die Südkoreaner war das Team in der Lage, auf ein 4-1-4-1-System umzuschalten. Südkorea war mit seinem laufintensiven, aber ausrechenbaren Tempofußball nicht in der Lage, Frankreich den zweiten Gruppen-Rang abzujagen. Allerdings gelang es den Asiaten, dem französischen Team mit einem 1:1 im zweiten Gruppenspiel einen gehörigen Schreck einzujagen. Die Franzosen, bei denen sich Altstar Zinedine Zidane (34) im Verlauf der Vorrunde zunehmend als Belastung herausstellte, kamen erst gegen Togo richtig in Schwung. Da fehlte Zidane wegen Sperre nach seiner zweiten Gelben Karte. Dem bei Mannschaft wie Medien unbeliebten Trainer Raimond Domenech war nach dem 2:0-Erfolg die Erleichterung anzumerken.
Patrick Vieira (30) von Juventus Turin schwang sich in Abwesenheit Zidanes auf Anhieb zum Mittelfeldlenker auf, während Franck Ribéry das allzu häufig vermißte Tempo in die Aktionen brachte.
Domenechs Problem mit Zidane erschien lachhaft im Vergleich zu dem, womit sich Togos Trainer Otto Pfister herumzuschlagen hatte. Der 68jährige Übungsleiter aus Köln stand tagelang allein auf dem Trainingsplatz, weil seine Spieler wegen ausstehender Prämien streikten. Er warf das Handtuch, fuhr heim zu seiner Frau in die Schweiz, um zum ersten Spiel seiner Mannschaft gegen Südkorea wieder auf der Bank zu sitzen. Während der ersten WM-Tage setzte sich der Prämien-Streit mit dem Verband fort: Zu der entscheidenden zweiten Begegnung reiste die fußballspielende Touristengruppe um Star Emmanuel Adebayor (Arsenal London) verspätet an. Sie vergab Chancen im Dutzend und schied aus. Otto Pfister, der schon einige afrikanische Auswahlmannschaften trainiert hatte und Kummer gewohnt war, kommentierte mit gebremstem Frust: »Hier war zuviel Theater. Wenn wir in Ruhe hätten arbeiten können, wäre mehr dringewesen.«

JUNGMANN
Philipp Degen (r.), Profi bei Borussia Dortmund, ist einer der jungen Schweizer Spieler, die Nationaltrainer Jakob Kuhn in seine Mannschaft eingebaut hat – mit Erfolg. Der 23jährige ist Stammverteidiger auf der rechten Seite, steigerte sich im Turnierverlauf immer mehr und verzeichnete gegen Südkorea mit 74 Prozent gewonnenen Zweikämpfen einen Spitzenwert. Hier klärt er per Kopf vor dem zusammengeknickten Jae-Jin Cho

JUNG-HWAN AHN RETTET WIEDER SÜDKOREA

Zurück auf der großen Fußball-Bühne

Togos Trainer Otto Pfister hatte schon drei Punkte fest eingeplant. Aber nach der Halbzeit schafften die Asiaten die Wende. Das Siegtor schoß der Mann, der schon im Achtelfinale der WM 2002 zum Helden aufgestiegen war

Boykott, Rücktritt und Alkohol-Vorwürfe

Tief betroffen: Otto Pfister nach dem Spiel

Otto Pfister, 68jähriger Fußball-Weltenbummler aus Köln, beherrschte die Schlagzeilen. Mal war er vor dem Spiel Nationaltrainer von Togo, mal nicht. Begonnen hatte die nach Ansicht von Beobachtern für Afrika nicht untypische Posse kurz vor WM-Beginn mit einem Trainingsboykott der Spieler wegen ausstehender Prämien. Pfister hatte schließlich genug. Er trat zurück.
Als möglicher Nachfolger wurde Winfried Schäfer (früher Kamerun) gehandelt – es kam zu keiner Einigung. Plötzlich war Pfister wieder da, saß gegen Südkorea doch auf der Bank. Die Posse aber ging weiter. Nach der 1:2-Niederlage wurde er von Assogbavi Komlan, Generalsekretär seines eigenen Verbandes, als Alkoholiker beschimpft. Eine Anschuldigung, die nur Pfisters Rauswurf nach sich ziehen konnte. Doch Togos Pressesprecher Messan Attalou stellte klar: Pfister bleibt. Und der reagierte pflichtbewußt: »Ich bereite die Mannschaft auf die nächsten Spiele vor.«

Nahezu alle hatten Südkorea abgeschrieben. Stuften die Asiaten zurück auf den Status eines Exotenteams, als hätten sie nie Platz vier bei der Weltmeisterschaft 2002 erreicht. Und dann ging das fernöstliche Fußballmärchen doch weiter. In Frankfurt gewann Südkorea sein Auftaktspiel gegen Togo mit 2:1.
Dramaturgisch paßte alles zusammen: Zunächst gerieten die verkannten Helden in Rückstand. Togos Angreifer Mohamed Kader nutzte nach 31 Minuten einen Fehler von Verteidiger Young-Chul Kim und erzielte aus Rechtsaußenposition das 1:0.
Doch das Glück kam in Person von Togos Kapitän Jean-Paul Abalo zurück. In der 54. Minute foulte er den frei auf Togos Tor zulaufenden Ji-Sung Park und mußte mit Gelb/Rot vom Platz. Den anschließenden Freistoß verwandelte Chun-Soo Lee unter gütiger Mithilfe des indisponierten Torwarts Kossi Agassa zum 1:1.

»Natürlich hatten wir auch das Glück auf unserer Seite«

Um das Märchen schließlich perfekt zu machen, mußte der Märchenprinz persönlich für das Siegtor sorgen: der nach der Pause eingewechselte Jung-Hwan Ahn (30). 2002 hatte Ahn, gerade mit dem MSV Duisburg aus der Bundesliga abgestiegen, das Golden Goal gegen Italien im Achtelfinale erzielt – ebenfalls zum 2:1-Sieg. In seiner Heimat ist das Tor unvergessen, was Ahn aber nicht davor bewahrte, nach vier Vereinswechseln in den vergangenen vier Jahren seinen Stammplatz in der Nationalelf zu verlieren. Lange schauen mußte er nicht, wo Togos Torwart Kossi Agassa stand, erzählte Ahn nach dem Spiel. Er kannte die Schwächen des Torwarts aus gemeinsamen Zeiten im französischen Metz. »Dann habe ich gezielt und getroffen.« Nicht viele andere Torhüter hätten Ahns Schuß passieren lassen. »Natürlich hatten wir auch das Glück auf unserer Seite«, räumte Südkoreas Trainer Dick Advocaat ein, fand den Sieg aber doch verdient.
WM-Debütant Togo blieb nur die tragische Rolle. »Wir waren uns sicher, das Spiel zu gewinnen«, sagte Trainer Otto Pfister. Der Vorwurf an seine Spieler: »Sie waren etwas überheblich und haben ihre Chancen nicht genutzt.« Assimiou Touré, Juniorenspieler von Bayer Leverkusen, fand eine andere Erklärung: »Wir waren die überlegene Mannschaft, dann kam die Rote Karte.«
Vielleicht hatte der Prämienstreit bei Togo Spuren hinterlassen, vielleicht ließen sich einige Spieler durch die falsche Hymne vor Spielbeginn durcheinanderbringen, vielleicht durch das trotz Hitze geschlossene Stadiondach. Sie traten aber auch zu naiv auf. Enttäuschung rief vor allem die Leistung des hochgepriesenen Sturmführers Emmanuel Adebayor hervor. Der 22jährige Angreifer von Arsenal London schoß in den 90 Minuten nicht einmal aufs Tor.

Langersehnter Glücksmoment: Jung-Hwan Ahn (l.) bejubelt seinen Treffer zum 2:1. Aus dem Gesicht des Gratulanten Ho Lee spricht die helle Begeisterung

128

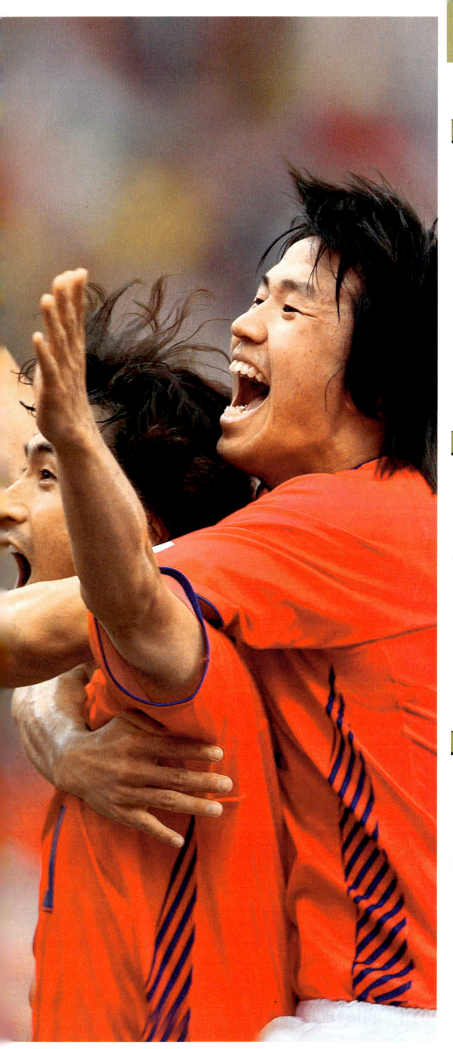

SÜDKOREA – TOGO

 2:1 (0:1)

SÜDKOREA-DATEN

Torhüter	Min.	Schüsse gehalten (von)	Flanken/ Ecken abgefangen	Glanz- taten	schwere Fehler	lange Pässe angekommen (von)	Note
Lee, Woon-J.	90	50% (4)	0/0	0	0	0% (3)	3

Spieler	Ball- kontakte in Min.	Zweik. gew. (von)	Fouls/ gefoult worden	Pässe angek. (von)	Schüsse/ Schuß- vorlagen	Tore/ Torvor- lagen	Note
Choi	58 in 90	47% (19)	2/1	84% (44)	1/1	0/0	4
1. Kim, Young-Chul	39 in 90	80% (10)	1/1	86% (29)	0/0	0/0	3
Kim, Jin-Kyu	33 in 45	80% (10)	1/0	87% (23)	1/0	0/0	3+
Ahn	24 in 45	25% (4)	0/0	83% (18)	3/3	1/0	2
Song	78 in 90	50% (12)	2/0	88% (64)	1/3	0/1	3
Lee, Young-Pyo	77 in 90	45% (20)	1/2	90% (58)	0/0	0/0	4
Lee, Ho	73 in 90	75% (12)	2/2	88% (60)	0/1	0/0	3+
Lee, Eul-Yong	50 in 67	50% (12)	2/2	79% (38)	2/4	0/0	3
Kim, Nam-Il	42 in 23	100% (3)	0/0	84% (38)	0/1	0/0	3
Park, Ji-Sung	48 in 90	68% (25)	0/8	93% (28)	3/2	0/1	2–
1. Lee, Chun-Soo	50 in 90	11% (9)	2/1	89% (36)	3/1	1/0	3+
Cho, Jae-Jin	24 in 82	44% (9)	2/0	100% (12)	3/1	0/0	3
Kim, Sang-Sik	3 in 8	0% (1)	1/0	100% (2)	0/0	0/0	–

13. JUNI, 15 UHR, FRANKFURT

Schiedsrichter: Graham Poll (England).
Assistenten: Philip Sharp, Glenn Turner (beide England).
Tore:
0:1 Mohamed Kader (31.),
1:1 Chun-Soo Lee (54.),
2:1 Ahn (72.).
Einwechslungen:
Ahn für Jin-Kyu Kim (46.),
Nam-Il Kim für Eul-Yong Lee (68.), Sang-Sik Kim für Jae-Jin Cho (83.) – Touré für Senaya (55.), Forson für Assemoassa (62.), Aziawonou für Salifou (86.).
Zuschauer: 48 000.

Aufstellung Südkorea: LEE, WOON; KIM, YOUNG-CHUL; CHOI, JIN-CHEUL; KIM, JIN-KYU; SONG, CHONG-GUG; LEE, YOUNG-PYO; LEE, HO; LEE, EUL-YONG; PARK, JI-SUNG; LEE, CHUN-SOO; CHO, JAE-JIN.
Aufstellung Togo: AGASSA; MOHAMED KADER; ADEBAYOR; SALIFOU; MAMAM; SENAYA; ROMAO; ASSEMOASSA; TCHANGAI; NIBOMBE; ABALO.

TOGO-DATEN

Torhüter	Min.	Schüsse gehalten (von)	Flanken/ Ecken abgefangen	Glanz- taten	schwere Fehler	lange Pässe angekommen (von)	Note
Agassa	90	67% (6)	1	0	1	0% (5)	5

Spieler	Ball- kontakte in Min.	Zweik. gew. (von)	Fouls/ gefoult worden	Pässe angek. (von)	Schüsse/ Schuß- vorlagen	Tore/ Torvor- lagen	Note
1. Tchangai	27 in 90	71% (7)	0/0	79% (14)	0/1	0/0	4
Abalo	20 in 53	40% (5)	2/0	71% (14)	0/0	0/0	5
Nibombe	42 in 90	64% (11)	0/2	83% (29)	1/0	0/0	4+
Assemoassa	36 in 61	45% (11)	2/2	87% (15)	0/0	0/0	4–
Forson	9 in 29	0% (0)	0/0	50% (4)	0/0	0/0	4–
1. Romao	30 in 90	30% (10)	3/0	95% (22)	0/2	0/1	4+
Senaya	16 in 56	50% (10)	1/3	43% (7)	2/1	0/0	3–
Touré, A.	14 in 34	78% (9)	0/1	60% (5)	0/0	0/0	4+
Mamam	31 in 90	38% (13)	3/1	68% (22)	0/0	0/0	5+
Salifou	43 in 86	47% (19)	2/2	83% (30)	2/1	0/0	3–
Aziawonou	4 in 4	33% (3)	1/0	67% (3)	0/0	0/0	–
Adebayor	46 in 90	41% (29)	1/3	78% (18)	0/2	0/0	4–
Mohamed Kader	23 in 90	21% (19)	2/2	100% (5)	5/0	1/0	2–

FRANKREICHS GESTÖRTES SELBSTBILD

Hilflos und auch noch uneinsichtig

Franck Ribéry: Frankreichs Hoffnung für die Zukunft

Mann mit Übersicht und viel Gefühl: Franck Ribéry

Wortlos war Frankreichs Superstar Zinedine Zidane nach dem 0:0 an der Journalistenschar vorbeigestapft, wie fast alle Franzosen. Nur der Jüngste stellte sich: Franck Ribéry (23), spät nominiert, talentiert, fest gehandelter Nachfolger von Zidane ab August 2006, Frankreichs Lichtblick.
Wenn das Leichtgewicht (62 kg bei 1,75 Meter Körpergröße) geschmeidig zum Tempodribbling ansetzte, bewegte sich etwas in Frankreichs Angriffsspiel. Ribéry (wechselte von Marseille zu Meister Lyon), seit einem Verkehrsunfall in der Jugend im Gesicht gezeichnet durch eine Narbe, fand auch den Mut zu deutlichen Worten: »Wir sind doch gar nicht aus der eigenen Hälfte gekommen.«

Beim torlosen Unentschieden in Stuttgart waren die mannschaftlich geschlossenen Schweizer dem Sieg näher als der selbsternannte WM-Favorit. Nur Thierry Henry überzeugte mit nimmermüdem Einsatz

Woher, fragten sich schon während des Spiels viele der 52 000 Zuschauer in Stuttgart, nehmen diese Franzosen bloß ihr unerschütterliches Selbstbewußtsein? David Trézéguet zum Beispiel hatte den Titel gefordert – schon Rang zwei sei nichts mehr wert. Die torlose Vorstellung gegen die Schweiz offenbarte das gestörte Selbstbild der Grande (Fußball-)Nation unbarmherzig.
Die größte Chance des Spiels hatte nicht der Titelträger von 1998, sondern die Schweiz mit ihren sechs Bundesliga-Profis in der Startelf. Unberührt flog der Ball nach einem Freistoß von Tranquillo Barnetta (Leverkusen) in der 24. Minute durch einen Pulk von Spielern und tropfte an den Pfosten des von Fabien Barthez gehüteten Tores.
In der 90. Minute, als die Schweizer schon lange den Respekt vor der Équipe Tricolore verloren hatten, versuchte sich ihr Stürmer Alex Frei nach einem weiteren Freistoß

Wieder remis: »Das wird mit der Schweiz zur Gewohnheit«

als Faustballer und boxte den Ball neben das Tor.
Hätte er ihn zum hinter ihm postierten Johan Djourou durchgelassen, wäre Frankreichs Niederlage unvermeidlich gewesen.
Behäbig wirkte das Spiel der Franzosen. Ausnahmen: der ständig rochierende Klassestürmer Thierry Henry von Arsenal London und Franck Ribéry, Thronfolger des alternden Zinedine Zidane (34) auf dem Spielmacher-Posten. Furchtbar war es anzusehen, wie langsam der einstige Weltfußballer Zidane bei 31 Grad den Takt des französischen Spiels vorgab. Dem im Spätsommer 2005 reaktivierten Profi von Real Madrid war bei seinem letzten Turnier das Alter ebenso anzumerken wie den anderen Leistungsträgern Lilian Thuram (34) und Claude Makelele (33).
Den individuell schwächer besetzten Schweizern hatte Trainer Jakob »Köbi« Kuhn spürbar Teamgeist eingehaucht. Beeindruckend, wie der 62jährige bei der Hymne Arm in Arm mit Betreuern und Reservisten vor seiner Bank stand. Enorm der Kontrast des sich als Teil des Teams betrachtenden Kuhn zum französischen Einzelkämpfer Raymond Domenech, der, stolzierend und gestikulierend an der Seitenlinie, die Hilflosigkeit seiner Mannschaft widerspiegelte.
Domenech hatte seinen neben Henry zweiten Weltklassestürmer auf der Bank gelassen: den ehrgeizigen David Trézéguet. Auch wenn die Schweizer Innenverteidigung mit Philippe Senderos und Patrick Müller Mühe hatte, blieben französische Großchancen deshalb Mangelware – Thierry Henry rieb sich allein in der Spitze auf.
Raymond Domenech nahm das Unentschieden mit Humor: »Das wird mit der Schweiz langsam zur Gewohnheit.« Schon in der WM-Qualifikation hatten sich die Teams zweimal remis (1:1, 0:0) getrennt.

130

Die Schußbahn geräumt: Thierry Henry macht den Weg frei für den Rechtsschuß von Patrick Vieira – vergeblich

FRANKREICH – SCHWEIZ

 0:0

FRANKREICH-DATEN

Torhüter	Min.	Schüsse gehalten (von)	Flanken/Ecken abgefangen	Glanztaten	schwere Fehler	lange Pässe angekommen (von)	Note
Barthez	90	100% (3)	0	0	0	33% (3)	2−

Spieler	Ballkontakte in Min.	Zweik. gew. (von)	Fouls/ gefoult worden	Pässe angek. (von)	Schüsse/ Schußvorlagen	Tore/ Torvorlagen	Note
1. Sagnol	58 in 90	50% (12)	1/3	87% (39)	1/2	0/0	3−
Thuram	36 in 90	55% (11)	2/2	91% (23)	0/0	0/0	3−
Gallas	44 in 90	89% (9)	0/0	100% (25)	0/1	0/0	2−
1. Abidal	58 in 90	68% (19)	3/1	92% (36)	0/1	0/0	2−
Vieira	52 in 90	57% (14)	2/1	86% (36)	2/0	0/0	4+
Makelele	61 in 90	75% (16)	1/1	93% (42)	0/0	0/0	3+
Wiltord	44 in 83	44% (16)	1/3	84% (25)	0/1	0/0	4+
Dhorasoo	5 in 7	100% (1)	0/0	100% (4)	1/0	0/0	–
1. Zidane	69 in 90	58% (19)	2/4	84% (49)	2/3	0/0	4
Ribéry	50 in 69	35% (23)	2/2	83% (29)	2/3	0/0	4
Saha	10 in 21	50% (6)	1/0	50% (4)	0/1	0/0	4
Henry	38 in 90	24% (21)	2/0	71% (17)	6/1	0/0	3+

13. JUNI, 18 UHR, STUTTGART

Schiedsrichter: Walentin Iwanow (Rußland). Assistenten: Nikolay Golubew, Ewgueni Wolnin (beide Rußland). Einwechslungen: Saha für Ribéry (70.), Dhorasoo für Wiltord (84.) – Gygax für Streller (56.), Djourou für Müller (75.), Margairaz für Wicky (82.). Zuschauer: 52 000.

SCHWEIZ-DATEN

Torhüter	Min.	Schüsse gehalten (von)	Flanken/Ecken abgefangen	Glanztaten	schwere Fehler	lange Pässe angekommen (von)	Note
Zuberbühler	90	100% (3)	4	0	0	33% (3)	2−

Spieler	Ballkontakte in Min.	Zweik. gew. (von)	Fouls/ gefoult worden	Pässe angek. (von)	Schüsse/ Schußvorlagen	Tore/ Torvorlagen	Note
1. Degen, P.	71 in 90	60% (20)	0/3	88% (42)	0/3	0/0	3+
Müller	54 in 74	82% (11)	0/0	93% (43)	0/0	0/0	2−
Djourou	6 in 16	67% (3)	0/0	100% (3)	0/0	0/0	3−
Senderos	43 in 90	60% (10)	0/1	93% (30)	0/0	0/0	4+
1. Magnin	63 in 90	45% (22)	3/1	83% (42)	1/1	0/0	3
Vogel	64 in 90	27% (11)	3/1	90% (49)	0/0	0/0	4
1. Barnetta	51 in 90	47% (15)	1/3	74% (35)	1/3	0/0	3+
1. Cabanas	59 in 90	39% (18)	3/2	88% (43)	1/0	0/0	4
Wicky	55 in 81	67% (12)	2/1	95% (37)	0/0	0/0	3−
Margairaz	4 in 9	67% (3)	0/0	100% (3)	0/0	0/0	–
1. Frei	24 in 90	22% (18)	2/2	50% (10)	3/0	0/0	4−
1. Streller	22 in 55	38% (16)	1/2	71% (14)	0/0	0/0	4
Gygax	10 in 35	38% (8)	2/1	67% (3)	1/0	0/0	4

JI-SUNG PARK TRAF IN DER 81. MINUTE

»Halbe Chance zum Ausgleich genutzt«

Fifa-Präsident Blatter lehnt Videobeweis ab

Protestiert erregt: Trainer Raymond Domenech

Verteidiger Willy Sagnol haderte mit dem Schicksal. Auch im zweiten Spiel kam Frankreich über ein Unentschieden nicht hinaus. Pech kam dazu: Schiedsrichter Archundia gab einen regulären Treffer von Patrick Vieira nicht

Das nicht anerkannte Tor von Patrick Vieira in der 30. Minute löste erneut Forderungen nach dem Videobeweis aus. Es war bereits der zweite zu Unrecht nicht gegebene Treffer bei dieser WM. Am zweiten Spieltag hatte Jean-Jacques Tizié, der Torhüter der Elfenbeinküste, einen Kopfball des Argentiniers Roberto Ayala ebenfalls erst nach Überschreiten der Torlinie gehalten.
Frankreichs Trainer Raymond Domenech war stocksauer: »Wir sind hintergangen worden. Schade, daß die Fifa beim größten Turnier der Welt nicht alle Hilfsmittel hernimmt. Wir Franzosen waren schon immer für den Videobeweis.«
Sepp Blatter verweigert die Einführung indes weiter vehement: »Solange ich Fifa-Präsident bin, wird es den Videobeweis nicht geben.« Der Fußball sei ein menschliches Spiel. Irrtümer inbegriffen. Eine für Domenech unbefriedigende Erklärung.

Die große Feier fand in 8000 Kilometer Entfernung statt. In den Hauptstraßen der südkoreanischen Hauptstadt Seoul tanzten Hunderttausende um 5.45 Uhr Ortszeit vor gigantischen Leinwänden. Von denen war gerade live aus Leipzig das 1:1 ihrer Nationalmannschaft gegen Frankreich geflimmert. Die Stimmung erinnerte stark an den kollektiven Freudentaumel der WM 2002, als Südkorea mit Platz vier das beste Ergebnis seiner Fußballgeschichte erreichte. Bei den Franzosen lief das Kontrastprogramm. Maßlose Enttäuschung machte sich breit unter den Fußballfans – und den Spielern. Zwei Tore hatten sie erzielt und Südkorea weitgehend beherrscht. Aber nur ein Tor, Thierry Henrys fein herausgespieltes 1:0 in der 9. Minute, war ihnen anerkannt worden. Frankreichs erster WM-Endrundentreffer seit acht Jahren, exakt 368 Spielminuten.

»Vom Biß her war das schon viel besser als gegen die Schweiz«

Dem Kopfballtor von Patrick Vieira nach einer halben Stunde verweigerte Schiedsrichter Benito Archundia die Anerkennung. Südkoreas Torwart Woon-Jae Lee erwischte den Ball erst hinter der Linie und klatschte ihn ins Feld zurück. Frankreichs Trainer Raymond Domenech gab nach dem zweiten Unentschieden bei dieser WM Durchhalteparolen aus: »Vom Biß her war das schon viel besser als gegen die Schweiz.« Einige Ballpassagen hatten tatsächlich etwas vom Champagner-Fußball des Jahres 1998, als Frankreich dank Zinedine Zidanes Geniestreichen Weltmeister wurde (3:0 gegen Brasilien).
Der Franzose war auch in Leipzig noch dabei. Kein Psychologen-Gutachten hätte den wahren Zustand der französischen Mannschaft so unmißverständlich bloßlegen können wie seine Auswechslung in der 91. Minute: Er drückte seine Kapitänsbinde dem hereinkommenden, von Domenech wieder ignorierten Weltklassestürmer David Trézéguet in die Hand, der sie sich mit einem bitteren Grinsen selbst auf den Arm krempelte. Dann stapfte Zidane blick- und wortlos am Trainer vorbei Richtung Kabine.
Zidane, der in der Schlußphase durch einen Frust-Schubser gegen Südkoreas Young-Chul Kim auch noch seine zweite Gelbe Karte im Turnier kassiert hatte, war Profi genug, seine miese Stimmung nicht in die Öffentlichkeit zu tragen. »Wir werden uns bis zum Ende quälen«, kündigte er an.
Bayern-Abwehrspieler Willy Sagnol fand: »Wir haben eigentlich sehr gut gearbeitet.« Nur: »Südkorea hat eine halbe Möglichkeit zum Ausgleich genutzt.«
So war es: Neun Minuten vor Ende schlug der immer stärker werdende rechte Außenverteidiger Young-Pyo Lee eine Flanke in den Strafraum, die Kopfballvorlage Jae-Jin Chos verwertete Ji-Sung Park mit einem Heber. Torwart Fabien Barthez machte dabei keine gute Figur.

Schrecksekunde: Fabien Barthez reagiert nach dem Heber von Ji-Sung Park aus nächster Distanz zögerlich. Er kann den Ball nicht mehr über die Latte lenken – 1:1 für Südkorea

FRANKREICH – SÜDKOREA

 1:1 (1:0)

FRANKREICH-DATEN

Torhüter	Min.	Schüsse gehalten (von)	Flanken/Ecken abgefangen	Glanztaten	schwere Fehler	lange Pässe angekommen (von)	Note
Barthez	90	50% (2)	1	0	0	0% (3)	4

Spieler	Ballkontakte in Min.	Zweik. gew. (von)	Fouls/gefoult worden	Pässe angek. (von)	Schüsse/Schußvorlagen	Tore/Torvorlagen	Note
Sagnol	53 in 90	46% (13)	0/0	77% (31)	1/0	0/0	4
Thuram	40 in 90	64% (14)	1/0	93% (28)	0/2	0/0	3–
Gallas	45 in 90	64% (14)	1/0	81% (31)	0/0	0/0	3–
2. Abidal	78 in 90	52% (25)	2/0	84% (49)	0/0	0/0	4+
Vieira	52 in 90	58% (26)	3/1	91% (32)	2/0	0/0	4+
Makelele	53 in 90	56% (16)	2/0	83% (47)	0/2	0/0	3–
Wiltord	23 in 59	36% (11)	0/0	86% (14)	3/2	0/1	3–
Ribéry	25 in 31	60% (15)	1/2	92% (13)	1/2	0/0	3
2. Zidane	71 in 90	48% (29)	3/0	87% (54)	2/4	0/0	4
Trézéguet	0 in 3	0% (0)	0/0	0% (0)	0/0	0/0	–
Malouda	61 in 87	61% (28)	1/5	89% (37)	4/1	0/0	2–
Dhorasoo	6 in 3	67% (3)	1/0	100% (5)	0/0	0/0	–
Henry	37 in 90	42% (26)	4/2	76% (17)	4/2	1/0	3

18. JUNI, 21 UHR, LEIPZIG

Schiedsrichter: Benito Archundia (Mexiko). *Assistenten:* José Ramírez (Mexiko), Héctor Vergara (Kanada). *Tore:* 1:0 Henry (9.), 1:1 Ji-Sung Park (81.). *Einwechslungen:* Ribéry für Wiltord (60.), Dhorasoo für Malouda (88.), Trézéguet für Zidane (90.+1) – Seol für Eul-Yong Lee (46.), Sang-Sik Kim für Ho Lee (69.), Ahn für Chun-Soo Lee (72.). *Zuschauer:* 43 000

SÜDKOREA-DATEN

Torhüter	Min.	Schüsse gehalten (von)	Flanken/Ecken abgefangen	Glanztaten	schwere Fehler	lange Pässe angekommen (von)	Note
Lee, Woon-J.	90	75% (4)	1	1	0	20% (5)	3

Spieler	Ballkontakte in Min.	Zweik. gew. (von)	Fouls/gefoult worden	Pässe angek. (von)	Schüsse/Schußvorlagen	Tore/Torvorlagen	Note
Lee, Young-Pyo	74 in 90	52% (23)	2/2	83% (42)	0/1	0/0	4+
Choi	55 in 90	35% (17)	2/3	75% (44)	0/0	0/0	4–
Kim, Young-Chul	44 in 90	46% (13)	0/2	86% (37)	0/0	0/0	4–
1. Kim, Dong-Jin	44 in 90	59% (17)	2/0	81% (36)	2/0	0/0	4+
Kim, Nam-Il	54 in 90	48% (31)	2/2	78% (40)	0/1	0/0	3+
1. Lee, Ho	42 in 68	58% (19)	1/4	72% (29)	0/0	0/0	3
Kim, Sang-Sik	4 in 22	25% (4)	0/0	100% (4)	0/0	0/0	4+
Lee, Eul-Yong	24 in 45	55% (11)	0/0	61% (18)	1/0	0/0	3–
Seol	22 in 45	43% (14)	0/1	64% (11)	1/0	0/0	3–
Lee, Chun-Soo	26 in 71	50% (12)	0/0	82% (17)	0/1	0/0	4+
Ahn	7 in 19	50% (2)	0/1	67% (3)	1/0	0/0	4
Park, Ji-Sung	34 in 90	38% (26)	0/2	78% (23)	1/0	1/0	2–
Cho, Jae-Jin	31 in 90	39% (31)	1/2	92% (12)	0/1	0/1	3+

SCHWEIZ PROFITIERTE VON TOGOS NAIVITÄT

Chancen im Minutentakt vertan

Hakan Yakin: Nachrücker als Ordnungsfaktor

Stabilisierte das Schweizer Spiel: Hakan Yakin

Die Afrikaner wirbelten die Abwehr der Schweizer eine Halbzeit lang durcheinander – und lagen zurück. Am Ende setzte sich die Ordnung der Eidgenossen gegen togoische Technik und Improvisationskunst durch

Hakan Yakin ist in der Schweiz fast so beliebt wie Trainer Jakob Kuhn. Und daß der ihn zunächst nicht mitnehmen wollte zur WM nach Deutschland, kostete Kuhn beinahe seine Sympathien beim Fußballpublikum. Aber mit dem verletzungsbedingten Ausfall von Stürmer Johan Vonlanthen rückte der 29jährige nach in den Schweizer Kader, wurde gegen Togo erstmals eingewechselt und erwies sich als der dringend benötigte Ordnungsfaktor im Mittelfeld. Der Regisseur vom Meisterschafts-Dritten Young Boys Bern, achter und jüngster Sproß einer türkischen Einwandererfamilie in Basel, hat wie sein ebenso talentierter Bruder Murat (31) bereits in der Bundesliga gespielt. Murat beendete 2005 seine Karriere beim FC Basel. Beim VfB Stuttgart setzte Hakan sich aber nicht durch. Im Vorjahr fiel Yakin lange mit Oberschenkelproblemen aus, verlor deshalb seinen Stammplatz im Nationalteam.

Die Wende kam mit Hakan Yakin. Bis zur Pause war die Schweiz gegen Togo vor 65 000 Zuschauern in Dortmund von einer Verlegenheit in die nächste gestolpert und führte trotzdem 1:0. Mit dem Mittelfeldspieler bekamen die Eidgenossen das Spiel schließlich in den Griff.
Zu ihren Gunsten entschieden sie es aber erst in der 88. Minute. Mittelfeldspieler Mauro Lustrinelli, nach Yakin der zweite Wechsel-Glücksgriff von Trainer Jakob Kuhn, spielte vor dem Strafraum einen klugen Querpaß auf die rechte Angriffsseite. Dort nahm der in Leverkusen angestellte Tranquillo Barnetta (21) den Ball mit vollem Risiko und schoß in die linke untere Ecke des gegnerischen Tores.
Die Togoer hatten noch am Vortag wegen weiterhin ausstehender Verbandsprämien mit einem Boykott ihres zweiten WM-Spiels gedroht und ließen sich erst mit einer Anzahlung von 50 000 Euro pro

»So wird man um die Früchte seiner Arbeit gebracht«

Mann zum Einsatz überreden. Gemessen an der Vorbereitung, lieferten sie in der ersten Halbzeit eine geradezu sensationelle Leistung ab. Die als solide gerühmte Schweizer Abwehr wurde durcheinandergewirbelt. Nicht nach allen Regeln der Fußballkunst, sondern improvisiert und unberechenbar. In der 35. Minute hätte Emmanuel Adebayor ein Strafstoß zugesprochen werden müssen, aber Schiedsrichter Carlos Amarilla (Paraguay) konnte sich nach Patrick Müllers Foul an dem Arsenal-Stürmer nicht zum Elfmeterpfiff durchringen. Trainer Otto Pfister, diesmal in rosafarbenem Oberhemd angetreten, stöhnte resigniert: »So wird man um die Früchte seiner Arbeit gebracht.« Er erkannte aber auch: »Das ganze Theater bei uns ist an Substanz und Nerven gegangen.«
Togo scheiterte zudem wie schon gegen Südkorea an Konditionsmängeln – in der zweiten Hälfte gewannen die Westafrikaner immer weniger Zweikämpfe – und an seiner Naivität. Beste Torchancen wurden im Minuten-Takt vertan.
In Führung war die Schweiz in der 16. Minute gegangen: Ludovic Magnins Flanke von der linken Seite flog diagonal in den Strafraum, Barnetta paßte zurück in die Mitte, Alexander Frei traf aus fünf Metern mit dem rechten Fuß. Es war das erste Schweizer WM-Tor seit zwölf Jahren und drei Tagen, seit Adrian Knups 4:1 gegen Rumänien 1994 in Detroit.
Trainer Kuhn, erkrankt mit Fieber auf der Bank, erkannte: »Wir haben trotz der Führung unglaublich viele Fehler gemacht.« Mittelfeldspieler Raphael Wicky ergänzte: »Wir haben uns in der ersten Halbzeit zu viele leichte Ballverluste erlaubt.« Daß das Manko nach dem Wechsel weitgehend behoben wurde, erklärte Alexander Frei so: »Unser Trainer hat uns in der Pause eingeschärft, daß wir unbedingt noch das zweite Tor brauchen.«

Pure Ohnmacht: Kossi Agassa hebt hilflos die Arme, Alexander Frei dreht nach dem 1:0 in der 16. Minute ab. Das Tor ist nur für den Schweizer Torjäger eine Befreiung. Sein Team muß noch lange zittern gegen Außenseiter Togo

134

TOGO – SCHWEIZ

 0:2 (0:1)

TOGO-DATEN

Torhüter	Min.	Schüsse gehalten (von)	Flanken/ Ecken abgefangen	Glanz- taten	schwere Fehler	lange Pässe angekommen (von)	Note
Agassa	90	75% (8)	7	1	0	17% (6)	2–

Spieler	Ball- kontakte in Min.	Zweik. gew. (von)	Fouls/ gefoult worden	Pässe angek. (von)	Schüsse/ Schuß- vorlagen	Tore/ Torvor- lagen	Note
Touré, A.	65 in 90	53% (17)	1/0	74% (39)	0/2	0/0	4
Tchangai	48 in 90	78% (9)	0/1	76% (37)	0/0	0/0	4+
Nibombe	45 in 90	77% (13)	2/0	90% (31)	0/0	0/0	3–
Forson	58 in 90	57% (14)	0/1	86% (28)	1/1	0/0	4+
2. Romao	43 in 90	60% (20)	2/2	94% (33)	0/0	0/0	4+
Agboh	15 in 24	29% (7)	1/1	75% (8)	0/0	0/0	5+
1. Salifou	55 in 66	36% (14)	2/0	70% (30)	2/1	0/0	4
Dossevi	33 in 68	31% (13)	1/0	90% (20)	1/2	0/0	4–
Senaya	12 in 22	20% (5)	0/1	100% (6)	0/2	0/0	4–
Mamam	52 in 86	53% (17)	3/0	82% (44)	2/2	0/0	3
Malm	3 in 4	100% (1)	0/0	100% (1)	0/0	0/0	–
1. Adebayor	65 in 90	58% (31)	3/3	83% (40)	3/3	0/0	3+
Mohamed Kader	18 in 90	45% (20)	2/4	100% (5)	3/0	0/0	3–

19. JUNI, 15 UHR, DORTMUND

Schiedsrichter: Carlos Amarilla (Paraguay). **Assistenten:** Amelio Andino, Manuel Bernal (beide Paraguay). **Tore:** 0:1 Frei (16.), 0:2 Barnetta (88.). **Einwechslungen:** Salifou für Agboh (25.), Senaya für Dossevi (69.), Malm für Mamam Cherif Touré (87.) – Yakin für Gygax (46.), Streller für Cabanas (80.), Lustrinelli für Frei (87.). **Zuschauer:** 65 000

SCHWEIZ-DATEN

Torhüter	Min.	Schüsse gehalten (von)	Flanken/ Ecken abgefangen	Glanz- taten	schwere Fehler	lange Pässe angekommen (von)	Note
Zuberbühler	90	100% (7)	2	0	0	25% (4)	2–

Spieler	Ball- kontakte in Min.	Zweik. gew. (von)	Fouls/ gefoult worden	Pässe angek. (von)	Schüsse/ Schuß- vorlagen	Tore/ Torvor- lagen	Note
Degen, P.	74 in 90	45% (20)	4/0	91% (44)	0/2	0/0	3
Müller	38 in 90	53% (17)	1/0	82% (22)	1/1	0/0	3+
Senderos	48 in 90	46% (13)	2/1	79% (34)	0/0	0/0	4
Magnin	81 in 90	36% (14)	1/0	84% (51)	0/1	0/0	3–
1. Vogel	75 in 90	71% (14)	1/4	86% (57)	1/1	0/0	3–
Barnetta	72 in 90	57% (21)	0/0	67% (36)	5/4	1/1	2+
Cabanas	58 in 79	45% (20)	2/0	91% (45)	2/4	0/0	3+
Streller	8 in 11	75% (4)	0/2	100% (4)	0/1	0/0	–
Wicky	58 in 90	54% (13)	0/0	96% (49)	0/2	0/0	3+
Gygax	14 in 45	31% (13)	0/1	83% (6)	0/0	0/0	4+
Yakin	35 in 45	31% (16)	1/2	88% (16)	6/2	0/0	3+
Frei	29 in 86	36% (14)	0/2	79% (14)	6/2	1/0	2–
Lustrinelli	2 in 4	100% (1)	0/0	100% (1)	0/1	0/0	–

ZINEDINE ZIDANE SAH SPIEL AM TV

Verlierer am Rand des Geschehens

Der wegen seiner zweiten Gelben Karte gesperrte Spielmacher mußte erleben, wie sein französisches Team ohne ihn besser spielte als mit ihm. Das einzige Manko: Nur zwei Torchancen wurden genutzt

»Er wird einer der großen Spieler des Turniers«

Fünftes Tor im 90. Länderspiel: Patrick Vieira

Kritik hatte er sich in den vergangenen Monaten oft gefallen lassen müssen. Seine Leistung in der Nationalmannschaft und bei seinem Verein Juventus Turin war bestenfalls Durchschnitt. Immer wieder plagte sich Patrick Vieira mit Schmerzen an der Leiste. Für Trainer Raymond Domenech blieb er dennoch gesetzt. Dort, wo er sich am wohlsten fühlt: im defensiven Mittelfeld an der Seite von Claude Makelele. Vieira bedankte sich für das Vertrauen in seinem 90. Länderspiel mit einer Galavorstellung und erzielte dann auch noch den Führungstreffer – sein erst fünftes Länderspiel-Tor.
Raymond Domenech sah sich bestätigt: »Ich habe immer gesagt, daß Patrick einer der großen Spieler des Turniers wird.« Vieira, der den gesperrten Zinedine Zidane als Kapitän vertrat, sagte bescheiden: »Ich bin mit meiner Leistung ganz zufrieden.«

Zinedine Zidane bescherte ausgerechnet der Tag, an dem er 34 Jahre alt wurde, eine traurige Erkenntnis. Er, der über viele Jahre Frankreich auch im Fußball zur Grande Nation geformt hatte, der dreimal zum Weltfußballer des Jahres gewählt worden war, war überflüssig geworden. Die Franzosen spielten ohne Zidane, der wegen einer Gelbsperre zum Zuschauen verurteilt war, besser als mit ihm in den ersten beiden Begegnungen. Ohne den in die Jahre gekommenen Taktgeber zelebrierte Frankreich gerade in dem Moment, als es eng für das Team wurde, seinen erfolgreichsten Fußball. Einfallsreich, mit rasantem Tempo und direktem Zug zum Tor. Plötzlich war wieder alles zu bewundern, was die Mannschaft früher unter Zidane gezeigt hatte. Daß Togo in diesem Stück mehr als nur den Part eines begabten Kleindarstellers gab, geriet zur Randnotiz. Die Franzosen schossen zwei wunderschöne Tore und ver-

Fehlte Zidane? »Ich könnte ja sagen, ich könnte nein sagen!«

gaben großherzig ein Dutzend hochkarätiger Chancen. Mit 2:0 stürmte das Team vor 45 000 begeisterten Zuschauern in Köln noch sicher ins Achtelfinale.
Die französische Presse verbuchte den Sieg unter der Rubrik Pflicht. Le Parisienne attestierte: »Frankreich hat seinen Auftrag erfüllt.« Und L'est républicain stichelte sogar: »Wir werden jetzt nicht in Begeisterung ausbrechen, nur weil wir Togo geschlagen haben.« Grund dazu hätte man gehabt. Zidane-Ersatz Franck Ribéry zog im Mittelfeld glänzend die Fäden, absolvierte ein riesengroßes Laufpensum, war rechts und links, 80 Prozent seiner Pässe fanden den eigenen Mitspieler, er schoß viermal auf Tor und gab sieben Torschußvorlagen. Belebend erwies sich die Entscheidung von Trainer Raymond Domenech, mit David Trézéguet als zweiter Spitze neben Thierry Henry aufzulaufen. Aber seinen eigentlichen Auftrag erfüllte Trézéguet, der immer wieder einen Stammplatz für sich reklamiert hatte, nicht: Er erzielte kein Tor, scheiterte siebenmal, einige Male kläglich.
Bis zur Pause hatten die Franzosen zwar sechs Großchancen erspielt (Togo nur eine), waren aber am glänzend haltenden Torwart Kossi Agassa (27 Ballkontakte in Halbzeit eins) oder am eigenen Unvermögen gescheitert. So blieb es dem zweiten Geburtstagskind des Tages vorbehalten, für die überfällige Führung zu sorgen. Nach Paß von Ribéry drehte sich Patrick Vieira (wurde 30 Jahre alt) im Strafraum um Gegenspieler Jean-Paul Abalo und traf zum 1:0 (55.). Nur sechs Minuten später erhöhte Henry auf 2:0.
Togos Trainer Otto Pfister bescheinigte den Franzosen neidlos einen »verdienten Sieg«. Kollege Domenech drechselte derweil eine Antwort auf die Frage, ob Zidane gefehlt habe: »Ich könnte ja sagen, ich könnte nein sagen!«

Signal an den Schiedsrichter: Mikaël Silvestre hebt die Arme, um zu zeigen: Im Zweikampf mit Yao Senaya (vorn) begeht er kein Foul. Der linke Außenverteidiger der französischen Mannschaft gewann bei seinem ersten WM-Einsatz 2006 gute 68 Prozent seiner Zweikämpfe. Erwartung erfüllt

TOGO – FRANKREICH

 0:2 (0:0)

TOGO-DATEN

Torhüter	Min.	Schüsse gehalten (von)	Flanken/Ecken abgefangen	Glanztaten	schwere Fehler	lange Pässe angekommen (von)	Note
Agassa	90	80% (10)	6	1	0	50% (2)	2+

Spieler	Ballkontakte in Min.	Zweik. gew. (von)	Fouls/ gefoult worden	Pässe angek. (von)	Schüsse/ Schußvorlagen	Tore/ Torvorlagen	Note
Tchangai	42 in 90	36% (11)	0/0	86% (28)	1/1	0/0	5+
Abalo	26 in 90	44% (9)	0/0	73% (15)	0/0	0/0	4–
Nibombe	34 in 90	67% (12)	0/0	77% (22)	0/0	0/0	4–
Forson	39 in 90	54% (13)	4/0	75% (28)	0/1	0/0	4
1. Aziawonou	56 in 90	25% (12)	4/1	91% (43)	1/2	0/0	4+
Senaya	42 in 90	52% (23)	1/6	83% (24)	1/4	0/0	3–
1. Mamam Cherif T.	23 in 58	45% (11)	5/0	59% (17)	2/0	0/0	5+
Olufade	13 in 32	22% (9)	1/1	86% (7)	0/0	0/0	5+
1. Salifou	52 in 90	47% (30)	3/2	79% (42)	1/1	0/0	3–
Mohamed Kader	27 in 90	25% (16)	1/0	94% (16)	3/0	0/0	4
Adebayor	36 in 74	44% (18)	2/1	90% (21)	2/1	0/0	4–
Dossevi	7 in 16	60% (5)	0/1	67% (6)	0/0	0/0	4–

23. JUNI, 21 UHR, KÖLN

Schiedsrichter: Jorge Larrionda (Uruguay).
Assistenten: Walter Rial, Pablo Fandiño (beide Uruguay).
Tore: 0:1 Vieira (55.), 0:2 Henry (61.).
Einwechslungen: Olufade für Mamam Cherif Touré (59.), Dossevi für Adebayor (75.) – Wiltord für Malouda (74.), Govou für Ribéry (77.), Diarra für Vieira (81.).
Zuschauer: 45 000

FRANKREICH-DATEN

Torhüter	Min.	Schüsse gehalten (von)	Flanken/Ecken abgefangen	Glanztaten	schwere Fehler	lange Pässe angekommen (von)	Note
Barthez	90	100% (2)	0	0	0	25% (4)	3

Spieler	Ballkontakte in Min.	Zweik. gew. (von)	Fouls/ gefoult worden	Pässe angek. (von)	Schüsse/ Schußvorlagen	Tore/ Torvorlagen	Note
Sagnol	79 in 90	42% (12)	1/0	85% (62)	0/1	0/0	3+
Thuram	43 in 90	64% (11)	1/1	94% (36)	0/0	0/0	2–
Gallas	38 in 90	57% (7)	0/2	100% (25)	0/0	0/0	3
Silvestre	75 in 90	68% (19)	2/0	89% (53)	1/2	0/0	3
Vieira	91 in 80	81% (32)	0/8	86% (64)	2/4	1/1	2+
Diarra	7 in 6	50% (4)	1/1	100% (3)	0/0	0/0	–
1. Makelele	88 in 90	50% (24)	4/2	92% (75)	1/1	0/0	3–
Ribéry	66 in 73	50% (16)	2/3	80% (41)	4/7	0/1	2–
Govou	6 in 14	100% (2)	0/2	75% (4)	0/0	0/0	–
Malouda	49 in 73	36% (11)	0/1	87% (30)	3/3	0/0	3+
Wiltord	7 in 17	0% (2)	0/0	40% (5)	0/0	0/0	4–
Trézéguet	33 in 90	44% (9)	0/0	89% (18)	0/0	0/0	3–
Henry	41 in 90	40% (20)	1/1	75% (24)	4/4	1/0	2–

SCHWEIZER ABWEHR EINZIGARTIG

Makellose Bilanz nach drei Spielen

Als einzige Mannschaft kassierten die Eidgenossen in der Vorrunde kein Gegentor. Im Spiel gegen Südkorea wurde es erst kritisch, als der junge Verteidiger Philippe Senderos verletzt ausgewechselt werden mußte

»Chancen zulassen, aber eben keine Tore«

Jakob Kuhn (62) lenkt sein Team aus der Distanz

Zu Jakob »Köbi« Kuhns Jubiläum hatte sich sein Team etwas vorgenommen. Schließlich hatte auch der Schweizer Trainer seinen Job vor seinem 50. Spiel gut gemacht, eine 4–1–4–1-Taktik ausgetüftelt, in der sich die Südkoreaner festrennen sollten.

Die Spieler setzten das System perfekt um – fast. Sie ersparten ihrem 62jährigen Trainer, wie üblich, auch nicht die eine oder andere bange Minute.

»Das sind wir gewohnt, hinten Chancen zulassen, aber eben keine Tore«, gab Kuhn später eine Kostprobe seines spröden Schweizer Humors.

Nach dem Abpfiff ließ der stille Züricher mit dem melancholischen Jack-Lemmon-Blick seine Jungs erst einmal allein feiern. Ein Mitarbeiter mußte ihn förmlich von der Bank zum jubelnden Spielerknäuel zerren.

»Ich habe es«, erklärte er die Zurückhaltung, »lieber aus der Distanz.«

Triumphe fordern manchmal ihren Tribut, Erfolg kann weh tun. Diese Lebenserfahrung machte der 21jährige Schweizer Philippe Senderos am Abend des 23. Juni in Hannover. An einem historischen Tag für sein Land: Zum ersten Mal seit 1954 und 1994 überstanden die Eidgenossen bei einer WM wieder die Gruppenphase. Senderos war einer der Hauptverantwortlichen für den entscheidenden 2:0-Sieg über Südkorea. Nachdem er nach 22 Minuten eine Freistoßflanke von Hakan Yakin mit Wucht ins Tor geköpft hatte, krachte Senderos mit seinem Schädel auf den des ebenso entschlossenen, aber kleineren Südkoreaners Jin Cheul Choi. Schon im Jubel, als der Schmerz für einen Moment von einer Flut ausgeschütteter Glückshormone überschwemmt wurde, floß Blut aus einer Wunde über der Nase.

Der junge Verteidiger von Arsenal London spielte weiter, obwohl die

Schweiz überstand die WM-Vorrunde erst zum dritten Mal

Blutung nur schwerlich zu stoppen war. Ein paar Minuten nach der Pause kam es noch schlimmer: Senderos renkte sich die Schulter aus, erneut nach einem Luftkampf, mußte ausgewechselt werden und erhielt später die Diagnose der Ärzte: zwei Wochen Pause – WM-Aus. Ohne den kopfballstarken Verteidiger kam die erfolgreichste Abwehr der Vorrunde in Schwierigkeiten gegen immer druckvoller agierende Südkoreaner. Mehrfach bekam Torhüter Pascal Zuberbühler Arbeit, die er glänzend meisterte.

Nur in der 42. Minute hatte der 35jährige Baseler zweimal vergeblich nach dem Ball gegriffen, das Malheur blieb folgenlos – und die Mannschaft auch im dritten Spiel ohne Gegentor.

Die Schweizer erwiesen sich als stabile Einheit, an deren diszipliniertier Abwehrarbeit der koreanische Angriffsschwung abprallte. Vor allem der blondgefärbte Stürmer Chun-Soo Lee imponierte in seinem ebenso unverdrossenen wie vergeblichen Anrennen auf der rechten Angriffsseite, Gegenspieler Christoph Spycher hatte Mühe. Anders die Schweizer. In der 64. Minute hatte Alexander Frei noch eine Großchance vergeben, als sein Schuß nach unwiderstehlichem Sturmlauf über die rechte Seite ans Lattenkreuz klatschte. Der nächste Konter aber führte zum entscheidenden 2:0: Südkoreas Mittelfeldspieler Ho Lee spitzelte den Ball nach 76 Minuten bei einer unglücklichen Abwehrbemühung in Richtung des eigenen Tores und hob damit Freis Abseitsposition auf. Torwart Woon-Jae Lee spekulierte trotzdem auf Abseitspfiff, stellte sein Spiel ein, so daß Frei keine Mühe mehr hatte, den Ball aus spitzem Winkel ins Tor zu schieben. Der WM-Vierte von 2002 war ausgeschieden. Südkoreas enttäuschter Trainer Dick Advocaat erwies sich allerdings als guter Verlierer: »Die Schweizer waren besser.«

Vor Schmerzen gebeugt: Der hünenhafte Verteidiger Philippe Senderos (l.) stützt mit der linken Hand seinen rechten Arm. Die Schulter ist ausgekugelt, für ihn ist die WM nach 53 Minuten zu Ende

SCHWEIZ – SÜDKOREA

 2:0 (1:0)

SCHWEIZ-DATEN

Torhüter	Min.	Schüsse gehalten (von)	Flanken/ Ecken abgefangen	Glanz- taten	schwere Fehler	lange Pässe angekommen (von)	Note
Zuberbühler	90	100% (7)	0	0	0	0% (5)	2

Spieler	Ball- kontakte in Min.	Zweik. gew. (von)	Fouls/ gefoult worden	Pässe angek. (von)	Schüsse/ Schuß- vorlagen	Tore/ Torvor- lagen	Note
Degen, P.	65 in 90	74% (19)	1/2	81% (32)	0/0	0/0	2–
1. Senderos	33 in 52	72% (18)	1/0	61% (23)	1/0	1/0	2
1. Djourou	14 in 38	58% (12)	1/0	100% (5)	0/0	0/0	3
Müller	37 in 90	29% (28)	0/1	86% (22)	0/0	0/0	5+
1. Spycher	71 in 90	81% (21)	1/5	82% (39)	0/1	0/0	3
Vogel	27 in 90	56% (9)	0/1	85% (20)	0/0	0/0	3–
Barnetta	69 in 90	50% (40)	2/2	86% (35)	2/3	0/0	3+
Cabanas	45 in 90	36% (22)	0/2	69% (32)	0/2	0/0	3–
1. Wicky	34 in 87	55% (20)	1/1	68% (25)	0/1	0/0	3–
Behrami	2 in 3	0% (2)	0/0	100% (1)	0/0	0/0	–
1. Yakin	36 in 70	41% (17)	0/2	79% (14)	2/2	0/1	2–
Margairaz	9 in 20	63% (8)	0/1	80% (5)	0/1	0/1	3+
Frei	38 in 90	63% (16)	0/3	63% (19)	8/1	1/0	2

23. JUNI, 21 UHR, HANNOVER

Schiedsrichter: Horacio Elizondo (Argentinien). **Assistenten:** Darío García, Rodolfo Otero (beide Argentinien). **Tore:** 1:0 Senderos (23.), 2:0 Frei (77.). **Einwechslungen:** Djourou für Senderos (53.), Margairaz für Yakin (71.), Behrami für Wicky (88.) – Ahn für Young-Pyo Lee (63.), Seol für Chu-Young Park (66.). **Zuschauer:** 43 000.

SÜDKOREA-DATEN

Torhüter	Min.	Schüsse gehalten (von)	Flanken/ Ecken abgefangen	Glanz- taten	schwere Fehler	lange Pässe angekommen (von)	Note
Lee, Woon-J.	90	60% (5)	3	0	0	17% (6)	3–

Spieler	Ball- kontakte in Min.	Zweik. gew. (von)	Fouls/ gefoult worden	Pässe angek. (von)	Schüsse/ Schuß- vorlagen	Tore/ Torvor- lagen	Note
Lee, Young-Pyo	47 in 62	53% (15)	0/1	60% (25)	0/2	0/0	4+
1. Ahn	11 in 26	67% (3)	1/0	86% (7)	2/0	0/0	4
1. Kim, Jin-Kyu	55 in 90	30% (10)	2/0	72% (43)	2/0	0/0	5+
1. Choi	53 in 90	54% (13)	1/0	65% (34)	0/0	0/0	4–
Kim, Dong-Jin	55 in 90	40% (20)	1/1	62% (26)	0/2	0/0	4
Kim, Nam-Il	53 in 90	57% (30)	3/0	71% (38)	1/0	0/0	3–
2. Lee, Chun-Soo	56 in 90	56% (18)	0/1	73% (22)	5/3	0/0	2–
1. Park, Chu-Young	24 in 65	39% (18)	1/1	88% (16)	1/2	0/0	4–
Seol	13 in 25	22% (9)	2/0	63% (8)	0/0	0/0	5+
Lee, Ho	50 in 90	46% (26)	2/0	82% (34)	1/1	0/0	4+
Park, Ji-Sung	45 in 90	38% (24)	3/1	81% (31)	3/3	0/0	4
Cho, Jae-Jin	35 in 90	48% (46)	4/2	57% (14)	3/3	0/0	4+

GRUPPE H

SPANIEN	🇪🇸
UKRAINE	🇺🇦
TUNESIEN	🇹🇳
SAUDI-ARABIEN	🇸🇦

Mittwoch, 14. Juni, Leipzig
Spanien – Ukraine — 4:0 (2:0)

Mittwoch, 14. Juni, München
Tunesien – Saudi-Arabien — 2:2 (1:0)

Montag, 19. Juni, Hamburg
Saudi-Arabien – Ukraine — 0:4 (0:2)

Montag, 19. Juni, Stuttgart
Spanien – Tunesien — 3:1 (0:1)

Freitag, 23. Juni, Kaiserslautern
Saudi-Arabien – Spanien — 0:1 (0:1)

Freitag, 23. Juni, Berlin
Ukraine – Tunesien — 1:0 (0:0)

	Spanien	Ukraine	Tunesien	Saudi-Arabien
Spanien		4:0	3:1	1:0
Ukraine	0:4		1:0	4:0
Tunesien	1:3	0:1		2:2
Saudi-Arabien	0:1	0:4	2:2	

Mannschaft	G	U	V	Tore	Pkte
1. Spanien	3	0	0	8:1	9
2. Ukraine	2	0	1	5:4	6
3. Tunesien	0	1	2	3:6	1
4. Saudi-Arabien	0	1	2	2:7	1

KÖRPERSPANNUNG
Bis in die letzte Faser sind die Muskeln von Fernando Torres gespannt, als er den Ball im Sprung mit dem rechten Fuß annimmt und sofort unter Kontrolle hat. Die Entschlossenheit des 22 Jahre alten spanischen Stürmers ist greifbar. Es steht 0:1 gegen Tunesien. Eine Blamage. Dann trifft Raúl zum 1:1 und Fernando Torres auch endlich das Tor. Er schießt das 2:1 und 3:1, Spanien ist vorzeitig in der Runde der letzten 16 Mannschaften

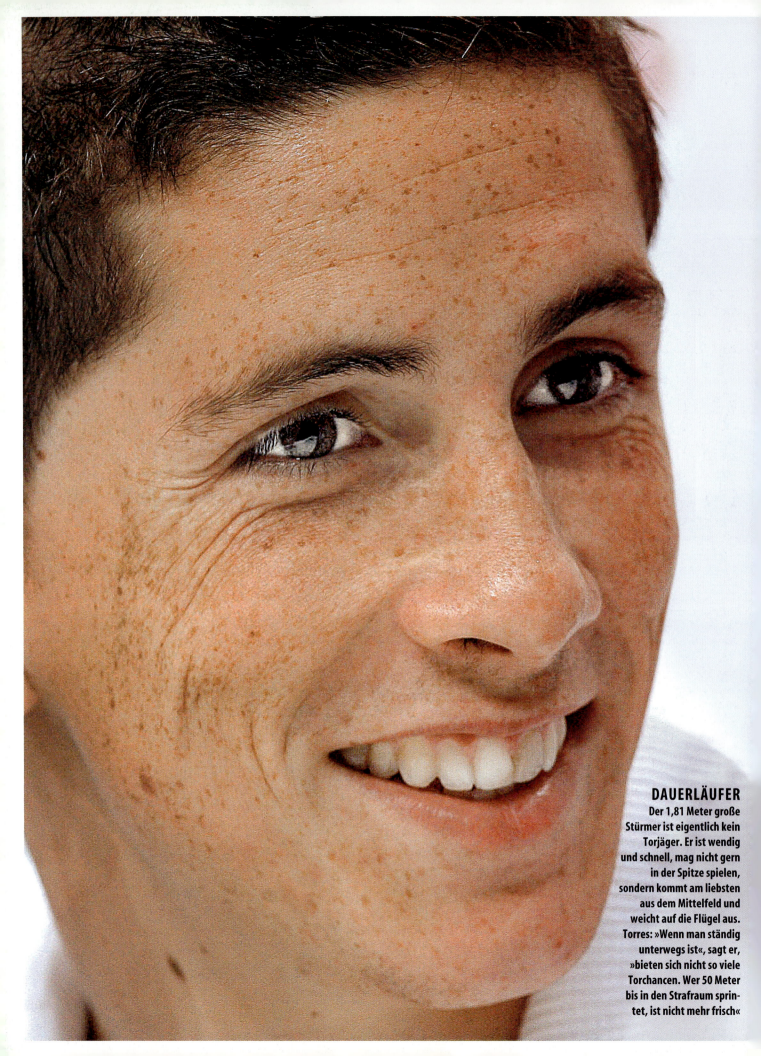

DAUERLÄUFER
Der 1,81 Meter große Stürmer ist eigentlich kein Torjäger. Er ist wendig und schnell, mag nicht gern in der Spitze spielen, sondern kommt am liebsten aus dem Mittelfeld und weicht auf die Flügel aus. Torres: »Wenn man ständig unterwegs ist«, sagt er, »bieten sich nicht so viele Torchancen. Wer 50 Meter bis in den Strafraum sprintet, ist nicht mehr frisch«

STAR DER GRUPPE H

FERNANDO TORRES

Der Junge mit den Sommersprossen

In seiner Heimat Spanien wird der Stürmer nur »el niño«, das Kind, gerufen. Dabei ist er mit 22 Jahren schon ein Werbestar und Multimillionär. Er ist auf dem Weg zu einem Popstar, will das aber gar nicht werden

Weitsichtig hatte sein Verein Atlético Madrid eine astronomisch hohe Ablösesumme für seinen Star vertraglich fixieren lassen. 90 Millionen Euro müssen Interessenten dem Klub aus der Hauptstadt überweisen, wollen sie Fernando Torres (22) verpflichten. Der Vertrag des Stürmers läuft bis 2008.

Doch die WM weckte trotz des abschreckenden Betrages Begehrlichkeiten. Antrittsschnell, hungrig, agil, wendig, immer torgefährlich – Fernando Torres spielte sich in den Vordergrund vor Altstar Raúl und David Villa. »Torres ist meine Nummer eins, mein Juwel«, sagte Nationaltrainer Luis Aragonés. Er kennt die Qualitäten von Torres wie kein anderer. Aragonés trainierte ihn schon am Anfang seiner Profikarriere bei Atlético.

Drei Tore erzielte Torres in den Gruppenspielen, belegte hinter dem deutschen Top-Torschützen Miroslav Klose Platz zwei der Torjägerliste. Schon der Torjubel ist eine Show für sich: den linken Arm ausgestreckt, den rechten Arm vor der Brust angewinkelt, kniet Torres auf dem Platz. So zelebrierte auch Kiko, ehemaliger Spieler von Atlético Madrid und das Idol von Torres, seine Treffer. Sechs Torschüsse, fünf Torschußvorlagen allein im Spiel gegen die Ukraine – solche Werte stellten Klassestürmer wie Andrej Schewtschenko in den Schatten.

In Spanien ist der 22jährige, der mit seinen Sommersprossen wie ein Schuljunge aussieht und deshalb bei allen nur »el niño«, das Kind, heißt, längst zum Mega-Star aufgestiegen. Werbespots mit Fernando Torres für Cola, Fernseher, Sportschuhe oder Cornflakes flimmern im Fernsehen rauf und runter. Und bringen Millionen Einnahmen. Torres steht auf sündhaft teure Designer-Kleidung, steuert einen silbernen Porsche, ist Stammgast in Madrids Buddha-Club, dem angesagten Treffpunkt der Stadt.

»Läuft es nicht, lasse ich mir einen neuen Haarschnitt verpassen«

Auf den linken Unterarm ließ er sich seinen Vornamen in der Elbenschrift aus dem Film »Herr der Ringe« tätowieren, auf den rechten seine Rückennummer 9.

Wie Trainer Aragonés ist auch er abergläubisch. »Läuft es mal nicht, gehe ich zum Friseur und lasse mir einen neuen Haarschnitt verpassen.« Obwohl als Idol verehrt und von den Frauen begehrt, hält Torres nur einer die Treue. Seit fünf Jahren ist er mit Freundin Olalla zusammen. Sie wuchs wie er in Fuenlabrada, einem Vorort Madrids, in ärmlichen Verhältnissen auf. Torres weiß um seine Wurzeln und sagt: »Ein Popstar oder zweiter Beckham will ich nicht sein.« Und fügt glaubhaft an: »Mein Privatleben ist mir heilig.«

Schon als Kind schlug sein Herz für Atlético, er stand regelmäßig in der Fan-Kurve. Mit der U 16 wurde er Europameister, schaffte das gleiche mit der U 19. Den ersten Profi-Vertrag unterschieb er mit 17 Jahren. Einen Wechsel zu Real Madrid hatte er immer ausgeschlossen. Doch mit den jüngsten Erfolgen scheinen alle Optionen möglich. Wenn ein Verein bereit ist, die 90 Millionen Euro zu zahlen.

Markenzeichen Torjubel: Fernando Torres zelebriert seine Treffer wie sein Idol Kiko, ein früherer Profi von Atlético Madrid. Raúl (rechts) kommt zur gemeinsamen Feier

Repräsentant der Generation Weltmeister

Den Begriff »Generation Weltmeister« hat Spaniens Torwart Iker Casillas geprägt. Er steht für die Talente, denen Trainer Luis Aragonés bei dieser WM den Vorzug gegeben hat vor den Altstars. Niemand repräsentiert die Weltmeister-Generation neben Fernando Torres (22) und seinem Sturmpartner David Villa (24) so perfekt wie Francesc Fábregas Soler, gerade mal 19 Jahre alt und während der Vorrunde auf dem Weg zum

Strotzt vor Selbstbewußtsein: Cesc Fábregas

Stammplatz im spanischen Mittelfeld. 16 Jahre jung war der schmächtige Cesc, wie er in Barcelona gerufen wurde, als Trainer Arsène Wenger ihn zum FC Arsenal nach London lockte. Dort brach er alle Klub-Rekorde als jüngster Spieler und Torschütze der ersten Mannschaft – mit 16. Bei der WM verlief Fábregas' Karriere so: 14 Minuten gegen die Ukraine gespielt, 45 Minuten gegen Tunesien, 65 Minuten gegen Saudi-Arabien. »Ich strotze nur so vor Selbstvertrauen«, hatte er schon vor dem ersten Spiel verkündet. Spaniens neue, junge Stärke erklärt sich für ihn durch die Tatsache, daß er und ein Großteil der »Generation Weltmeister« in England unter Vertrag stehen. »Da spielt man härter. Das bringt unserem Spiel Würze.«

143

ANALYSE GRUPPE H

SPANIEN MIT PERFEKTEM AUFTAKT

Sturmlauf zum deutlichen Gruppensieg

SCORER-LISTE GRUPPE H

	Torvorlagen	Tore	Scorerpunkte
Torres (ESP)	1	3	4
Schewtschenko (UKR)	1	2	3
Kalinitschenko (UKR)	2	1	3
Jaziri (TUN)	2	1	3
Villa (ESP)	–	2	2
Fábregas (ESP)	2	–	2
Xabi Alonso (ESP)	–	1	1
Raúl (ESP)	–	1	1
Juanito (ESP)	–	1	1
Rusol (UKR)	–	1	1
Rebrow (UKR)	–	1	1
Jaidi (TUN)	–	1	1
Mnari (TUN)	–	1	1
Al Kahtani (KSA)	–	1	1
Al Jaber (KSA)	–	1	1
Puyol (ESP)	1	–	1
Pernía (ESP)	1	–	1
Xavi (ESP)	1	–	1
Reyes (ESP)	1	–	1
Timoschtschuk (UKR)	1	–	1
Chedli (TUN)	1	–	1
Noor (KSA)	1	–	1
Al Hawsawi (KSA)	1	–	1

Sechs Spanier sind unter den Top 10 der Scorerwertung, die Fernando Torres mit 4 Punkten gewann. Zied Jaziri war Tunesiens erfolgreichster Spieler

Ein Tor, zwei Torvorlagen: Maksim Kalinitschenko

Drei Spiele, drei Siege. Das Konzept von Trainer Luis Aragonés ging auf. Er setzte auf unverbrauchte Spieler. Das 4-3-3-System saß wie maßgeschneidert. Beim 4:0 gegen die Ukraine zeigten die Spanier ihre beste Leistung

Stets mit großen Erwartungen zu den Weltmeisterschaften angereist, hatte Spanien in der Vergangenheit seine Anhänger in ebenso schöner Regelmäßigkeit bitterlich enttäuscht. Der einzige große Erfolg datiert aus dem Jahr 1964, als Spanien die UdSSR im EM-Finale 2:1 bezwang.

Diesmal waren die Erwartungen noch höher an die Mannschaft, die Trainer Luis Aragonés aus vielen jungen Spielern und wenigen Routiniers gebildet hatte. Kaum 25 Jahre im Schnitt – ein derart junges Team traute sich keine andere Nation Europas auf die WM-Bühne zu schicken. Das Vertrauen zahlten die Spieler schon im Auftaktspiel mit grandioser Vorstellung zurück. Dabei zeigte Aragonés mit drei Stürmern in der Startelf – von rechts nach links: Luís Garcia, Fernando Torres und David Villa – ähnlichen Mut wie in der Altersfrage.

Mit 4:0 wurde eine völlig überforderte Mannschaft der Ukraine in ihre Einzelteile zerlegt. Ein Verdienst, das sich besonders Villa und Torres (»Wir suchen uns mit und ohne Ball«) zuschreiben durften. In perfekter Abstimmung ihrer Laufwege setzten sie sich immer wieder gefährlich in Szene.

Aggressiv die Zweikämpfe suchend, erstickte Abwehrorganisator Carles Puyol, der 67 Prozent aller Duelle für sich entschied, die ukrainischen Angriffsversuche rustikal im Keim. Im Mittelfeld glänzte Xavi als Antreiber und Paßgeber. 96 Prozent seiner 67 Zuspiele erreichten einen Mitspieler. »Vor allem nach dem 2:0 haben wir sehr gut gespielt. Wir waren physisch sehr stark, wenn wir im Ballbesitz waren. Wir hätten aber aus unseren Chancen noch mehr Tore machen müssen«, resümierte Luis Aragonés.

Das 4-3-3 ohne Flügelstürmer hatte er während der Vorbereitung einüben lassen. Es imponierte, wie sehr seine Mannschaft das System

»Wer sich nicht reinhängt, fährt nach Hause«

verinnerlicht hatte. Mit drei Siegen und nur einem Gegentor feierte sie einen souveränen Gruppensieg. Die Gründe für den verpatzten Einstand der hocheingeschätzten Ukraine bei ihrer WM-Premiere waren augenscheinlich. Unter dem Druck der Erwartung – man hatte den Einzug ins WM-Finale als realistisches Ziel vorgegeben – schien die Mannschaft wie paralysiert. Selbst Pässe über wenige Meter verfehlten ihr Ziel, Superstar Andrej Schewtschenko wurde im Sturm zum Totalausfall. Nahezu ohne Gegenwehr marschierten die spanischen Angreifer durch eine völlig indisponierte ukrainische Defensive. Bezeichnend war die Vorstellung von Verteidiger Wladimir Jezerski: Er entschied nur 44 Prozent seiner Duelle für sich. Die ukrainischen Abwehrspieler standen immer mindestens einen Schritt zu weit weg vom Gegner, in den Zweikämpfen fehlte die nötige Aggressivität. Alle ukrainischen Spieler, denen es in keiner Phase gelang, Ordnung in ihr Kollektivspiel zu bringen, brachten es zusammen auf nur neun durchweg harmlose Torschuß-Versuche.

Trainer Oleg Blochin entschuldigte die miserable Vorstellung: »Wir müssen erst noch unsere Erfahrungen sammeln.« Als Konsequenz tauschte er gegen Saudi-Arabien gleich fünf Spieler aus. Blochin stellte auf ein variables 4-2-2-2 mit zwei hängenden Flügelspielern um. Der Weg zurück in die Erfolgsspur. Von den Worten ihres mächtigen Verbandspräsidenten Grigori Surkis angestachelt (»Wer sich nicht reinhängt, fährt nach Hause«), zeigte sich die Ukraine dank des neu in die Mannschaft genommenen Maxim Kalinitschenko besonders im Kombinationsspiel verbessert, traf aber mit Saudi-Arabien und Tunesien auch auf zwei gänzlich überforderte Kontrahenten und schaffte daher glücklich den Einzug ins Achtelfinale.

Mit Tunesien und Saudi-Arabien verabschiedeten sich die zwei Mannschaften aus dem Turnier, denen nur Außenseiter-Chancen eingeräumt worden waren. Während die Araber vor allem wegen unerklärlicher Abwehrfehler und eines katastrophal haltenden Torwart Mabrouk Zaid scheiterten, brachte sich Tunesien mit ängstlichem Fußball um alle Chancen. Auch im entscheidenden Spiel gegen die Ukraine (0:1) bot Trainer Roger Lemerre mit Zied Jaziri zunächst nur eine Spitze auf. Top-Stürmer Santos ließ er auf der Bank.

HÖHENFLUG
Spaniens Abwehrchef Carles Puyol (r.) zeigt im Zweikampf keine Gnade. Mit seinem kräftigen Körper hat der Mann aus Barcelona Gegenspieler Ruslan Rotan beim Hochspringen weggeschoben und köpft den Ball unbehindert aus der Gefahrenzone. Puyol war einer der wenigen Routiniers im Team Spaniens

SPANIEN BEGEISTERT MIT ANGRIFFSWIRBEL

Jungstars stürzen Ukraine ins Chaos

Xabi Alonso (24), David Villa (24) und Fernando Torres (22) führten Spanien zum Kantersieg. Nur Trainer Luis Aragonés Suárez war noch nicht ganz zufrieden. Der ukrainische Superstar Andrej Schewtschenko enttäuschte

Puyol: »Raúl ist ein guter Reservespieler«

Im Auswechselleibchen am Rand des Geschehens: Raúl

Gänzlich neu war das Gefühl, bei einer WM zu Spielbeginn auf der Bank zu sitzen, für ihn nicht. Auch 1998, beim Gruppenspiel gegen Bulgarien, fehlte Raúl in der spanischen Startelf. Aber das ist lange her und war auch bisher das einzige Mal in seiner Karriere. Trainer Luis Aragonés Suárez hat Spaniens Rekordtorschützen (43 Tore) vor Wochen von seinen Plänen unterrichtet. Raúl gab sich gefaßt: »Ich akzeptiere seine Entscheidung. Wichtig ist nur das Team.« Aber Aragonés hatte ihm auch gleichzeitig Mut gemacht: »Raúl gehört nicht zur ersten Elf. Aber er wird öfter im Team sein, als viele denken.«
Gegen die Ukraine durfte der Stürmer von Real Madrid noch 35 Minuten mitspielen, schoß zweimal aufs Tor und gab eine Torschußvorlage. Teamkollege Carles Puyol, Abwehrchef bei Reals Erzrivalen FC Barcelona und im Nationalteam, kommentierte süffisant: »Er ist ein guter Reservespieler.«

Spaniens Torhüter Iker Casillas (25) hatte selbstbewußt getönt: »Unsere junge Mannschaft ist extrem hungrig.« Wie treffend er die Gemütslage seines Teams beschrieben hatte, bekamen 43 000 Zuschauer in Leipzig mit einer Gala-Vorstellung der Spanier eindrucksvoll demonstriert. Besonderen Appetit entwickelte dabei einer, dessen angestammter Platz in der Nationalelf bisher meist die Ersatzbank war: David Villa (24). Den Torjäger des CF Valencia, in der Primera División 2005/06 mit 25 Toren erfolgreichster spanischer Spieler, beorderte der listige Trainer Luis Aragonés Suárez für den formschwachen Raúl (Real Madrid) in die Startaufstellung.
Die Basis für einen großen Sieg: In der 17. Minute verwandelte David Villa einen Freistoß aus 21 Metern zum 2:0. Alexander Schowkowski im Tor der Ukraine hatte nicht den Hauch einer Chance, Andrej Rusol fälschte den Schuß unhaltbar ab.

»Wir hätten mehr Tore machen müssen. Das ärgert mich«

Und drei Minuten nach der Halbzeitpause traf Villa mit einem – allerdings umstrittenen – Foulelfmeter zur 3:0-Führung.
Es war der erste Strafstoß dieser WM und die vorweggenommene Entscheidung im Spiel. Denn der Schweizer Schiedsrichter Massimo Busacca verwies Innenverteidiger Wladislaw Waschtschuk wegen Foulspiels an Fernando Torres auch noch des Feldes.

Als David Villa in der 55. Minute seinen Platz für Raúl räumen mußte, erhoben sich sogar Kronprinz Felipe und seine Gattin Letizia von ihren Plätzen und applaudierten. Den Führungstreffer hatte in der 13. Minute Xabi Alonso (24) nach einem Eckball geköpft, den Schlußpunkt zum 4:0 (81.) setzte Villas Sturmpartner Fernando Torres (22) mit Volleyschuß nach starker Vorarbeit von Abwehrchef Carles Puyol. Trotz des imposanten Kantersieges fand Aragonés später noch Kritikpunkte: »Wir hätten mehr Tore machen müssen. Das ärgert mich ein wenig.« Klagen auf hohem Niveau, Aragonés hatte alles richtig gemacht. Sein Vertrauen in eine der jüngsten Mannschaften der WM (Altersschnitt: 25,9 Jahre) dankte diese ihm mit furiosem Sturmwirbel und dem 23. Spiel in Folge ohne Niederlage.
Unterdessen standen die ukrainischen Spieler und ihr Trainer Oleg Blochin vor dem Scherbenhaufen eigener Selbstüberschätzung. Zu keiner Zeit hatten sie ins Spiel gefunden, selbst Superstar Andrej Schewtschenko überbot sich in Harmlosigkeit. Nur einmal schoß er in 90 Minuten aufs Tor, hatte bloß 25 Ballkontakte. »Mein Knie schmerzte noch«, entschuldigte er sich. Ende April hatte sich Schewtschenko eine Verstauchung und Bänderdehnung im linken Knie zugezogen. Ausreden, die Oleg Blochin nicht gelten ließ: »Phasenweise haben wir wie das schlechteste Team Europas gespielt.«

In Gedanken bei der Familie: David Villa steckte nach seinem ersten Tor den Daumen in den Mund. Er widmete den Treffer seiner im Dezember geborenen zweiten Tochter Zaida

SPANIEN – UKRAINE

 4:0 (2:0)

SPANIEN-DATEN

Torhüter	Min.	Schüsse gehalten (von)	Flanken/ Ecken abgefangen	Glanz- taten	schwere Fehler	lange Pässe angekommen (von)	Note
Casillas	90	50% (4)	0/0	0	0	0% (3)	2−

Spieler	Ball- kontakte in Min.	Zweik. gew. (von)	Fouls/ gefoult worden	Pässe angek. (von)	Schüsse/ Schuß- vorlagen	Tore/ Torvor- lagen	Note
Ramos	78 in 90	55% (11)	2/2	93% (54)	2/3	0/0	2−
Ibáñez	45 in 90	43% (14)	1/1	91% (32)	0/0	0/0	3
Puyol	57 in 90	67% (15)	1/2	89% (27)	0/1	0/1	2−
Pernia	60 in 90	56% (16)	1/1	91% (34)	2/2	0/1	2
Xavi	87 in 90	33% (3)	0/1	96% (67)	1/4	0/1	2
Senna	64 in 90	43% (14)	3/1	86% (58)	2/3	0/0	3+
Xabi Alonso	32 in 54	67% (9)	0/0	100% (28)	1/1	1/0	2−
Albelda	44 in 36	67% (3)	0/0	95% (38)	1/1	0/0	3
García	39 in 76	46% (13)	2/0	82% (28)	2/2	0/0	3+
Fábregas	15 in 14	100% (3)	0/0	100% (12)	0/0	0/0	−
Villa	25 in 54	30% (10)	1/0	80% (15)	5/1	2/0	2
Raúl	22 in 36	40% (5)	0/0	89% (19)	2/1	0/0	3
Torres	50 in 90	56% (27)	0/5	55% (20)	6/5	1/1	1

14. JUNI, 15 UHR, LEIPZIG

Schiedsrichter: Massimo Busacca (Schweiz). Assistenten: Francesco Buragina, Matthias Arnet (alle Schweiz). Tore: 1:0 Xabi Alonso (13.), 2:0 Villa (17.), 3:0 Villa (48., Foulelfmeter), 4:0 Torres (81.). Einwechslungen: Raúl für Villa (55.), Albelda für Alonso (55.), Fábregas für García (77.) – Schelaew für Gusin (46.), Worobey für Gusew (46.), Rebrow für Rotan (64.). Zuschauer: 43 000

UKRAINE-DATEN

Torhüter	Min.	Schüsse gehalten (von)	Flanken/ Ecken abgefangen	Glanz- taten	schwere Fehler	lange Pässe angekommen (von)	Note
Schowkowski	90	64% (11)	2	0	0	67% (3)	3−

Spieler	Ball- kontakte in Min.	Zweik. gew. (von)	Fouls/ gefoult worden	Pässe angek. (von)	Schüsse/ Schuß- vorlagen	Tore/ Torvor- lagen	Note
Jezerski	68 in 90	44% (18)	4/0	69% (42)	1/0	0/0	5+
Waschtschuk	21 in 47	25% (4)	1/0	71% (17)	0/0	0/0	5−
Rusol	47 in 90	53% (15)	1/0	89% (37)	0/0	0/0	5+
Nesmaschny	54 in 90	57% (14)	0/3	78% (27)	0/0	0/0	4−
Tymoschtschuk	64 in 90	65% (17)	0/1	85% (48)	2/2	0/0	3
Gusin	22 in 45	29% (7)	2/1	87% (15)	1/0	0/0	5+
Schelaew	35 in 45	20% (5)	0/0	81% (27)	0/0	0/0	4−
Gusew	17 in 45	10% (10)	1/0	91% (11)	0/0	0/0	5
Worobey	25 in 45	60% (10)	0/1	83% (12)	1/1	0/0	3−
Voronin	37 in 90	63% (19)	1/0	75% (20)	2/2	0/0	4+
Rotan	26 in 63	50% (8)	1/2	93% (15)	0/1	0/0	4−
Rebrow	18 in 27	0% (0)	0/0	77% (13)	1/2	0/0	4
Schewtschenko	25 in 90	41% (17)	2/3	70% (10)	1/0	0/0	4−

ARABISCHE TEAMS BLAMIERTEN SICH

Kniefall vor 66 000 Zuschauern

Bei den Prämien Weltmeister

Spendabel: Prinz Sultan bin Fahad bin Abdulaziz

Während das Team auf dem Rasen den Beweis von Klasse schuldig blieb, offenbarte Saudi-Arabien bei den WM-Prämien für seine Spieler weltmeisterliche Dimensionen. Verbandspräsident Prinz Sultan bin Fahad bin Abdulaziz gab sich wohl auch aus Motivationsgründen überaus spendabel. Für jedes Spiel in der Vorrunde kassierte jeder Spieler 21 000 Euro. Hätten die Männer aus dem Golfstaat das Achtelfinale erreicht, wären 63 000 Euro dazugekommen. Macht zusammen 126 000 Euro für jeden Akteur. Wie hoch die Bonuszahlung für den Sprung ins Viertelfinale gewesen wäre, verschwieg der Scheich.
Gut verdient bei Erfolgen auf dem Fußballplatz haben Spieler in Saudi-Arabien schon immer: Als sie 1994 das WM-Achtelfinale erreichten, erhielt jeder eine Villa, ein Auto sowie eine Prämie von 100 000 Dollar.

Fehlpässe, technische Fehler und mangelndes Tempo hemmten das Spiel zwischen Tunesien und Saudi-Arabien. Adel Chedli vom 1. FC Nürnberg gewann nur 31 Prozent seiner Zweikämpfe. Erst die Schlußphase entschädigte

Am Ende wußte keiner der beiden Trainer so richtig, ob er sich nun über das Ergebnis freuen sollte oder doch lieber trauern wollte. Während Tunesiens Trainer Roger Lemerre (»Wir haben einen Punkt gewonnen«) ein dezent positives Fazit zog, entschloß sich sein in Diensten Saudi-Arabiens stehender Kollege Marcos Paquetá für die andere Variante: »Wir haben zwei Punkte verloren.«
Was beide Teams den 66 000 Zuschauern in München zumuteten, verdiente über weite Strecken nicht die Benotung »WM-reif«. Viele technische Fehler, wenig Tempo und zeitweise mehr Fehlpässe als geglückte Zuspiele hemmten das Spiel. An das schwache Niveau paßten sich auch die beiden tunesischen Profis vom 1. FC Nürnberg, Adel Chedli und Jawhar Mnari, an. Chedli gewann von 26 Zweikämpfen nur acht (31 Prozent) und wurde folgerichtig von Roger Lemerre nach 69 Minuten ausgewechselt.

Sami Al Jaber schießt das Tor mit seinem ersten Ballkontakt

Jawhar Mnari berührte als Mittelfeldspieler in den 90 Minuten nur 33mal den Ball und gewann lediglich neun seiner 21 Zweikämpfe. Zusammengerechnet sieben Torschüsse beider Mannschaften verzeichneten die Statistiken nach Halbzeit eins – so wenige wie bei keinem anderen Spiel dieser WM zuvor. Immerhin durfte am Ende über vier Tore gejubelt werden. Bezeichnend ist, daß der Führungstreffer der Tunesier nach einer Standardsituation fiel. Nach einem wuchtig getretenen Freistoß kam der Ball in der 23. Minute zu Zied Jaziri, der per Seitfallzieher aus acht Metern traf. Und bemerkenswerter als der Ausgleichstreffer von Yasser Al-Kahtani (57. Minute) war der Torjubel der saudischen Spieler: Sie feierten mit einem kollektiven Kniefall und einem kurzen Stoßgebet in Richtung Himmel.
Erst die turbulente Schlußphase entschädigte: Zwei Minuten nach seiner Einwechslung gelang Sami Al Jaber (34) mit seinem ersten Ballkontakt und nach Steilpaß das 2:1 (84. Minute) für Saudi-Arabien. In der zweiten Minute der Nachspielzeit schaffte Radhi Jaidi per Kopfball aus kurzer Distanz den verdienten Ausgleich. So blieb Sami Al Jaber neben dem einen Punkt nur ein geteilter Rekord: Er war nach Pelé, Uwe Seeler (beide 1958 bis 1970), Diego Armando Maradona (1982 bis 1994) und Michael Laudrup (1986 bis 1998) erst der fünfte Spieler, dem in einem Zeitraum von zwölf Jahren WM-Treffer gelangen. Sein erstes Tor hatte Al Jaber 1994 beim 2:1 Saudi-Arabiens über Marokko erzielt. Mit dem Schweden Henrik Larsson (1994 bis 2006), Torschütze gegen England, kam am 20. Juni dann noch ein weiterer Spieler hinzu.
Tunesiens Verbandspräsident Hamouda Ben Ammar war verbittert. Er bezeichnete die Leistung seiner Mannschaft als »eine der schlechtesten seit Jahren«.

148

Hohes Bein: Der Tunesier Karim Haggui (r.) bremst Sami Al Jaber mit hartem Körpereinsatz. Für Saudi-Arabien war das 2:2 der erste Punktgewinn bei einer WM seit 1998. Beim 2:2 gegen Südafrika in Bordeaux hatte Al Jaber das Tor zum 1:1 erzielt. Auch damals vergab Saudi-Arabien in der Schlußphase eine 2:1-Führung, der Ausgleich fiel in der 90. Minute

TUNESIEN – SAUDI-ARABIEN

 2:2 (1:0)

TUNESIEN-DATEN

Torhüter	Min.	Schüsse gehalten (von)	Flanken/ Ecken abgefangen	Glanz- taten	schwere Fehler	lange Pässe angekommen (von)	Note
Boumnijel	90	50% (4)	0	0	0	50% (4)	4+

Spieler	Ball- kontakte in Min.	Zweik. gew. (von)	Fouls/ gefoult worden	Pässe angek. (von)	Schüsse/ Schuß- vorlagen	Tore/ Torvor- lagen	Note
Trabelsi	67 in 90	65% (23)	1/1	81% (36)	0/0	0/0	4
Jaidi	49 in 90	68% (19)	0/1	96% (24)	1/0	1/0	3
1. Haggui	60 in 90	59% (22)	4/1	85% (40)	1/0	0/0	4
Jemmali	64 in 90	67% (9)	0/1	67% (27)	0/0	0/0	4
1. Bouazizi	34 in 54	50% (12)	1/1	87% (23)	0/0	0/0	4+
Nafti	20 in 36	33% (6)	0/0	80% (10)	1/0	0/0	4
Mnari	33 in 90	43% (21)	3/0	83% (24)	0/1	0/0	4+
1. Chedli	45 in 68	31% (26)	4/3	83% (24)	0/2	0/1	4
Ghodhbane	9 in 22	0% (3)	0/0	83% (6)	1/0	0/0	4
Namouchi	57 in 90	46% (28)	1/0	83% (30)	1/0	0/0	4
1. Chikhaoui	32 in 81	54% (28)	1/1	59% (17)	0/1	0/0	4+
Essediri	12 in 9	0% (3)	0/0	80% (5)	0/1	0/0	–
Jaziri	26 in 90	42% (24)	0/2	71% (7)	1/1	1/1	2–

14. JUNI, 18 UHR, MÜNCHEN

Schiedsrichter: Mark Shield (Australien). **Assistenten:** Nathan Gibson, Ben Wilson (beide Australien). **Tore:** 1:0 Jaziri (23.), 1:1 Al Kahtani (57.), 1:2 Al Jaber (84.), 2:2 Jaidi (90+2.). **Einwechslungen:** Nafti für Bouazizi (55.), Ghodhbane für Chedli (69.), Essediri für Chikhaoui (82.) – Al Hawsawi für Al Temyat (67.), Ameen für Noor (75.), Al Jaber für Al Kahtani (82.). **Zuschauer:** 66 000.

SAUDI-ARABIEN-DATEN

Torhüter	Min.	Schüsse gehalten (von)	Flanken/ Ecken abgefangen	Glanz- taten	schwere Fehler	lange Pässe angekommen (von)	Note
Zaid	90	0% (2)	2	0	0	0% (0)	4

Spieler	Ball- kontakte in Min.	Zweik. gew. (von)	Fouls/ gefoult worden	Pässe angek. (von)	Schüsse/ Schuß- vorlagen	Tore/ Torvor- lagen	Note
Dokhi	62 in 90	63% (16)	0/0	66% (35)	0/0	0/0	3–
Tukar	46 in 90	71% (17)	1/0	92% (25)	1/0	0/0	3+
Al Montashari	59 in 90	56% (16)	1/1	90% (42)	0/0	0/0	3–
Sulimani	70 in 90	50% (22)	1/2	81% (27)	4/0	0/0	4+
Aziz	50 in 90	48% (29)	1/2	76% (34)	2/0	0/0	3+
Al Ghamdi	44 in 90	68% (25)	2/2	100% (27)	1/2	0/0	4+
Khariri	26 in 90	33% (18)	2/5	100% (11)	0/2	0/0	5+
Noor	35 in 75	50% (24)	2/3	63% (16)	1/2	0/1	3–
Ameen	9 in 15	33% (3)	1/0	83% (6)	0/0	0/0	4+
Al Temyat	39 in 66	61% (9)	1/3	70% (27)	4/2	0/0	4
Al Hawsawi	11 in 24	40% (10)	1/2	83% (6)	0/3	0/1	3
Al Kahtani	29 in 81	27% (26)	1/0	75% (12)	3/3	1/0	3+
Al Jaber	3 in 9	0% (0)	0/0	100% (9)	1/1	1/0	–

UKRAINE REHABILITIERTE SICH

Wandlung zur schönen Prinzessin

Trainer Oleg Blochin bemühte nach dem klaren 4:0-Sieg seine Märchen-Kenntnisse. Er verglich seine Mannschaft mit einem jungen Mädchen, das seine Aschenputtel-Kleider endlich abgelegt hatte. Saudi-Arabien half dabei kräftig

**Marcos Paquetá:
»Es war nicht unser Tag«**

Yasser Al Kahtani gewann nur 7 von 21 Zweikämpfen

Das 2:2 im Auftaktspiel gegen Tunesien hatte Saudi-Arabien noch in Begeisterung versetzt: technisch feiner Fußball, Kampf bis zur letzten Minute, dazu auch noch zwei Tore geschossen. Mit einem Sieg gegen die Ukraine sollte nach zuletzt acht sieglosen WM-Spielen endlich wieder ein uneingeschränktes Erfolgserlebnis gelingen.
Aber nicht nur der für die Araber ungewohnte Regen und der feuchte Platz machten ihnen einen Strich durch die Rechnung. Nur vier Torschüsse gab die Elf von Trainer Marcos Paquetá ab, keiner kam aufs Tor. Zum Vergleich: Die Ukrainer versuchten sich 29mal. Verheerend schlecht waren die Zweikampfwerte: Stürmer Yasser Al Kahtani zum Beispiel gewann nur 33 Prozent seiner Duelle (7 von 21), der spät eingewechselte Sami Al Jaber nicht einen einzigen. Paquetás nüchternes Fazit: »Es war eben nicht unser Tag.«

Für einen kurzen Augenblick war es deutlich zu erkennen. Da entspannten sich die Gesichtszüge von Andrej Schewtschenko zu einem zaghaften Lächeln. Die Freude am Spiel mit dem Ball schien urplötzlich zurückgekehrt. Die Räder des gerühmten kollektiven ukrainischen Angriffswirbels griffen wieder ineinander. Geölt von einem Gegner aus Saudi-Arabien, der sich während des gesamten Spiels dankenswerterweise mehr um den moralischen Aufbau seines Kontrahenten mühte als um den eigenen Erfolg. So feierte der WM-Debütant mit seinem klaren 4:0 vor 50 000 Zuschauern im Regen von Hamburg seine Wiederauferstehung. Erleichtert titelte in der Heimat die Zeitung Delo: »Das war arabischer Balsam für die ukrainische Seele.« Trainer Oleg Blochin gewann dem Geschehen gar märchenhafte Züge ab: »Das war heute eine Cinderella-Story, aus dem Aschenputtel ist

»Die Söhne der Wüste sind keinen Regen gewohnt«

eine wunderschöne Prinzessin geworden.«
Zuvor hatte die Ursachenforschung nach dem vernichtenden 0:4-Fiasko gegen Spanien im ersten Gruppenspiel mitunter groteske Züge angenommen. Als Erklärung für die blamable Leistung der Mannschaft hatte man ein Schlafdefizit ausgemacht. Schuld daran sollten ausgerechnet Frösche im Hotelteich vor der Herberge gewesen sein, die nächtens stimmgewaltig gequakt hätten.
Nachvollziehbarer waren die personellen Konsequenzen Blochins. Rigoros hatte er die Mannschaft gleich auf vier Positionen neu besetzt – mit Wjatscheslaw Swiderski, Oleg Schelajew, Maksim Kalinitschenko und Sergej Rebrow. Nach nur vier Minuten Spielzeit hatte Blochin alles richtig gemacht und die permanent überforderten Araber, die Torhüter Alexander Schowkowski nicht einmal prüften, übertölpelt. Nach Ecke von Kalinitschenko bugsierte Andrej Rusol mit beiden Knien den Ball durch die Beine von Torwart Mabrouk Zaid zum 1:0 ins Netz.
Mit einer Bogenlampe aus 24 Metern erhöhte Rebrow (36.) auf 2:0, wieder unter Mithilfe von Torhüter Zaid. Der war auf dem feuchten Rasen ausgerutscht, der Ball flog hoch über ihn hinweg ins Tor.
Nur 40 Sekunden nach Wiederbeginn beteiligte sich endlich auch Schewtschenko am Torreigen. Einen Freistoß von Kalinitschenko köpfte er hart und plaziert ein, küßte anschließend leidenschaftlich das Verbandswappen auf seinem Trikot. Auch am 4:0 war Schewtschenko entscheidend beteiligt. Nach tollem Sprint auf der rechten Seite erreichte sein exaktes Zuspiel Kalinitschenko, der aus sechs Metern vollstreckte.
»Die Söhne der Wüste sind keinen Regen gewohnt«, entschuldigte Saudi-Arabiens Zeitung Al-Watan den erbärmlichen Auftritt der Elf. ◂

Wieder im Spiel: Andrej Schewtschenko – hier im Jubel mit einem Betreuer der ukrainischen Mannschaft vereint – erzielte mit dem 3:0 sein erstes Tor bei einer Weltmeisterschaft

SAUDI-ARABIEN – UKRAINE

 0:4 (0:2)

SAUDI-ARABIEN-DATEN

Torhüter	Min.	Schüsse gehalten (von)	Flanken/ Ecken abgefangen	Glanz- taten	schwere Fehler	lange Pässe angekommen (von)	Note
Zaid	90	43% (7)	3	0	0	0% (1)	5–

Spieler	Ball- kontakte in Min.	Zweik. gew. (von)	Fouls/ gefoult worden	Pässe angek. (von)	Schüsse/ Schuß- vorlagen	Tore/ Torvor- lagen	Note
1. Dokhi	42 in 54	60% (10)	3/0	69% (26)	2/2	0/0	4–
Khathran	33 in 36	100% (4)	0/0	76% (29)	0/1	0/0	4
Tukar	67 in 90	50% (10)	2/0	92% (38)	1/0	0/0	4–
Al Montashari	60 in 90	68% (22)	1/2	85% (41)	1/0	0/0	4
Sulimani	72 in 90	56% (25)	0/3	76% (38)	1/2	0/0	4+
Aziz	54 in 90	50% (26)	3/3	92% (36)	0/1	0/0	4–
1. Al Ghamdi	54 in 90	44% (32)	2/5	80% (35)	0/1	0/0	4
1. Khariri	47 in 90	44% (25)	3/2	86% (28)	1/0	0/0	4
Ameen	18 in 54	22% (9)	1/1	50% (8)	0/0	0/0	5+
Al Hawsawi	19 in 36	58% (12)	1/1	88% (5)	1/0	0/0	4–
Noor	19 in 76	28% (32)	3/2	85% (13)	0/1	0/0	5+
Al Jaber	12 in 14	0% (2)	0/0	78% (9)	0/0	0/0	–
Al Kahtani	26 in 90	33% (21)	2/3	50% (6)	1/0	0/0	4

19. JUNI, 18 UHR, HAMBURG

Schiedsrichter: Graham Poll (England).
Assistenten: Philip Sharp, Glenn Turner (beide England).
Tore: 0:1 Rusol (4.), 0:2 Rebrow (36.), 0:3 Schewtschenko (46.), 0:4 Kalinitschenko (84.).
Einwechslungen: Khathran für Dokhi (55.), Al Hawsawi für Ameen (55.), Al Jaber für Noor (77.) – Rotan für Rebrow (71.), Gusin für Voronin (79.), Milewski für Schewtschenko (86.).
Zuschauer: 50 000.

UKRAINE-DATEN

Torhüter	Min.	Schüsse gehalten (von)	Flanken/ Ecken abgefangen	Glanz- taten	schwere Fehler	lange Pässe angekommen (von)	Note
Schowkowski	90	0% (4)	0	0	0	50% (4)	4+

Spieler	Ball- kontakte in Min.	Zweik. gew. (von)	Fouls/ gefoult worden	Pässe angek. (von)	Schüsse/ Schuß- vorlagen	Tore/ Torvor- lagen	Note
1. Swiderski	29 in 90	61% (18)	3/2	86% (14)	0/0	0/0	3+
Rusol	52 in 90	55% (11)	2/0	90% (40)	1/0	1/0	2+
Gusew	57 in 90	55% (22)	2/2	78% (27)	2/1	0/0	2–
Schelajew	53 in 90	36% (22)	2/1	90% (39)	0/0	0/0	5+
1. Nesmatschny	71 in 90	70% (27)	1/3	81% (37)	1/3	0/0	3
Timoschtschuk	79 in 90	68% (31)	4/2	87% (46)	2/2	0/1	1–
1. Kalinitschenko	67 in 90	50% (24)	2/3	82% (34)	5/9	1/2	2–
Rebrow	42 in 70	37% (19)	1/0	76% (25)	5/1	1/0	2–
Rotan	16 in 20	20% (5)	1/0	83% (12)	1/2	0/0	4+
Voronin	38 in 78	56% (25)	3/3	88% (24)	3/4	0/0	3–
Gusin	10 in 12	67% (3)	0/0	100% (8)	0/0	0/0	–
Schewtschenko	44 in 85	43% (21)	1/5	76% (21)	9/3	1/1	2
Milewski	7 in 5	50% (2)	1/0	80% (5)	0/2	0/0	–

RAÚL SORGTE FÜR WENDE IM SPIEL

Forderung mit einem Tor untermauert

»Die WM 2006 ist meine größte Herausforderung«

Oft rüde im Ton: Trainer Luis Aragonés Súarez

Schmeichelhaft klingt es nur selten, wenn andere über ihn urteilen. Knorrig sei Spaniens Trainer Luis Aragonés Súarez (67), ein Choleriker, oft rüde im Ton, auch ein wenig verschroben. Als er zum WM-Auftakt am Flughafen mit Blumen begrüßt wurde, schlug er den Strauß aus. Die Farben der gelben Blüten stünden für Unglück. Geht es allerdings um seine sportliche Arbeit, müssen ihm auch seine größten Widersacher Respekt zollen. Seit 2004 führt Aragonés, der wegen seiner weißen Haare in Spanien »el sabio de Hortaleza« (zu deutsch: Der Weise von Hortaleza) genannt wird, Spaniens Nationalmannschaft. Auf 30 Trainerjahre kann er zurückblicken, u. a. bei Atlético Madrid und CF Valencia. »Die WM 2006«, sagt er, »ist für mich die größte Herausforderung und der Höhepunkt meiner Karriere.«

Auch im zweiten Spiel saß der Stürmer zu Spielbeginn auf der Ersatzbank, Trainer Aragonés verweigerte ihm den heftig reklamierten Stammplatz. Dann erzielte Raúl nach langer Zitterpartie das 1:1 und warb damit für sich

Besser hätte der Zeitpunkt des Aufbegehrens nicht gewählt sein können. Zwei Tage vor dem Spiel gegen Tunesien beklagte sich Raúl öffentlich über seine mißliche Rolle als Ersatzspieler und forderte unumwunden von Trainer Luis Aragonés einen Platz in der Stammelf ein. »Ich bin nicht hergekommen, um zu scherzen«, zürnte der Mann, der schon mit 29 Jahren in Spanien eine Legende ist. Die Reaktion kam prompt. Raúls Platz sei auch gegen Tunesien nicht in der ersten Elf, beschied der Trainer seinen Star. Erst mit Beginn der zweiten Halbzeit schickte Aragonés den Stürmer aufs Feld (für Senna) und sorgte damit für den Umschwung in einer für Spanien unbefriedigenden Partie. Gleich mit seinem ersten Torschuß in der 71. Minute sorgte der hochmotivierte Raúl für den ersehnten Ausgleich, brachte so eine bis dahin glücklos anstürmende spanische Mannschaft noch auf die Siegerstraße. Aragonés hatte mit Raúl nicht nur den Erfolg eingewechselt, er hatte gleichzeitig auch die ihn zuvor hart kritisierenden Medien besänftigt. El Mundo bescheinigte dem Trainer: »Die Einwechslung von Raúl war entscheidend.« Und Marca stellte fest: »Raúl gewinnt sein Lächeln zurück – und mit ihm ganz Spanien.«
Nach dem Rausch des famosen 4:0 über die Ukraine wollte Spanien gegen Tunesien einen weiteren Akt der Demütigung folgen lassen. 52 000 Zuschauer in Stuttgart erlebten allerdings, wie nachhaltig Jawhar Mnari vom 1. FC Nürnberg mit seinem Tor in der 8. Minute die Spanier aus der Bahn warf. Das gestand auch Aragonés: »Der erfolgreiche Konter der Tunesier hat uns geschockt.« Zied Jaziri hatte drei Gegenspieler ausgespielt, kurz auf Mnari abgelegt. Dessen Schuß konnte Iker Casillas im ersten Versuch noch abwehren, gegen den Nachschuß war er machtlos. Unverständlicherweise zogen sich die Tunesier in der Folgezeit fast völlig aus der Hälfte der Spanier zurück. Bis zum Spielende kamen sie auf nur vier Torschüsse. Anders die Spanier, die 25mal auf das von Ali Boumnijel gehütete Tor schossen oder köpften. Allein Fernando Torres versuchte es achtmal, mit dem sechsten Versuch erzielte er das 2:1 (76.). Der ebenfalls zur Pause eingewechselte Cesc Fábregas von Arsenal London hatte steil auf Torres gepaßt, der nahm den Ball mit dem rechten Fuß, spielte Doppelpaß mit seinem linken und spitzelte den Ball mit dem rechten Außenrist aus 18 Metern am herauslaufenden Ali Boumnijel vorbei ins verwaiste Tor.
In der Schlußminute erhöhte Torres per Foulelfmeter noch auf 3:1. Damit hatte Spanien zum 24. Mal in Folge nicht verloren. Auch Raúl strahlte wieder. Er hatte seinen Torrekord auf 44 Treffer im Nationalteam geschraubt.

»Raúl gewinnt sein Lächeln zurück – und mit ihm Spanien«

Kunstschuß: Fernando Torres spitzelt den Ball aus 18 Metern an dem herauslaufenden tunesischen Torwart Ali Boumnijel vorbei – 2:1. Einer der ersten Gratulanten ist Raúl

152

SPANIEN – TUNESIEN

 3:1 (0:1)

SPANIEN-DATEN

Torhüter	Min.	Schüsse gehalten (von)	Flanken/ Ecken abgefangen	Glanz- taten	schwere Fehler	lange Pässe angekommen (von)	Note
Casillas	90	67% (3)	3	0	0	0% (2)	3+

Spieler	Ball- kontakte in Min.	Zweik. gew. (von)	Fouls/ gefoult worden	Pässe angek. (von)	Schüsse/ Schuß- vorlagen	Tore/ Torvor- lagen	Note
Ramos	83 in 90	39% (31)	1/1	85% (55)	2/0	0/0	4
Pablo	49 in 90	85% (13)	1/1	91% (43)	0/1	0/0	2
1. Puyol	63 in 90	60% (15)	1/1	96% (48)	0/0	0/0	4
Pernía	92 in 90	44% (27)	0/3	76% (62)	3/1	0/0	4
Xavi	109 in 90	56% (16)	0/1	90% (81)	1/7	0/0	2+
Senna	25 in 45	63% (8)	1/0	86% (21)	0/0	0/0	4
1. Fábregas	57 in 45	50% (14)	3/1	92% (65)	3/4	0/2	1–
Alonso	98 in 90	67% (21)	2/1	95% (98)	2/4	0/0	2
García	27 in 45	58% (12)	1/3	56% (16)	2/2	0/0	3+
Raúl	31 in 45	11% (9)	1/0	88% (24)	1/0	1/0	2
Villa	22 in 56	27% (15)	0/3	60% (10)	3/1	0/0	3–
Joaquín	32 in 34	33% (6)	0/0	88% (24)	0/3	0/0	3+
Torres	44 in 90	53% (34)	0/5	67% (15)	8/0	2/0	1

19. JUNI, 21 UHR, STUTTGART

Schiedsrichter: Carlos Simon (Brasilien). **Assistenten:** Aristeu Tavares, Ednilson Corona (beide Brasilien). **Tore:** 0:1 Mnari (8.), 1:1 Raúl (71.), 2:1 Torres (76.), 3:1 Torres (90+1., Foulelfmeter). **Einwechslungen:** Raúl für Senna (46.), Fábregas für Garcia (46.), Joaquín für Villa (57.) – Yahia für Bouazizi (57.), Ghodhbane für Ayari (57.), Guemamdia für Chedli (80.). **Zuschauer:** 52 000.

TUNESIEN-DATEN

Torhüter	Min.	Schüsse gehalten (von)	Flanken/ Ecken abgefangen	Glanz- taten	schwere Fehler	lange Pässe angekommen (von)	Note
Boumnijel	90	67% (9)	3	1	0	0% (4)	3+

Spieler	Ball- kontakte in Min.	Zweik. gew. (von)	Fouls/ gefoult worden	Pässe angek. (von)	Schüsse/ Schuß- vorlagen	Tore/ Torvor- lagen	Note
1. Trabelsi	62 in 90	52% (23)	5/3	75% (36)	0/1	0/0	5+
1. Jaidi	38 in 90	68% (19)	3/0	77% (22)	0/0	0/0	4+
Haggui	26 in 90	33% (12)	1/1	70% (10)	0/0	0/0	5+
1. Ayari	39 in 57	50% (18)	2/1	56% (18)	1/0	0/0	4+
Yahia	20 in 33	73% (11)	1/0	40% (5)	0/0	0/0	4–
Nafti	44 in 90	75% (16)	1/2	89% (37)	0/0	0/0	3–
1. Mnari	33 in 90	47% (19)	2/0	86% (22)	2/0	1/0	3+
Bouazizi	21 in 56	31% (16)	1/0	43% (14)	0/0	0/0	5+
Ghodhbane	23 in 34	33% (6)	0/0	71% (14)	0/1	0/0	5+
Chedli	27 in 79	56% (18)	0/0	41% (17)	0/0	0/0	4+
1. Guemamdia	3 in 11	33% (3)	0/0	0% (1)	1/0	0/0	–
Namouchi	31 in 90	50% (36)	1/1	89% (18)	0/0	0/0	3–
1. Jaziri	20 in 90	30% (23)	2/2	100% (9)	0/2	0/1	3

SPANIEN SCHONTE SICH UND DEN GEGNER

Ballgeschiebe im Stehen reichte

In einem nach der Pause unansehnlichen Spiel kam der Favorit zu einem glücklichen 1:0-Erfolg über Saudi-Arabien. Trainer Luis Aragonés gab seinen Reservisten eine Chance, die sie aber nicht nutzten

Saudi-Fußballer bewerben sich wieder in Europa

Bietet sich an: Mittelfeldspieler Omar Al Chamdi

Seit dem größten Moment in Saudi-Arabiens Fußballhistorie, der Achtelfinal-Teilnahme 1994 in den USA, galt für die Scheichs ein Erfolgsrezept: die besten Spieler um jeden Preis am Golf zu halten. Das Ausscheiden 2006 führte zum Umdenken. Mittelfeldspieler Omar Al Ghamdi (27) war es vorbehalten, sich und seine Kameraden ins Gespräch zu bringen: »Wir können uns nur in europäischen Profiklubs verbessern.« Er versichert: »Bekommt ein Spieler ein Angebot, darf er sofort wechseln.«
Sami Al Jaber, 33jährige Stürmerlegende, gegen Spanien in seinem letzten Spiel vornehmlich durch Eigensinn und Sprints ins Abseits aufgefallen, war bis dahin der letzte Spieler, der den Sprung ins europäische Ausland gewagt hatte. Im Jahr 2000, nach fünf Monaten bei den Wolverhampton Wanderers in England, kehrte er aber zurück.

José Santiago Cañizares breitete die Arme aus, er schien seine Vorderleute anzuflehen. Nur zu gern wollte der 36 Jahre alte Ersatztorwart seinen Gnadeneinsatz bei der WM ohne Gegentor überstehen. Aber am Ende des Spiels gegen Tabellen-Schlußlicht Saudi-Arabien ließ die Aufmerksamkeit in Spaniens Abwehr immer mehr nach. »Schweinchen in der Mitte« nennen Jugendfußballer jene Trainingsform, die Spaniens Profis – nach erträglicher erster Halbzeit – den 46 000 Zuschauern in der zweiten Hälfte zumuteten: Ballgeschiebe im Stehen, den Gegner laufen lassen, ohne den Versuch, ein Tor zu erzielen. Trainer Luis Aragonés bemerkte sarkastisch: »Wenn du beim Fußball einschläfst, klaut man dir manchmal die Unterhose.« Verteidiger Juanito meinte: »Nach der Pause war es eine Blamage.« Daß es bei Spaniens 1:0-Sieg blieb, war der Abschlußschwäche Saudi-Arabiens zu verdanken. Die besten

»Wenn du beim Fußball schläfst, klaut man dir die Unterhose«

Einschußmöglichkeiten vergaben Verteidiger Hussein Abdul Sulimani, der Cañizares in der 69. Minute zu dessen bester Parade zwang, und Mittelfeldmann Saad Al Harthi. Der schoß nach 88 Minuten freistehend aus zehn Metern über das spanische Tor.
Die Null stand bei Cañizares, und sein griesgrämiger Trainer hätte darauf sogar ein wenig stolz sein dürfen. Er hatte im für Spanien bedeutungslosen letzten Gruppenspiel die Gelegenheit genutzt, die komplette Reserve zu testen, zum Leidwesen des nach Kaiserslautern angereisten spanischen Königspaares Juan Carlos und Sofia. Zur Ersatzgarde zählte wieder der frustrierte Raúl. Der nach mäßiger Rückrunde mit Real Madrid und hartnäckiger Knieverletzung aus der Stammformation gerutschte Star fügte sich nach einem Vier-Augen-Gespräch mit Aragonés aber und demonstrierte Teamgeist. Die Vorlage zum Siegtor in der 36. Minute lieferte José Antonio Reyes. In seinen Freistoß von der linken Seite sprintete Abwehrspieler Juanito und setzte sich bei seinem wuchtigen Kopfball gegen Saudi-Manndecker Hamad Al Montashari durch. Ohne Chance war Torwart Mabrouk Zaid, ansonsten Stärkster seiner Mannschaft. Klasse war seine Reaktion in der 28. Minute gegen David Albelda. Und phänomenal, wie der 27jährige in der 86. Minute einen Gewaltschuß des eingewechselten Xavi um den linken Torpfosten lenkte. Die Spanier hatten sich da besonnen, doch noch einmal den Torerfolg zu suchen.
Saudi-Arabiens Trainer Marcos Parquetá konnte der knappen Niederlage positive Seiten abgewinnen. »Wir fahren trotzdem zufrieden nach Hause und nehmen viele tolle Eindrücke mit. Es war wichtig, gegen starke Mannschaften zu spielen.« Spanien konnte er in diesem Spiel nicht gemeint haben.

154

Der fast einzige Lichtblick: Juanito Gutiérrez, Ergänzungsspieler im spanischen Team, köpft nach Freistoß von José Antonio Reyes wuchtig aus acht Metern ein: das 1:0 in der 36. Minute. Die saudi-arabischen Abwehrspieler Redha Tukar (Nummer 3) und Hamad Al Montashari (Nummer 4) lassen dem Verteidiger zuviel Platz. Vorn: Kapitän Raúl

SAUDI-ARABIEN – SPANIEN

 0:1 (0:1)

SAUDI-ARABIEN-DATEN

Torhüter	Min.	Schüsse gehalten (von)	Flanken/ Ecken abgefangen	Glanz- taten	schwere Fehler	lange Pässe angekommen (von)	Note
Zaid	90	92% (12)	5	2	0	100% (2)	2+

Spieler	Ball- kontakte in Min.	Zweik. gew. (von)	Fouls/ gefoult worden	Pässe angek. (von)	Schüsse/ Schuß- vorlagen	Tore/ Torvor- lagen	Note
Dokhi	51 in 90	75% (20)	1/1	75% (28)	0/0	0/0	3–
Tukar	44 in 90	62% (13)	3/1	79% (33)	0/0	0/0	4+
Al Montashari	38 in 90	62% (13)	0/1	90% (30)	0/0	0/0	4–
Al Khathran	40 in 90	55% (22)	1/5	61% (18)	0/0	0/0	4
Khariri	29 in 90	37% (19)	3/1	94% (18)	0/0	0/0	5+
Aziz	2 in 12	0% (2)	1/0	100% (1)	0/0	0/0	–
1. Al Temyat	42 in 78	27% (15)	1/1	60% (25)	1/1	0/0	4
Sulimani	42 in 80	67% (6)	0/0	88% (24)	3/0	0/0	4+
Massad	5 in 10	67% (3)	1/0	100% (2)	0/0	0/0	–
Noor	54 in 90	52% (27)	2/1	76% (37)	0/4	0/0	3–
Al Harthi	22 in 90	42% (26)	1/5	50% (10)	1/0	0/0	4–
1. Al Jaber	20 in 67	15% (13)	4/1	63% (8)	1/0	0/0	5+
Al Hawsawi	13 in 23	22% (9)	0/2	83% (6)	0/1	0/0	5+

23. JUNI, 16 UHR, KAISERSLAUTERN

Schiedsrichter: Coffi Codjia (Benin). **Assistenten:** Celestin Ntagungira (Ruanda), Aboudou Aderodjou (Benin). **Tor:** 0:1 Juanito (36.). **Einwechslungen:** Al Temyat für Aziz (13.), Al Hawsawi für Al Jaber (68.), Massad für Sulimani (81.) – Villa für Raúl (46.), Xavi für Fábregas (66.), Torres für Reyes (70.). **Zuschauer:** 46 000

SPANIEN-DATEN

Torhüter	Min.	Schüsse gehalten (von)	Flanken/ Ecken abgefangen	Glanz- taten	schwere Fehler	lange Pässe angekommen (von)	Note
Cañizares	90	100% (2)	2	0	0	33% (3)	3+

Spieler	Ball- kontakte in Min.	Zweik. gew. (von)	Fouls/ gefoult worden	Pässe angek. (von)	Schüsse/ Schuß- vorlagen	Tore/ Torvor- lagen	Note
Salgado	70 in 90	47% (15)	2/2	89% (47)	0/0	0/0	4–
Juanito	52 in 90	59% (17)	2/0	82% (50)	3/0	1/0	2–
1. Marchena	80 in 90	60% (20)	6/0	92% (62)	0/2	0/0	3–
López	80 in 90	69% (16)	1/3	86% (57)	1/1	0/0	4
1. Albelda	73 in 90	79% (19)	2/2	86% (56)	1/1	0/0	3–
Fábregas	54 in 65	40% (10)	1/1	94% (48)	1/3	0/0	4
Xavi	23 in 25	100% (2)	0/1	89% (18)	0/0	0/0	3
Iniésta	53 in 90	53% (15)	0/0	84% (45)	1/3	0/0	4
Joaquín	61 in 90	58% (24)	2/3	86% (37)	5/3	0/0	3–
1. Reyes	57 in 69	30% (23)	2/2	71% (31)	5/6	0/1	3
Torres	8 in 21	17% (6)	1/0	50% (2)	0/0	0/0	4+
Raúl	19 in 45	44% (9)	0/1	100% (8)	2/0	0/0	3–
Villa	21 in 45	33% (12)	1/2	67% (15)	1/1	0/0	4+

FRAGWÜRDIGER ELFMETER ENTSCHIED SPIEL

Flugeinlage von Schewtschenko belohnt

»Zuschauer haben Teams mit Pfiffen gepuscht«

Edel-Fans: Witali (r.) und Wladimir Klitschko

Sie waren trotz der vielen tausend Fans nicht zu übersehen. Die Brüder Wladimir (2,00 Meter) und Witali Klitschko (2,02 Meter) überragten mit ihrer stolzen Körperlänge alle Fans im engeren Umfeld um mindestens einen Kopf. Wie schon bei den Spielen gegen Spanien und Saudi-Arabien drückten die beiden Boxer, mit Schal in blaugelben Landesfarben um den Hals, ihrer Mannschaft auf der Tribüne die Daumen.
Sichtlich erleichtert kommentierte Witali Klitschko den Sieg seiner Landsleute mit patriotischem Pathos: »Wir sind stolz, daß wir im Achtelfinale dabei sind.« Bruder Wladimir gab sich ein wenig differenzierter und bewies im Urteil Realitätssinn: »Es war kein schönes, aber ein spannendes Spiel. Die Zuschauer haben die Teams mit ihren Pfiffen gepuscht. Nachher war die Stimmung wieder sehr gut.«

Null Ideen, wenig Tempo, kaum Torchancen. Schon zur Pause pfiffen die Zuschauer. Die Hauptrolle in der zweiten Halbzeit übernahm Schiedsrichter Carlos Amarilla. Er ließ sich vom Strafraumfall des ukrainischen Stars blenden

Pfiffe der Zuschauer zur Halbzeit, so etwas hatte es bei dieser WM noch nicht gegeben. Lautstarke Unmutsbekundungen nach Spielende auch nicht. Wie sehr Fifa-Präsident Joseph Blatter die Vorstellung beider Mannschaften die Laune verhagelt hatte, spiegelte sich in seiner säuerlichen Miene. Was ihm und 72 000 Zuschauern in Berlin von der Ukraine und Tunesien als Fußballkost serviert wurde, war nur schwer verdaulich. Und dann fiel das 1:0 für die Osteuropäer, das den Einzug in die Runde der letzten 16 Mannschaften bedeutete, nach einer umstrittenen Elfmeterentscheidung von Schiedsrichter Carlos Amarilla (Paraguay). Amarilla hatte eine hübsche Flugnummer von Andrej Schewtschenko als Foul gesehen. Den Strafstoß verwandelte Schewtschenko selbst. Für das Erreichen des Achtelfinals kassierte jeder ukrainische Spieler 80 000 Euro Prämie, und die geschundene Fußballseele Osteuropas war leidlich getröstet.

Andrej Schewtschenko: »Ich bin nicht von selbst gefallen«

Torschütze Schewtschenko (»Ich bin nicht von selbst gefallen«), der nach dem Spiel zu Klängen der Kalinka-Weise freudig vor der ukrainischen Fankurve hüpfte, ordnete das Resultat schlicht als »großartig« ein. Dabei hatte nur die etwas bessere von zwei schlechten Mannschaften gewonnen.
Die Ukraine hatte mit ihrem souveränen 4:0 gegen Saudi-Arabien im zweiten Gruppenspiel ihre Klasse angedeutet. Selbst der sonst chronisch mürrische Trainer Oleg Blochin frohlockte vorher: »Wir haben unseren Teamgeist wiedergefunden.«
Teamgeist war indes nur als Schriftzug auf den Spielbällen zu sehen. Da auch Tunesien jegliche Ordnung im Spiel vermissen ließ, entwickelte sich ein ideenloses Ballgeschiebe jenseits der beiden Tore. Ärmliche acht Torschüsse brachte die ukrainische Offensive zuwege, zu denen Andrej Schewtschenko als gefährlichster Angreifer zwei beisteuerte. Einer davon war sein Elfmeter.
Noch dürftiger las sich die Bilanz der tunesischen Mannschaft, die nach Zied Jaziris Platzverweis (45.) eine Halbzeit mit zehn Spielern agieren mußte. Elf Torschüsse wurden gezählt, aber nur drei waren halbwegs gefährlich. Die beste Szene hatte Anis Ayari (70.) mit einem Freistoß, als sich der Ball gefährlich auf das Tor von Alexander Schowkowski senkte.
»Wir haben viel zu defensiv gespielt«, kritisierte Abwehrspieler Radhi Jaidi seinen Trainer. Zu der Erkenntnis kam auch die tunesische Zeitung Achououk, die Roger Lemerre brandmarkte: »Sie haben uns enttäuscht. Lemerre steckt hinter der Niederlage.«
Der Franzose, gerade mit einem neuen Vertrag bis 2008 ausgestattet, nahm das Ausscheiden gelassen: »Das Leben geht doch für uns alle weiter.«

Niedrige Schamgrenze: Andrej Schewtschenko zieht sich nach dem verwandelten Elfmeter sein Trikot vors Gesicht. Er küßt es, seine Lippen zeichnen sich ab. Er weiß, daß der Elfmeterpfiff überaus glücklich war. Ohne Einwirkung von Verteidiger Karim Haggui (kleines Foto) war Schewtschenko darniedergesunken. Hinten: Tunesiens Torwart Ali Boumnijel

156

UKRAINE – TUNESIEN

 1:0 (0:0)

UKRAINE-DATEN

Torhüter	Min.	Schüsse gehalten (von)	Flanken/ Ecken abgefangen	Glanz-taten	schwere Fehler	lange Pässe angekommen (von)	Note
Schowkowski	90	100% (3)	2	0	0	20% (5)	3–

Spieler	Ballkontakte in Min.	Zweik. gew. (von)	Fouls/ gefoult worden	Pässe angek. (von)	Schüsse/ Schuß-vorlagen	Tore/ Torvor-lagen	Note
2. Swiderski	44 in 90	56% (25)	6/1	77% (22)	0/0	0/0	4
2. Rusol	50 in 90	75% (12)	1/1	83% (30)	0/0	0/0	3–
Gusew	59 in 90	65% (17)	1/4	79% (28)	0/0	0/0	4+
1. Timoschtschuk	60 in 90	58% (33)	1/2	90% (40)	1/2	0/0	3
1. Schelajew	41 in 90	40% (20)	2/0	76% (29)	2/0	0/0	4–
Nesmatschny	67 in 90	62% (26)	4/4	75% (28)	0/1	0/0	3
Rebrow	30 in 54	69% (13)	0/2	71% (24)	0/0	0/0	3–
Worobey	21 in 36	14% (7)	0/0	100% (11)	0/2	0/0	3–
Kalinitschenko	39 in 74	50% (26)	1/3	62% (21)	0/0	0/0	4+
Gusin	8 in 16	40% (5)	0/0	100% (4)	0/0	0/0	4+
Voronin	37 in 90	31% (26)	2/0	78% (23)	3/1	0/0	3–
Schewtschenko	27 in 87	42% (19)	0/4	75% (12)	2/0	1/0	3
Milewski	2 in 3	60% (5)	1/2	100% (1)	0/0	0/0	–

23. JUNI, 16 UHR, BERLIN

Schiedsrichter: Carlos Amarilla (Paraguay). **Assistenten:** Amelio Andino, Manuel Bernal (beide Paraguay). **Tor:** 1:0 Schewtschenko (70., Foulelfmeter). **Einwechslungen:** Worobey für Rebrow (55.), Gusin für Kalinitschenko (75.), Milewski für Schewtschenko (88.) – Santos für Bouazizi (79.), Ben Saada für Chedli (79.), Ghodhbane für Nafti (90.+1). **Zuschauer:** 72 000

TUNESIEN-DATEN

Torhüter	Min.	Schüsse gehalten (von)	Flanken/ Ecken abgefangen	Glanz-taten	schwere Fehler	lange Pässe angekommen (von)	Note
Boumnijel	90	83% (6)	2	0	0	17% (6)	3–

Spieler	Ballkontakte in Min.	Zweik. gew. (von)	Fouls/ gefoult worden	Pässe angek. (von)	Schüsse/ Schuß-vorlagen	Tore/ Torvor-lagen	Note
Trabelsi	81 in 90	50% (32)	2/2	85% (40)	2/2	0/0	4
2. Jaidi	65 in 90	50% (30)	3/2	72% (43)	0/0	0/0	4–
Haggui	51 in 90	62% (13)	2/1	80% (35)	1/0	0/0	4–
Ayari	61 in 90	60% (20)	4/1	67% (33)	1/1	0/0	4
Nafti	51 in 90	60% (10)	2/0	74% (39)	0/0	0/0	4
Ghodhbane	0 in 3	0% (0)	0/0	0% (0)	0/0	0/0	–
Mnari	55 in 90	47% (15)	1/0	73% (48)	0/0	0/0	5+
2. Bouazizi	27 in 78	32% (19)	4/1	71% (21)	0/1	0/0	5+
Santos	4 in 12	25% (4)	0/0	0% (1)	1/0	0/0	–
Chedli	38 in 78	39% (31)	2/1	70% (10)	3/1	0/0	4
Ben Saada	4 in 12	25% (4)	0/0	100% (1)	0/2	0/0	–
Namouchi	44 in 90	56% (39)	2/8	80% (30)	2/2	0/0	3–
Jaziri	9 in 45	41% (17)	1/3	67% (3)	1/1	0/0	5–

Achtelfinale

Deutschland	🇩🇪
Ecuador	🇪🇨
England	🏴󠁧󠁢󠁥󠁮󠁧󠁿
Schweden	🇸🇪
Argentinien	🇦🇷
Holland	🇳🇱
Portugal	🇵🇹
Mexiko	🇲🇽
Italien	🇮🇹
Ghana	🇬🇭
Brasilien	🇧🇷
Australien	🇦🇺
Schweiz	🇨🇭
Frankreich	🇫🇷
Spanien	🇪🇸
Ukraine	🇺🇦

Samstag, 24. Juni, München
Deutschland – Schweden   2:0 (2:0)

Samstag, 24. Juni, Leipzig
Argentinien – Mexiko   2:1 n.V. (1:1, 1:1)

Sonntag, 25. Juni, Stuttgart
England – Ecuador   1:0 (0:0)

Sonntag, 25. Juni, Nürnberg
Portugal – Holland   1:0 (1:0)

Montag, 26. Juni, Kaiserslautern
Italien – Australien   1:0 (0:0)

Montag, 26. Juni, Köln
Schweiz – Ukraine   0:3 n.E. (0:0)

Dienstag, 27. Juni, Dortmund
Brasilien – Ghana   3:0 (2:0)

Dienstag, 27. Juni, Hannover
Spanien – Frankreich   1:3 (1:1)

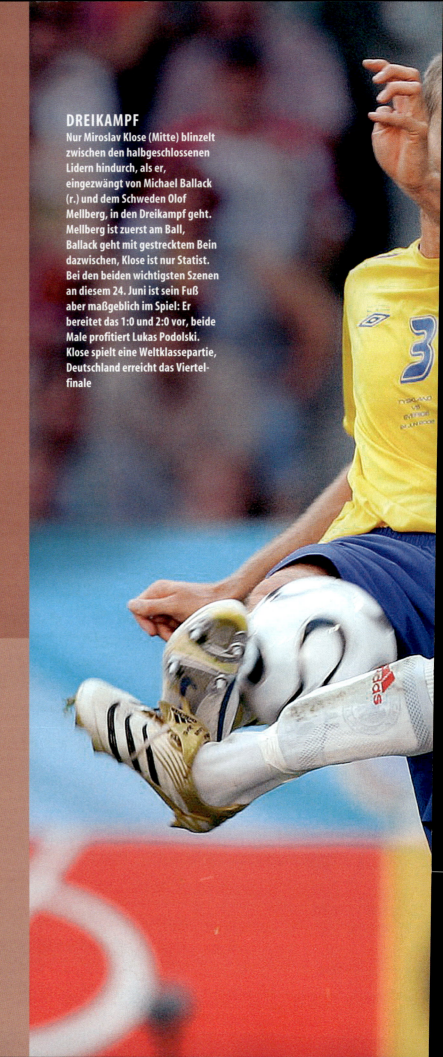

DREIKAMPF
Nur Miroslav Klose (Mitte) blinzelt zwischen den halbgeschlossenen Lidern hindurch, als er, eingezwängt von Michael Ballack (r.) und dem Schweden Olof Mellberg, in den Dreikampf geht. Mellberg ist zuerst am Ball, Ballack geht mit gestrecktem Bein dazwischen, Klose ist nur Statist. Bei den beiden wichtigsten Szenen an diesem 24. Juni ist sein Fuß aber maßgeblich im Spiel: Er bereitet das 1:0 und 2:0 vor, beide Male profitiert Lukas Podolski. Klose spielt eine Weltklassepartie, Deutschland erreicht das Viertelfinale

ANALYSE ACHTELFINALE

SCORER-LISTE ACHTELFINALE

	Torvorlagen	Tore	Scorerpunkte
Podolski (D)	0	2	2
Vieira (FRA)	1	1	2
Zidane (FRA)	1	1	2
Klose (D)	2	0	2
Adriano (BRA)	0	1	1
Beckham (ENG)	0	1	1
Crespo (ARG)	0	1	1
Maniche (POR)	0	1	1
Márquez (MEX)	0	1	1
Ribéry (FRA)	0	1	1
Rodríguez (ARG)	0	1	1
Ronaldo (BRA)	0	1	1
Totti (ITA)	0	1	1
Villa (ESP)	0	1	1
Zé Roberto (BRA)	0	1	1
Cafú (BRA)	1	0	1
Cole, J. (ENG)	1	0	1
Grosso (ITA)	1	0	1
Kaká (BRA)	1	0	1
Méndez (MEX)	1	0	1
Pablo (ESP)	1	0	1
Pauleta (POR)	1	0	1
Ricardinho (BRA)	1	0	1
Riquelme (ARG)	1	0	1
Sorín (ARG)	1	0	1
Wiltord (FRA)	1	0	1

Lukas Podolski war der einzige Spieler im Achtelfinale mit zwei Toren. Die drei Elfmetertore der Ukraine aus dem Spiel gegen die Schweiz sind nicht erfaßt.

Ein Tor, eine Torvorlage: der Franzose Patrick Vieira

KLINSMANNS OFFENSIVSTIL EINZIGARTIG

Nur Deutschland spielte gegen den Trend

Mit zwei Stürmern und drei offensiv ausgerichteten Mittelfeldspielern wagte der Bundestrainer die radikalste Taktik. Mit Erfolg. Ein Manko aller Mannschaften: der Torschuß. Es fielen im Schnitt nur 1,88 Treffer pro Spiel

Mit dem Achtelfinale, das schien die WM-Geschichte zu lehren, beginnt jedes Turnier neu. Diesmal überraschte nur Deutschland. Jahrzehntelang war die Nationalmannschaft angefeindet worden wegen ihres auf Zweckmäßigkeit ausgerichteten Stils. Ausgerechnet das neue Klinsmann-Deutschland erwies sich in der Runde der letzten 16 Teams als Vorreiter erfrischenden Angriffsfußballs. Zwei Spitzen und drei offensive Mittelfeldspieler ließ Jürgen Klinsmann auf Schweden los, der Gegner wurde überrollt. Die Statistik bescheinigte dem Team 58 Prozent Ballbesitz, 26:5 Torschüsse, 88 Prozent angekommene Pässe und 62 Prozent gewonnene Zweikämpfe.

Ansonsten blieben Überraschungen aus. Argentinien hatte Mühe, entschied das beste Achtelfinalduell gegen Mexiko in der Verlängerung. Frankreich machte es in Routine, Portugal knüppelte, Brasilien langweilte, Italien brauchte einen geschenkten Elfmeter in der Nachspielzeit, England würgte sich über die Runden, die Ukraine quälte den Fußball und seine Liebhaber. Im Gegensatz zum Befund der Spielqualität standen die Tore: Sie fielen selten aus großer Entfernung und aus kürzester Distanz. Maniches Treffer für Portugal in der Fußballschlacht gegen Holland war ein typisches Beispiel: kurz abgelegt von Mitspieler Pauleta, herzhaft aus 13 Metern geschossen.

Auf einem Schema mit den Punkten, von denen aus die Tore des Achtelfinales (und der ganzen WM bis dahin) geschossen wurden, ergäbe sich eine Konzentration zentral im Strafraum zwischen Elfmeterpunkt und Strafraumgrenze. Auch die deutschen Tore paßten in dieses Raster.

Die brasilianischen Konter, bei denen Ronaldo und Zé Roberto allein vor dem herauslaufenden Torwart Richard Kingson auftauchten, waren der Naivität der ghanaischen Abwehr geschuldet.

Der zweite Sonderfall war England. Der verwandelte Freistoß von David Beckham war absolut gegen den WM-Trend, wie auch das Vorrunden-Kopfballtor des langen Peter Crouch gegen Trinidad. Die weite Flanke von der Grundlinie? Sie wurde kaum geschlagen. Es ist ein Treppenwitz der Fußballgeschichte, daß die erfolgversprechendste Variante, die schnelle Kombination aus dem Tempodribbling heraus, aus England kam. Gepflegt wurde sie bei den Trendsettern von Arsenal (Trainer Arsène Wenger, Franzose) und Chelsea (Trainer José Mourinho, Portugiese) in London, viele Engländer stehen bei beiden nicht auf dem Platz.

Ein weiterer Trend: Die Verwandlung des defensiven Mittelfeldspielers vom Staubsauger vor der Abwehr zum für den Aufbau verantwortlichen Offensivspieler setzte sich fort. Bestes Beispiel: Torsten Frings mit 61 Ballkontakten und 48 Pässen gegen die Schweden.

Auf der Strecke geblieben bei dem forschen Tempospiel mit den Fünf-Meter-Ablagen waren die Tricks. Kaum ein Stürmer, der seine Gegenspieler auf wenig Raum auszuspielen verstand, kein unberechenbarer Einzelgänger, der sich dem Diktat der Spielsysteme widersetzen konnte.

1,88 Tore fielen im Achtelfinale im Schnitt, ein trauriger Wert. Der ballorientierte Stil hatte selbst die afrikanischen Mannschaften erreicht. Nicht umsonst überragte mit Ghanas Michaël Essien ein defensiver Mittelfeldmann in der Vorrunde.

England, einst geliebt für kernigen Angriffsfußball, wirkte gehemmt. Trainer Sven-Göran Eriksson: »Holland hat gut gespielt. Ghana, Spanien, die Elfenbeinküste auch. Aber wo sind sie? Zu Hause.«

Noch mehr enttäuschte der Sicherheitsstil der einstigen brasilianischen Fußball-Romantiker. Trainer Carlos Alberto Parreira erklärte das so: »In den Geschichtsbüchern wird nicht vom schönen Fußball erzählt, sondern von Champions.«

> »In den Geschichtsbüchern wird nicht vom schönen Spiel erzählt«

Auch der Jugendstil setzte sich, mit Ausnahme Deutschlands, nirgends durch. Hollands Trainer Marco van Basten und Spaniens Luis Aragonés hatten auf Nachwuchsspieler gesetzt. In den K.o.-Spielen wurden die jungen Teams von Mannschaften bezwungen, in denen Routiniers wie Zinedine Zidane (34) und Luís Figo (33) den Takt vorgaben.

STÜRMISCH
Torsten Frings steht für einen neuen, offensiveren Spielertyp auf der Position vor der Abwehr. Gegen Schweden war er oft der Mann für die Spieleröffnung, schlug 48 Pässe. 90 Prozent erreichten seine Mitspieler. Drei der Anspiele waren Torschußvorlagen

BEIDE TORE FIELEN NACH CO-PRODUKTIONEN

Nicht ohne meinen Sturmpartner

Miroslav Klose und Lukas Podolski lebten auf dem Spielfeld vor, was Bundestrainer Jürgen Klinsmann seinen Spielern immer wieder eingetrichtert hatte: unbedingten Teamgeist. Klose bereitete mustergültig vor, Podolski verwandelte

»Eine revitalisierte Fußballmacht«

Im Mittelpunkt des Lobes: Jürgen Klinsmann (41)

Die internationalen Kommentatoren überschlugen sich förmlich in ihren Lobgesängen. Eine Auswahl der Pressestimmen:
Svenska Dagbladet (Schweden): »Der Platzverweis von Lucic änderte nichts am Spielverlauf. Es sah schon vorher so aus, als hätten die Deutschen einen Mann mehr auf dem Feld.«
Olé (Argentinien): »Deutschland – ein Koloß.«
L'Équipe (Frankreich): »Das war sicherlich das beste Spiel, seit Klinsmann Trainer ist.«
Le Journal du Dimanche (Frankreich): »Deutschland macht wieder angst. Es ist, als hätten die Deutschen zu sich selbst zurückgefunden.«
La Gazzetta dello Sport (Italien): »Wenn man davon absieht, daß die Schweden irgendwie nicht auf dem Platz waren, muß man feststellen, daß Deutschland beginnt, Eindruck zu machen.«
Mail on Sunday (England): »Auf einmal nehmen alle Klinsmann ernst. Kein Team freut sich auf eine Begegnung mit dieser revitalisierten Fußballmacht.«
Sonntags Zeitung (Schweiz): »Es hat nichts mit Erinnerungslücken zu tun, wenn man in diesen Tagen darüber nachdenken muß, wann zuletzt eine deutsche Mannschaft so viel Spaß bereitet hat.«

Die spielentscheidende Situation offenbarte das Erfolgsgeheimnis der Deutschen: den Mannschaftsgeist, der sich so schön in dem Credo »Einer für alle, alle für einen« widerspiegelt. Elf Minuten und 34 Sekunden waren gespielt, als Miroslav Klose diagonal von rechts nach links in den schwedischen Strafraum dribbelte. Drei Verteidiger, Olof Mellberg, Teddy Lucic und Niclas Alexandersson, zog er mit sich und machte so den Raum in der Mitte frei, den der hinter ihm in die Lücke stoßende Lukas Podolski nach dem für die Schweden unerwarteten und uneigennützigen Anspiel Kloses brauchte. Für Podolski war der Rest ein Kinderspiel. Mit dem linken Fuß schoß er hart und plaziert von der Strafraumgrenze zum 2:0 ein. Nur Bernd Schneider rannte zum Torschützen Podolski, die anderen Spieler scharten sich zum Jubel um Miroslav Klose. Ihm gebührte wegen seines genialen Passes der

---

»Mit einem anderen Torwart hätten wir 0:4 verloren«

---

größte Anteil am Treffer. In diesem Moment bereits ahnten die Schweden, daß sie bei 34 Grad Hitze nichts Vergleichbares entgegenzusetzen hatten.
Schon Podolskis 1:0 nach drei Minuten und 50 Sekunden war eine Co-Produktion der beiden Angreifer gewesen. »Das funktioniert immer besser«, feixte Bundestrainer Jürgen Klinsmann nach dem Spiel, während Podolski und Klose Be-

scheidenheit demonstrierten. Podolski, auf seine Tore angesprochen, erklärte: »Dafür bin ich als Stürmer da.« Kollege Klose sagte leise, wie es seine Art ist: »Für mich ist es wichtig voranzugehen.« Damit signalisierte er Führungsqualitäten, was auch Jürgen Klinsmann wahrnahm: »Miro hilft Lukas.«
Die wegen ihrer kompakten Abwehr gefürchteten Schweden, mit Weltklasse-Offensivkräften wie Zlatan Ibrahimovic, Henrik Larsson und Freddie Ljungberg gesegnet, waren chancenlos. In der 35. Minute schwächte Abwehrmann Lucic nach Foulspiel an Klose sie noch zusätzlich, er mußte mit Gelb/Rot vom Feld.
Selbst eine Strafstoß-Chance ließen sie ungenutzt: Innenverteidiger Christoph Metzelder hatte Larsson von hinten in die Beine getreten, der trat den Elfmeter in seinem letzten Länderspiel hoch übers Tor (52.). Schwedens Alt-Internationaler Ralf Edström urteilte mitleidslos: »Larsson hat eine saumäßige WM gespielt. Mit einem anderen Torwart hätten wir 0:4 verloren.« In der Tat stemmte sich Andreas Isaksson (24) mit einer Weltklasseleistung gegen die Angriffs-Übermacht, hatte noch Glück bei zwei Pfostenschüssen von Ballack (55.) und Bernd Schneider (84.). Deutschland blieb bei der Weltmeisterschaft im eigenen Land unwiderstehlich und umjubelt – und Schweden, verkündete ein Spruchband im Münchner Stadion, der »Geh–Heim–Favorit«.

Lukas Podolski schreit an der Eckfahne seine ganze Freude heraus. Gerade hat er das 2:0 gegen Schweden erzielt – die frühe Vorentscheidung im Spiel. Hinten kommt schon der erste Gratulant. Bernd Schneider wird Podolski gleich um den Hals fallen

DEUTSCHLAND – SCHWEDEN

 2:0 (2:0)

DEUTSCHLAND-DATEN

Torhüter	Min.	Schüsse gehalten (von)	Flanken/ Ecken abgefangen	Glanz- taten	schwere Fehler	lange Pässe angekommen (von)	Note
Lehmann	90	100% (1)	1	0	0	60% (5)	3–

Spieler	Ball- kontakte in Min.	Zweik. gew. (von)	Fouls/ gefoult worden	Pässe angek. (von)	Schüsse/ Schuß- vorlagen	Tore/ Torvor- lagen	Note
Friedrich	74 in 90	50% (16)	2/2	87% (54)	1/1	0/0	4+
Metzelder	43 in 90	71% (21)	2/4	89% (27)	0/0	0/0	3–
Mertesacker	38 in 90	80% (10)	1/1	90% (31)	0/0	0/0	2–
Lahm	92 in 90	64% (11)	0/0	92% (75)	1/4	0/0	2–
1. Frings	61 in 84	60% (10)	0/1	90% (48)	3/1	0/0	3+
Kehl	13 in 6	100% (1)	0/0	91% (11)	1/1	0/0	–
Schneider	81 in 90	29% (14)	3/0	78% (65)	2/2	0/0	3
Schweinsteiger	59 in 71	72% (18)	0/1	91% (45)	1/7	0/0	3–
Borowski	20 in 19	33% (3)	0/1	91% (11)	1/0	0/0	4+
Ballack	103 in 90	50% (14)	2/1	90% (77)	9/5	0/0	2
Klose	44 in 90	78% (27)	2/5	76% (21)	5/4	0/2	1–
Podolski	41 in 73	64% (11)	1/2	88% (25)	5/1	2/0	2
Neuville	17 in 17	67% (3)	0/0	91% (11)	1/4	0/0	3

24. JUNI, 17 UHR, MÜNCHEN

Schiedsrichter: Carlos Simon (Brasilien). **Assistenten:** Aristeu Tavares, Ednilson Corona (beide Brasilien). **Tore:** 1:0 Podolski (4.), 2:0 Podolski (12.). **Besonderes Vorkommnis:** Larsson verschießt Foul- elfmeter (52.). **Einwechslungen:** Borowski für Schwein- steiger (72.), Neuville für Podolski (74.), Kehl für Frings (85.) – Hansson für Källström (39.), Wilhelms- son für Jonson (52.), All- bäck für Ibrahimovic (72.). **Zuschauer:** 66 000

SCHWEDEN-DATEN

Torhüter	Min.	Schüsse gehalten (von)	Flanken/ Ecken abgefangen	Glanz- taten	schwere Fehler	lange Pässe angekommen (von)	Note
Isaksson	90	78% (9)	1	2	0	100% (1)	2

Spieler	Ball- kontakte in Min.	Zweik. gew. (von)	Fouls/ gefoult worden	Pässe angek. (von)	Schüsse/ Schuß- vorlagen	Tore/ Torvor- lagen	Note
Alexandersson	50 in 90	0% (5)	1/0	71% (28)	0/0	0/0	5+
Mellberg	47 in 90	40% (10)	1/1	86% (29)	1/0	0/0	5+
Lucic	12 in 35	13% (8)	3/0	88% (8)	0/0	0/0	6
Edman	70 in 90	25% (12)	2/0	85% (46)	0/1	0/0	4–
Linderoth	62 in 90	23% (13)	2/1	82% (38)	0/2	0/0	5+
1. Jonson	9 in 51	36% (11)	2/0	67% (6)	0/1	0/0	4–
Wilhelmsson	13 in 39	25% (4)	0/0	80% (10)	0/0	0/0	5+
Ljungberg	45 in 90	61% (28)	1/7	80% (25)	1/0	0/0	3
Källström	20 in 38	25% (4)	0/0	69% (13)	0/0	0/0	5+
Hansson	37 in 52	60% (10)	0/0	85% (26)	1/0	0/0	4+
Ibrahimovic	29 in 71	36% (25)	5/2	47% (15)	1/0	0/0	4
1. Allbäck	3 in 19	33% (6)	2/1	100% (2)	0/0	0/0	4–
Larsson	33 in 90	35% (23)	0/1	76% (17)	2/1	0/0	5

MEXIKO ZWANG FAVORITEN IN DIE VERLÄNGERUNG

Paroli geboten auf Augenhöhe

Die Entscheidung fiel in der 98. Minute: Ein phantastischer Volleyschuß von Maxi Rodríguez bescherte Argentinien den Sieg. Mexiko hatte nach sechs Minuten geführt, den Vorsprung aber schnell wieder eingebüßt

Torschütze wechselte, das Tor blieb

Torschütze nach langer Diskussion: Hernán Crespo

Hernán Crespo profitierte von der Eigentor-Auslegung der Fifa. Demnach sollen abgefälschte Schüsse oder Kopfbälle, die zu Treffern führen, nicht den Verteidigern angelastet, sondern den Stürmern gutgeschrieben werden. Die Technische Studiengruppe des Weltverbandes entlastete Jared Borgetti, der zunächst als Eigentorschütze erkannt worden war, nach eingehender Prüfung. Der Treffer aus der 10. Minute wurde dem Argentinier zugesprochen. Ein Eigentor wird wie folgt definiert: Ein Spieler spielt den Ball direkt ins eigene Tor, oder er lenkt einen Schuß, eine Flanke oder einen Paß eines Gegenspielers ins eigene Tor. Das war Jared Borgetti nicht passiert. Hernán Crespo nahm die Entscheidung mit Genugtuung auf. »Es war ganz klar mein Tor, nicht das von Borgetti.«

Er hatte der taktischen Anweisung seines Trainers brav Folge geleistet und war zur Abwehrarbeit in den eigenen Strafraum zurückgeeilt. Jedes Kopfballduell hatte Jared Borgetti bis dahin für sich entschieden. Auch nach der Ecke in der zehnten Minute war der mexikanische Sturmführer am Ball. Borgetti berührte ihn mit dem Kopf, der heranpreschende Hernán Crespo einen Tick eher mit dem Fuß. Von der Stirn Borgettis prallte der Ball ungewollt und unhaltbar für Torwart Oswaldo Sánchez unter die Latte des Tores.

So war das Spiel schnell wieder ausgeglichen, dahin der ebenso schöne wie überraschende Vorsprung gegen den hohen Favoriten Argentinien nach dem Treffer des mexikanischen Kapitäns Rafael Márquez aus der sechsten Minute.

Besiegelt wurde das Schicksal der Mittelamerikaner aber erst in der Verlängerung. Maxi Rodríguez ließ in der 98. Minute einen Diagonal-

»Wegen eines Glücksschusses sind wir leider draußen«

paß von Juan Pablo Sorín von der Brust abtropfen und traf mit sensationellem Volleyschuß aus der Drehung vom Strafraumeck in die lange Ecke – Argentinien stand damit im Viertelfinale.

Angetan von der eigenen Schußkunst feierte sich Rodríguez selbst: »Das war unglaublich und wirklich ein wunderschönes Tor.« Mexikos Kapitän Rafael Márquez hatte eine andere Sichtweise: »Wegen eines Glücksschusses sind wir leider draußen, das ist traurig.«

Mexiko hatte dem Favoriten aus Argentinien Paroli auf Augenhöhe geboten. Die 43 000 staunenden Augenzeugen sahen eine Elf, die mit dem Einsatz des nach Wadenblessur genesenen Borgetti (sechs Torschüsse) den Angriffsfußball zeigte, den sie in der Vorrunde vermissen ließ.

Nach furiosem Beginn mit den frühen Toren nahmen beide Teams nach einer Viertelstunde das Tempo raus. Disziplin diktierte das Geschehen auf dem Rasen, nichts wurde mehr dem Zufall überlassen. Spielmacher Juan Román Riquelme dirigierte Argentinien an seinem 28. Geburtstag zu gewohnt kontrolliertem Spiel, überlegen war seine Mannschaft deshalb nicht. Die argentinische Offensive, die in der Vorrunde begeistert hatte, ließ ihre Qualitäten nur sporadisch erahnen, etwa durch Schüsse von Crespo in der 18. und 23. Minute. Daran änderte auch die späte Einwechslung der Edeljoker Lionel Messi und Carlos Tévez nichts.

Als nach 120 Minuten Argentinien als Sieger das Feld verließ, kommentierte Nationaltrainer José Néstor Pekerman kühl: »Meine Mannschaft hat das sehr gut gemacht.« Dem Verlierer spendete Mexikos Präsident Vincente Fox Trost: »Wir müssen so weiterspielen. Das ist das Mexiko von heute. Fester Griff, Kampf, Kraft und Beherrschtheit.« Aber erst wieder bei der nächsten WM.

ARGENTINIEN – MEXIKO

 2:1 n.V. (1:1, 1:1)

ARGENTINIEN-DATEN

Torhüter	Min.	Schüsse gehalten (von)	Flanken/ Ecken abgefangen	Glanz- taten	schwere Fehler	lange Pässe angekommen (von)	Note
Abbondanzieri	120	50% (2)	3	1	0	67% (6)	3

Spieler	Ball- kontakte in Min.	Zweik. gew. (von)	Fouls/ gefoult worden	Pässe angek. (von)	Schüsse/ Schuß- vorlagen	Tore/ Torvor- lagen	Note
Scaloni	83 in 120	62% (29)	3/4	79% (48)	1/0	0/0	2–
Ayala	62 in 120	65% (17)	0/2	86% (44)	0/0	0/0	3–
1. Heinze	67 in 120	63% (19)	1/0	82% (50)	1/0	0/0	4
1. Sorín	63 in 120	58% (26)	2/4	81% (37)	0/2	0/1	2–
Mascherano	52 in 120	44% (32)	4/0	91% (43)	0/0	0/0	3–
Cambiasso	47 in 75	39% (18)	0/0	82% (38)	1/2	0/0	3+
Aimar	49 in 45	54% (13)	1/2	95% (39)	1/0	0/0	2
Rodríguez	61 in 120	50% (30)	0/5	93% (45)	2/1	1/0	2
Riquelme	121 in 120	50% (26)	2/2	83% (96)	3/5	0/1	2–
Saviola	32 in 83	21% (28)	3/1	94% (16)	1/1	0/0	4+
Messi	41 in 37	50% (36)	1/2	90% (29)	0/0	0/0	3
Crespo	20 in 76	23% (13)	1/1	73% (11)	3/2	1/0	2–
Tévez	24 in 44	48% (27)	1/2	83% (12)	1/0	0/0	3

24. JUNI, 21 UHR, LEIPZIG

Schiedsrichter:
Massimo Busacca
(Schweiz).
Assistenten:
Francesco Buragina,
Matthias Arnet
(beide Schweiz).
Tore:
0:1 Márquez (6.),
1:1 Crespo (10.),
2:1 Rodríguez (98.).
Einwechslungen:
Tévez für Crespo (75.),
Aimar für Cambiasso (76.),
Messi für Saviola (84.) –
Torrado für Pardo (38.),
Pineda für Guardado (66.),
Naelson für Morales (74.).
Zuschauer: 43 000

MEXIKO-DATEN

Torhüter	Min.	Schüsse gehalten (von)	Flanken/ Ecken abgefangen	Glanz- taten	schwere Fehler	lange Pässe angekommen (von)	Note
Sánchez	120	60% (5)	0	1	0	50% (2)	3–

Spieler	Ball- kontakte in Min.	Zweik. gew. (von)	Fouls/ gefoult worden	Pässe angek. (von)	Schüsse/ Schuß- vorlagen	Tore/ Torvor- lagen	Note
1. Márquez	99 in 120	77% (30)	2/4	81% (58)	3/0	1/0	2
Osorio	69 in 120	72% (25)	2/4	77% (47)	0/2	0/0	2–
Salcido	68 in 120	53% (32)	5/1	85% (41)	0/0	0/0	3+
Méndez	70 in 120	47% (32)	3/0	84% (49)	0/3	0/1	5+
Guardado	31 in 65	31% (16)	0/0	83% (23)	1/1	0/0	5+
Pineda	30 in 55	56% (16)	1/0	72% (18)	0/2	0/0	4+
1. Castro	46 in 120	41% (22)	2/4	80% (30)	0/0	0/0	4–
Pardo	19 in 37	45% (11)	1/0	92% (12)	0/0	0/0	3–
1. Torrado	69 in 83	45% (33)	4/0	86% (50)	0/0	0/0	4–
Morales	22 in 73	30% (10)	0/2	100% (11)	2/1	0/0	5+
Naelson	32 in 47	53% (17)	2/2	74% (27)	1/1	0/0	4+
1. Fonseca	47 in 120	54% (28)	2/2	72% (29)	3/3	0/0	3
Borgetti	47 in 120	45% (42)	3/0	75% (28)	6/3	0/0	3+

Schmerz des Tormannes: Mexikos Torwart Oswaldo Sánchez muß mit ansehen, wie der Ball in der 98. Minute hinter ihm im Tor tanzt. 2:1 für Argentinien. Ein Traumtor von Maxi Rodríguez (kleines Foto). Der Mittelfeldspieler hatte einen Diagonalpaß von Pablo Sorín mit der Brust angenommen und den abtropfenden Ball aus der Drehung volley ins obere lange Eck geschossen. Die Verteidiger Carlos Salcido (l.) und Ricardo Osorio standen zu weit weg

ENGLAND MIT ZITTERSIEG WEITER

Spiel schlug auf den Magen

David Beckham bewahrte mit einem Freistoß-Tor aus 28,5 Metern seine Mannschaft vor einer Blamage. Den Beifall der englischen Fans konnten nur der Kapitän und ein nimmermüder Wayne Rooney gewinnen

Cole: Schadenersatz für Sex-Vorwürfe

Reingewaschen von üblen Gerüchten: Ashley Cole

Verteidiger Ashley Cole durfte sich als zweifacher Sieger nach dem Spiel gegen Ecuador fühlen. Mit seinem energischen Einsatz in der elften Minute hatte er ein Gegentor verhindert. Und von der englischen Boulevard-Zeitung »News of the World« bekam er Schmerzensgeld in Aussicht gestellt. Das Blatt hatte dem Links-Verteidiger schmutzige Sexabenteuer unterstellt. Angeblich habe Cole sich mit einem weiteren Profifußballer und dem in England sehr bekannten DJ Masterstepz bei homophilen Spielen vergnügt. Just vor dem Achtelfinalspiel ruderte die Zeitung zurück und entschuldigte sich in ihrer Ausgabe: »Wir wollen klarstellen, daß Herr Cole nicht in solche Aktivitäten verwickelt war. Wir entschuldigen uns in aller Form und werden Schadenersatz zahlen.«

Englischen Fans in der Heimat blieb keine Wahl. Entweder mußten sie das Achtelfinal-Spiel ihrer Mannschaft gegen Ecuador vor dem TV daheim verfolgen oder in überfüllten Pubs. Fan-Feste mit Großbildschirmen, die aus Deutschland ein einig Partyland machten, hatten die Veranstalter landesweit abgesagt. Aus Angst vor Ausschreitungen. Nach den Vorrundenspielen war die Stimmung schon explosiv – die Fans waren mehrheitlich erbost über die Leistungen ihres Teams.

Die Absage geschah in weiser Voraussicht. Nach drei schwachen Vorstellungen in Folge geriet Partie Nummer vier vollends zur Enttäuschung. Vor 52 000 Zuschauern in Stuttgart würgte sich England bei 30 Grad im Schatten mit einem glücklichen 1:0 ins Viertelfinale. David Beckham verwandelte in der 60. Minute einen Freistoß aus 28,5 Metern virtuos und rettete seine Mannschaft damit vor einer noch größeren Blamage.

»Wir wollen es nicht einfach, wenn es auch schwierig geht«

»Ich habe schon lange kein Tor mehr für England geschossen, und auch in der Liga habe ich zuletzt nicht getroffen«, ordnete Englands Kapitän den Wert seines Treffers als überaus bedeutend ein.

Dabei schien ihm das Tor eher auf den Magen geschlagen zu sein. Kurz nach dem Freudenschrei mußte sich Beckham an der Seitenlinie übergeben. »Ich habe mich vor der Partie schon nicht wohl gefühlt. Aber in der zweiten Halbzeit wurde mir richtig schlecht«, schilderte er den Vorfall kleinlaut.

Englands Trainer Sven-Göran Eriksson (»Es ist ein Spiel auf Leben und Tod«) hatte seine Elf erneut taktisch umgestellt, mit Wayne Rooney nur einen Angreifer aufgeboten und mit Michael Carrick das defensive Mittelfeld verstärkt. Die Folgen waren fatal. Nach vorn ging fast gar nichts, auch wenn elf Torschüsse gezählt wurden. Immer wieder versuchten die Abwehrspieler, Wayne Rooney mit langen Pässen in Szene zu setzen. Der Stürmer rieb sich in Zweikämpfen auf, avancierte zum besten englischen Spieler, konnte seine Stärken aber gegen oft mehrere Gegenspieler nicht ausspielen.

Der Unterhaltungswert des Spiels erschöpfte sich neben Beckhams Freistoßtor in nur einer weiteren spannenden Szene. Als sich Innenverteidiger John Terry verschätzte, landete sein Kopfball bei Carlos Tenorio, der frei auf das Tor von Paul Robinson zulief. Seinen Schlenzer aus 13 Metern lenkte Außenverteidiger Ashley Cole mit letztem Einsatz gegen die Latte (11.). Während Ecuadors Trainer Luis Fernando Suárez trotz der Niederlage für sein Land Positives vermeldete (»Für uns war es eine gute WM«), gewährte Beckham Einblicke in die englische Seele: »Das ist unsere Mentalität. Wir wollen es nicht einfach haben, wenn es auch schwierig geht.«

Hochstapler: Beim Kopfballduell ist David Beckham seinem Gegenspieler Edison Méndez ins Kreuz gesprungen. Den Ball erreichen beide nicht, dann stürzen sie. Das entscheidende Tor machte Beckham wieder mit Fußarbeit

ENGLAND – ECUADOR

 1:0 (0:0)

ENGLAND-DATEN

Torhüter	Min.	Schüsse gehalten (von)	Flanken/Ecken abgefangen	Glanz-taten	schwere Fehler	lange Pässe angekommen (von)	Note
1. Robinson	90	100% (1)	1	0	0	33% (9)	4

Spieler	Ballkontakte in Min.	Zweik. gew. (von)	Fouls/ gefoult worden	Pässe angek. (von)	Schüsse/ Schußvorlagen	Tore/ Torvorlagen	Note
Hargreaves	50 in 90	55% (20)	3/1	82% (33)	0/0	0/0	3
Ferdinand	50 in 90	75% (12)	3/1	94% (33)	0/0	0/0	3–
1. Terry	44 in 90	79% (14)	2/3	100% (29)	0/0	0/0	3
Cole, A.	66 in 90	85% (13)	0/2	84% (38)	0/1	0/0	3–
Carrick	71 in 90	65% (17)	1/3	86% (64)	0/1	0/0	4+
Beckham	45 in 86	43% (14)	1/1	77% (26)	3/0	1/0	3–
Lennon	10 in 4	50% (6)	0/1	83% (6)	1/0	0/0	–
Gerrard	53 in 90	40% (15)	0/1	82% (33)	1/2	0/0	4–
Downing	0 in 2	0% (0)	0/0	0% (0)	0/0	0/0	–
Lampard	50 in 90	67% (9)	0/4	78% (40)	3/2	0/0	3–
Cole, J.	33 in 76	70% (20)	2/6	73% (22)	1/2	0/1	4+
1. Carragher	8 in 14	50% (2)	0/0	67% (3)	0/0	0/0	–
Rooney	32 in 90	28% (25)	1/0	54% (13)	2/3	0/0	3+

25. JUNI, 17 UHR, STUTTGART

Schiedsrichter: Frank de Bleeckere (Belgien).
Assistenten: Peter Hermans, Walter Vromans (beide Belgien).
Tor: 1:0 Beckham (60.).
Einwechslungen: Carragher für J. Cole (77.), Lennon für Beckham (87.), Downing für Gerrard (90.+ 2) – Lara für E. Tenorio (69.), Kaviedes für C. Tenorio (72.).
Zuschauer: 52 000

ECUADOR-DATEN

Torhüter	Min.	Schüsse gehalten (von)	Flanken/Ecken abgefangen	Glanz-taten	schwere Fehler	lange Pässe angekommen (von)	Note
Mora	90	75% (4)	1	0	0	0% (4)	3–

Spieler	Ballkontakte in Min.	Zweik. gew. (von)	Fouls/ gefoult worden	Pässe angek. (von)	Schüsse/ Schußvorlagen	Tore/ Torvorlagen	Note
1. De la Cruz	69 in 90	40% (20)	4/2	90% (40)	0/0	0/0	5+
Hurtado	58 in 90	75% (12)	0/0	82% (44)	0/0	0/0	4
Espinoza	43 in 90	64% (14)	2/1	74% (27)	0/1	0/0	3–
Reasco	53 in 90	61% (18)	2/1	77% (26)	1/3	0/0	3–
Castillo	46 in 90	33% (15)	2/0	94% (34)	0/1	0/0	4–
Tenorio, E.	25 in 68	60% (10)	0/1	85% (20)	1/0	0/0	4–
Lara	10 in 22	20% (5)	0/0	86% (7)	0/0	0/0	5+
1. Valencia	52 in 90	19% (16)	5/0	84% (38)	3/2	0/0	4+
Méndez	64 in 90	36% (11)	0/1	78% (40)	5/1	0/0	4
1. Tenorio, C.	25 in 71	46% (26)	6/6	56% (9)	1/2	0/0	4+
Kaviedes	9 in 19	0% (4)	0/0	75% (4)	1/0	0/0	4–
Delgado	21 in 90	19% (16)	2/1	77% (13)	0/2	0/0	4+

VIER PLATZVERWEISE UND ACHT GELBE KARTEN

Tritte, Kopfstöße und Ellenbogenchecks

Fußball spielen und nicht nur Tore schießen

Auf die Bank verbannt: Ruud van Nistelrooy

Ruud van Nistelrooy lief sich warm. Setzte sich wieder. Mehrmals wiederholte sich diese Szene. Über dem Trikot trug er das ihn als Ersatzmann ausweisende blaue Trainingsleibchen. Die Zunge hing über der Unterlippe. Normalerweise, im Spiel, ein Zeichen von Konzentration beim holländischen Torjäger. Gegen Portugal durfte er nicht mitstürmen.
Der 30jährige, dessen erste WM als Karriere-Höhepunkt vorgesehen war, blieb draußen. Später gab er an, mit seinem Trainer Marco van Basten »eine Diskussion« geführt zu haben über die Art, wie er seinen Job zu erledigen habe. »Er will, daß ich mehr Fußball spiele«, sagte van Nistelrooy verwirrt, »und nicht nur Tore schieße.« Van Basten selbst war Torjäger. Ein einziger Turniertreffer stand für »Van the man«, der es sich zuvor in Manchester schon mit seinem Vereinstrainer Alex Ferguson verscherzt hatte, da zu Buche. Ruud van Nistelrooy sagte traurig: »Ich muß dieses Turnier nehmen wie ein Mann.«

Das Spiel der großen Fußballnationen Portugal und Holland entwickelte sich nach der siebten Spielminute zum Skandal. Der russische Schiedsrichter Iwanow war vollkommen überfordert mit der Spielleitung

Dieses Fiasko konnte niemand voraussehen. Portugal gegen Holland – die Paarung war zwei Jahre zuvor noch der Leckerbissen der Europameisterschaft gewesen. Die Neuauflage bei der WM 2006 geriet zum Skandal. Acht Gelbe Karten, vier Platzverweise (jeweils Gelb/Rot) – das hatte es in 76 Jahren WM-Geschichte noch nicht gegeben.
Das entscheidende Tor zum 1:0-Erfolg der Portugiesen fiel früh (23. Minute) und blieb weit weniger in Erinnerung als die Tritte, Kopfstöße und Ellenbogenchecks. Dabei war das Spiel bis Mitte der zweiten Halbzeit eines von der sehenswerten Sorte gewesen. Gewissermaßen eine Erinnerung an die schönen Tage der EM 2004, als die Portugiesen mit ihrem 2:1 über Holland im Halbfinale für einen Turnier-Höhepunkt gesorgt hatten. Passenderweise traf der defensive Mittelfeldspieler Maniche. Er nutzte eine Vorlage von Stürmer Paule-

»Das hat mich an die Verhältnisse in Südamerika erinnert«

ta zu einem scharfen Rechtsschuß ins rechte Toreck. Ansonsten herrschte »Krieg« im Frankenstadion, wie Portugals brasilianischer Trainer Luiz Felipe Scolari später beklagte: »Das hat mich an die Verhältnisse in Südamerika erinnert.« Der holländische Einwechselspieler Rafael van der Vaart konnte sich nicht erinnern, jemals »ein so schmutziges Spiel erlebt« zu haben. Die Schlüsselszene, die zu all diesen weiteren Häßlichkeiten führte, datierte aus der siebten Minute. Da trat der holländische Rechtsverteidiger Khalid Boulahrouz bei einer Attacke im Mittelfeld mit der Sohle gegen Cristiano Ronaldos rechten Oberschenkel. Schiedsrichter Walentin Walentinowitsch Iwanow, einem Lehrer aus Moskau, war Boulahrouz' Brutalität nur eine Gelbe Karte wert. Eine andere Wahl als Rot hätte er nicht gehabt.
Portugals junger Stürmerstar quälte sich mit einem Bluterguß noch fast eine halbe Stunde über den Rasen, ehe er sich auswechseln lassen mußte. Er weinte bitterlich.
So entglitt Iwanow das Spiel frühzeitig. Das erste Gelb/Rot erhielt der Portugiese Costinha in der Nachspielzeit der ersten Halbzeit. Insbesondere Luís Figo machte sich Iwanows Schwäche zunutze: Im Gewühl eines der zahlreichen »Rudel« nickte er Mark von Bommel die Stirn ins Gesicht (60.), den längst für einen Platzverweis fälligen Boulahrouz provozierte er im Laufduell zum finalen Ellenbogenstoß (63.) – das zweite Gelb/Rot. In der 78. Minute folgte den beiden wieder ein Portugiese – Spielmacher Deco. In der Nachspielzeit (90. plus fünf Minuten) erwischte es noch den Holländer Giovanni van Bronckhorst.
Die beste Chance für Holland hatte Phillip Cocu (35) in der 49. Minute vergeben, als er den Ball völlig freistehend aus sieben Metern an die Latten-Unterkante des portugiesischen Tores jagte.

Die Schlüsselszene: Khalid Boulahrouz (r.) tritt Portugals Jungstar Cristiano Ronaldo brutal auf den rechten Oberschenkel. Die hinteren zwei langen Alustollen bohren sich durch die Hose in den Oberschenkel. Den Ball trifft Boulahrouz nicht. Es hätte nur eine Bestrafung geben dürfen: Rot

PORTUGAL – HOLLAND

 1:0 (1:0)

PORTUGAL-DATEN

Torhüter	Min.	Schüsse gehalten (von)	Flanken/ Ecken abgefangen	Glanz- taten	schwere Fehler	lange Pässe angekommen (von)	Note
1. Ricardo	90	100% (7)	0	1	0	0% (4)	2

Spieler	Ball- kontakte in Min.	Zweik. gew. (von)	Fouls/ gefoult worden	Pässe angek. (von)	Schüsse/ Schuß- vorlagen	Tore/ Torvor- lagen	Note
Miguel	43 in 90	39% (18)	1/0	59% (22)	1/0	0/0	3–
Meira	23 in 90	56% (16)	0/0	50% (14)	0/1	0/0	3+
Carvalho	32 in 90	50% (14)	0/0	53% (15)	0/0	0/0	2–
1. Nuno Valente	36 in 90	47% (15)	2/1	60% (15)	0/0	0/0	3
Costinha	9 in 45	43% (7)	1/0	100% (4)	1/0	0/0	5+
1. Maniche	36 in 90	42% (12)	0/0	85% (27)	3/0	1/0	2–
1. Figo	38 in 83	50% (28)	0/2	76% (17)	1/3	0/0	2–
Tiago	10 in 7	50% (2)	0/1	60% (5)	1/0	0/0	–
Deco	46 in 78	44% (32)	2/2	90% (21)	1/3	0/0	3
Ronaldo	14 in 33	50% (14)	0/2	73% (11)	1/0	0/0	3
Simão	33 in 57	43% (21)	1/1	100% (19)	2/2	0/0	3+
Pauleta	8 in 45	29% (7)	1/0	100% (4)	1/1	0/1	4+
1. Petit	14 in 45	71% (7)	1/1	63% (8)	0/1	0/0	4

25. JUNI, 21 UHR, NÜRNBERG

Schiedsrichter: Walentin Iwanow (Rußland). **Assistenten:** Nikolai Golubew, Ewgueni Volnin (beide Rußland). **Tor:** 1:0 Maniche (23.). **Einwechslungen:** Simão für Ronaldo (34.), Petit für Pauleta (46.), Tiago für Figo (84.) – van der Vaart für Mathijsen (56.), Heitinga für van Bommel (67.), Vennegoor of Hesselink für Cocu (84.). **Zuschauer:** 41 000

HOLLAND-DATEN

Torhüter	Min.	Schüsse gehalten (von)	Flanken/ Ecken abgefangen	Glanz- taten	schwere Fehler	lange Pässe angekommen (von)	Note
van der Sar	90	83% (6)	1	1	0	80% (5)	2–

Spieler	Ball- kontakte in Min.	Zweik. gew. (von)	Fouls/ gefoult worden	Pässe angek. (von)	Schüsse/ Schuß- vorlagen	Tore/ Torvor- lagen	Note
Boulahrouz	36 in 63	47% (17)	2/0	96% (24)	0/0	0/0	5
Ooijer	56 in 90	43% (14)	1/0	85% (47)	0/2	0/0	4
Mathijsen	53 in 55	71% (7)	0/1	90% (39)	0/0	0/0	4+
1. van der Vaart	19 in 35	25% (4)	0/0	73% (15)	3/2	0/0	4
van Bronckhorst	74 in 90	66% (29)	2/1	80% (60)	1/1	0/0	4+
1. Sneijder	58 in 90	44% (16)	0/0	95% (42)	5/4	0/0	3+
1. van Bommel	41 in 66	63% (19)	1/2	76% (25)	5/0	0/0	3
Heitinga	21 in 24	75% (4)	1/1	100% (13)	2/1	0/0	4
Cocu	48 in 83	50% (18)	1/1	84% (43)	1/1	0/0	4–
Vennegoor of H.	7 in 7	75% (8)	0/0	67% (6)	0/2	0/0	–
van Persie	45 in 90	53% (17)	0/2	71% (24)	2/4	0/0	2–
Robben	47 in 90	45% (20)	3/0	74% (27)	2/4	0/0	3–
Kuyt	47 in 90	45% (20)	1/0	76% (33)	4/4	0/0	4

AUSTRALIEN FÜHLTE SICH BETROGEN

Grausame Art der Niederlage

Francesco Totti verwandelte den spätesten Strafstoß der WM-Geschichte in der regulären Spielzeit. Er schoß Italien nach 95 Minuten ins Viertelfinale. Aber der Elfmeterpfiff von Luis Medina Cantalejo war ein Skandal

Siegtorschütze Totti: Italiens Luxusproblem

Der Schuß ins Glück: Francesco Totti trifft zum 1:0

Es arbeitete in Francesco Totti vor dem Elfmeter. Die Fernseh-Kameras fingen seine Augen ein wie die eines Italo-Westernstars vor dem letzten Duell. Folgen ließ er einen Rechtsschuß von einer Genauigkeit und Schärfe, den in so einer Situation nur ein Weltklassespieler zustande bringt. An seinen Trainer Marcello Lippi hatte er gedacht, der ihm Altstar Alessandro Del Piero vorgezogen und Totti erst in der 75. Spielminute eingewechselt hatte. An den gegnerischen Trainer Guus Hiddink, an dem Italien 2002 im Achtelfinale gescheitert war: Damals saß Hiddink auf Südkoreas Bank, Totti wurde wegen einer angeblichen Schwalbe vom Platz gestellt. An seinen Beinbruch vor der WM dachte er auch, nicht ohne Bitterkeit: »Ich wurde als Italiens Luxusproblem bezeichnet.« Das Tor widmete Francesco Totti seiner Frau Ilary Blasi und seinem sieben Monate alten Sohn Christian.

Australiens Fußballer erlebten einen der italienischen Momente im Leben. Im Fußball fühlen die sich meist eher schmerzvoll als cremig an. Vier Minuten waren schon über die Zeit gespielt zwischen dem dreimaligen Weltmeister Italien und Australien, da strauchelte Abwehrspieler Lucas Neill im Strafraum vor dem auf ihn zudribbelnden Fabio Grosso. Der italienische Außenverteidiger stolperte (absichtlich) gegen den Oberkörper des Australiers und fiel über ihn. Dann geschah das Unfaßbare. Schiedsrichter Luis Medina Cantalejo aus Sevilla, der als Beruf »Sportexperte« angibt, pfiff Foulelfmeter und heizte mit dieser Entscheidung die Diskussion um die Fähigkeiten der Schiedsrichter weiter an. Selbst Italiens Mittelfeldkämpfer Gennaro Gattuso räumte hinterher ein: »Wenn wir vorher keine Rote Karte bekommen hätten, hätten wir auch sicher nicht diesen Elfmeter erhalten.«

»Ich hatte nie Angst, daß wir nach Hause fahren müssen«

90 plus 5 Minuten wies der Fifa-Spielbericht hinterher als Tatzeit für Tottis unhaltbaren Elfmeterschuß aus, fast fünf Minuten über die normale Spielzeit hinaus. Es war der späteste Elfmeter der WM-Geschichte – und einer der ungerechtesten. Daß niemand auf die Idee kam, Vergleiche mit dem italienischen Liga-Bestechungsskandal anzustellen, spricht für den Sportsgeist der Australier. Ministerpräsident John Howard sprach vielmehr von einer »grausamen Art zu verlieren«. John O'Neill, australischer Verbandspräsident, berichtete von »unbeschreiblicher Trauer« in der Kabine. Und von Tränen. Die Art der unglücklichen Niederlage konnte gleichwohl nicht darüber hinwegtäuschen, daß mit Italien die richtige Mannschaft ins Viertelfinale eingezogen war. Zunächst war auch sie Opfer einer Fehleinschätzung Cantalejos geworden, der Marco Materazzi vom Platz gestellt hatte: Der Verteidiger war bei einer Grätsche mehr dem eigenen Teamkameraden Gianluca Zambrotta als Gegner Marco Bresciano in die Beine gerauscht (50. Minute). Allein Torjäger Luca Toni boten sich drei beste Einschußmöglichkeiten (22., 31. und 34.). Alberto Gilardino schoß nach elf Minuten den Australier Scott Chipperfield an, der eingewechselte Vincenzo Iaquinta bekam freistehend keinen Spannstoß zustande (87.). Australien hätte durch Chipperfield (28., 59.) und Mark Viduka (85.) in Führung gehen können, Gianluigi Buffon reagierte dreimal glänzend. Vor dem Spiel hatte die Dünnhäutigkeit von Italiens Trainer Marcello Lippi (58) einen neuen Höhepunkt erreicht. Patzigen Tons verweigerte er der Presse jegliche Auskünfte zur Mannschaftsaufstellung. Die Gelassenheit, die er nach dem Achtelfinal-Sieg zur Schau stellte, wirkte denn auch aufgesetzt: »Ich hatte nie Angst, daß wir nach Hause fahren müssen.«

Grobe Fehlentscheidung: Beschwörend hebt Lucas Neill die Hände. Kein Elfmeter, reklamiert er. Fabio Grosso trommelt derweil mit den Fäusten auf den Rasen – vor Freude. Er hatte den Sturz von Neill (oben) schamlos ausgenutzt, war in den Australier gestolpert und über ihn gestürzt

ITALIEN – AUSTRALIEN

 1:0 (0:0)

ITALIEN-DATEN

Torhüter	Min.	Schüsse gehalten (von)	Flanken/ Ecken abgefangen	Glanz-taten	schwere Fehler	lange Pässe angekommen (von)	Note
Buffon	90	100% (4)	1	0	0	50% (2)	3+

Spieler	Ball-kontakte in Min.	Zweik. gew. (von)	Fouls/ gefoult worden	Pässe angek. (von)	Schüsse/ Schuß-vorlagen	Tore/ Torvor-lagen	Note
1. Zambrotta	44 in 90	47% (19)	3/3	90% (29)	0/1	0/0	3
Cannavaro	40 in 90	65% (26)	1/1	82% (22)	0/0	0/0	2
▪ Materazzi	39 in 51	80% (20)	1/3	87% (23)	0/0	0/0	4
1. Grosso	35 in 90	45% (11)	2/1	73% (15)	0/1	0/1	2–
Pirlo	61 in 90	25% (8)	1/1	83% (46)	1/1	0/0	3–
1. Gattuso	78 in 90	48% (27)	4/2	85% (61)	0/0	0/0	3–
Perrotta	43 in 90	37% (19)	1/0	75% (28)	3/3	0/0	4+
Del Piero	37 in 74	54% (13)	1/5	84% (25)	0/3	0/0	4
Totti	13 in 16	50% (4)	0/1	89% (9)	1/1	1/0	2–
Gilardino	20 in 45	50% (8)	0/1	62% (13)	3/0	0/0	3–
Iaquinta	18 in 45	50% (12)	2/1	50% (10)	2/1	0/0	3
Toni	29 in 55	48% (23)	1/3	59% (17)	5/3	0/0	2–
Barzagli	4 in 35	73% (11)	0/1	100% (1)	0/0	0/0	3+

26. JUNI, 17 UHR, KAISERSLAUTERN

Schiedsrichter: Luis Medina Cantalejo (Spanien). **Assistenten:** Victoriano Giráldez Carrasco, Pedro Medina Hernández (beide Spanien). **Tor:** 1:0 Totti (90.+5). **Einwechslungen:** Iaquinta für Gilardino (46.), Barzagli für Toni (56.), Totti für Del Piero (75.) – Aloisi für Sterjovski (81.). **Zuschauer:** 46 000

AUSTRALIEN-DATEN

Torhüter	Min.	Schüsse gehalten (von)	Flanken/ Ecken abgefangen	Glanz-taten	schwere Fehler	lange Pässe angekommen (von)	Note
Schwarzer	90	80% (5)	1	0	0	13% (8)	3+

Spieler	Ball-kontakte in Min.	Zweik. gew. (von)	Fouls/ gefoult worden	Pässe angek. (von)	Schüsse/ Schuß-vorlagen	Tore/ Torvor-lagen	Note
Moore	75 in 90	54% (13)	3/0	89% (57)	0/2	0/0	4+
Neill	94 in 90	71% (17)	1/1	91% (66)	0/3	0/0	3+
Chipperfield	74 in 90	52% (23)	3/4	94% (50)	2/1	0/0	3–
1. Wilkshire	65 in 90	75% (16)	1/1	90% (51)	1/0	0/0	4
1. Grella	73 in 90	50% (10)	1/1	84% (69)	0/1	0/0	4+
Culina	59 in 90	33% (6)	2/1	96% (46)	1/0	0/0	5+
Sterjovski	29 in 81	35% (17)	2/2	84% (19)	0/1	0/0	4
Aloisi	3 in 9	57% (7)	1/1	0% (0)	0/0	0/0	–
Bresciano	58 in 90	41% (22)	2/4	83% (36)	3/2	0/0	4+
1. Cahill	50 in 90	46% (35)	3/2	73% (30)	3/0	0/0	3–
Viduka	30 in 90	25% (36)	6/0	53% (17)	1/0	0/0	4

SCHWEIZ MIT EINER WERTLOSEN BILANZ

Ohne Gegentor fuhren sie nach Hause

Nach 120 torlosen Minuten kam es zum Elfmeterschießen. Dreimal traten Schweizer Spieler zum Schuß an, dreimal scheiterten sie kläglich. Dabei hatte ihnen der ukrainische Superstar Andrej Schewtschenko noch einen Gefallen getan

Streller gab Fans Schuld an der Niederlage

Ein schlechter Verlierer: Köln-Profi Marco Streller

Er hatte so etwas wie ein Heimspiel. Nicht wenige Zuschauer hielten mit Marco Streller, schließlich stand der Schweizer Stürmer beim 1. FC Köln unter Vertrag. Aber er verscherzte sich mit seinen (naiven) Äußerungen nach Spielschluß alle Sympathien. Das Verhalten der Zuschauer, die sich die Zeit mit Sprechchören für Lukas Podolski und gegen einen ungeliebten Nachbarn (»Ohne Holland fahren wir nach Berlin«) sowie mit ihrem Lieblingslied »Viva Colonia« vertrieben, nannte er »respektlos. Es ist unheimlich schwer, wenn man auf dem Feld versucht, ein WM-Spiel zu absolvieren, und die Zuschauer singen ganz unbeteiligt.« So redet ein schlechter Verlierer. Dabei hatte Marco Streller die große Chance, ungestört und vollkommen frei vor dem Tor endlich seinen ersten Treffer im Kölner Stadion zu erzielen. Doch noch nicht einmal aus elf Metern traf er ins Tor. Immerhin wäre sein harmloser Schuß ins Tor gerollt, hätte der ukrainische Torwart Alexander Schowkowski ihn nicht gehalten.

Wieder stand die Null. Nach 90 Minuten, nach 120 Minuten. Die Schweiz war auch in ihrem vierten Turnierspiel ohne Gegentor geblieben. Keinem anderen Team gelang eine derart reine Abwehrarbeit. Es war sogar ein Kunststück, denn weder die Abwehrreihe noch Torwart Pascal Zuberbühler hatten durch besondere Sicherheit oder große Taten geglänzt. Dann ereilte die Schweizer in ihrem ersten Achtelfinalspiel seit zwölf Jahren das Schicksal eines Elfmeterschießens. Nach drei Versuchen von Marco Streller, Tranquillo Barnetta und Ricardo Cabanas stand noch immer die Null bei der Schweiz. Und als Oleg Gusew kurz darauf traf, war klar, daß die Null für immer bleiben würde. Die Ukraine führte uneinholbar 3:0 und zog ins Viertelfinale ein. Entschuldigungen nach dem Aus ließ der Schweizer Trainer Jakob »Köbi« Kuhn erst gar nicht aufkommen: »Wenn man nicht

»Wir verstehen selbst gar nicht, wie wir das geschafft haben«

einmal im Elfmeterschießen ein Tor macht, muß man akzeptieren, daß man nicht weiterkommt.« Ohnehin schienen sich nicht wenige unter den 45 000 Zuschauern in Köln die Frage zu stellen, wie es die beiden Mannschaften überhaupt ins Achtelfinale geschafft hatten. Keine Ideen im Spielaufbau, zahllose Querpässe, Flanken ohne jegliches Gefühl, unbeholfene und dazu harmlos agierende Stürmer präg-

ten ein Spiel, das nur ein Prädikat verdiente: WM-unwürdig. Die Zuschauer langweilten sich und verkürzten sich die unendliche Wartezeit mit mächtigen Wellen (La Ola), die sie über die Tribünen schickten. Beide Mannschaften erstarrten in ihren Systemen und der Philosophie vom Fußball im Kollektiv. Zwar bewies die Schweiz nachhaltig, wie sehr sie das von Kuhn präferierte 4-4-2-System verinnerlicht hatte, demonstrierte aber auch ihre große Schwäche: Sie hatte keinen Einzelkönner auf dem Platz, der mit einer gelungenen Aktion Lücken in die ukrainische Deckung reißen konnte. Dabei wollte Raphaël Wicky »gute Einzelspieler« im Team ausgemacht haben. Nicht anders die Mannschaft von Oleg Blochin. Superstar Andrej Schewtschenko versank wieder im Mittelmaß, allein ein Flugkopfball im Fünfmeterraum, der als Aufsetzer an die Latte klatschte, hob ihn aus der grauen Masse heraus (20.).

Die Schweiz glich mit ihrem einzigen Höhepunkt vier Minuten später aus, als ein Freistoß von Alexander Frei aus 23 Metern ebenfalls die Latte traf. Im Elfmeterschießen verschaffte Andrej Schewtschenko mit dem ersten Elfmeter, den Zuberbühler ohne Probleme hielt, den Schweizern die Gelegenheit, in Führung zu gehen. Aber das war wohl zuviel der Geschenke. Nach dem Spiel staunte Andrej Voronin: »Wir verstehen selbst noch gar nicht, wie wir das geschafft haben.«

Das Finale: Ricardo Cabanas (oben) schießt den dritten Elfmeter der Schweizer so schwach, daß Alexander Schowkowski ihn ohne Probleme pariert. Dann tritt Oleg Gusew (unten) an und trifft zum 3:0, Pascal Zuberbühler fliegt in die falsche Ecke

SCHWEIZ – UKRAINE

0:3 n.E. (0:0)

SCHWEIZ-DATEN

Torhüter	Min.	Schüsse gehalten (von)	Flanken/ Ecken abgefangen	Glanztaten	schwere Fehler	lange Pässe angekommen (von)	Note
Zuberbühler	120	100% (1)	4	0	0	57% (7)	3–

Spieler	Ballkontakte in Min.	Zweik. gew. (von)	Fouls/ gefoult worden	Pässe angek. (von)	Schüsse Schußvorlagen	Tore/ Torvorlagen	Note
Degen, P.	89 in 120	46% (35)	4/1	88% (48)	1/1	0/0	4–
Djourou	17 in 33	40% (5)	1/1	86% (14)	0/0	0/0	4–
Grichting	47 in 87	81% (21)	0/1	91% (33)	0/0	0/0	2–
Müller	84 in 120	76% (21)	0/0	88% (67)	1/0	0/0	2–
Magnin	115 in 120	82% (28)	2/0	72% (72)	2/1	0/0	2–
Vogel	86 in 120	36% (22)	2/0	79% (76)	1/2	0/0	4–
Barnetta	88 in 120	40% (35)	4/3	68% (62)	2/4	0/0	4+
Cabanas	86 in 120	69% (26)	0/3	76% (63)	3/3	0/0	4
Wicky	81 in 120	48% (44)	2/1	88% (52)	1/2	0/0	3–
Yakin	39 in 63	50% (22)	2/4	69% (16)	3/1	0/0	4+
Streller	27 in 57	52% (31)	4/2	89% (9)	1/2	0/0	4–
Frei	38 in 116	18% (28)	1/2	79% (19)	4/1	0/0	4+
Lustrinelli	1 in 4	50% (2)	0/0	0% (0)	0/0	0/0	–

26. JUNI, 21 UHR, KÖLN

Schiedsrichter: Benito Archundia (Mexiko). *Assistenten:* José Ramírez (Mexiko), Héctor Vergara (Kanada). *Elfmeterschießen:* Schewtschenko – gehalten, Streller – gehalten, 0:1 Milewski, Barnetta – verschossen, 0:2 Rebrow, Cabanas – gehalten, 0:3 Gusew. *Einwechslungen:* Grichting für Djourou (34.), Streller für Yakin (64.), Lustrinelli für Frei (117.) – Rotan für Kalinitschenko (75.), Rebrow für Worobey (94.), Milewski für Voronin (111.). *Zuschauer:* 45 000

UKRAINE-DATEN

Torhüter	Min.	Schüsse gehalten (von)	Flanken/ Ecken abgefangen	Glanztaten	schwere Fehler	lange Pässe angekommen (von)	Note
Schowkowski	120	100% (4)	3	1	0	0% (5)	2

Spieler	Ballkontakte in Min.	Zweik. gew. (von)	Fouls/ gefoult worden	Pässe angek. (von)	Schüsse Schußvorlagen	Tore/ Torvorlagen	Note
Gusew	97 in 120	39% (31)	1/3	66% (56)	0/2	0/0	3–
Gusin	67 in 120	72% (39)	1/1	76% (33)	1/0	0/0	3+
Waschtschuk	65 in 120	71% (7)	1/1	75% (52)	0/0	0/0	3–
Nesmatschny	62 in 120	77% (26)	1/5	43% (30)	0/1	0/0	2–
Timoschtschuk	78 in 120	52% (27)	3/3	78% (54)	2/0	0/0	3+
Schelajew	51 in 120	50% (32)	7/1	82% (33)	2/1	0/0	3–
Worobey	41 in 94	36% (25)	1/2	70% (23)	0/2	0/0	4–
Rebrow	14 in 26	33% (6)	0/0	78% (9)	1/0	0/0	4+
Kalinitschenko	35 in 74	32% (22)	2/1	92% (12)	1/3	0/0	3–
Rotan	23 in 46	40% (10)	0/1	57% (14)	0/1	0/0	4+
Voronin	37 in 110	40% (48)	1/2	89% (18)	3/0	0/0	4+
Milewski	4 in 10	50% (8)	0/1	100% (1)	0/0	0/0	–
Schewtschenko	54 in 120	31% (39)	1/1	71% (24)	3/2	0/0	4

RONALDO ERZIELTE SEINEN 15. WM-TREFFER

Erfolgreichster
Torjäger aller Zeiten

Zukunft von Afrikas Fußball umstritten

Teamkoordinator Anthony Baffoe ist skeptisch

Zweifel an der Zukunftsfähigkeit des afrikanischen Fußballs prägten das Fazit von Ghanas Teamkoordinator Anthony Baffoe nach dem Aus: »In Afrika gibt es keine Klassestürmer mehr. Und die Verbände können nicht organisieren, schon gar nicht langfristig.« Optimismus dagegen versprühte UN-Generalsekretär Kofi Annan: »Weint nicht um Ghana«, übermittelte er aus New York, »das war erst unsere Coming-out-Party. Bald sieht die Fußballgeschichte anders aus, denn die WM 2010 findet auf afrikanischem Boden statt.« Auch Ghanas serbischer Trainer Ratomir Djukovic, von Schiedsrichter Lubos Michel als erster Trainer der WM auf die Tribüne verbannt für den Zuruf: »Zieh doch gleich ein gelbes Trikot an«, versprach Großes: »Wir zeigen euch noch mehr.«

Von Pfiffen begleitet warf Brasilien Afrikas letzten Vertreter aus dem Turnier. Bei dem leidenschaftslos herausgespielten 3:0-Sieg gegen Ghana wurde Gerd Müllers 32 Jahre alter Rekord ausgelöscht

Um 17.05 Uhr an diesem 27. Juni 2006 hatte die Fußballwelt einen neuen Rekordhalter. Ein Steilpaß von Kaká überraschte Ghanas weit aufgerückte Abwehr. Ronaldo erlief sich den Ball, täuschte mit einem sogenannten Übersteiger den herausstürzenden Torwart Richard Kingson, lief locker an ihm vorbei und schob den Ball ins leere Tor.
Mit dem Treffer, den Ronaldo mit einer Leichtigkeit und technischen Finesse wie zu seinen besten Zeiten herausspielte, löschte er Gerd Müllers 32 Jahre währende Bestmarke von 14 WM-Toren aus und schwang sich zum erfolgreichsten Torschützen aller Zeiten auf. »Wunderbar, phantastisch«, jubelte »El Fenómeno«. Mit dem Rekord glaubte Ronaldo alle Zweifel an seiner Fitness und seinem Wert für die Seleção ausgeräumt zu haben. Sein Trainer Carlos Alberto Parreira bestärkte den pummeligen Torjäger: »Wir haben immer an ihn ge-

Ronaldos Fazit: »Jeder, der hart arbeitet, wird belohnt«

glaubt.« Ronaldo fühlte sich gar zum Vorbild berufen: »Jeder, der hart arbeitet, wird belohnt.«
Hart gearbeitet und zugleich spielerisch begeistert hatten aber nicht die Brasilianer, sondern der Gegner aus Ghana. 22:12 Torschüsse wies die Statistik für sie aus, 52 Prozent Ballbesitz und beste Chancen durch ihre Stürmer Asamoah Gyan und Matthew Amoah. Ein Tor gelang den ohne ihren gelbgesperrten Mittelfeldstar Michaël Essien angetretenen Afrikaner nicht.
»Das Resultat drückt nicht aus, wie schwierig das Spiel für uns war«, gab Parreira zu. Das Presseecho in der Heimat klang, trotz Torrekord, zurückhaltend. O Estadão de São Paulo erkannte an: »Ghana beherrschte die Offensive, Brasilien war kompetenter.« Auf die »fast naive Zerbrechlichkeit von Ghanas Abwehr« wies Globo hin.
Geschlossen war das neutrale Dortmunder Publikum zu den tapferen »Black Stars« übergelaufen, sang: »Steht auf, wenn ihr Ghana seid.« Nur Brasiliens Fans blieben sitzen. Sie pfiffen auch nicht am Ende, die neutralen Zuschauer schon.
Passend zur Qualität des Spiels muteten die weiteren Treffer an: Aus Abseitsposition bugsierte Inter Mailands wuchtiger Stürmer Adriano den Ball in der Nachspielzeit der ersten Halbzeit ins Tor. Zé Robertos 3:0 (84.), beinahe eine Kopie von Ronaldos 1:0, fiel aus zumindest abseitsverdächtiger Position. Dafür fiel Ghanas Stürmer Gyan in der 81. Minute mit dem plumpen Versuch auf, einen Elfmeter zu schinden, und wurde zu Recht des Feldes verwiesen. Brasiliens einstige Fußball-Romantiker, von ihrem Trainer Parreira auf Ökonomie eingeschworen, brachen gegen Ghana noch weitere Rekorde: Für Ronaldo und Cafú war das 3:0 jeweils der 16. WM-Sieg, für die Seleção bedeutete es das elfte Endrundenspiel hintereinander ohne Niederlage.

Der Anlauf zum Rekord: Ronaldo täuscht Torwart Richard Kingson mit einem Übersteiger, der reagiert zur falschen Seite und macht Ronaldo den Weg frei (Foto oben). Als Verteidiger John Painstil von hinten Ronaldo noch stören will (Foto unten), schiebt der Brasilianer den Ball ins verwaiste Tor. Sein 15. WM-Treffer

BRASILIEN – GHANA

 3:0 (2:0)

BRASILIEN-DATEN

Torhüter	Min.	Schüsse gehalten (von)	Flanken/Ecken abgefangen	Glanztaten	schwere Fehler	lange Pässe angekommen (von)	Note
Dida	90	100% (7)	0	0	0	50% (6)	3

Spieler	Ballkontakte in Min.	Zweik. gew. (von)	Fouls/gefoult worden	Pässe angek. (von)	Schüsse/Schußvorlagen	Tore/Torvorlagen	Note
Cafú	69 in 90	43% (14)	3/1	89% (45)	1/1	0/1	3+
Lucio	41 in 90	81% (16)	0/3	96% (24)	1/0	0/0	2–
1. Juan	55 in 90	58% (19)	3/2	95% (37)	1/0	0/0	3–
Carlos	39 in 90	67% (9)	0/2	80% (25)	2/0	0/0	3–
Emerson	29 in 45	50% (8)	1/0	95% (22)	0/0	0/0	4
Gilberto Silva	34 in 45	64% (11)	1/0	93% (28)	0/1	0/0	3+
Zé Roberto	59 in 90	63% (19)	2/2	95% (43)	1/0	1/0	2+
Kaká	60 in 82	59% (22)	2/6	83% (47)	0/2	0/1	3
Ricardinho	13 in 8	50% (2)	1/0	100% (12)	0/4	0/1	–
Ronaldinho	53 in 90	54% (13)	2/0	70% (40)	1/2	0/0	3
1. Adriano	24 in 60	50% (18)	2/2	77% (13)	1/1	1/0	3+
Juninho	40 in 30	71% (7)	0/0	84% (32)	0/1	0/0	3
Ronaldo	29 in 90	36% (11)	0/0	79% (19)	4/0	1/0	3

27. JUNI, 17 UHR, DORTMUND

Schiedsrichter:
Lubos Michel (Slowakei).
Assistenten:
Roman Slysko,
Martin Balko
(beide Slowakei).
Tore:
1:0 Ronaldo (5.),
2:0 Adriano (45.+1),
3:0 Zé Roberto (84.).
Einwechslungen:
Gilberto Silva für Emerson (46.), Juninho für Adriano (61.), Ricardinho für Kaká (83.) – Boateng für E. Addo (60.), Tachie-Mensah für Amoah (70.).
Zuschauer: 65 000

GHANA-DATEN

Torhüter	Min.	Schüsse gehalten (von)	Flanken/Ecken abgefangen	Glanztaten	schwere Fehler	lange Pässe angekommen (von)	Note
Kingson	90	67% (9)	2	2	0	67% (3)	3

Spieler	Ballkontakte in Min.	Zweik. gew. (von)	Fouls/gefoult worden	Pässe angek. (von)	Schüsse/Schussvorlagen	Tore/Torvorlagen	Note
1. Painstil	69 in 90	40% (15)	3/1	83% (47)	2/1	0/0	5+
Mensah	53 in 90	89% (9)	0/3	92% (37)	1/2	0/0	3–
Shilla	30 in 90	42% (12)	1/1	91% (23)	0/0	0/0	4–
Pappoe	53 in 90	33% (6)	1/0	95% (42)	0/1	0/0	4–
1. Addo, E.	48 in 59	50% (12)	1/3	82% (39)	0/3	0/0	3–
Boateng	28 in 31	50% (6)	2/0	100% (24)	1/0	0/0	4–
Dramani	45 in 90	36% (11)	3/2	91% (32)	3/0	0/0	4–
1. Muntari	71 in 90	47% (38)	4/4	88% (49)	3/4	0/0	3+
1. Appiah	100 in 90	33% (18)	2/0	73% (78)	4/5	0/0	2–
Amoah	27 in 69	15% (13)	2/1	82% (17)	2/3	0/0	4+
Tachie-Mensah	17 in 21	75% (4)	0/0	93% (14)	1/3	0/0	4+
Gyan	39 in 81	32% (25)	2/2	91% (22)	5/0	0/0	4

TAKTISCHE PLÄNE GINGEN NICHT AUF

Erfahrung besiegte Jugend

Im Vereinsfußball führend – Nationalelf Sorgenkind

Weggefährten: die Kapitäne Raúl (l.) und Zidane

Spaniens Trainer Luis Aragonés wollte Zinedine Zidane »in Rente« schicken, wie er sagte. Am Ende aber triumphierte der Altmeister aus Frankreich. Mit seinem Tor zum 3:1 in der Nachspielzeit machte er die Überraschung perfekt

Es war wie in all den Jahren zuvor: Im Vereinsfußball ist Spanien führend, die Nationalmannschaft bleibt trotz guter Spiele bei der WM das Sorgenkind. Spanien stellte mit dem FC Barcelona den Sieger der Champions League 2006 und mit dem FC Sevilla den Uefa-Pokal-Gewinner. Aber für Trainer Luis Aragonés ging schon im Achtelfinale eine beispiellose Serie zu Ende: Seit seinem Amtsantritt im Juli 2004 hatte er mit der Auswahl seines Landes in 25 Länderspielen nicht verloren. Und auch als Nationalspieler war Aragonés in seinen elf Spielen nie als Verlierer vom Platz gegangen.

Um ein Jubiläum brachte sich gar Spaniens Kapitän Raúl. Das Viertelfinale hätte sein 100. Länderspiel sein können. Und wieder verlor er ein Duell gegen Zinedine Zidane, mit dem er bei Real Madrid seit 2001 zusammenspielte. Unvergessen ist dabei das Viertelfinale zwischen Frankreich und Spanien bei der EM 2000. In der dramatischen Partie (2:1) hatte Zidane für die Franzosen mit einem kunstvoll geschossenen Freistoß die Führung besorgt, Raúl wurde zur tragischen Figur. In der 90. Minute vergab er einen Strafstoß und die mögliche Verlängerung.

Der Plan von Luis Aragonés war perfide und eigentlich genial. Er hatte nur einen kleinen Schönheitsfehler: Er funktionierte nicht. Der spanische Trainer hatte Raúl zu dessen 29. Geburtstag einen Platz in der Start-Elf geschenkt, hoffte auf einen Motivations- und Leistungsschub beim Kapitän. Vergeblich. Nach 54 stümperhaften Minuten ohne Torschuß und Torschußvorlage beorderte Aragonés ihn wieder auf die Bank. Auch Teil zwei seines Vorhabens ging daneben. Großspurig hatte Aragonés angekündigt, Zinedine Zidane (34) mit schmachvoller Niederlage »in Rente« zu schicken. Nach dem 1:3 gegen Frankreich mußten er und seine jungen Spieler heimfahren.

Erfahrung besiegte Jugend. Zidane hatte es geahnt: »Die Vorrunde hat ein falsches Bild von der französischen Mannschaft gegeben. Das haben wir jetzt bewiesen.«

»Wir waren nicht schlechter als die Franzosen«

Mit Genugtuung registrierte Frankreichs Presse die Wiederauferstehung der zuvor gescholtenen Elf. Die Tageszeitung Métro bedankte sich: »Muchas gracias les Bleus! Man hat sie zu früh beerdigt. Sie sind auferstanden, um der Schnuller-Klasse von Torres, Xavi und Villa eine Lektion zu erteilen.«

Danach sah es vor 43 000 Zuschauern in Hannover lange nicht aus. Während Spanien, wie aus der Vorrunde gewohnt, mit Angriffsschwung und diesmal sogar drei ständig rochierenden Spitzen (Fernando Torres, David Villa und Raúl) forsch aufspielte, war Frankreichs Trainer Raymond Domenech eine stabile Deckung Herzensangelegenheit. Opfer dieser Taktik ohne Mumm wurde einmal mehr David Trézéguet. Er schmorte auf der Bank, während Thierry Henry sämtliche Angriffsarbeit nahezu alleine verrichten mußte.

Die Viererkette um William Gallas und Lilian Thuram und eine nicht weniger dichte im Mittelfeld davor machte Frankreichs Strafraum zum Hochsicherheitstrakt. Nach 28 Minuten allerdings sah Domenech seine Strategie durchkreuzt und Aragonés seinen Mut belohnt. Nach einer Ecke traf Thuram statt dem Ball das Bein von Pablo Ibáñez. Den Elfmeter verwandelte David Villa zum verdienten 1:0.

Frankreich gelang noch vor der Pause der Ausgleich, weil sich Carles Puyol beim Stellen einer Abseitsfalle von Patrick Vieira narren ließ. Dessen Paß erreichte den quirligen Franck Ribéry, der überlief nach rasantem Antritt Spaniens Torwart Iker Casillas und schoß aus zwölf Metern ein. Vieira mit Kopfball (83.) zum 2:1 und Zinedine Zidane in der Nachspielzeit zum 3:1 machten Frankreichs Glück perfekt.

Während Luis Aragonés über die Ursachen rätselte (»Wir waren nicht schlechter als die Franzosen«), frohlockte Zidane wie ein Kind: »Das Abenteuer geht weiter.«

Freudenknäuel: Patrick Vieira (u.) wird von seinen Mitspielern (von unten nach oben) William Gallas, Sidney Gouvou, Franck Ribéry, Claude Makelele und dem noch fliegenden Thierry Henry für sein 2:1 gefeiert. Die Vorentscheidung in der 83. Minute

SPANIEN – FRANKREICH

 1:3 (1:1)

SPANIEN-DATEN

Torhüter	Min.	Schüsse gehalten (von)	Flanken/ Ecken abgefangen	Glanz- taten	schwere Fehler	lange Pässe angekommen (von)	Note
Casillas	90	40% (5)	2	1	0	33% (3)	4+

Spieler	Ball- kontakte in Min.	Zweik. gew. (von)	Fouls/ gefoult worden	Pässe angek. (von)	Schüsse/ Schuß- vorlagen	Tore/ Torvor- lagen	Note
Ramos	80 in 90	67% (15)	3/2	87% (62)	0/0	0/0	4+
Pablo	51 in 90	79% (14)	0/2	88% (32)	0/1	0/1	2–
1. Puyol	50 in 90	67% (9)	2/2	94% (35)	0/0	0/0	4–
Pernia	65 in 90	38% (21)	6/0	88% (41)	2/1	0/0	4
Alonso	72 in 90	62% (13)	2/2	87% (62)	0/1	0/0	3–
Xavi	57 in 71	64% (11)	2/2	94% (49)	0/2	0/0	4+
Senna	11 in 19	33% (3)	1/0	63% (8)	2/1	0/0	4–
Fábregas	82 in 90	42% (19)	2/4	89% (72)	2/0	0/0	4
Raúl	23 in 53	38% (8)	1/1	94% (16)	0/0	0/0	5+
García	21 in 37	42% (12)	1/1	85% (13)	1/0	0/0	4+
Torres	49 in 90	44% (25)	1/4	84% (25)	1/1	0/0	4
Villa	19 in 53	29% (17)	3/1	56% (9)	1/2	1/0	3
Joaquín	23 in 37	45% (11)	2/0	75% (16)	1/0	0/0	4–

27. JUNI, 21 UHR, HANNOVER

Schiedsrichter:
Roberto Rosetti (Italien).
Assistenten:
Cristiano Copelli,
Alessandro Stagnoli
(beide Italien).
Tore:
1:0 Villa (28.),
1:1 Ribéry (41.),
1:2 (83.),
1:3 Zidane (90.+2).
Einwechslungen:
García für Raúl (54.),
Joaquín für Villa (54.),
Senna für Xavi (72.) –
Govou für Malouda (74.),
Wiltord für Henry (88.).
Zuschauer: 43 000

FRANKREICH-DATEN

Torhüter	Min.	Schüsse gehalten (von)	Flanken/ Ecken abgefangen	Glanz- taten	schwere Fehler	lange Pässe angekommen (von)	Note
Barthez	90	50% (2)	1	0	0	33% (9)	3–

Spieler	Ball- kontakte in Min.	Zweik. gew. (von)	Fouls/ gefoult worden	Pässe angek. (von)	Schüsse/ Schuß- vorlagen	Tore/ Torvor- lagen	Note
Sagnol	47 in 90	72% (25)	1/2	58% (19)	0/0	0/0	3–
Thuram	28 in 90	75% (12)	4/3	89% (18)	0/0	0/0	3–
Gallas	31 in 90	43% (7)	1/2	96% (25)	0/0	0/0	4+
Abidal	46 in 90	35% (17)	2/0	81% (26)	1/0	0/0	4+
1. Vieira	47 in 90	60% (25)	5/2	76% (29)	2/1	1/1	2+
Makelele	44 in 90	60% (15)	2/3	73% (33)	1/0	0/0	3+
1. Ribéry	40 in 90	50% (18)	0/4	86% (21)	1/3	1/0	2+
1. Zidane	55 in 90	50% (16)	2/2	83% (35)	2/3	1/1	2
Malouda	33 in 73	36% (22)	2/5	81% (16)	1/0	0/0	3–
Govou	5 in 17	25% (4)	0/0	100% (1)	1/0	0/0	4+
Henry	20 in 87	24% (17)	2/2	83% (6)	0/0	0/0	3–
Wiltord	2 in 3	0% (0)	0/0	50% (2)	0/1	0/1	–

VIERTELFINALE

DEUTSCHLAND	🇩🇪
ARGENTINIEN	🇦🇷
ITALIEN	🇮🇹
UKRAINE	🇺🇦
ENGLAND	🏴󠁧󠁢󠁥󠁮󠁧󠁿
PORTUGAL	🇵🇹
BRASILIEN	🇧🇷
FRANKREICH	🇫🇷

Freitag, 30. Juni, Berlin
Deutschland – Argentinien   5:3 n. E. (1:1, 0:0)

Freitag, 30. Juni, Hamburg
Italien – Ukraine   3:0 (1:0)

Samstag, 1. Juli, Gelsenkirchen
England – Portugal   1:3 n. E. (0:0)

Samstag, 1. Juli, Frankfurt
Brasilien – Frankreich   0:1 (0:0)

DIE NUMMER 1

Nur noch Sekunden vergehen, dann wird Jens Lehmann von seinen Mitspielern Arne Friedrich, Torsten Frings, Tim Borowski, Michael Ballack und Oliver Neuville (v. l. n. r.) förmlich erdrückt. Noch kann er alleine seinen Triumph auskosten. Mit dem Zeigefinger der rechten Hand signalisiert Jens Lehmann: »Ich bin die Nummer 1.« Sein spärlicher Jubel nach dem gehaltenen Elfmeterschuß des Argentiniers Esteban Cambiasso steht im Gegensatz zum Freudentaumel, der Deutschland in diesem Moment erfaßt. Die Elf von Jürgen Klinsmann hat sich für das Halbfinale qualifiziert

ANALYSE VIERTELFINALE

NUR 1,5 TORE FIELEN IM SCHNITT PRO SPIEL

Innenverteidiger die Schlüsselspieler

SCORER-LISTE VIERTELFINALE

	Torvorlagen	Tore	Scorerpunkte
Toni (ITA)	0	2	2
Zambrotta (ITA)	1	1	2
Totti (ITA)	2	0	2
Ayala (ARG)	0	1	1
Henry (FRA)	0	1	1
Klose (D)	0	1	1
Borowski (D)	1	0	1
Riquelme (ARG)	1	0	1
Zidane (FRA)	1	0	1

Luca Toni war der einzige Spieler mit zwei Toren. Die Elfmetertore aus Deutschland gegen Argentinien und England gegen Portugal sind nicht erfaßt

Erzielte sein fünftes WM-Tor 2006: Miroslav Klose

Im Viertelfinale verließ die Trainer endgültig der Mut zu forschem Angriffsspiel. Von den Siegern bevorzugte allein Jürgen Klinsmann noch die offensive Aufstellung mit zwei Stürmern. Es wurde ein Desaster für Südamerika

Joachim Löws Bonmot ließ sich keine Zeitung entgehen: »Weltmeister sind wir schon, jetzt können wir nur noch Europameister werden«, entfuhr es Jürgen Klinsmanns Co-Trainer, nachdem sich mit Brasilien die letzte südamerikanische Mannschaft aus dem Turnier verabschiedet hatte. Die Tatsache, daß mit Argentinien und Brasilien beide WM-Favoriten früh auf der Strecke geblieben waren, überraschte. Dabei hat das Scheitern der Fußballer aus Südamerika in Europa Tradition. Nur ein einziges Mal, 1958 in Schweden, gewann eine Mannschaft vom Doppel-Kontinent die Weltmeisterschaft: Brasilien mit Pelé. Umgekehrt hat keine europäische Mannschaft je den Titel von jenseits des Atlantiks mitnehmen können.
Vor 24 Jahren, bei der WM 1982 in Spanien, hatten zuletzt vier Nationen aus Europa das Halbfinale erreicht (Italien, Polen, Deutschland, Frankreich). Drei dieser Teams schafften es nun wieder. Mit Mentalität, Fremdheit oder Klima ist das nicht zu erklären: Fast alle Brasilianer und Argentinier sind bei europäischen Topklubs engagiert. Die Wahrheit 2006: Brasilien scheiterte an einer Mischung aus Funktionärs-Geldgier und Arroganz. Nur drei Vorbereitungsspiele hatte die Seleção 2006 bestritten, sich mit einem einträglichen Show-Trainingslager in der Schweiz alles andere als professionell für das Turnier präpariert. »Wir hätten mehr Vorbereitung gebraucht«, räumte Trainer Carlos Alberto Parreira nach der 0:1-Viertelfinal-Pleite ein.
Seine Mannschaft besaß weder die körperliche noch die mentale Stärke, sich gegen den ersten ernsthaften Widerstand, der ihr von Frankreich entgegengebracht wurde, zu behaupten.
Anders lag der Fall bei Deutschlands hoch eingeschätztem Gegner. Argentiniens Trainer José Néstor

Immer weniger Tore: Trend ging wieder zum Mauerfußball

Pekerman wechselte sich um Sieg und Arbeitsplatz, als er, in Führung liegend, seinen Mittelfeldstrategen Juan Riquelme gegen Esteban Cambiasso austauschte und den begnadeten Dribbler Lionel Messi die gesamten 120 Minuten auf der Bank ließ. Daß Argentinien bis zum Abgang Riquelmes in der 72. Minute nicht deutlicher führte, lag an der glänzenden Organisation der Deutschen und ihrer (diesmal) überragenden Innenverteidigung. Ein Blick in die unbestechliche Zweikampfstatistik:
Christoph Metzelder gewann 84 Prozent Mann-gegen-Mann-Duelle, Per Mertesacker phantastische 92 Prozent. Und das, nachdem die Abwehr um den 21jährigen vor der WM als der besorgniserregende Schwachpunkt der Deutschen angesehen worden war.
Eine ähnlich charismatische Rolle wie der junge Hannoveraner spielten Routinier Fabio Cannavaro (32) bei den Italienern und der reaktivierte Franzose Lilian Thuram (34). Als überraschend sicherer Ordnungsfaktor Portugals entpuppte sich ein Bundesliga-Profi: Fernando Meira (28) vom VfB Stuttgart. Sie alle waren Schlüsselspieler. Ihre Abwehrreihen ermöglichten die erschütternde Viertelfinalbilanz von nur 1,5 Toren im Schnitt pro Spiel. Fast alle Trainer bevorzugten den Sicherheitsstil, traten mit nur noch einer Spitze an. Die Angreifer machten das Beste aus ihren einsamen Jobs. Frankreichs Thierry Henry traf einmal, der italienische Kollege Luca Toni gar doppelt. Allerdings gegen die Ukraine, das einzige sichtbar überforderte Team des Viertelfinales.
Von den Halbfinalisten hatte es einzig Deutschland beim System mit zwei Angreifern belassen: Miroslav Klose traf einmal, Lukas Podolski erst im Elfmeterschießen.
Es zeichnete sich ab: Taktisch drohte das Turnier zum Trendsetter für den Mauerfußball zu werden. Brasiliens Coach Parreira schickte seinen Spielmacher Ronaldinho als zweite, hängende Spitze auf den Platz, baute bei gegnerischen Angriffen eine Fünferkette vor dem Tor auf.
Die Schiedsrichter, im Achtelfinale hart kritisiert, schlugen sich besser. Der beste: Lubos Michel (Slowakei), der auch noch die Tumulte nach dem Spiel Deutschland gegen Argentinien umsichtig bewertete. Allerdings hatte er auch Kloses Foul an Torwart Roberto Abbondanzieri übersehen, das zu dessen Auswechslung führte. Der Elfmeter-Spezialist fehlte Argentinien.

UNGLEICHES DUELL
Seinen Vorteil bringt Per Mertesacker entscheidend ein: Der deutsche Innenverteidiger, 1,96 Meter groß, hat im Kopfballduell gegen den 1,68 Meter kleinen argentinischen Stürmer Carlos Tévez keine Probleme, den Ball zu klären. Mertesacker war mit 92 Prozent gewonnenen Zweikämpfen, elf von zwölf, ein Garant in der Abwehr. Kollege Christoph Metzelder kam auf 84 Prozent gewonnene Duelle. Ein Zeugnis der deutschen Abwehrstärke

JENS LEHMANN PARIERTE ZWEI ELFMETER

Held mit einem Spickzettel im Stutzen

Tritt in den Unterleib und Rücktritt von Pekerman

Der Auslöser der Tumulte: Cufré (r.) tritt Mertesacker

Stillos verabschiedete sich Titelkandidat Argentinien von der WM 2006: Reservist Leandro Cufré trat Per Mertesacker Sekunden nach der Elfmeterentscheidung vollkommen grundlos an den Oberschenkel und in den Unterleib und löste damit heftige Tumulte aus. Maxi Rodríguez schlug dem herangestürmten Bastian Schweinsteiger auf den Kopf, DFB-Manager Oliver Bierhoff und sein ehemaliger Mannschaftskamerad beim AC Mailand, Roberto Ayala, rangelten miteinander, Torsten Frings schlug Julio Cruz mit der Faust ans Kinn. Der gute Schiedsrichter Lubos Michel behielt die Übersicht, trennte mit Hilfe seiner Assistenten und der Spieler die Parteien und zeigte Cufré die Rote Karte. Drei Tage nach dem Spiel wurde auch noch Frings anhand von Fernsehbildern für zwei Spiele gesperrt (eines auf Bewährung).
Seine Konsequenzen zog Argentiniens Trainer José Néstor Pekerman (56), der die Niederlage durch die frühe Auswechslung von Star Juan Riquelme begünstigt hatte. Er gab sein Amt noch am selben Abend ab.

Der Torwart machte den Unterschied. Vor jedem Elfmeter der Argentinier studierte Jens Lehmann das Schußprofil seines Gegners. Bei den Schüssen von Ayala und Cambiasso halfen ihm die Notizen. Alle vier deutschen Schützen trafen

Die Hände zum Himmel.« Alle Zuschauer, jedenfalls die, die es mit der deutschen Mannschaft hielten, folgten dem musikalischen Befehl aus den Lautsprechern. Die deutschen Spieler, Betreuer und Jürgen Klinsmann sowieso. Die ungeheure Anspannung entlud sich zweidreiviertel Stunden nach dem Anstoß in schwarz-rot-goldenem Jubel.
Bis an die Belastungsgrenzen hatten beide Teams die Nerven der 72 000 Zuschauer in Berlin und der 28,6 Millionen Menschen vor den Fernsehgeräten beansprucht. 0:0 zur Halbzeit. 1:1 nach 90 und 120 Minuten. Elfmeterschießen. Das entschied ein Mann mit seiner Nervenstärke: Jens Lehmann.
Die Hände zur Seite reckte der Torwart im rechten Moment, hechtete in Esteban Cambiassos plaziert geschossenen vierten Elfmeter der Argentinier. Von den Unterarmen Lehmanns prallte der Ball zurück ins Feld – der Moment der Entscheidung. Zuvor hatte Lehmann bereits im Duell mit Argentiniens Kapitän Roberto Ayala triumphiert, dessen Schuß gar festgehalten. Lehmann war bestens präpariert in das Elfmeterschießen gegangen, die sorgfältige Vorbereitung machte ihn zum Helden, nicht seine Intuition. Torwarttrainer Andreas Köpke hatte Lehmann einen Spickzettel zugesteckt, auf dem das exakte Schußprofil aller Argentinier notiert war. Vor jedem Elfmeter studierte Lehmann die Angaben, dann steckte er den Zettel wieder in den rechten Stutzen. Hinterher sagte er: »Das wird von mir erwartet. Als deutscher Torwart muß man Elfmeterschießen gewinnen.«
Das Wissen um die Tradition sprach aus seinen Worten: Alle seine drei Elfmeterschießen bei einer WM hatte Deutschland zuvor gewonnen. Auch die deutschen Schützen demonstrierten Nervenstärke und Selbstbewußtsein. Oliver Neuville traf rechts oben, Kapitän Michael Ballack, zuvor von Wadenkrämpfen geschüttelt, machte es mit Wucht – links schlug der Ball ein. Lukas Podolski traf rechts unten, und Tim Borowski wartete die Bewegung von Argentiniens eingewechseltem Torwart Leo Franco ab und verlud ihn mit einem Flachschuß in die rechte Ecke.
Es war das grandiose Finale eines Spiels, das allein von der Spannung lebte. In der ersten Halbzeit dominierte Argentinien mit fast 70 Prozent Ballgewinn deutlich, spielte sich aber so gut wie keine Torchancen heraus. Der Treffer von Roberto Ayala fiel erst in der 49. Minute per Kopf nach einem Eckball. Bewacher Miroslav Klose hatte nicht aufgepaßt. Beeindruckend war, wie Deutschland danach das Spiel in den Griff bekam und auf den Ausgleich drängte. Der gelang Klose in der 80. Minute. Ebenfalls per Kopf nach Flanke von Michael Ballack und Kopfballvorlage von Tim Borowski.

»Als deutscher Torwart muß man Elfmeterschießen gewinnen«

DEUTSCHLAND – ARGENTINIEN

🇩🇪 5:3 n. E. (1:1, 1:1) 🇦🇷

DEUTSCHLAND-DATEN

Torhüter	Min.	Schüsse gehalten (von)	Flanken/Ecken abgefangen	Glanz-taten	schwere Fehler	lange Pässe angekommen (von)	Note
Lehmann	120	50% (2)	0	0	0	29% (7)	2+

Spieler	Ballkontakte in Min.	Zweik. gew. (von)	Fouls/gefoult worden	Pässe angek. (von)	Schüsse/Schuß-vorlagen	Tore/Torvor-lagen	Note
1. Friedrich	71 in 120	56% (34)	5/4	74% (39)	0/0	0/0	3
Metzelder	46 in 120	84% (19)	2/4	93% (28)	1/1	0/0	2–
Mertesacker	51 in 120	91% (11)	0/1	82% (33)	1/0	0/0	2–
Lahm	94 in 120	50% (20)	1/2	91% (55)	0/0	0/0	4+
Frings	77 in 120	56% (27)	3/3	81% (58)	0/0	0/0	2+
Schneider	41 in 61	25% (16)	1/1	78% (23)	0/1	0/0	4–
1. Odonkor	37 in 59	52% (21)	1/3	67% (12)	0/1	0/0	2–
Ballack	100 in 120	58% (24)	2/3	78% (67)	2/2	0/0	2
Schweinsteiger	54 in 73	33% (12)	0/1	84% (31)	1/2	0/0	4–
Borowski	37 in 47	43% (7)	1/0	81% (31)	2/1	0/1	2–
Klose	29 in 85	50% (26)	2/3	62% (13)	1/1	1/0	4+
Neuville	15 in 35	0% (6)	1/0	88% (8)	0/1	0/0	3–
1. Podolski	42 in 120	32% (28)	4/5	80% (20)	3/1	0/0	4–

* Frings nachträglich wegen Tätlichkeit nach dem Spiel gesperrt

30. JUNI, 17 UHR, BERLIN

Schiedsrichter: Lubos Michel (Slowakei). **Assistenten:** Roman Slysko, Martin Balko (beide Slowakei) **Tore:** 0:1 Ayala (49.), 1:1 Klose (80.). **Elfmeterschießen:** 1:0 Neuville, 1:1 Cruz, 2:1 Ballack, Ayala – gehalten, 3:1 Podolski, 3:2 Rodríguez, 4:2 Borowski, Cambiasso – gehalten. **Einwechslungen:** Odonkor für Schneider (62.), Borowski für Schweinsteiger (74.), Neuville für Klose (86.) – Franco für Abbondanzieri (71.), Cambiasso für Riquelme (72.), Cruz für Crespo (79.). **Zuschauer:** 72 000

Aufstellung:
- LEHMANN
- FRIEDRICH, METZELDER, MERTESACKER, LAHM
- SCHNEIDER, FRINGS, BALLACK, SCHWEINSTEIGER
- KLOSE, PODOLSKI
- TÉVEZ, CRESPO
- RIQUELME
- GONZÁLEZ, RODRÍGUEZ
- MASCHERANO
- SORÍN, HEINZE, AYALA, COLOCCINI
- ABBONDANZIERI

ARGENTINIEN-DATEN

Torhüter	Min.	Schüsse gehalten (von)	Flanken/Ecken abgefangen	Glanz-taten	schwere Fehler	lange Pässe angekommen (von)	Note
Abbondanzieri	70	100% (1)	0	0	0	25% (4)	3
Franco	50	50% (2)	2	0	0	50% (2)	3–

Spieler	Ballkontakte in Min.	Zweik. gew. (von)	Fouls/gefoult worden	Pässe angek. (von)	Schüsse/Schuß-vorlagen	Tore/Torvor-lagen	Note
Coloccini	87 in 120	65% (17)	2/1	85% (60)	1/1	0/0	3–
Ayala	45 in 120	89% (18)	1/2	81% (26)	1/0	1/0	2
Heinze	64 in 120	43% (21)	6/0	79% (34)	1/0	0/0	3–
1. Sorín	82 in 120	59% (22)	3/2	83% (35)	0/2	0/0	3
1. Mascherano	74 in 120	45% (29)	3/2	92% (59)	1/0	0/0	3+
1. Rodríguez	83 in 120	65% (20)	1/2	83% (54)	2/4	0/0	3
González	76 in 120	47% (15)	1/1	88% (56)	3/0	0/0	4+
Riquelme	63 in 71	41% (17)	0/2	78% (41)	0/1	0/1	4
Cambiasso	29 in 49	27% (11)	1/0	63% (19)	0/0	0/0	4
Tévez	73 in 120	46% (48)	5/5	85% (41)	3/4	0/0	3+
Crespo	19 in 78	17% (12)	3/1	90% (10)	0/0	0/0	5+
1. Cruz	26 in 42	33% (21)	5/4	75% (8)	1/1	0/0	4+

* Rote Karte Cufré für Tätlichkeit nach dem Spiel

Der erste Streich: Jens Lehmann fängt den schwach geschossenen Elfmeter von Roberto Ayala sicher – unter den Augen von Schiedsrichter-Assistent Roman Slysko und Argentiniens Ersatztorwart Leo Franco (im roten Dress). Der mußte ab der 71. Minute Roberto Abbondanzieri ersetzen. Der Stammtorwart hatte sich bei einem nicht geahndeten Foul von Miroslav Klose im Fünfmeterraum eine schwere Hüftprellung zugezogen. Pech für Argentinien: Abbondanzieri gilt als ausgemachter Elfmeter-Spezialist. Franco wehrte keinen Schuß ab

ITALIEN SIEGTE IM SCHONGANG

Grenzen ganz schnell aufgezeigt

In der Begegnung zweier defensiv orientierter Teams war die Ukraine fast chancenlos. Nach nur sechs Minuten und dem Tor von Gianluca Zambrotta war das Konzept von Trainer Oleg Blochin mit nur einer Spitze Makulatur

»Ich wollte eins machen, ich habe zwei geschafft«

Das 3:0: Luca Toni drückt den Ball über die Linie

Lange hat er gebraucht, bevor seine Karriere richtig in Schwung kam. Erst vor zwei Jahren, im Alter von 27 Jahren, schaffte Luca Toni in der italienischen Serie A mit dem US Palermo den Durchbruch. Auch bei der WM kam Toni, mit 31 Treffern für den AC Florenz erfolgreichster Torjäger Europas in der Saison 2005/06, anfangs nur schwer ins Rollen. In seinen ersten beiden Partien blieb der 1,94 Meter lange Torjäger trotz guter Chancen ohne Treffer. Gegen Tschechien mußte er deshalb auf die Ersatzbank, gegen Australien nahm ihn Lippi nach 55 Minuten aus dem Spiel. Erst in Italiens fünfter WM-Partie traf Luca Toni – und das gleich zweimal: nach Flanke von Francesco Totti per Kopf aus fünf Metern (59.) und nach Paß von Gianluca Zambrotta aus zwei Metern (69.). Es waren im 22. Länderspiel seiner Karriere seine Nationalmannschafts-Treffer acht und neun und die Tore eins und zwei bei einer WM. Überglücklich freute sich Luca Toni: »Ich wollte eins machen, ich habe zwei geschafft. Ein wunderbares Gefühl.«

Die ersten Verlierer standen frustriert vor dem Stadion. Trotz markanter Preisnachlässe blieben Schwarzmarkthändler auf Hunderten Tickets sitzen. Das Spiel zwischen den defensiv-sturen Italienern und einer bis dahin enttäuschenden Mannschaft aus der Ukraine lockte keine zusätzlichen Fans Richtung Stadion. Rund 5000 Plätze blieben unbesetzt.
Als größter Verlierer des Abends durfte sich aber Andrej Schewtschenko fühlen. Inständig hatte er seine Mitspieler beschworen, sich gegen Italien, wo er sieben Jahre für den AC Mailand Tore geschossen hatte, alles zu geben: »Ich habe sie gebeten, um mir ein spezielles Geschenk zu machen«, erklärte er. Das hätten die auch durchaus getan, schon aus Eigennutz, aber schon früh zeigten ihnen die Italiener ihre Grenzen auf. Italiens Trainer Marcello Lippi registrierte das 3:0 beiläufig als nette Randnote: »Das war ein wunderschöner Abend, eine Befriedigung.«

»Das war ein wunderschöner Abend, eine Befriedigung«

Gedanken an die Vorgänge in der Heimat, die Prozeßeröffnung wegen Spielmanipulationen in der Serie A und den Selbstmordversuch von Juventus-Manager Gianluca Pessotto, verdrängten seine Spieler professionell. Erst danach offenbarten sie ihre Emotionen, als sie ein Transparent (»Wir sind mit dir«) für ihren früheren Kollegen Pessotto über den Rasen trugen.

Den ukrainischen Akteuren stand der Sinn nach Erfreulicherem. Trotz der Pleite strichen sie pro Mann für das Erreichen des Viertelfinales 267 000 Euro ein. Trainer Oleg Blochin rechtfertigte die Riesensummen: »Wer einen guten Job macht, hat auch gutes Geld verdient.« Blochin trug die Mitschuld, daß der Betrag nicht noch größer wurde. Mit nur einer Spitze (Schewtschenko) und sieben Spielern in der Defensive ging sein Konzept nicht auf. Nach nur sechs Minuten erzielte Rechtsverteidiger Gianluca Zambrotta aus 22 Metern und mit dem linken Fuß die frühe Führung Italiens und ließ Blochin laut über seinen Torwart Alexander Schowkowski nörgeln: »Der war haltbar.« Trotz 59 Prozent Ballbesitz konnte die Ukraine die Mannschaft von Marcello Lippi nie unter Druck setzen. Zu schematisch war das Spiel, zu sehr in die Breite gezogen, zu dicht standen Italiens Viererketten im Mittelfeld und in der Abwehr. Herausragend dabei: der lauf- und zweikampfstarke Gennaro Gattuso. Bis auf eine kurze Phase nach dem Wechsel, einen Kopfball von Andrej Gusin an den Pfosten (50.) und einen Nachschuß von Maxim Kalinitschenko (58.), den Zambrotta auf der Linie klärte, kontrollierte Italien jederzeit das Geschehen. Im Schongang. Luca Toni entschied mit seinen beiden Treffern (59. und 69. Minute) die Partie früh. Andrej Schewtschenko nahm es sportlich: »Wenn schon raus, dann gegen Freunde.«

184

Fuß-Ballett: Andrej Gusin (l.) und Luca Toni stochern nach dem Ball. Der Ukrainer beißt sich vor Anstrengung auf die Unterlippe, der Italiener kann seine Zunge nicht mehr kontrollieren. Gusin traf später mit einem Kopfball den Pfosten, Toni zweimal ins Tor

ITALIEN – UKRAINE

 3:0 (1:0)

ITALIEN-DATEN

Torhüter	Min.	Schüsse gehalten (von)	Flanken/ Ecken abgefangen	Glanz- taten	schwere Fehler	lange Pässe angekommen (von)	Note
Buffon	90	100% (5)	1	1	0	22% (9)	2

Spieler	Ball- kontakte in Min.	Zweik. gew. (von)	Fouls/ gefoult worden	Pässe angek. (von)	Schüsse/ Schuß- vorlagen	Tore/ Torvor- lagen	Note
Zambrotta	43 in 90	63% (19)	4/1	85% (20)	2/1	1/1	2+
Cannavaro	36 in 90	80% (15)	2/3	89% (19)	0/0	0/0	2+
Barzagli	30 in 90	67% (18)	1/3	91% (11)	0/0	0/0	3
Grosso	43 in 90	38% (16)	1/0	69% (16)	1/0	0/0	4
Pirlo	46 in 67	67% (6)	1/0	87% (31)	0/1	0/0	3
Barone	9 in 23	67% (9)	2/2	50% (6)	0/2	0/0	3+
Gattuso	42 in 76	61% (31)	2/3	90% (30)	0/2	0/0	2+
Zaccardo	5 in 14	100% (2)	0/0	50% (2)	0/0	0/0	–
Camoranesi	26 in 67	60% (15)	0/3	92% (13)	2/1	0/0	3+
Oddo	17 in 23	22% (9)	0/1	45% (11)	0/0	0/0	4
Perrotta	37 in 90	41% (17)	0/1	70% (23)	1/0	0/0	4+
Totti	53 in 90	47% (19)	0/2	74% (34)	4/4	0/2	3
Toni	35 in 90	56% (48)	2/7	83% (18)	5/4	2/0	2

30. JUNI, 21 UHR, HAMBURG

Schiedsrichter: Frank de Bleeckere (Belgien). **Assistenten:** Peter Hermans, Walter Vromans (beide Belgien). **Tore:** 1:0 Zambrotta (6.), 2:0 Toni (59.), 3:0 Toni (69.). **Einwechslungen:** Barone für Camoranesi (68.), Oddo für Pirlo (68.), Zaccardo für Gattuso (77.) – Worobey für Swiderski (20.), Waschtschuk für Rusol (45.+2), Belik für Milewski (72.). **Zuschauer:** 50 000

UKRAINE-DATEN

Torhüter	Min.	Schüsse gehalten (von)	Flanken/ Ecken abgefangen	Glanz- taten	schwere Fehler	lange Pässe angekommen (von)	Note
Schowkowski	90	63% (8)	0	0	0	33% (3)	4

Spieler	Ball- kontakte in Min.	Zweik. gew. (von)	Fouls/ gefoult worden	Pässe angek. (von)	Schüsse/ Schuß- vorlagen	Tore/ Torvor- lagen	Note
Gusew	70 in 90	60% (15)	1/1	70% (43)	1/2	0/0	4
Rusol	33 in 45	83% (6)	0/0	88% (26)	0/0	0/0	4+
Waschtschuk	25 in 45	0% (3)	0/0	86% (28)	0/0	0/0	5+
1. Swiderski	11 in 19	20% (5)	3/0	82% (11)	0/0	0/0	5+
Worobey	21 in 71	28% (18)	1/0	69% (13)	1/2	0/0	4
Nesmatschny	79 in 90	31% (13)	1/1	77% (53)	2/2	0/0	5
Timoschtschuk	69 in 90	56% (27)	2/0	84% (56)	3/3	0/0	3–
Gusin	59 in 90	52% (33)	3/1	87% (45)	2/0	0/0	4+
Schelajew	52 in 90	41% (22)	1/1	79% (39)	1/0	0/0	5+
1. Kalinitschenko	51 in 90	53% (17)	1/2	72% (36)	2/3	0/0	4
1. Milewski	27 in 71	35% (34)	8/7	73% (11)	0/2	0/0	3–
Belik	8 in 19	25% (4)	1/0	60% (5)	1/1	0/0	4
Schewtschenko	41 in 90	37% (27)	4/2	88% (25)	4/2	0/0	4+

ENGLAND SCHEITERTE WIEDER AN PORTUGAL

Debakel im Elfmeterschießen

Der portugiesische Torwartheld Ricardo schwang sich nach 120 torlosen Minuten zum Mann des Tages auf. Er hielt die Schüsse von Lampard, Gerrard und Carragher und besiegte England wie schon 2004 fast im Alleingang

Ricardo bei Elfmetern »cool wie eine Leiche«

Schrie seine Freude laut heraus: Ricardo

»Das Herz eines Löwen, die Hände aus Stahl, die Nerven aus Beton.« Die portugiesische Zeitung Público verstieg sich nach dem WM-Rekord von Ricardo in blumige Vergleiche und kam zu dem Schluß, der 30jährige Schlußmann von Sporting Lissabon sei beim Elfmeterschießen »cool wie eine Leiche« gewesen. »Ricardo, das Phantom für England«, schrieb Diário Notícias, und die Sportzeitschrift A Bola titelte: »Ricardo ins Geschichtsbuch. Am Hof von König Ricardo gibt es viele Reiter.« Abwehrspieler Fernando Meira (VfB Stuttgart) lobte dagegen ganz sachlich: »Er hat gezeigt, daß er einer der besten Torhüter der Welt ist.« Ricardo selbst schien das Lob etwas unangenehm zu sein: »Ich bin kein Held, das Team hat gewonnen. Ich habe einfach nur alles gegeben«, sagte der Torwart, der seit dem siegreichen Elfmeterschießen 2004 in seiner Heimat den Beinamen »Ricardo Löwenherz« trägt. Seine Elf habe auch viel Glück gehabt, meinte er und schloß mit dem Satz: »Gott war heute Portugiese.«

Gefaßt und ohne jede Selbstkritik grübelte Englands Trainer Sven-Göran Eriksson über die Ursachen des Desasters. Seine Erkenntnis offenbarte deprimierende Ratlosigkeit: »Wir haben im Training immer wieder Elfmeterschießen geübt. Ich weiß nicht, was man sonst hätte tun können.« Um 19.44 Uhr an diesem 1. Juli 2006, als Cristiano Ronaldo den entscheidenden Elfmeter gegen Paul Robinson verwandelte, wiederholte sich vor 52 000 Zuschauern in Gelsenkirchen Geschichte. England hatte erneut kläglich in einem Elfmeterschießen versagt. Wieder gescheitert an Luiz Felipe Scolari und den portugiesischen Spielern, die bereits im EM-Viertelfinale 2004 nervenstärker waren. Auch der Held von damals war derselbe: Torwart Ricardo. 2004 hielt er einen Elfmeter und verwandelte den zum 8:7-Sieg, diesmal parierte Ricardo gleich drei. Ein Rekord in der WM-Geschichte.

»Wir haben im Training immer wieder Elfmeterschießen geübt«

Als Sündenbock für das WM-Aus brandmarkten britische Medien einhellig Trainer Eriksson. Die Times, erschüttert von den 120 langweiligen und torlosen Spielminuten, geißelte die von ihm verordnete Spielweise und bezeichnete sein Team harsch als »Langball-Sekte«. Auch Wayne Rooney stand in der Kritik wegen seiner Unbeherrschtheit in der 62. Minute. Nachdem er in einem Dribbling von drei Portugiesen mehrmals gefoult worden war, trat er den am Boden liegenden Ricardo Carvalho leicht in den Unterleib. Rooney mußte mit Roter Karte vom Platz. »Ich muß England gratulieren, das Team hat phantastisch gespielt mit zehn Mann«, lobte Scolari. Er hätte sagen sollen: gut gekämpft. Wieder einmal konnten die Stars im englischen Mittelfeld das Spiel nicht beeinflussen. David Beckham wurde nach 52 für ihn enttäuschenden Minuten ausgewechselt. Frank Lampard, Steven Gerrard und Joe Cole waren kaum besser. Allein Owen Hargreaves als defensiver Mittelfeldspieler vor der Abwehr stach heraus und bemühte sich auch um kreativen Spielaufbau. Zudem rächte sich, daß Rooney und später Peter Crouch als einzige Stürmer hoffnungslos überfordert waren. Die Null-Risiko-Devise hemmte auch Portugals Offensivdrang. Mit Luís Figo unter Normalform und ohne den gesperrten Spielmacher Deco bot die Scolari-Elf eine schwache Vorstellung. Erst in der Verlängerung reichte es zur optischen Dominanz und elf Torschüssen (England zwei). Aber die Portugiesen hatten die besseren Elfmeterschützen: Simão, Hélder Postiga und Cristiano Ronaldo verwandelten, für England traf nur Hargreaves. Lampard, Gerrard und Jamie Carragher scheiterten stümperhaft. Für Eriksson war es das letzte Spiel als englischer Trainer, Beckham gab einen Tag später das Amt des Kapitäns ab.

Tritt ins Abseits: Mit dem linken Fuß rächt sich Wayne Rooney an Ricardo Carvalho – direkt vor den Augen von Schiedsrichter Horacio Elizondo. Der wertet den Tritt in den Unterleib des Portugiesen als Tätlichkeit und stellt Rooney vom Platz. England mußte fast eine Stunde lang in Unterzahl weiterspielen. Sunday Express nannte Rooney »einen dummen Jungen«

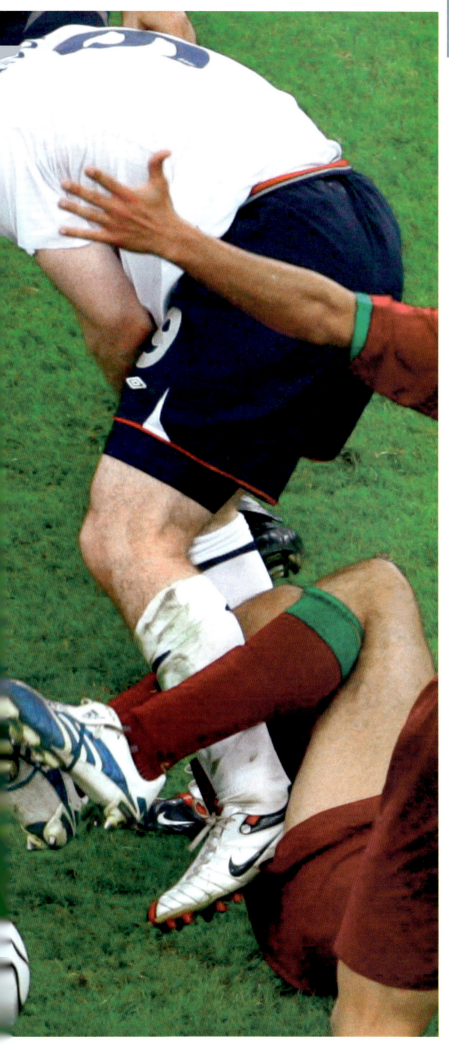

ENGLAND – PORTUGAL

 1:3 n. E. (0:0)

ENGLAND-DATEN

Torhüter	Min.	Schüsse gehalten (von)	Flanken/ Ecken abgefangen	Glanz- taten	schwere Fehler	lange Pässe angekommen (von)	Note
Robinson	120	100% (9)	1	1	0	25% (8)	3

Spieler	Ball- kontakte in Min.	Zweik. gew. (von)	Fouls/ gefoult worden	Pässe angek. (von)	Schüsse/ Schuß- vorlagen	Tore/ Torvor- lagen	Note
Neville	64 in 120	17% (18)	4/1	76% (25)	0/1	0/0	4–
Ferdinand	64 in 120	67% (6)	0/0	77% (44)	0/0	0/0	3–
2. Terry	75 in 120	91% (11)	1/0	93% (55)	1/0	0/0	2–
Cole, A.	63 in 120	69% (13)	0/2	82% (34)	0/0	0/0	3–
1. Hargreaves	64 in 120	49% (47)	4/0	81% (36)	0/1	0/0	2–
Beckham	26 in 51	22% (9)	1/0	65% (17)	1/0	0/0	4–
Lennon	21 in 67	55% (20)	0/2	100% (6)	1/2	0/0	3
Carragher	2 in 2	0% (0)	0/0	0% (0)	0/0	0/0	–
Gerrard	63 in 120	69% (16)	0/1	79% (42)	1/3	0/0	4–
Lampard	82 in 120	56% (25)	2/0	76% (59)	3/3	0/0	4–
Cole, J.	35 in 64	47% (15)	1/1	86% (28)	1/2	0/0	4+
Crouch	43 in 56	38% (34)	3/2	80% (25)	2/0	0/0	3–
Rooney	22 in 62	28% (18)	2/0	75% (8)	3/1	0/0	5

1. JULI, 17 UHR, GELSENKIRCHEN

Schiedsrichter: Horacio Elizondo (Argentinien). *Assistenten:* Darío García, Rodolfo Otero (beide Argentinien). *Elfmeterschießen:* 0:1 Simão, Lampard – gehalten, Viana – verschossen, 1:1 Hargreaves, Petit – verschossen, Gerrard – gehalten, 1:2 Postiga, Carragher – gehalten, 1:3 Ronaldo. *Einwechslungen:* Lennon für Beckham (52.), Crouch für J. Cole (65.), Carragher für Lennon (119.) – Simão für Pauleta (63.), Viana für Tiago (74.), Postiga für Figo (86.). *Zuschauer:* 52 000

PORTUGAL-DATEN

Torhüter	Min.	Schüsse gehalten (von)	Flanken/ Ecken abgefangen	Glanz- taten	schwere Fehler	lange Pässe angekommen (von)	Note
Ricardo	120	100% (4)	4	0	0	0% (3)	1

Spieler	Ball- kontakte in Min.	Zweik. gew. (von)	Fouls/ gefoult worden	Pässe angek. (von)	Schüsse/ Schuß- vorlagen	Tore/ Torvor- lagen	Note
Miguel	100 in 120	38% (24)	0/3	82% (66)	2/5	0/0	4
Meira	52 in 120	79% (19)	1/0	97% (34)	0/0	0/0	2–
1. Carvalho	60 in 120	59% (34)	2/3	91% (34)	0/0	0/0	3+
Valente	103 in 120	74% (19)	0/1	91% (54)	1/2	0/0	3–
2. Petit	101 in 120	43% (21)	2/1	87% (79)	2/3	0/0	4
Maniche	111 in 120	38% (13)	0/0	94% (98)	8/5	0/0	3
Figo	75 in 85	48% (21)	0/2	80% (44)	4/3	0/0	2–
Postiga	14 in 35	33% (3)	0/0	88% (8)	2/1	0/0	3
Tiago	54 in 73	50% (18)	1/2	83% (41)	1/0	0/0	3–
Viana	54 in 47	60% (5)	1/0	86% (43)	3/4	0/0	4+
Ronaldo	77 in 120	45% (33)	1/5	98% (40)	6/2	0/0	2–
Pauleta	7 in 62	33% (6)	0/0	100% (1)	0/0	0/0	4–
Simão	38 in 58	50% (16)	1/1	86% (21)	2/2	0/0	3

BRASILIEN ÜBERRASCHT VOM WM-AUS

Nackt wie der Kaiser ohne Kleidung

Zidane und Henry: Torpremiere für Frankreich

Thierry Henry (l.) bedankt sich bei Zinedine Zidane

Frankreich deckte es schonungslos auf: Die Stars aus Brasilien waren keine Mannschaft. Als sie gefordert waren nach dem 0:1 durch Thierry Henry, wurden ihre großen Schwächen augenfällig. Sie litten an Selbstüberschätzung

60 Länderspiele hatten Zinedine Zidane (33) und Thierry Henry (28) Seite an Seite für ihr Land gespielt. Gemeinsam waren sie Welt- und Europameister (1998 und 2000) geworden, Freunde aber nie. Ausgerechnet im Kampf um das Halbfinale fanden sie zusammen.

56 Minuten und 16 Sekunden waren gespielt, Zidanes Freistoß flog angeschnitten in den brasilianischen Strafraum. Frankreichs William Gallas zog klug den Kopf weg, denn hinter sich bemerkte er den von allen Gegnern losgelösten Thierry Henry. Der machte die Sensation perfekt. Frankreich war weiter, Brasilien ausgeschieden. Es war wahrhaftig Henrys erstes Tor für Frankreich, das Zidane mit einem direkten Paß vorbereitet hatte. »Wurde Zeit«, verneigte sich der Torschütze artig vor dem früheren Superstar, »er hat mir schon oft gute Pässe aufgelegt. Aber ich habe alle Chancen vergeben.«

Das Duell der letzten beiden Weltmeister barg die größten Rätsel. Unansehnlich hatte Brasiliens Star-Ensemble bis dahin gespielt, uninspiriert, anscheinend uninteressiert. An den Aufgaben gewachsen hingegen schien Frankreichs zerstrittene Altherrenriege um Zinedine Zidane. Aber eine Niederlage von Brasiliens Wunderspielern schien undenkbar. In der 57. Spielminute verlor Brasilien nach mäßigem Spiel endgültig den Schrecken. Es ging ein wenig zu wie im Märchen von des Kaisers neuen Kleidern. Thierry Henry, ein Weltklassemann wie Ronaldo und Ronaldinho, hatte das 1:0 für die Franzosen erzielt und 48 000 Menschen in Frankfurt vor Augen geführt, wie nackt die brasilianische Mannschaft tatsächlich dastand. Und das offensichtlich schon seit Turnierbeginn.

Das Abwehrverhalten bei Henrys Treffer: arrogant. Im Vertrauen auf die Qualitäten der Innenverteidiger blieben alle wie angewurzelt stehen, als Zidanes Freistoß in den Strafraum flog. Roberto Carlos ließ Gegenspieler Henry frei laufen. Torwart Dida war machtlos bei dessen Direktabnahme aus drei Metern. Im Spiel nach vorn: einfallslos, ohne Dynamik. Von einem harmonischen Zusammenspiel, wie es Zidane, Patrick Vieira, Claude Makelele und Franck Ribéry mit raumöffnenden Ballstafetten vorführten, konnte bei Kaká und dem fest als WM-Topstar eingeplanten Ronaldinho (WM-Bilanz: kein Tor, eines vorbereitet, sieben Torschüsse) nie die Rede sein.

Vor allem: Brasilien spielte wie immer seit Turnierbeginn – ein gleichbleibendes, behäbiges Tempo. »Als Mannschaft«, erkannte WM-Legende Pelé staunend, »war Frankreich viel besser.«

Ungläubig nahmen die Weltstars der selbst in den letzten Minuten behäbig wirkenden Seleção die Niederlage auf. Sie spulten ihre Angriffe fast emotionslos herunter. Geradezu von Realitätsverlust geprägt war die Reaktion Ronaldinhos: »Wir haben alles gegeben, wir sind eine Generation von Siegern.« Und sein gescheiterter Trainer Carlos Alberto Parreira bekannte geschockt: »Niemand von uns war darauf vorbereitet, auszuscheiden. Niemand.«

Während die Brasilianer am Morgen nach der Niederlage fast fluchtartig das Frankfurter Quartier verließen und in alle Himmelsrichtungen davonstoben,

> »Wir haben alles gegeben, wir sind eine Generation von Siegern«

kündeten in der geschockten Heimat die ersten Zeitungen an den Kiosken von der »größten Tragödie im brasilianischen Fußball« (Estadão de São Paulo). »Talent reicht nicht aus«, analysierte Lance, »es muß auch der Wille dasein.« Damit war vor allem Weltfußballer Ronaldinho gemeint, der seine Augen hinter einer Sonnenbrille verbarg. »Das Leben muß weitergehen«, sagte er.

Das Tor zum Halbfinale: Mit weit aufgerissenen Augen schaut Brasiliens Torwart Dida auf den Torschützen Thierry Henry. Den Ball sieht er erst, als der das Netz in seinem Tor ausbeult. Dida ist ohne Abwehrmöglichkeit. Mit perfekter Technik hat Henry die Flanke von Zidane mit der Innenseite des rechten Fußes direkt genommen. Es ist Henrys drittes Tor in diesem Turnier – und sein wichtigstes

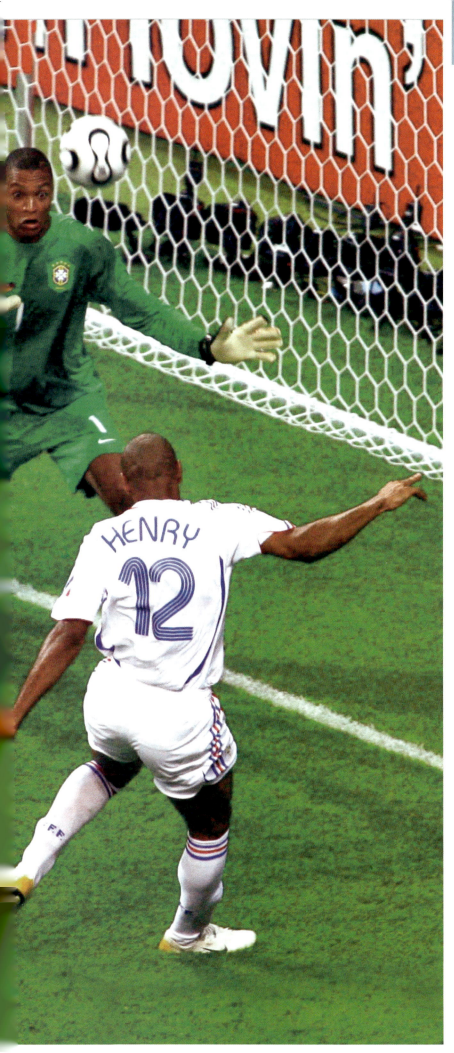

BRASILIEN – FRANKREICH

 0:1 (0:0)

BRASILIEN-DATEN

Torhüter	Min.	Schüsse gehalten (von)	Flanken/Ecken abgefangen	Glanztaten	schwere Fehler	lange Pässe angekommen (von)	Note
Dida	90	75% (4)	2	1	0	0% (3)	3–

Spieler	Ballkontakte in Min.	Zweik. gew. (von)	Fouls/ gefoult worden	Pässe angek. (von)	Schüsse/ Schußvorlagen	Tore/ Torvorlagen	Note
1. Cafú	67 in 75	50% (22)	3/1	74% (43)	0/0	0/0	5+
Cicinho	18 in 15	60% (5)	1/2	91% (11)	0/1	0/0	3
1. Lucio	54 in 90	53% (19)	2/0	97% (33)	1/0	0/0	4
2. Juan	64 in 90	50% (22)	3/1	100% (46)	0/0	0/0	5+
Carlos	77 in 90	36% (14)	1/0	81% (52)	1/0	0/0	4–
Gilberto Silva	58 in 90	35% (26)	4/1	94% (48)	0/0	0/0	4–
Zé Roberto	48 in 90	29% (14)	1/1	97% (38)	1/1	0/0	5+
Juninho	41 in 62	53% (19)	0/3	83% (30)	1/0	0/0	4
Adriano	12 in 28	45% (11)	2/0	86% (7)	0/0	0/0	5+
Kaká	37 in 78	27% (26)	1/3	72% (25)	0/1	0/0	5+
Robinho	17 in 12	80% (5)	0/1	93% (14)	1/2	0/0	–
Ronaldinho	42 in 90	52% (23)	1/2	79% (24)	1/4	0/0	4–
1. Ronaldo	25 in 90	38% (16)	2/2	100% (8)	4/1	0/0	4

1. JULI, 21 UHR, FRANKFURT

Schiedsrichter:
Luis Medina Cantalejo (Spanien).
Assistenten:
Victoriano Giráldez Carrasco, Pedro Medina Hernández (beide Spanien).
Tor:
0:1 Henry (57.).
Einwechslungen:
Adriano für Juninho (63.),
Cicinho für Cafú (76.),
Robinho für Kaká (79.) –
Govou für Ribéry (77.),
Wiltord für Malouda (81.),
Saha für Henry (86.).
Zuschauer: 48 000

FRANKREICH-DATEN

Torhüter	Min.	Schüsse gehalten (von)	Flanken/Ecken abgefangen	Glanztaten	schwere Fehler	lange Pässe angekommen (von)	Note
Barthez	90	100% (1)	2	0	0	0% (2)	3+

Spieler	Ballkontakte in Min.	Zweik. gew. (von)	Fouls/ gefoult worden	Pässe angek. (von)	Schüsse/ Schußvorlagen	Tore/ Torvorlagen	Note
1. Sagnol	60 in 90	64% (14)	1/2	78% (37)	0/1	0/0	2–
1. Thuram	39 in 90	65% (17)	2/1	89% (27)	0/0	0/0	3+
Gallas	38 in 90	83% (6)	0/0	90% (29)	0/0	0/0	2–
Abidal	68 in 90	47% (19)	1/1	87% (39)	0/0	0/0	3
Vieira	47 in 90	56% (32)	1/3	83% (30)	1/1	0/0	2–
Makelele	56 in 90	45% (20)	3/1	96% (45)	0/0	0/0	3+
Ribéry	41 in 76	52% (21)	1/2	88% (26)	2/1	0/0	2–
Govou	4 in 14	50% (4)	0/0	0% (1)	0/0	0/0	–
Zidane	79 in 90	69% (29)	2/4	85% (55)	2/5	0/1	1–
Malouda	57 in 80	52% (29)	1/1	90% (30)	1/0	0/0	3+
Wiltord	4 in 10	50% (4)	1/1	67% (3)	0/0	0/0	–
Henry	32 in 85	48% (25)	4/2	64% (11)	5/3	1/0	2+
1. Saha	4 in 5	67% (3)	0/0	100% (1)	1/0	0/0	–

Halbfinale

Deutschland	🇩🇪
Italien	🇮🇹
Portugal	🇵🇹
Frankreich	🇫🇷

Dienstag, 4. Juli, Dortmund
Deutschland – Italien　　　　0:2 n.V. (0:0)

Mittwoch, 5. Juli, München
Portugal – Frankreich　　　　0:1 (0:1)

AM BODEN
Der Blick schweift ziellos in die Ferne, die Gedanken kreisen nur um eine Frage: »Warum?« Befriedigende Antworten finden Michael Ballack (hinten) und Lukas Podolski nicht auf dem satten Grün im Dortmunder Westfalenstadion. Es ist ein paar Minuten nach 23 Uhr am 4. Juli, am 52. Jahrestag des Wunders von Bern. Zu tief sitzt die Enttäuschung nach dem 0:2 in der Verlängerung gegen Italien, zu leer ist der Kopf. Ballack und Podolski realisieren in diesem Moment nur: Der Traum vom WM-Finale in Berlin ist geplatzt

ANALYSE HALBFINALE

COMEBACK DER SPIELMACHER

Den Unterschied machten Pirlo und Zidane

SCORER-LISTE HALBFINALE

	Torvorlagen	Tore	Scorerpunkte
Zidane (FRA)	0	1	1
Grosso (ITA)	0	1	1
Del Piero (ITA)	1	0	1
Gilardino (ITA)	1	0	1
Henry (FRA)	1	0	1
Pirlo (ITA)	1	0	1

Nur drei Treffer fielen im Halbfinale. Der Schnitt des Viertelfinals von 1,5 Toren pro Spiel wurde wiederholt. Kein Spieler kam so auf zwei Scorerpunkte

Erstes Tor bei dieser WM: Alessandro del Piero

Der Italiener dirigierte sein Team aus dem defensiven Mittelfeld, der Franzose lenkte das Spiel weiter vorn. Deutschland hatte mit Ballack keinen gleichwertigen Widerpart, bei Portugal enttäuschten Figo und Deco

Es paßte zu einer Weltmeisterschaft, die taktisch so wenig Wege für die Entwicklung des Fußballs gewiesen hat wie Deutschland 2006, daß ein fast schon vergessener Jargonbegriff zum Modewort Nummer eins werden konnte: Spielmacher.

Spätestens mit Einsetzen der K.o.-Runde übernahmen die im modernen Fußball aus der Mode gekommenen Leitfiguren die Regie. Formkurve und Tagesform der Männer aus der Zentrale entschieden die Spiele. Und die Frage, wieviel Unterstützung ihnen zuteil wurde.

Als Beispiel taugt Michael Ballack. Ohne den gesperrten Torsten Frings mußte der 29jährige viel mehr im defensiven Mittelfeld ackern als zuvor. Dafür fehlte er zu oft als Einfädler oder Kopfballspezialist in der Spitze. Als das Spiel in seine Entscheidung ging, in der Verlängerung, war von Ballack nicht mehr viel zu sehen. Er lief nur noch in einem Tempo.

Sebastian Kehl spielte nicht schlecht, konnte Frings aber nicht ersetzen. Deutschland kam im Spiel nur zu vier guten Torchancen, von denen zwei die in der Abwehr kompakt stehenden Italiener durch Abspielfehler im Spielaufbau einleiteten. Mit dem funktionierenden Tandem Ballack/Frings hatte die Mannschaft zuvor im Turnier die mit Abstand meisten Torschüsse abgegeben: 105.

Andersherum funktionierte die Arbeitsteilung im zentralen Mittelfeld der erfolgreichen Italiener: Trainer Marcello Lippis Impulsgeber war der defensive Andrea Pirlo, während Francesco Totti als hängende Spitze agierte. Sowie sich der Römer in der Spielmacherposition an langen Pässen versuchte, konnte Deutschlands Abwehr aufatmen. Pirlo, Ballverteiler vor der Abwehr, war in dem intensiven Halbfinale neben Abwehrchef Fabio Cannavaro überragender Spieler auf dem Platz, machte mit seinen schneidigen Abräumer-Aktionen, Dribb-

Nur vier gute Torchancen: Michael Ballack fehlte in der Offensive

lings und intelligenten Pässen den Unterschied aus zwischen beiden Mannschaften. Nicht umsonst war es Pirlo, der die deutsche Abwehr vor dem 1:0 mit einer schlitzohrigen Ablage auf Grosso überraschte. Trainer Lippi spekulierte einen Tag später über einen Rücktritt Francesco Tottis nach der WM. Dabei wäre Italiens populärster Fußballer 2010, beim Turnier in Südafrika, gerade so alt wie Portugals Held Luís Figo (33) und noch ein Jahr jünger als Zinedine Zidane (34).

Portugals und Frankreichs Altstars, lange Jahre gemeinsam bei Real Madrid hinter dem Ball her, feierten in den Tagen von Deutschland 2006 Wiederauferstehung. Zidane schien vor Viertel- und Halbfinale direkt aus dem Jungbrunnen aufs Spielfeld zu hüpfen. Er forderte die Bälle, drehte sie wie in den großen Tagen von 1998 mit dem Außenrist um sich und die Gegenspieler. Auch das unansehnliche zweite Halbfinalspiel entschied er. Mit einem Strafstoß, beinahe aufreizend souverän verwandelt nach zwei Schritten Anlauf. Marcello Lippi bezeichnete Zidane als »weltweit besten Fußballer der letzten zwanzig Jahre«.

Aus Hunderttausenden Kehlen auf den Champs Élysées wurde »Zizou« nach dem Schlußpfiff als neuer Staatspräsident gefordert. Um derart hell strahlen zu können, war er auf exzellente Nebenleute angewiesen: den mit ihm im Herbst 2005 reaktivierten Claude Makelele (33) und den weniger charismatischen, aber für das Spiel der Franzosen unverzichtbaren Patrick Vieira (30). Portugal hatte um den großen alten Mann gebangt. Luís Figo mußte wegen einer Oberschenkelverletzung bis kurz vor dem Anpfiff gegen Frankreich um seinen Einsatz zittern. Ob er Portugal gutgetan hat, blieb zweifelhaft. Viele Aktionen Figos endeten im Nichts. Sein Nebenmann, der bislang ebenfalls als regietauglich angesehene Deco (28), ließ eine noch frappierendere Ideenarmut erkennen – aus dem hinteren Mittelfeld war vom unermüdlich rennenden, aber wenig kreativen Maniche (28) auch nichts zu erwarten.

Luís Figo blieb wirkungslos, Michael Ballack war in der eigenen Hälfte gebunden. Ihre Mannschaften standen gegen zwei Spielmacher in Topform auf verlorenem Posten. Pirlo und Zidane waren die Schlüsselspieler im Halbfinale.

HAND-LANGER
Mit ganzer Armkraft versucht Michael Ballack, sich im Laufduell mit Francesco Totti (r.) einen Vorteil zu verschaffen. Ballack konnte dem deutschen Offensivspiel trotz 82 Ballberührungen in 120 Minuten nicht soviel Wirkung verschaffen wie erhofft. Ein Grund: Er gewann nur 18 seiner 37 Zweikämpfe. Ein schwacher Trost blieb, daß Totti noch weniger Akzente setzte. Er stand klar im Schatten seines Mannschaftskameraden Andrea Pirlo

ITALIENER WAREN EINEN TICK CLEVERER

Spätes Aus eines schönen Traumes

Als die Deutschen ein erneutes Elfmeterschießen schon vor Augen hatten, entschieden Fabio Grosso und Alessandro Del Piero mit zwei Toren ein faszinierendes Kampfspiel. Ein Ergebnis der besseren Taktik und stärkerer Einzelspieler

Frings litt 120 Minuten am Rand mit

Zuschauer in der ersten Reihe: Torsten Frings (M.)

Im roten Hemd saß Torsten Frings (29) auf der deutschen Bank seine Sperre ab, die er wegen eines Faustschlages gegen Julio Cruz nach dem Spiel gegen Argentinien erhalten hatte. Ausgerechnet in Dortmund, wo er zwei Jahre für die Borussia gespielt hatte. Deutschlands stärkster Mittelfeldspieler bei dieser WM erlebte und erlitt, was ohne ihn passierte. Es sei »die Hölle gewesen«, sagte Frings. »Du bist topfit, hast sechs Wochen gepowert und wirst dann so ausgebremst – das tut weh. Es war umso schlimmer für mich, da ich vor und während des Spiels meine Enttäuschung nicht zeigen konnte.« Und weiter: »Ich fühle mich um meinen Lohn gebracht. Die Fifa hat meinen Traum zerstört.«
Die Londoner Times hatte es prophezeit: Deutschlands Chancen seien beeinträchtigt durch sein Fehlen. Vertreter Sebastian Kehl (26) wirkte bei allem Eifer nicht eingespielt mit den Kollegen. Auf nur 25 Minuten Spielzeit war er bis dahin im Turnier gekommen, entsprechend oft mußte Kapitän Michael Ballack helfend im defensiven Mittelfeld eingreifen – immer wieder diskutierten beide mit ausladender Gestik.

Michael Ballack wischte sich Tränen aus den geröteten Augen. David Odonkor saß allein auf dem Rasen und weinte hemmungslos. Jürgen Klinsmann lief von Spieler zu Spieler und versuchte zu trösten. 0:2 nach Verlängerung gegen Italien, aus der Traum vom Endspiel. Die Enttäuschung war so sichtbar wie verständlich in diesen Momenten. Aber Verzweiflung sieht anders aus als die Reaktion der Fans nach dem Schlußpfiff. »Deutschland«-Sprechchöre begleiteten die Spieler in die Kabine. Die Zuschauer spürten, was ihre Mannschaft in diesem Spiel, im ganzen Turnier geleistet hatte. Aus dem aufmunternden Applaus sprach auch Dankbarkeit. Nachdem sich die ersten Emotionen gelegt hatten, war die Erkenntnis bei fast allen übereinstimmend: Italien war einen Tick besser. Franz Beckenbauer benutzte den Begriff »cleverer«. Das galt vor allem für das Duell der Trainer. Marcello Lip-

»Wir hatten noch Pfeile im Köcher, die haben wir gezogen«

pi (58) hatte den Kollegen Jürgen Klinsmann (41) mit offensiver Ausrichtung überrascht. Und als die erschöpften Spieler in die Verlängerung stapften, stellte er von einer auf zwei Sturmspitzen um, erneut zur Verblüffung der Deutschen. Lippi: »Wir hatten noch Pfeile im Köcher, die haben wir gezogen.« Italien traf durch den eingewechselten Alberto Gilardino den Pfosten (91.), Gianluca Zambrotta

schoß Sekunden später an die Latte des deutschen Tores. Und als der folgende Schlagabtausch schließlich ins Elfmeterschießen zu münden schien, setzte sich Italiens technische Finesse endgültig durch. Andrea Pirlo spielte eine Minute vor dem Ablauf der Verlängerung nach einem Eckball Linksverteidiger Fabio Grosso frei. Ballack zögerte, Grosso schoß kaltblütig aus zwölf Metern in die lange Ecke. In der Nachspielzeit ließ Alessandro Del Piero nach einem Konter noch das 0:2 folgen. Verteidiger Christoph Metzelder, zusammen mit Per Mertesacker bester Deutscher: »Wir haben den Italienern einen großen Fight geboten. So spät zu verlieren ist unheimlich bitter.« Die Italiener hatten dank ihres überlegenen Mittelfeldes die erste Hälfte dominiert, die Deutschen mit Elan und Schwung die zweite. Wenn nicht an Torwart Gianluigi Buffon scheiterten Miroslav Klose und Lukas Podolski an Italiens großartigem Innenverteidiger Fabio Cannavaro. Der blieb in 70 Prozent seiner Zweikämpfe Sieger und dirigierte nebenbei den unsicheren Nebenmann Marco Materazzi. Kaum zu glauben: Die Deutschen gewannen in Italiens Strafraum nicht ein Kopfballduell. Als Schwachpunkt erwies sich zudem die linke Seite, wo Tim Borowski und Philipp Lahm ungewohnte Fehler begingen und Bastian Schweinsteiger nach seiner Einwechslung überhaupt nicht mehr ins Spiel fand.

Momentaufnahme: Der Ball fliegt noch, Jens Lehmann auch. Michael Ballack und Philipp Lahm (Mitte) erahnen bereits das Unheil, Fabio Grosso verfolgt mit gespanntem Blick über die Schulter seinen Linksschuß in die lange Ecke. Das Tor zum 1:0 in der 119. Minute entscheidet das Halbfinale zwischen Deutschland und Italien

DEUTSCHLAND – ITALIEN

 0:2 n.V. (0:0)

DEUTSCHLAND-DATEN

Torhüter	Min.	Schüsse gehalten (von)	Flanken/ Ecken abgefangen	Glanz-taten	schwere Fehler	lange Pässe angekommen (von)	Note
Lehmann	120	67% (6)	5	0	0	17% (6)	3

Spieler	Ball-kontakte in Min.	Zweik. gew. (von)	Fouls/ gefoult worden	Pässe angek. (von)	Schüsse/ Schuß-vorlagen	Tore/ Torvor-lagen	Note
Friedrich	71 in 120	67% (18)	1/1	70% (46)	1/0	0/0	3–
Mertesacker	32 in 120	85% (13)	0/0	86% (22)	0/1	0/0	3
1. Metzelder	42 in 120	57% (14)	1/1	88% (25)	0/0	0/0	3
Lahm	87 in 120	54% (26)	1/2	87% (53)	1/2	0/0	3–
Kehl	59 in 120	58% (31)	4/1	87% (38)	2/3	0/0	3–
Schneider	62 in 82	43% (14)	1/0	73% (44)	2/1	0/0	4–
Odonkor	26 in 38	57% (14)	0/0	70% (10)	1/3	0/0	4
Ballack	82 in 120	49% (37)	5/6	80% (66)	3/1	0/0	3–
1. Borowski	45 in 72	35% (17)	3/1	86% (28)	2/0	0/0	4
Schweinsteiger	39 in 48	41% (17)	0/0	83% (23)	0/0	0/0	5+
Klose	39 in 110	43% (46)	2/2	79% (19)	0/2	0/0	4–
Neuville	3 in 10	100% (1)	0/0	0% (0)	0/0	0/0	–
Podolski	46 in 120	34% (29)	1/4	90% (30)	6/5	0/0	4–

4. JULI, 21 UHR, DORTMUND

Schiedsrichter: Benito Archundia (Mexiko).
Assistenten: José Ramírez (Mexiko), Héctor Vergara (Kanada).
Tore: 0:1 Grosso (119.), 0:2 Del Piero (120.+1).
Einwechslungen: Schweinsteiger für Borowski (73.), Odonkor für Schneider (83.), Neuville für Klose (111.) – Gilardino für Toni (74.), Iaquinta für Camoranesi (91.), Del Piero für Perrotta (104.).
Zuschauer: 65 000

ITALIEN-DATEN

Torhüter	Min.	Schüsse gehalten (von)	Flanken/ Ecken abgefangen	Glanz-taten	schwere Fehler	lange Pässe angekommen (von)	Note
Buffon	120	100% (2)	0	1	0	0% (3)	2

Spieler	Ball-kontakte in Min.	Zweik. gew. (von)	Fouls/ gefoult worden	Pässe angek. (von)	Schüsse/ Schuß-vorlagen	Tore/ Torvor-lagen	Note
Zambrotta	94 in 120	58% (26)	3/1	87% (54)	1/0	0/0	3
Cannavaro	51 in 120	70% (27)	2/0	90% (31)	1/0	0/0	1–
Materazzi	73 in 120	65% (34)	1/3	74% (39)	0/0	0/0	2–
Grosso	72 in 120	57% (23)	0/3	69% (35)	1/1	1/0	2
Pirlo	120 in 120	64% (25)	1/3	87% (95)	3/6	0/1	2
Gattuso	106 in 120	49% (35)	2/2	96% (85)	1/0	0/0	2–
1. Camoranesi	56 in 90	48% (27)	2/2	72% (36)	1/1	0/0	4+
Iaquinta	20 in 30	0% (10)	1/0	89% (9)	1/2	0/0	3–
Perrotta	27 in 103	25% (16)	2/0	81% (16)	1/0	0/0	4–
Del Piero	13 in 17	60% (5)	1/0	100% (5)	2/1	1/0	2–
Totti	79 in 120	39% (18)	1/4	70% (61)	3/2	0/0	4+
Toni	22 in 73	22% (18)	3/1	67% (9)	1/1	0/0	4–
Gilardino	16 in 47	38% (13)	0/0	83% (12)	1/3	0/1	3+

EIN KLEINER ANLAUF, EIN GROSSER ERFOLG

Zwei Schritte bis ins Endspiel

Bösewicht: Wie ein Schutzengel schwebt Zinedine Zidane über Cristiano Ronaldo. Der stand nicht nur im ständigen Blickpunkt der Franzosen, sondern auch vieler Zuschauer. Die verübelten ihm sein Verhalten im Viertelfinale gegen England, als er nach dem Tritt Wayne Rooneys gegen Carvalho vehement eine Rote Karte für den Engländer gefordert hatte. Bei jedem Ballkontakt im Halbfinale wurde Ronaldo lautstark ausgepfiffen

Auch gegen Portugal setzte Frankreich auf erfolgreiche Abwehrarbeit. Der einzige Stürmer Thierry Henry war dennoch Wegbereiter zum Sieg. Er holte den Foulelfmeter heraus, den Zinedine Zidane zielsicher verwandelte

Scolari verlor nach zwölf Siegen erstes WM-Spiel

Erlebte ein neues Gefühl: Luiz Felipe Scolari

Für Luiz Felipe Scolari (57), den portugiesischen Trainer, endete im Halbfinale eine großartige Serie. Das 0:1 war die erste Niederlage, die er als Trainer bei einer WM erlebte. Zwölfmal hatte der gebürtige Brasilianer bis dahin eine Mannschaft in ein WM-Spiel geführt, zwölfmal war er als Sieger von der Trainerbank aufgestanden.
Die ersten sieben Siege genoß er 2002 als Trainer Brasiliens: 2:1 gegen die Türkei, 4:0 gegen China, 5:2 gegen Costa Rica (alles Vorrunde), 2:0 gegen Belgien, 2:1 gegen England, 1:0 gegen die Türkei (Halbfinale) und 2:0 im Endspiel gegen Deutschland.
Mit dem 1:0 seiner portugiesischen Elf, die er seit 2003 betreut, gegen Angola, dem 2:0 gegen den Iran, 2:1 gegen Mexiko (alles Vorrunde), 1:0 gegen Holland und 3:1 nach Elfmeterschießen gegen England im Viertelfinale setzte er in Deutschland seine Serie fort.

Frankreichs Weg ins Finale war am Ende kürzer, als alle es ahnten. Nur zwei Schritte, gute zwei Meter, machte Zinedine Zidane, dann schoß er den Ball mit dem rechten Fuß vom Elfmeterpunkt hart und plaziert in die linke untere Ecke des portugiesischen Tores. Torwart Ricardo, ein ausgemachter Elfmeterspezialist, war ohne Abwehrmöglichkeit. Es lief die 33. Minute, die 66 000 Zuschauer in München sahen kein weiteres Tor mehr, Frankreich war im Endspiel und acht Jahre nach dem WM-Titel 1998 wieder glückselig.
Ein Triumph, den nach schwacher Vorrunde kaum einer für möglich gehalten hatte. Und ein Triumph, den Ricardo Carvalho ungeschickt einleitete mit seinem Tritt gegen das Schienbein von Thierry Henry an der Strafraumgrenze. Schiedsrichter Jorge Larrionda pfiff Strafstoß. Carvalho protestierte angesichts des Wissens über sein Mißgeschick nur zaghaft.

Willy Sagnol: »Es ist nervig, gegen uns zu spielen«

Voll überzeugt war Trainer Raymond Domenech vom Auftritt seines Teams indes nicht: »Wir hatten Probleme mit unserem Spiel und das Glück, daß wir das Tor geschossen haben, das die anderen nicht erzielten.«
Erneut vertraute Domenech auf seine erfolgreiche Defensiv-Taktik. Mit Thierry Henry nominierte er wieder nur einen Stürmer. Ein kompaktes Mittelfeld und die von Lilian Thuram (80 Prozent gewonnene Zweikämpfe) glänzend organisierte Viererkette in der Verteidigung versperrten den Zugang zum Tor von Fabien Barthez. Portugal erspielte sich kaum eine zwingende Torchance. Der Grund, warum das Team wie schon bei der EM 1984 und 2000 wieder Frankreich in einem Halbfinale unterlag. »Es ist nervig, gegen uns zu spielen«, hatte Willy Sagnol bereits vorher selbstsicher verkündet.
Zwar erspielten sich die Portugiesen eine optische Überlegenheit, hatten mit 59 Prozent Ballbesitz mehr vom Spiel und auch mit 13 Torschüssen (Frankreich nur sechs) mehr Mut gezeigt, zu einem Tor reichte es nicht. Das lag auch an der schwachen Tagesform ihrer Stars: Pauleta brachte es nur auf 16 Ballberührungen in 67 Minuten und einen harmlosen Torschuß, Luís Figo wirkte müde, an Deco lief das Spiel meist vorbei, und der chronisch fallsüchtige Cristiano Ronaldo rieb sich in Dribblings auf. Die einzige echte Ausgleichschance schuldete Portugal einem Schnitzer von Fabien Barthez (78.), der einen Freistoß von Ronaldo in Volleyball-Manier auf den Kopf von Figo baggerte, dieser aber setzte den Ball über das Tor.
Erst in der Schlußphase geriet der knappe Vorsprung der von Zidane geschickt gelenkten Franzosen in Gefahr. Die portugiesische Tageszeitung Diario Noticias schrieb: »Wieder trennt Zidane uns vom Endspiel.«

PORTUGAL – FRANKREICH

 0:1 (0:1)

PORTUGAL-DATEN

Torhüter	Min.	Schüsse gehalten (von)	Flanken/Ecken abgefangen	Glanztaten	schwere Fehler	lange Pässe angekommen (von)	Note
Ricardo	90	67% (3)	1	1	0	50% (2)	3

Spieler	Ballkontakte in Min.	Zweik. gew. (von)	Fouls gefoult worden	Pässe angek. (von)	Schüsse/ Schußvorlagen	Tore/ Torvorlagen	Note
Miguel	55 in 61	63% (16)	0/0	82% (38)	0/1	0/0	3
Ferreira	19 in 29	40% (5)	0/0	77% (13)	0/0	0/0	4+
Meira	51 in 90	56% (27)	2/2	91% (32)	1/0	0/0	3–
2. Carvalho	55 in 90	64% (22)	3/1	95% (37)	0/1	0/0	4+
Valente	74 in 90	77% (22)	1/0	87% (47)	0/2	0/0	3+
Costinha	33 in 74	50% (10)	3/0	100% (22)	0/1	0/0	4+
Postiga	8 in 16	25% (4)	1/0	75% (4)	0/1	0/0	4+
Maniche	73 in 90	50% (4)	1/0	88% (64)	2/0	0/0	3–
Figo	69 in 90	32% (25)	3/3	80% (30)	4/1	0/0	3
Deco	84 in 90	50% (2)	1/3	81% (57)	1/1	0/0	4+
Ronaldo	58 in 90	48% (21)	0/3	95% (38)	4/4	0/0	3
Pauleta	16 in 67	44% (9)	1/0	33% (6)	1/0	0/0	4–
Simão	13 in 23	0% (4)	1/0	100% (7)	0/0	0/0	4

5. JULI, 21 UHR, MÜNCHEN

Schiedsrichter: Jorge Larrionda (Uruguay).
Assistenten: Walter Rial, Pablo Fandiño (beide Uruguay).
Tor: 0:1 Zidane (33., Foulelfmeter).
Einwechslungen: Ferreira für Miguel (62.), Simão für Pauleta (68.), Postiga für Costinha (75.) – Wiltord für Malouda (69.), Govou für Ribéry (72.), Saha für Henry (85.).
Zuschauer: 66 000

FRANKREICH-DATEN

Torhüter	Min.	Schüsse gehalten (von)	Flanken/Ecken abgefangen	Glanztaten	schwere Fehler	lange Pässe angekommen (von)	Note
Barthez	90	100% (4)	5	0	0	29% (7)	4

Spieler	Ballkontakte in Min.	Zweik. gew. (von)	Fouls gefoult worden	Pässe angek. (von)	Schüsse/ Schußvorlagen	Tore/ Torvorlagen	Note
Sagnol	43 in 90	67% (15)	0/1	81% (16)	0/0	0/0	3+
Thuram	42 in 90	80% (15)	1/3	91% (23)	0/1	0/0	2–
Gallas	21 in 90	0% (2)	0/0	90% (20)	0/0	0/0	3–
Abidal	56 in 90	46% (26)	3/1	84% (25)	0/0	0/0	3–
Vieira	40 in 90	61% (18)	2/1	89% (28)	0/0	0/0	2–
Makelele	55 in 90	22% (9)	1/1	83% (42)	0/1	0/0	3–
Ribéry	46 in 71	30% (20)	0/1	84% (31)	2/1	0/0	3–
Govou	8 in 19	22% (9)	0/0	100% (2)	0/0	0/0	4+
Zidane	68 in 90	69% (16)	0/3	89% (45)	1/0	1/0	2
Malouda	32 in 68	32% (19)	0/0	90% (21)	1/0	0/0	4+
Wiltord	13 in 22	75% (8)	0/1	100% (7)	0/0	0/0	3–
Henry	37 in 84	46% (28)	3/3	68% (22)	2/2	0/1	3+
2. Saha	4 in 6	17% (6)	2/0	25% (4)	0/0	0/0	–

Finale

Italien 🇮🇹
Frankreich 🇫🇷

Sonntag, 9. Juli, Berlin

6:4 n.E. (1:1, 1:1, 1:1)

Spiel um Platz 3

Deutschland 🇩🇪
Portugal 🇵🇹

Samstag, 8. Juli, Stuttgart

3:1 (0:0)

MEISTER DER HERZEN
Die deutsche Nationalmannschaft wurde durch ein 3:1 gegen Portugal WM-Dritter. Hintere Reihe von links: Manager Oliver Bierhoff, Co-Trainer Joachim Löw, Jens Lehmann, Bundestrainer Jürgen Klinsmann, Tim Borowski, Christoph Metzelder, Sebastian Kehl, Arne Friedrich, Timo Hildebrand, Mike Hanke, Per Mertesacker, Miroslav Klose, Michael Ballack, Oliver Kahn, Marcell Jansen. Vorn von links: Torwart-Trainer Andreas Köpke, David Odonkor, Lukas Podolski, Bastian Schweinsteiger, Philipp Lahm, Bernd Schneider, Oliver Neuville und Torsten Frings. Verdeckt: Robert Huth, Jens Nowotny, Thomas Hitzlsperger und Gerald Asamoah

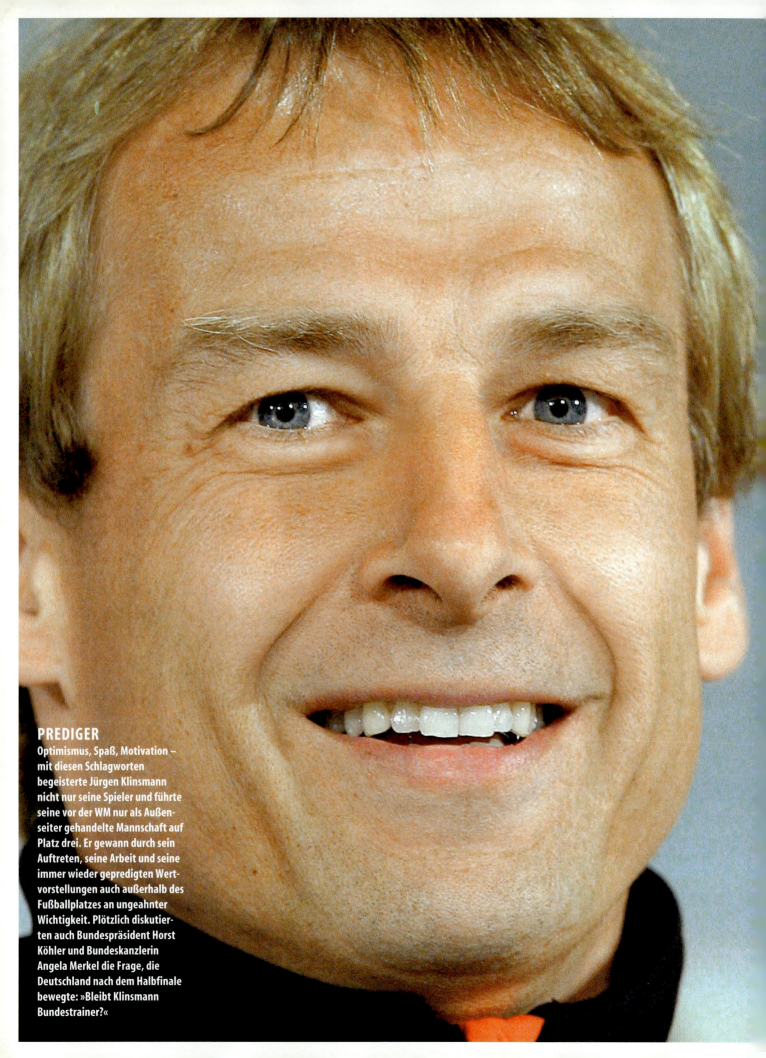

PREDIGER
Optimismus, Spaß, Motivation – mit diesen Schlagworten begeisterte Jürgen Klinsmann nicht nur seine Spieler und führte seine vor der WM nur als Außenseiter gehandelte Mannschaft auf Platz drei. Er gewann durch sein Auftreten, seine Arbeit und seine immer wieder gepredigten Wertvorstellungen auch außerhalb des Fußballplatzes an ungeahnter Wichtigkeit. Plötzlich diskutierten auch Bundespräsident Horst Köhler und Bundeskanzlerin Angela Merkel die Frage, die Deutschland nach dem Halbfinale bewegte: »Bleibt Klinsmann Bundestrainer?«

STAR IM KLEINEN FINALE

JÜRGEN KLINSMANN

Heilsbringer einer ganzen Nation

Der Bundestrainer schaffte etwas, womit keiner vor der WM gerechnet hatte. Er vereinte Deutschland, er holte mit seiner Begeisterung und seiner Mannschaft die Menschen aus der Depression. Er steht für Schwarz-Rot-Gold

Er ist normalerweise ein beherrschter Mensch, ein Machtmensch. Einer, der ohne mit der Wimper zu zucken Menschen in seinem Team ausgewechselt hat. Einer, der keine Widerworte duldet. Aber dieser Jürgen Klinsmann (41) kann auch ein weicher Mensch sein. Nach dem heldenhaften Aus im Halbfinale gegen Italien standen ihm die Tränen der Enttäuschung in den Augen, nach dem 3:1-Sieg im Spiel um Platz drei gegen Portugal Tränen der Rührung. Klinsmann ging von Spieler zu Spieler, von Mitarbeiter zu Mitarbeiter und bedankte sich bei vielen überschwenglich für ihre Arbeit. Und die Zuschauer dankten ihm mit langgezogenen Jürgen-Klinsmann-Sprechchören.

In Stuttgart, in der Stadt, in der er 1978 seine Profi-Laufbahn bei den Kickers begonnen hatte und in den achtziger Jahren beim VfB zum Starstürmer aufstieg, schloß sich der Kreis. Ein Jahr und elf Monate nach seinem ersten Länderspiel als Bundestrainer hatte Jürgen Klinsmann Deutschland auf Platz drei in der Welt geführt. Noch im Mai, kurz vor der WM, schien dieses Ziel absolut unerreichbar.

Scheinbar unberührt von Kritikern hatte Jürgen Klinsmann, der Sturkopf, auf seinem Weg beharrt und wieder einmal damit Erfolg gehabt. Ob amerikanische Fitnesstrainer, Ernährungsberater, Psychologen – alles war am Ende so richtig wie seine Entscheidungen in der Torwartfrage (Lehmann oder Kahn?) und der Wohnort-Debatte (Kalifornien oder Deutschland?).

Kurz vor der WM sympathisierten nicht viele mit Klinsmann, in einer Umfrage vor dem Spiel um Platz drei erreichte er den Spitzenwert von fast 95 Prozent. Mehr noch: Klinsmann erreichte den Status des Heilsbringers. »Klinsmann hat es geschafft, Deutschland auch anderen Gesellschaftsschichten zu öff-

Theo Zwanziger: »Dieses Land braucht viele Klinsmänner«

nen«, sagte beispielsweise der Hockey-Bundestrainer Bernhard Peters. Und DFB-Präsident Dr. Theo Zwanziger kam zum Schluß: »Dieses Land braucht viele Klinsmänner.« Im Wirtschaftsteil der Welt am Sonntag wurden Klinsmanns Schlagworte »Spaß, Motivation und die Rückkehr zum Angriffsfußball« als Lehrbeispiel für Manager angepriesen: »Von Klinsmann lernen heißt siegen lernen«, hieß es da. Mit einem Schlag hatte Klinsmann ein Land verändert. Leute tanzten auf den Straßen. Deutsche umarmten Ausländer. Deutsche waren lustig. Deutsche erwachten aus der wirtschaftlichen Depression. Dieser Klinsmann kämpfte von der Bank aus mit. Sehr wohl wußte er, daß das Ziel, Weltmeister zu werden, zu hoch gegriffen war. Aber ganz klar formulierte er nach der Vorrunde, daß es für ein Fußball-Land wie Deutschland Pflicht sei, das Halbfinale zu erreichen. Und wie durch ein Wunder gelang es, den WM-Favoriten Argentinien auszuschalten.

Klinsmann wird auch in Erinnerung bleiben als einer, der inbrünstig die Nationalhymne sang. Klinsmann war während der WM der Inbegriff für Schwarz-Rot-Gold. ◄

Auch ein Fan von Jürgen Klinsmann: Bundeskanzlerin Angela Merkel himmelt den Bundestrainer an. Rechts: DFB-Präsident Gerhard Mayer-Vorfelder

---

Klinsmann – seine Bilanz als Bundestrainer

21 Siege, sieben Unentschieden und sechs Niederlagen – das ist die Bilanz in den 34 Länderspielen unter Jürgen Klinsmann seit dem 18. August 2004 (3:1 in Österreich). Tordifferenz insgesamt: 78:42. In 22 Heimspielen gab es nur zwei Niederlagen: im Halbfinale des Konföderationen-Pokals gegen Brasilien (2:3) und im WM-Halbfinale gegen Italien (0:2 n. V.). Bester Torschütze war Lukas Podolski mit 15 Toren, dahinter

Dauerbrenner unter Klinsmann: Per Mertesacker

folgten Miroslav Klose (13), Michael Ballack (11) und der nicht für die Weltmeisterschaft nominierte Kevin Kuranyi (10). Von den 39 eingesetzten Spielern (davon zwölf Länderspiel-Debütanten) absolvierte keiner alle 34 Spiele. Per Mertesacker war mit 2460 Minuten der meistbeschäftigte Mann, gefolgt von Ballack (2413) und Bernd Schneider (2415). Die meisten Einsätze hatten Schneider und Bastian Schweinsteiger (jeweils 31), Podolski kam auf 30, Mertesacker auf 29. Am häufigsten ein- und ausgewechselt wurde Bastian Schweinsteiger (23mal).

DEUTSCHLAND ZUM DRITTEN MAL WM-DRITTER

Ein-Mann-Show
von Schweinsteiger

Mit zwei herrlichen Weitschußtoren und einem Freistoß, den Petit ins eigene Netz lenkte, hatte der Mittelfeldspieler seinen größten WM-Auftritt. Zweiter Star am Abend: Oliver Kahn – der Torwart beendete seine DFB-Karriere

Podolski bester junger Spieler der WM

Ein eigener Pokal: Lukas Podolski bei der Ehrung

Ein weiterer Treffer blieb ihm versagt. Nur einmal schoß Lukas Podolski auf das Tor der Portugiesen – Ricardo hielt den Ball. Aber das war auch nicht so schlimm. Schon am Tag vor der Partie hatte der 21 Jahre alte Stürmer seinen großen Auftritt: Er wurde zum besten jungen Spieler der WM 2006 gewählt und erhielt eine Silberne Trophäe. 40 Spieler, die nach dem 1. Januar 1985 geboren wurden, hatten zur Wahl gestanden. Podolski ließ Stars wie Cristiano Ronaldo (Portugal) und Lionel Messi (Argentinien) hinter sich. Mit einem Tor gegen Ecuador und seinem Doppelpack im Achtelfinale gegen Schweden rangiert Podolski unter den Top-Torjägern der WM. Wie wichtig er für sein Team war, belegt auch eine andere Statistik: 633 Minuten stand er auf dem Platz, übertroffen nur von Philipp Lahm (690 Minuten). Für Bundestrainer Klinsmann hat Podolski, der zum 1. Juli 2006 vom 1. FC Köln zum FC Bayern München wechselte, sein Potential aber noch lange nicht ausgeschöpft: »Der Junge ist sehr lernfähig.«

Stimmungsvoller hätte die WM-Party für Deutschland nicht enden können. 52 000 Zuschauer in Stuttgart lagen sich jubelnd in den Armen, überall in Deutschland feierten Millionen Menschen Jürgen Klinsmann mit Sprechchören. Deutschland hatte das kleine Finale auch spielerisch überzeugend mit 3:1 gegen Portugal gewonnen. Zum dritten Mal nach 1934 und 1970 belegte ein deutsches Team WM-Platz drei. Dabei schien das angepeilte Ziel, Platz drei, anfänglich ernsthaft in Gefahr. Klinsmann hatte das eingespielte Team gleich auf fünf Positionen verändern müssen. Wegen Verletzung fehlten mit Michael Ballack, Per Mertesacker, Arne Friedrich und Tim Borowski vier Stammspieler. Und dann fiel noch Innenverteidiger Robert Huth aus, er knickte beim Warmmachen um. Im Tor gab Oliver Kahn seinen WM-Einstand 2006. Klinsmann honorierte damit die Rolle des Bayern-Torwarts für das Team: »Es war phantastisch, wie Oliver Kahn seine Rolle ausgefüllt und die jungen Spieler geführt hat.«
Gewohnt mutig offensiv ausgerichtet, ging Deutschland in sein siebtes und letztes WM-Spiel. Während Portugal es erneut mit Pauleta als einziger Spitze versuchte, vertraute Klinsmann auf sein Sturmduo Miroslav Klose (fünf Tore) und Lukas Podolski (drei Tore). Erstmals allerdings agierten mit Sebastian Kehl und Torsten Frings zwei defensive Mittelfeldspieler vor der Viererkette. Dem Drang nach vorn tat das keinen Abbruch. Weil auch Portugal überraschend ungestüm das Tor Kahns ins Visier nahm, entwickelte sich schnell ein munterer Schlagabtausch mit vielen Torchancen. Das torlose Unentschieden zur Halbzeit schuldeten beide Mannschaften vor allem den zahlreichen gekonnten Paraden ihrer Torleute. Kahn, der nach seinem 86. Länderspiel den Rücktritt aus der Nationalmannschaft erklärte (»Irgendwann ist es vorbei«), wurde auch in der zweiten Halbzeit nur einmal bezwungen. Luís Figo (»Das war mein letztes Länderspiel«), für Pauleta erst in der Schlußphase in die Mannschaft gekommen, hatte von rechts geflankt, Nuno Gomes per Flugkopfball vollstreckt (88.). Zu dem Zeitpunkt war das Spiel längst entschieden. Verantwortlich dafür zeichnete ausgerechnet Bastian Schweinsteiger, von dem über 50 Minuten kaum etwas zu sehen war. In der 56. Minute spielte er zwei Gegenspieler aus, sein Flatterschuß aus 25 Metern rauschte Ricardo durch die Hände. Fünf Minuten später fälschte Petit einen Schweinsteiger-Freistoß zum 2:0 ins eigene Tor ab. Und Teil drei des Ein-Mann-Aktes war ein unhaltbarer Distanzschuß aus 20 Metern zum 3:0 (78.). Lob ernteten die Teams vom Fifa-Präsidenten Sepp Blatter: »Die zweite Halbzeit war eines der besten Spiele dieser WM.«

»Die zweite Halbzeit war eines der besten Spiele dieser WM«

Ausgezogen: Nach seinem zweiten Tor hielt sich Bastian Schweinsteiger nicht mehr an die vorgeschriebene Kleiderordnung. Auf dem Jubelweg zur deutschen Bank entledigte er sich seines weißen Trikots. Die Gelbe Karte von Schiedsrichter Toru Kamikawa (Japan) nahm er gelassen. In seinem siebten WM-Spiel erzielte er seine ersten beiden WM-Tore

DEUTSCHLAND – PORTUGAL

 3:1 (0:0)

DEUTSCHLAND-DATEN

Torhüter	Min.	Schüsse gehalten (von)	Flanken/ Ecken abgefangen	Glanz- taten	schwere Fehler	lange Pässe angekommen (von)	Note
Kahn	90	86% (7)	3	2	0	0% (4)	2

Spieler	Ball- kontakte in Min.	Zweik. gew. (von)	Fouls/ gefoult worden	Pässe angek. (von)	Schüsse/ Schuß- vorlagen	Tore/ Torvor- lagen	Note
Lahm	40 in 90	57% (14)	1/2	95% (19)	1/0	0/0	3
Nowotny	40 in 90	78% (9)	1/0	77% (22)	0/0	0/0	3–
Metzelder	37 in 90	75% (12)	0/0	95% (21)	0/1	0/0	3
Jansen	39 in 90	55% (20)	1/2	50% (14)	0/0	0/0	3–
1. Frings	66 in 90	64% (14)	2/0	93% (43)	3/0	0/0	3
Kehl	44 in 90	42% (19)	2/1	77% (30)	2/2	0/1	3+
Schneider	43 in 90	50% (16)	2/2	68% (31)	1/0	0/0	3
1. Schweinsteiger	62 in 78	42% (24)	3/2	82% (39)	2/5	2/1	1
Hitzlsperger	5 in 12	100% (2)	0/0	0% (0)	0/1	0/0	–
Podolski	24 in 70	41% (17)	1/2	79% (14)	1/0	0/0	4+
Hanke	14 in 20	50% (4)	0/0	89% (9)	0/0	0/0	3–
Klose	24 in 64	67% (21)	0/3	100% (9)	1/3	0/0	4+
Neuville	10 in 26	36% (11)	2/1	100% (8)	1/1	0/1	3+

8. JULI, 21 UHR, STUTTGART

Schiedsrichter: Toru Kamikawa (Japan).
Assistenten: Yoshikazu Hiroshima (Japan), Dae-Young Kim (Südkorea).
Tore:
1:0 Schweinsteiger (56.),
2:0 Petit (60., Eigentor),
3:0 Schweinsteiger (78.),
3:1 N. Gomes (88.).
Einwechslungen: Neuville für Klose (65.), Hanke für Podolski (71.), Hitzlsperger für Schweinsteiger (79.) – Petit für Costinha (46.), N. Gomes für Valente (69.), Figo für Pauleta (77.).
Zuschauer: 52 000

PORTUGAL-DATEN

Torhüter	Min.	Schüsse gehalten (von)	Flanken/ Ecken abgefangen	Glanz- taten	schwere Fehler	lange Pässe angekommen (von)	Note
Ricardo	90	40% (5)	5	0	1	0% (1)	4–

Spieler	Ball- kontakte in Min.	Zweik. gew. (von)	Fouls/ gefoult worden	Pässe angek. (von)	Schüsse/ Schuß- vorlagen	Tore/ Torvor- lagen	Note
1. Ferreira	70 in 90	62% (13)	2/1	92% (52)	0/0	0/0	4
1. Costa	40 in 90	59% (17)	2/1	100% (24)	0/0	0/0	4+
Meira	39 in 90	56% (18)	1/1	100% (26)	0/0	0/0	3–
Valente	55 in 68	25% (20)	4/0	80% (35)	0/0	0/0	5+
Gomes	9 in 22	17% (6)	0/0	100% (6)	1/1	1/0	3
1. Costinha	24 in 45	47% (15)	2/1	100% (16)	0/0	0/0	4–
Petit	29 in 45	33% (9)	0/1	91% (23)	2/0	0/0	5+
Maniche	86 in 90	38% (8)	0/1	89% (85)	2/4	0/0	4
Ronaldo	63 in 90	43% (23)	2/2	87% (39)	5/3	0/0	4
Deco	93 in 90	55% (20)	1/4	84% (75)	3/1	0/0	4
Simão	54 in 90	60% (20)	1/4	85% (34)	1/5	0/0	4+
Pauleta	17 in 76	33% (12)	0/0	88% (8)	2/0	0/0	4–
Figo	12 in 14	0% (2)	0/0	50% (8)	0/1	0/1	4

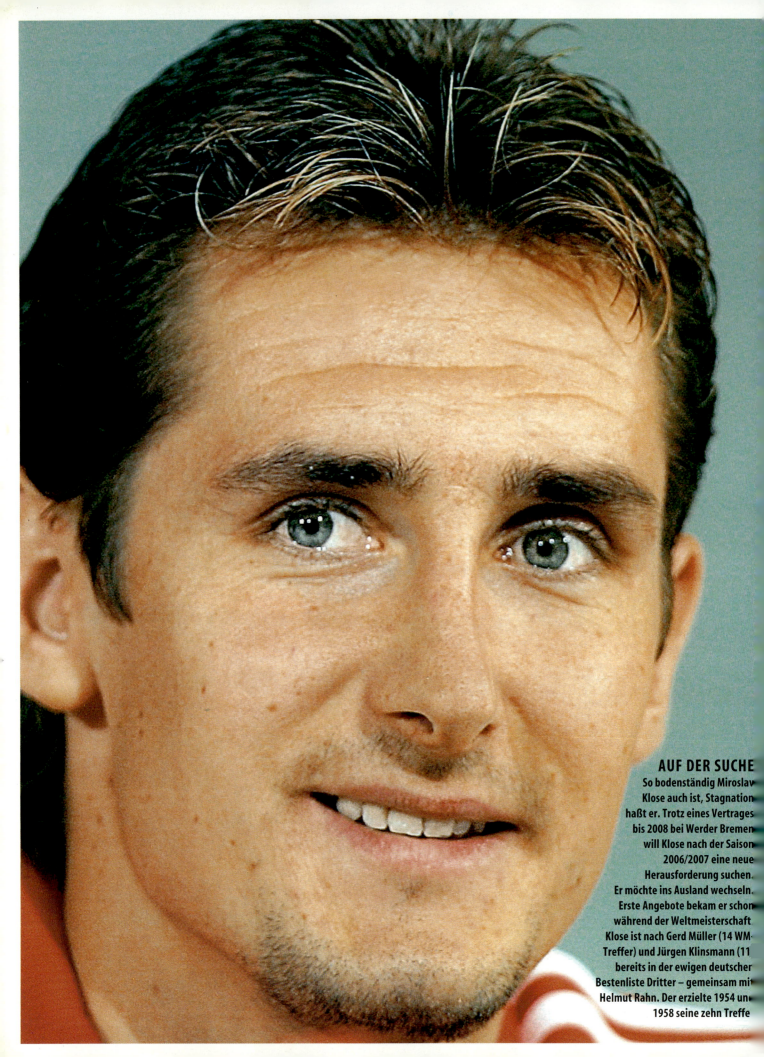

AUF DER SUCHE
So bodenständig Miroslav Klose auch ist, Stagnation haßt er. Trotz eines Vertrages bis 2008 bei Werder Bremen will Klose nach der Saison 2006/2007 eine neue Herausforderung suchen. Er möchte ins Ausland wechseln. Erste Angebote bekam er schon während der Weltmeisterschaft. Klose ist nach Gerd Müller (14 WM-Treffer) und Jürgen Klinsmann (11) bereits in der ewigen deutscher Bestenliste Dritter – gemeinsam mit Helmut Rahn. Der erzielte 1954 und 1958 seine zehn Treffe

WM-TORSCHÜTZENKÖNIG

MIROSLAV KLOSE

Partner mit dem großen Herzen

Der beste Torjäger der WM ist kein Egomane. Er ist ein Teamspieler, der immer für Fleiß und Beharrlichkeit steht. Und der seinen Nebenleuten hilft. An seiner Seite wuchs Lukas Podolski. Trotzdem erzielte er wieder fünf Tore

Wojtek Czyz (25) behielt recht. Der dreifache Goldmedaillen-Gewinner bei den Paralympics ist Anglerfreund von Miroslav Klose (28), ein enger Vertrauter. Im April behauptete der beinamputierte Mann: »Miroslav wird bei der WM eine herausragende Rolle spielen.« Diese mutige Einschätzung war eine verbale Punktlandung. Miroslav Klose ist seit der Fußball-Weltmeisterschaft weit mehr als nur ein Bundesliga-Torschützenkönig, der auch in der Nationalmannschaft regelmäßig spielt und trifft. Klose schaffte den Aufstieg in die Riege der internationalen Top-Stars. Mit fünf Treffern wurde er Torschützenkönig der WM, vor dem pummeligen Ronaldo, dem müden Ronaldinho, dem gefürchteten Luca Toni und dem bewunderten Thierry Henry.

Miroslav Klose selbst behielt nicht recht: »Ich will wenigstens ein Tor mehr schießen als bei der WM 2002«, sagte er. Das gelang ihm nicht. Wie schon vor vier Jahren kam er auf fünf Treffer. Trotzdem lagen zwischen den Leistungen Welten. Klose ist inzwischen ein deutlich besserer Stürmer. Er trifft nicht nur gegen marode Abwehrreihen zweitklassiger Gegner (wie 2002 dreimal gegen Saudi-Arabien). Der Klose 2006 ist auch ein Schrecken für die exzellenten Hintermannschaften von beispielsweise Schweden und Argentinien. »Miroslav ist einer unserer Füh-

rungsspieler«, adelte ihn Jürgen Klinsmann. Denn Klose machte, was Klinsmann selbst in seiner Zeit als Stürmer nie in den Sinn kam: Er half seinen Sturmkollegen, noch besser zu werden. Erst nach einer massiven Einflußnahme von Klose steigerte sich Lukas Podolski so erheblich, daß er nicht nur drei Tore erzielte, sondern auch noch als bester junger Spieler der WM ausgezeichnet wurde. »Auch das ist mei-

Klinsmann: »Miroslav ist einer unserer Führungsspieler«

ne Aufgabe«, erklärte Klose, warum er seinem Kumpel Podolski deutlich machte, daß er gefälligst mehr und überlegter zu laufen habe. Die Freude über den bei Podolski so erwirkten Leistungsschub war der-

art groß, daß Klose beim ersten Podolski-Treffer gegen Schweden seinen berühmten Salto vollführte. Das hatte er bis dahin immer nur bei eigenen Torerfolgen gemacht. Es spricht für Kloses beeindruckende Konzentrationsfähigkeit, daß er anderen Hilfestellungen geben kann, ohne seine eigene Stärke zu verlieren. Denn es war doch überraschend, daß Klose eine so überzeugende WM spielte. Er hätte reichlich Gründe gehabt, abgelenkt zu sein. Kurz vor dem Turnier flog er aus dem Trainingslager in Genf für einen Tag nach Hause, um einen Familienstreit zu schlichten. Kaum wieder zurück, schmerzte die Wade, und er erkältete sich. Aber Klose ließ sich nicht beirren. Mit Fleiß und Beharrlichkeit, seinen beiden großen Tugenden, kämpfte er sich zurück.

2010 könnte er bei der WM in Südafrika noch einmal spielen. Mit weiteren fünf Toren würde Miroslav Klose Ronaldo auf Platz eins der ewigen Torjägerliste einholen.

Sturmpartner: Miroslav Klose (l.) und Lukas Podolski mit ihren WM-Plaketten auf der Ehrenrunde. Beide Stürmer sind in Polen geboren

Die besten Torschützen

	Torvorlagen	Tore
Klose (D)	2	5
Torres (ESP)	2	3
Zidane (FRA)	2	3
Crespo (ARG)	1	3
Henry (FRA)	1	3
Ronaldo (BRA)	1	3
Podolski (D)	–	3
Rodríguez (ARG)	–	3
Villa (ESP)	–	3
Schweinsteiger (D)	4	2
Schewtschenko (UKR)	2	2
Vieira (FRA)	2	2
Delgado (ECU)	1	2
Dindane (ELF)	1	2
Adriano (BRA)	–	2
Bosacki (POL)	–	2
Bravo (MEX)	–	2
Cahill (AUS)	–	2
Frei (CH)	–	2
Gerrard (ENG)	–	2
Maniche (POR)	–	2
Materazzi (ITA)	–	2
Rosicky (TCH)	–	2
C. Tenorio (ECU)	–	2
Toni (ITA)	–	2
Wanchope (CRC)	–	2

Weitere 80 Spieler folgen mit einem Treffer. Dazu gab es vier Eigentore von Petit (Portugal), Zaccardo (Italien), Gamarra (Paraguay) und Sancho (Trinidad)

Bester Torschütze Portugals: Maniche

ITALIEN ZUM VIERTEN MAL WELTMEISTER

Der neunte Elfmeter entschied

Elizondo – erster und letzter Schiedsrichter

Hohe Auszeichnung: Horacio Elizondo (42)

Als erster Schiedsrichter in der Geschichte der Fußball-WM pfiff der Argentinier Horacio Elizondo (42) Eröffnungsspiel und Endspiel eines Turniers. Das Finale war seine fünfte Begegnung bei der WM 2006 und seine Leistung einwandfrei – auch über den Platzverweis Zidanes gab es keine Diskussionen. Der Sportlehrer hatte schon gegen den Tschechen Tomas Ujfalusi (Notbremse gegen Ghana) und den Engländer Wayne Rooney (Tätlichkeit gegen Portugal) Platzverweise ausgesprochen. Im Turnier zückte er insgesamt 26mal die Gelbe Karte, viermal davon im Endspiel.
»Ich bin von den Emotionen erschlagen«, sagte Elizondo schon vor dem Spiel, »ich dachte, das Eröffnungsspiel sei das größte Spiel meiner Karriere.« Es gab nur noch einen weiteren Schiedsrichter, der fünfmal nominiert wurde: der Mexikaner Benito Archundia, Leiter des Halbfinales Deutschland gegen Italien. Übrigens: Das erste und das entscheidende Spiel einer Weltmeisterschaft hatte schon einmal derselbe Schiedsrichter geleitet: der Engländer George Reader. Das war 1950 bei der WM in Brasilien, nur gab es damals kein Endspiel, sondern eine Finalrunde.

Linksverteidiger Fabio Grosso traf mit dem letzten Schuß der WM, Frankreich war geschlagen. Das Finale erreichte nach gutem Beginn erst wieder in der Schlußphase Klasse. Zinedine Zidane flog nach Kopfstoß vom Platz

Endlich, vor der Siegerehrung, war der Spieltrieb mit den Italienern dann doch noch durchgegangen. Mit der perfekten deutschen Organisation hatten sie es nicht so – sie übernahmen selbst die Regie der Zeremonie. Francesco Totti, schon im Spiel kaum sichtbar, präsentierte sich WM-OK-Chef Franz Beckenbauer vermummt mit einer Landesflagge. Marco Materazzi setzte dem Weltpokal einen unförmigen Italia-Hut auf, Gennaro Gattuso hatte sich in Rot-Weiß-Grün gehüllt. Und den Pokal schnappte sich Kapitän Fabio Cannavaro, nachdem er auf den Tisch gesprungen war, auf dem das begehrte Stück drei Stunden lang auf den Sieger gewartet hatte. Bundespräsident Horst Köhler wurde in den Hintergrund gedrängt.
Nach 24 Jahren also wieder Italien. Nach zwölf wieder ein Elfmeterschießen. 1982 hatte das Land zum letzten Mal den Titel gewonnen (davor 1934 und 1938), 3:1 gegen

David Trézéguet traf den Ball um Millimeter zu ungenau – Latte

Deutschland. 1994 unterlag die Squadra Brasilien nach einem langweiligen Spiel mit 2:3. Es war bis zum 9. Juli 2006 das einzige Finale, das durch den Elfmeter-Nervenkitzel entschieden werden mußte. Die Entscheidung war Millimetersache. Alle Schützen verwandelten sicher und ließen die bedauernswerten Torhüter Fabien Barthez und Gianluigi Buffon hilflos zwischen den Pfosten hin und her springen. Frankreichs tragischer Held hieß David Trézéguet: Sein Schuß war vermutlich der genaueste, nur traf der Stürmer um Millimeter zu ungenau. Der Ball stieg, prallte an die Latten-Unterkante, traf ein paar Zentimeter vor der Torlinie Berliner Boden.
Ein einziger Fehlschuß von einem der frustriertesten Spieler des Turniers entschied die WM. Vier Wochen lang hatte Frankreichs umstrittener Trainer Raymond Domenech den 28jährigen nahezu ignoriert, ihn nur einmal in der Startaufstellung spielen lassen (gegen Togo), ansonsten auf Thierry Henry als einzige Spitze gesetzt. Minutenlang wurde Trézéguet nach seinem Fehlschuß von seinen Mitspielern mit Nichtachtung gestraft.
Sylvain Wiltord, Eric Abidal und selbst Willy Sagnol verwandelten sicher. Die Italiener Andrea Pirlo, Marco Materazzi, Daniele De Rossi und Alessandro Del Piero auch. Dann kam Fabio Grosso, Italiens linker Außenverteidiger und eine der positiven Überraschungen des WM-Turniers in Deutschland. Er schoß unhaltbar ein – der Sieg.
Der Rest war Jubel in Blau. Torwart Buffon griff sich einen Klappstuhl hinter der Bande, setzte sich und wirkte erschöpft, bevor er sich der Jubeltraube anschloß. Auch für Mauro Camoranesi war eine Sitzgelegenheit zur Hand, und im Kreis der Italiener legte Massimo Oddo die Schere an den langen Zopf des Turiners.

Das Glück ist perfekt: Fabio Grosso, der entscheidende Elfmeterschütze, und Torwart Gianluigi Buffon feiern sich und ihr Land. Italien ist Weltmeister. Und die Kulisse ist beeindruckend. 69 000 Zuschauer sahen das Spiel, das 64. dieser WM. Die Partie war ausverkauft wie die 63 zuvor. Mit dem Finale erhöhte sich die Besucherzahl bei der 18. Fußball-WM auf 3 359 439 Zuschauer – der zweitbeste Besuch aller Zeiten nach 1994. In den USA verfolgten 3 587 538 Menschen die Spiele

ITALIEN – FRANKREICH

6:4 n.E. (1:1, 1:1)

ITALIEN-DATEN

Torhüter	Min.	Schüsse gehalten (von)	Flanken/Ecken abgefangen	Glanz-taten	schwere Fehler	lange Pässe angekommen (von)	Note
Buffon	120	80% (5)	1	1	0	0% (5)	2–

Spieler	Ball-kontakte in Min.	Zweik. gew. (von)	Fouls/gefoult worden	Pässe angek. (von)	Schüsse/Schuß-vorlagen	Tore/Torvor-lagen	Note
2. Zambrotta	77 in 120	41% (27)	1/2	76% (37)	0/0	0/0	3–
Cannavaro	60 in 120	63% (32)	2/2	97% (29)	1/0	0/0	2–
Materazzi	59 in 120	54% (26)	2/3	83% (36)	1/0	1/0	3+
Grosso	53 in 120	62% (13)	0/2	87% (31)	0/0	0/0	3
Camoranesi	50 in 85	29% (28)	2/3	72% (32)	0/1	0/0	4+
Del Piero	20 in 35	25% (8)	0/0	82% (11)	0/0	0/0	4
Pirlo	101 in 120	50% (22)	1/3	83% (72)	1/2	0/1	3
Gattuso	73 in 120	43% (42)	5/1	87% (53)	0/1	0/0	2
Perrotta	15 in 60	25% (8)	0/0	83% (6)	0/0	0/0	4–
De Rossi	41 in 60	75% (4)	0/1	84% (32)	0/1	0/0	3+
Totti	22 in 60	50% (4)	0/1	91% (11)	1/1	0/0	4
Iaquinta	20 in 60	44% (9)	0/1	75% (12)	0/0	0/0	4+
Toni	36 in 120	48% (29)	2/5	78% (28)	3/1	0/0	4+

9. JULI, 20 UHR, BERLIN

Schiedsrichter: Horacio Elizondo (Argentinien). **Assistenten:** Darío García, Rodolfo Otero (beide Argentinien). **Tore:** 0:1 Zidane (7., Foulelfmeter), 1:1 Materazzi (19.). **Elfmeterschießen:** 1:0 Pirlo, 1:1 Wiltord, 2:1 Materazzi, Trézéguet – verschossen, 3:1 De Rossi, 3:2 Abidal, 4:2 Del Piero, 4:3 Sagnol, 5:3 Grosso. **Einwechslungen:** Iaquinta für Totti (61.), De Rossi für Perrotta (61.), Del Piero für Camoranesi (86.) – Diarra für Vieira (56.), Trézéguet für Ribéry (100.), Wiltord für Henry (107.). **Zuschauer:** 69 000.

FRANKREICH-DATEN

Torhüter	Min.	Schüsse gehalten (von)	Flanken/Ecken abgefangen	Glanz-taten	schwere Fehler	lange Pässe angekommen (von)	Note
Barthez	120	0% (1)	0	0	0	33% (3)	4+

Spieler	Ball-kontakte in Min.	Zweik. gew. (von)	Fouls/gefoult worden	Pässe angek. (von)	Schüsse/Schuß-vorlagen	Tore/Torvor-lagen	Note
2. Sagnol	84 in 120	59% (17)	1/1	78% (50)	0/2	0/0	4+
Thuram	37 in 120	46% (11)	1/0	83% (23)	0/0	0/0	3–
Gallas	47 in 120	75% (12)	0/0	83% (30)	1/0	0/0	3+
Abidal	88 in 120	72% (32)	3/1	92% (47)	1/1	0/0	3–
Vieira	33 in 55	70% (20)	2/5	80% (20)	0/0	0/0	2–
1. Diarra	20 in 65	53% (15)	4/0	86% (14)	0/0	0/0	4+
Makelele	78 in 120	47% (19)	3/1	89% (66)	1/1	0/0	2–
Ribéry	60 in 99	29% (24)	3/2	87% (39)	4/2	0/0	3–
Trézéguet	10 in 21	50% (2)	0/0	67% (9)	0/0	0/0	4+
Zidane	87 in 110	37% (27)	2/1	83% (54)	3/3	1/0	3
1. Malouda	76 in 120	54% (41)	2/4	84% (38)	3/5	0/1	2+
Henry	45 in 106	55% (33)	3/0	67% (30)	2/2	0/0	3
Wiltord	5 in 14	0% (0)	0/0	75% (4)	1/0	0/0	4

FINALE

Materazzi, der Hauptdarsteller

Nur 2,3 Tore im Schnitt pro Spiel

Scheiterte im Elfmeterschießen: David Trézéguet

Nur zwei Tore in 120 Minuten – der Negativtrend dieser WM setzte sich auch im Endspiel fort. In 64 Spielen fielen lediglich 147 Tore. Das macht im Schnitt 2,3 Tore pro Partie. Das zweitschlechteste Ergebnis bei 18 Weltmeisterschaften seit 1930. Nur 1990 in Italien war der Toreschnitt mit 2,21 Treffern pro Begegnung noch trauriger. Zum Vergleich: 1954 trafen die Spieler in nur 26 Spielen gleich 140mal, der Toreschnitt von 5,38 wird wohl ewig unerreicht bleiben.

Uwe Seeler, deutsches Sturmidol und viermaliger Teilnehmer an einer Fußball-WM (neun Tore), fand den Grund neben der sehr defensiven Spielweise der meisten Teams in der Klasse der Angreifer: »Die Stürmer waren bei dieser WM allgemein nicht in guter Form.« Bezeichnend: Im Endspiel traf kein Stürmer, der eingewechselte David Trézéguet noch nicht einmal im Elfmeterschießen.

Camoranesi war einer von allein acht Juventus-Spielern im Finale. Außer ihm verdienten Alessandro Del Piero, Gianluca Zambrotta, Buffon und der überragende Verteidiger des Turniers, Fabio Cannavaro, ihre Euros im Fiat-Klub, zudem die Franzosen Patrick Vieira, Lilian Thuram und eben Unglücksrabe Trézéguet.

Die Hoffnungen auf ein großes Finale, das eine fußballerisch eher schwache WM im letzten Moment hätte adeln können, wurden enttäuscht. Die Befürchtungen, ein reines Defensiv-Geschiebe der besten Abwehrformationen zu erleben, bewahrheiteten sich aber auch nicht. Mit Frankreich war früh das zunächst unterlegene Team in Führung gegangen, Italiens Trainer Marcello Lippi mußte fortan etwas riskieren.

Hauptdarsteller: Marco Materazzi. Fünf Minuten und acht Sekunden waren erst gespielt, als dem wieder für den verletzten Alessandro Nesta in Italiens Innenverteidigung gerückten Abwehrmann von Inter Mailand eine unglückliche Abwehraktion gegen den französischen Mittelfeldspieler Florent Malouda unterlief. Dessen spektakulären Fall belohnte der sonst ausgezeichnete Schiedsrichter Horacio Elizondo mit einem Strafstoß.

Zinedine Zidane schlenzte den Ball aufreizend lässig an die Querlatte. Sein Schuß war weniger hart als David Trézéguets fataler Fehlschuß, glich ihm ansonsten aber auffallend. Nur daß er hinter, nicht vor der weißen Linie aufkam. Die Szene von Italiens Augleichstor, ähnlich überraschend wie Frankreichs Führung, hatte erneut Materazzi zum Protagonisten. Bei einem Eckball Andrea Pirlos übersprang der 1,93-Meter-Mann mit der ganzen Verzweiflung über sein vorheriges Mißgeschick Gegenspieler Vieira (1,93 Meter) und köpfte zum 1:1 ein.

»So eine Freude habe ich im Leben noch nicht gespürt«

Italien kam zu zwei weiteren Chancen gleichen Musters: Nach Ecke von rechtsaußen rettete Verteidiger William Gallas bei einem erneuten Materazzi-Kopfball (28.). In der 36. Minute, nach der nächsten Flanke von rechts, köpfte Torjäger Luca Toni an den Querbalken des Tores von Fabien Barthez.

Nach der Pause ließen die Kräfte der Italiener zusehends nach. Zidane übernahm immer klarer die Regie des französischen Spiels, und selbst ganz auf sich allein gestellt, kam Torjäger Thierry Henry zu Chancen (46., 50., 52.). In der Verlängerung hätten Franck Ribéry (99.) und Zidane (104.) treffen können. Die Blicke von Italiens Spielmacher Andrea Pirlos wurden immer hilfloser. Domenech brachte es auch gegen kraftlose Italiener zu lange nicht über sich, den Druck auf die italienische Abwehr durch die Einwechslung einer zweiten Spitze entscheidend zu erhöhen. Ein Fehler, den seine fittere Mannschaft im Elfmeterschießen teuer bezahlen sollte. In der Tat unterliefen nun selbst Abwehr-As Fabio Cannavaro ungewohnte Fehler. Hinterher gestand er: »Es war ein mühsamer Kampf.« Domenechs spätes Offensiv-Signal mit der Einwechslung Trézéguets wurde durch den Platzverweis für Zidane (110.) beinahe postwendend zunichte gemacht. »Wir haben das Spiel nicht verloren, denn ein Elfmeterschießen ist wie ein Unentschieden«, offenbarte der Trainer die von ihm gewohnte Eigenwilligkeit bei der Einschätzung der Niederlage.

Italien hatte vor dem K.o. gestanden und wurde erst durch Zidanes Kopfstoß gegen Hauptdarsteller Materazzi gerettet.

Hunderttausend Menschen jubelten in Rom vor einer 50-Meter-Leinwand, als Grosso (»Die letzten Meter vor dem Elfmeter waren so schwer ...«) den finalen Schuß der WM abgegeben hatte. Hunderttausende Tifosi feierten in Berlin und auf den Fanmeilen in anderen deutschen Städten.

Der meist unbewegt dreinblickende Trainer Marcello Lippi ließ sich zu einer für seine Verhältnisse unerhört emotionalen Äußerung hinreißen: »So eine Freude habe ich in meinem Leben noch nicht gespürt.« Ähnlich äußerte sich Mittelfeldspieler Gennaro Gattuso vom AC Mailand: »Diese Momente«, sagte der bärbeißige Kämpfer, »werde ich nie vergessen.«

Nur kurz, in einem Nebensatz, gewährte Torwart Buffon Einblick in die Gefühlswelt der Italiener in den Wochen vor dem Titelgewinn. Wie sehr der Wett- und Bestechungsskandal des italienischen Ligafußballs, der die Topklubs mit dem Zwangsabstieg bedrohte, die Spieler belastet und gleichzeitig zu einer trotzig-verschworenen Gemeinschaft zusammengeschweißt hatte, klang aus seinem Stoßseufzer: »Das Leben ist gerecht.«

Kunstschuß von Zinedine Zidane zum 1:0: Der Ball prallt an die Unterkante der Latte und springt von da hinter die Linie des von Gianluigi Buffon gehüteten Tores

Der schnelle Ausgleich: Nur zwölf Minuten nach der Führung durch Zidane springt Marco Materazzi bei einer Ecke höher als Gegenspieler Patrick Vieira und köpft kraftvoll ein. Vorn bewacht Lilian Thuram Italiens Mittelstürmer Luca Toni. Hinten links: Italiens Kapitän Fabio Cannavaro

TITELSAMMLER

Kaum ein Franzose mochte Zinedine Zidane nachhaltig verurteilen für seine Tätlichkeit. Staatspräsident Jacques Chirac sagte, Zidane habe »gleichzeitig die besten Werte des Sports verkörpert und die größten menschlichen Qualitäten«. Sein Mitspieler David Trézéguet erklärte: »Zidane war ein großer Spieler. Ihm gebührt trotzdem Respekt.« Was bleibt, ist seine große Titelsammlung. Die wichtigsten Trophäen: Weltmeister 1998, Europameister 2000, Weltfußballer 1998, 2000 und 2003, Champions-League-Sieger 2002, Weltpokal-Sieger 1996 und 2002. Seine letzte Ehrung: Er wurde von den Journalisten zum wertvollsten Spieler der WM gewählt und mit dem Goldenen Ball ausgezeichnet

STAR IM FINALE

ZINEDINE ZIDANE

Böses Ende einer großen Karriere

Das Finale sollte sein krönender Abschluß werden. Der Spielmacher wollte Frankreich zum zweiten WM-Titel führen. In der Verlängerung aber verlor er die Nerven und sah die Rote Karte für einen brutalen Kopfstoß

Das makellose Image des begnadeten Fußballers, dem eine ganze Generation Jugendlicher vorbehaltlos als Idol nacheifern darf, hatte schon vor dem Finale einen Riß bekommen. Schuld war ein Foto im Internet. Es zeigt Zinedine Zidane (34) auf einer Terrasse sitzend, wie er genüßlich an einer Filterzigarette zieht. Aufgenommen nur wenige Stunden vor dem Halbfinalspiel gegen Portugal. Zidane ein Raucher, schon das ein Schock. Und dann diese Szene im Finale gegen Italien. Es war die 110. Minute. Nach einem ruhigen Wortwechsel mit Marco Materazzi rammte Zidane dem italienischen Innenverteidiger absichtlich seinen Kopf mit voller Wucht gegen die Brust. Eine Tätlichkeit. Materazzi sank zu Boden, krümmte sich vor Schmerzen. Rote Karte. Auch von Zidanes verbalen Ausflüchten ließ sich Schiedsrichter Horacio Elizondo nicht mehr in seiner Meinung umstimmen.
Die Einsicht kam zu spät: Als der italienische Torhüter Gianluigi Buffon ihn zu trösten versuchte, liefen Zidane die Tränen übers Gesicht. Wortlos schlich er mit gesenktem Haupt am Weltpokal vorbei in den Kabinengang. Das häßliche Ende einer großen Karriere.
Es war nicht das erste Mal, daß der französische Superstar in einem Fußballspiel die Nerven verlor. Unbeherrschtheiten ziehen sich wie ein roter Faden durch seine Laufbahn. Bei der WM 1998 war er nach einer Tätlichkeit gegen den saudischen Spieler Fuad Amin vom Feld geschickt worden. Und im Champions-League-Spiel gegen den HSV 2000 streckte Zidane, damals in Diensten von Juventus Turin, seinen Gegenspieler Jochen Kientz in der 29. Minute mit einem Kopfstoß brutal nieder. Der HSV-Verteidiger erlitt eine Gehirnerschütterung und eine schwere Jochbeinprellung. Zwölf Rote Karten –

Zwölf Rote Karten – auch das ist eine Bilanz seiner Karriere

auch das ist eine Bilanz von Zidane. Das Finale von Berlin sollte eigentlich der krönende Abschluß einer glanzvollen Laufbahn sein, wie es sie im Fußball nur ganz selten gibt. Schon vor seinem 108. Länderspiel hatte er angekündigt, sich danach ins Privatleben zurückzuziehen. Zidane war ein Spielmacher, dreimaliger Weltfußballer des Jahres, der von einer ganzen Nation vergöttert wurde. Schüchtern und introvertiert – und doch mit einem bösen Inneren – wollte »Zizou« nach 1998 Frankreich zum zweiten Mal zum Weltmeister-Titel führen. Und es war wieder einer seiner Geniestreiche, der die Fans im Stadion und Millionen Fernsehzuschauer weltweit verzückte. In der siebten Minute verwandelte er einen Strafstoß in einer Manier, die Fußballer unsterblich werden lassen. Sein frecher, geschnippelter Schuß tropfte an die Unterkante der Latte und fiel hinter die Torlinie. Es war sein fünftes WM-Tor in seiner Karriere.
Das unrühmliche Ende der Lichtgestalt bewertete die Frankfurter Allgemeine Zeitung so: «Sein letzter Auftritt zog einen dicken Strich durch das schöne Bild vom Showmaster ohne Allüren und Kaprizen.»

Die Attacke: Zinedine Zidane (l.) rammt dem unvorbereiteten Marco Materazzi den Kopf gegen die Brust. Von der Wucht des Stoßes fällt der Italiener um

---

Fabio Cannavaro – Italiens Star ein Innenverteidiger

Fiel der Name Fabio Cannavaro (32), geriet Italiens Trainer Marcello Lippi regelmäßig ins Schwärmen. »Er ist zweifellos der beste Verteidiger der Welt. Er hat eine phantastische WM gespielt«, huldigte er seinem Abwehrchef in höchsten Tönen. Fabio Cannavaro selbst waren solche Lobeshymnen eher peinlich. »Ich hätte niemals gedacht, daß ich in meinem Alter noch solche Leistungen bringen könnte.« Im Finale, seinem 100.

Immer fair: Cannavaro blieb ohne Gelbe Karte

Länderspiel, bewies der gebürtige Neapolitaner erneut seine Extraklasse, wenn er auch diesmal einige Zweikämpfe verlor. Cannavaros Verdienst war es, daß Italien in sieben Partien nur zwei Gegentore in der regulären Spielzeit zuließ. Außer dem von Zidane verwandelten Elfmeter schaffte das lediglich Cristian Zaccardo mit seinem Eigentor gegen die USA.
Cannavaro flößte den Gegnern Respekt ein: antrittsschnell, abgeklärt, trotz seiner nur 1,75 Meter Körpergröße extrem kopfballstark, dazu ein exzellentes Stellungsspiel. Wie kaum ein anderer vermochte er Spiele zu lesen. Dabei ging Cannavaro, 1990 Balljunge beim WM-Halbfinale zwischen Italien und Argentinien, stets überaus fair zu Werke. Er erhielt keine Gelbe Karte in 690 Turnier-Minuten.

211

Statistik

- Deutschland
- Costa Rica
- Polen
- Ecuador
- England
- Paraguay
- Trinidad/Tobago
- Schweden
- Argentinien
- Elfenbeinküste
- Serbien/Montenegro
- Holland
- Mexiko
- Iran
- Angola
- Portugal
- Italien
- Ghana
- USA
- Tschechien
- Brasilien
- Kroatien
- Australien
- Japan
- Frankreich
- Schweiz
- Südkorea
- Togo
- Spanien
- Ukraine
- Tunesien
- Saudi-Arabien

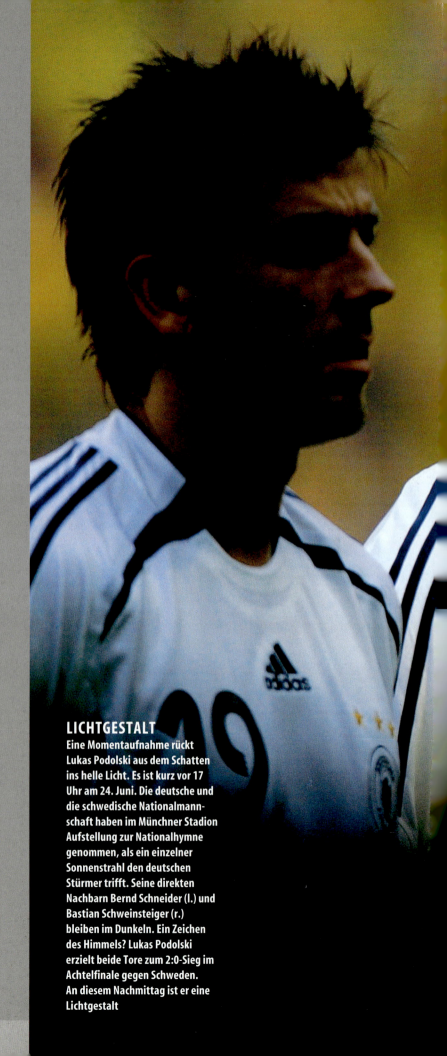

LICHTGESTALT
Eine Momentaufnahme rückt Lukas Podolski aus dem Schatten ins helle Licht. Es ist kurz vor 17 Uhr am 24. Juni. Die deutsche und die schwedische Nationalmannschaft haben im Münchner Stadion Aufstellung zur Nationalhymne genommen, als ein einzelner Sonnenstrahl den deutschen Stürmer trifft. Seine direkten Nachbarn Bernd Schneider (l.) und Bastian Schweinsteiger (r.) bleiben im Dunkeln. Ein Zeichen des Himmels? Lukas Podolski erzielt beide Tore zum 2:0-Sieg im Achtelfinale gegen Schweden. An diesem Nachmittag ist er eine Lichtgestalt

18. WM-ENDRUNDE

Gruppe A
Datum	Ort	Spiel	Ergebnis
9.6.	München	Deutschland – Costa Rica	4:2
9.6.	Gelsenkirchen	Polen – Ecuador	0:2
14.6.	Dortmund	Deutschland – Polen	1:0
15.6.	Hamburg	Ecuador – Costa Rica	3:0
20.6.	Berlin	Ecuador – Deutschland	0:3
20.6.	Hannover	Costa Rica – Polen	1:2

	Team	G	U	V	Tore	Pkt.
1.	Deutschland	3	0	0	8:2	9
2.	Ecuador	2	0	1	5:3	6
3.	Polen	1	0	2	2:4	3
4.	Costa Rica	0	0	3	3:9	0

Gruppe B
Datum	Ort	Spiel	Ergebnis
10.6.	Frankfurt	England – Paraguay	1:0
10.6.	Dortmund	Trinidad/Tobago – Schweden	0:0
15.6.	Nürnberg	England – Trinidad/Tobago	2:0
15.6.	Berlin	Schweden – Paraguay	1:0
20.6.	Köln	Schweden – England	2:2
20.6.	Kaiserslautern	Paraguay – Trinidad/Tobago	2:0

	Team	G	U	V	Tore	Pkt.
1.	England	2	1	0	5:2	7
2.	Schweden	1	2	0	3:2	5
3.	Paraguay	1	0	2	2:2	3
4.	Trinidad/Tobago	0	1	2	0:4	1

Gruppe C
Datum	Ort	Spiel	Ergebnis
10.6.	Hamburg	Argentinien – Elfenbeinküste	2:1
11.6.	Leipzig	Serbien/M. – Holland	0:1
16.6.	Gelsenkirchen	Argentinien – Serbien/M.	6:0
16.6.	Stuttgart	Holland – Elfenbeinküste	2:1
21.6.	Frankfurt	Holland – Argentinien	0:0
21.6.	München	Elfenbeinküste – Serbien/M.	3:2

	Team	G	U	V	Tore	Pkt.
1.	Argentinien	2	1	0	8:1	7
2.	Holland	2	1	0	3:1	7
3.	Elfenbeinküste	1	0	2	5:6	3
4.	Serbien/Montenegro	0	0	3	2:10	0

Gruppe D
Datum	Ort	Spiel	Ergebnis
11.6.	Nürnberg	Mexiko – Iran	3:1
11.6.	Köln	Angola – Portugal	0:1
16.6.	Hannover	Mexiko – Angola	0:0
17.6.	Frankfurt	Portugal – Iran	2:0
21.6.	Gelsenkirchen	Portugal – Mexiko	2:1
21.6.	Leipzig	Iran – Angola	1:1

	Team	G	U	V	Tore	Pkt.
1.	Portugal	3	0	0	5:1	9
2.	Mexiko	1	1	1	4:3	4
3.	Angola	0	2	1	1:2	2
4.	Iran	0	1	2	2:6	1

Gruppe E
Datum	Ort	Spiel	Ergebnis
12.6.	Gelsenkirchen	USA – Tschechien	0:3
12.6.	Hannover	Italien – Ghana	2:0
17.6.	Köln	Tschechien – Ghana	0:2
17.6.	Kaiserslautern	Italien – USA	1:1
22.6.	Hamburg	Tschechien – Italien	0:2
22.6.	Nürnberg	Ghana – USA	2:1

	Team	G	U	V	Tore	Pkt.
1.	Italien	2	1	0	5:1	7
2.	Ghana	2	0	1	4:3	6
3.	Tschechien	1	0	2	3:4	3
4.	USA	0	1	2	2:6	1

Gruppe F
Datum	Ort	Spiel	Ergebnis
12.6.	Kaiserslautern	Australien – Japan	3:1
13.6.	Berlin	Brasilien – Kroatien	1:0
18.6.	Nürnberg	Japan – Kroatien	0:0
18.6.	München	Brasilien – Australien	2:0
22.6.	Dortmund	Japan – Brasilien	1:4
22.6.	Stuttgart	Kroatien – Australien	2:2

	Team	G	U	V	Tore	Pkt.
1.	Brasilien	3	0	0	7:1	9
2.	Australien	1	1	1	5:5	4
3.	Kroatien	0	2	1	2:3	2
4.	Japan	0	1	2	2:7	1

Gruppe G
Datum	Ort	Spiel	Ergebnis
13.6.	Frankfurt	Südkorea – Togo	2:1
13.6.	Stuttgart	Frankreich – Schweiz	0:0
18.6.	Leipzig	Frankreich – Südkorea	1:1
19.6.	Dortmund	Togo – Schweiz	0:2
23.6.	Köln	Togo – Frankreich	0:2
23.6.	Hannover	Schweiz – Südkorea	2:0

	Team	G	U	V	Tore	Pkt.
1.	Schweiz	2	1	0	4:0	7
2.	Frankreich	1	2	0	3:1	5
3.	Südkorea	1	1	1	3:4	4
4.	Togo	0	0	3	1:6	0

Gruppe H
Datum	Ort	Spiel	Ergebnis
14.6.	Leipzig	Spanien – Ukraine	4:0
14.6.	München	Tunesien – Saudi-Arabien	2:2
19.6.	Hamburg	Saudi-Arabien – Ukraine	0:4
19.6.	Stuttgart	Spanien – Tunesien	3:1
23.6.	Kaiserslautern	Saudi-Arabien – Spanien	0:1
23.6.	Berlin	Ukraine – Tunesien	1:0

	Team	G	U	V	Tore	Pkt.
1.	Spanien	3	0	0	8:1	9
2.	Ukraine	2	0	1	5:4	6
3.	Tunesien	0	1	2	3:6	1
4.	Saudi-Arabien	0	1	2	2:7	1

Achtelfinale
24.6.	München	Deutschland – Schweden	2:0
24.6.	Leipzig	Argentinien – Mexiko	2:1 n. V.
25.6.	Stuttgart	England – Ecuador	1:0
25.6.	Nürnberg	Portugal – Holland	1:0
26.6.	Kaiserslautern	Italien – Australien	1:0
26.6.	Köln	Schweiz – Ukraine	0:3 n. E.
27.6.	Dortmund	Brasilien – Ghana	3:0
27.6.	Hannover	Spanien – Frankreich	1:3

Viertelfinale
30.6.	Berlin	Deutschland – Arg.	1:1 n. V., 5:3 n. E.
30.6.	Hamburg	Italien – Ukraine	3:0
1.7.	Gelsenkirchen	England – Portugal	1:3 n. E.
1.7.	Frankfurt	Brasilien – Frankreich	0:1

Halbfinale
4.7.	Dortmund	Deutschland – Italien	0:2 n. V.
5.7.	München	Portugal – Frankreich	0:1

Spiel um Platz 3
8.7.	Stuttgart	Deutschland – Portugal	3:1

Finale
Datum	Ort	Spiel	Ergebnis
9.7.	Berlin	Italien – Frankreich	1:1 n.V., 6:4 n. E.

Philipp Lahm interpretierte seine Rolle des linken Verteidigers in der Vorrunde überaus offensiv. Er schaltete sich oft in Angriffe ein, glänzte durch Technik, Ballgefühl, Schnelligkeit und Zweikampfstärke. Und er schoß das erste Tor des Turniers – das 1:0 gegen Costa Rica

KADER DEUTSCHLAND
Name	Spiele	Tore
Torwart*		
23 Timo Hildebrand	0	0
12 Oliver Kahn	1	1
1 Jens Lehmann	6	5
Abwehr		
3 Arne Friedrich	6	0
4 Robert Huth	1	0
2 Marcell Jansen	1	0
16 Philipp Lahm	7	1
17 Per Mertesacker	6	0
21 Christoph Metzelder	6	0
6 Jens Nowotny	1	0
Mittelfeld		
13 Michael Ballack	5	0
16 Tim Borowski	6	0
8 Torsten Frings	6	1
15 Thomas Hitzlsperger	1	0
5 Sebastian Kehl	4	0
22 David Odonkor	4	0
19 Bernd Schneider	7	0
7 Bastian Schweinsteiger	7	2
Angriff		
14 Gerald Asamoah	1	0
9 Mike Hanke	1	0
11 Miroslav Klose	7	5
10 Oliver Neuville	7	1
20 Lukas Podolski	7	3
Trainer		
Jürgen Klinsmann		

KADER COSTA RICA
Name	Spiele	Tore
Torwart*		
23 Wardy Alfaro	0	0
1 Alvaro Mesén	0	0
18 José Porras	3	9
Abwehr		
17 Gabriel Badilla	1	0
2 Jervis Drummond	2	0
12 Leonardo González	3	0
3 Luis Marín	3	0
5 Gilberto Martínez	1	0
22 Michael Rodríguez	0	0
4 Michael Umaña	3	0
15 Harold Wallace	2	0
Mittelfeld		
14 Randall Azofeifa	1	0
7 Cristian Bolaños	2	0
10 Walter Centeno	3	0
6 Danny Fonseca	2	0
16 Carlos Hernández	2	0
20 Douglas Sequeira	2	0
8 Mauricio Solís	3	0
Angriff		
13 Kurt Bernard	1	0
11 Ronald Gómez	3	1
21 Víctor Núñez	0	0
19 Álvaro Saborío	2	0
9 Paulo Wanchope	3	2
Trainer		
Alexandre Guimarães		

KADER POLEN
Name	Spiele	Tore
Torwart*		
1 Artur Boruc	3	4
22 Lukasz Fabianski	0	0
12 Tomasz Kuszczak	0	0
Abwehr		
6 Jacek Bak	3	0
19 Bartosz Bosacki	2	2
4 Marcin Baszczynski	3	0
17 Dariusz Dudka	1	0
3 Seweryn Gancarczyk	0	0
2 Mariusz Jop	1	0
18 Mariusz Lewandowski	2	0
14 Michal Zewlakow	3	0
Mittelfeld		
20 Piotr Giza	0	0
5 Kamil Kosowski	1	0
8 Jacek Krzynowek	3	0
13 Sebastian Mila	0	0
16 Arkadiusz Radomski	3	0
15 Ebi Smolarek	3	0
7 Radoslaw Sobolewski	2	0
10 Miroslav Szymkowiak	2	0
Angriff		
23 Pawel Brozek	3	0
21 Ireneusz Jelen	3	0
11 Grzegorz Rasiak	1	0
9 Maciej Zurawski	3	0
Trainer		
Pawel Janas		

KADER ECUADOR
Name	Spiele	Tore
Torwart*		
22 Damián Lanza	0	0
12 Cristian Mora	4	4
1 Edwin Villafuerte	0	0
Abwehr		
13 Paul Ambrosi	1	0
4 Ulises de la Cruz	4	0
17 Giovanny Espinoza	4	0
2 Jorge Guagua	3	0
3 Iván Hurtado	3	0
5 José Perlaza	0	0
18 Neicer Reasco	3	0
Mittelfeld		
15 Marlon Ayoví	1	0
14 Segundo Castillo	3	0
7 Christian Lara	2	0
8 Edison Méndez	4	0
19 Luis Saritama	0	0
20 Edwin Tenorio	4	0
6 Patricio Urrutia	3	0
16 Luis Valencia	4	0
Angriff		
23 Cristian Benítez	1	0
9 Félix Borja	1	0
11 Agustín Delgado	3	2
10 Iván Kaviedes	4	1
21 Carlos Tenorio	3	2
Trainer		
Luis Suárez		

STATISTIK

GRUPPE A

Deutschland – Costa Rica   4:2 (2:1)
9. Juni 2006, Fifa WM-Stadion, München

Deutschland: Lehmann – Friedrich, Mertesacker, Metzelder, Lahm – Schneider (90.+1 Odonkor), Frings, Borowski (72. Kehl), Schweinsteiger – Klose (79. Neuville), Podolski.
Costa Rica: Porras – Umaña, Sequeira, Marín – Martínez (66. Drummond), Fonseca, Solís (78.) Bolaños, González, Centeno – Gómez (90.+1 Azofeifa), Wanchope.
Zuschauer: 66 000. **Schiedsrichter:** Elizondo (Argentinien). **Assistenten:** García, Otero (Argentinien). **Tore:** 1:0 Lahm (6.), 1:1 Wanchope (12.), 2:1 Klose (17.), 3:1 Klose (61.), 3:2 Wanchope (73.), 4:2 Frings (87.). **Gelb:** Fonseca.

Polen – Ecuador   0:2 (0:1)
9. Juni 2006, Fifa WM-Stadion, Gelsenkirchen

Polen: Boruc – Baszczynski, Jop, Bak, Zewlakow – Sobolewski (67. Jelen), Radomski – Smolarek, Szymkowiak – Krzynowek (78. Kosowski), Zurawski (83. Brozek).
Ecuador: Mora – De la Cruz, Hurtado (69. Guagua), Espinoza, Reasco – Valencia, Castillo, Edwin Tenorio, Méndez – Carlos Tenorio (65. Kaviedes), Delgado (83. Urrutia).
Zuschauer: 52 000. **Schiedsrichter:** Kamikawa (Japan). **Assistenten:** Hiroshima (Japan), Dae-Y. Kim (Südkorea). **Tore:** 0:1 Carlos Tenorio (24.), 0:2 Delgado (80.). **Gelb:** Smolarek – Hurtado, Méndez

Deutschland – Polen   1:0 (0:0)
14. Juni 2006, Fifa WM-Stadion, Dortmund

Deutschland: Lehmann – Friedrich (64. Odonkor), Mertesacker, Metzelder, Lahm – Schneider, Frings, Ballack, Schweinsteiger (77. Borowski) – Klose, Podolski (71. Neuville).
Polen: Boruc – Baszczynski, Bak, Bosacki, Zewlakow (83. Dudka) – Sobolewski, Radomski – Jelen (90.+1 Brozek), Zurawski, Krzynowek (77. Lewandowski) – Smolarek.
Zuschauer: 65 000. **Schiedsrichter:** Medina Cantalejo (Spanien). **Assistenten:** Giráldez Carrasco, Medina Hernández (beide Spanien). **Tor:** 1:0 Neuville (90.+1). **Gelb/Rot:** Sobolewski. **Gelb:** Ballack, Odonkor, Metzelder – Krzynowek, Boruc

Ecuador – Costa Rica   3:0 (1:0)
15. Juni 2006, Fifa WM-Stadion, Hamburg

Ecuador: Mora – De la Cruz, Hurtado, Espinoza (69. Guagua), Reasco – Valencia (73. Urrutia), Castillo, Edwin Tenorio, Méndez – Delgado, Carlos Tenorio (46. Kaviedes).
Costa Rica: Porras – Umaña, Marín, Sequeira – Wallace, Solís, Fonseca (29. Saborio), González (56. Hernández) – Centeno (84. Bernard), Gómez – Wanchope.
Zuschauer: 50 000. **Schiedsrichter:** Codjia (Benin). **Assistenten:** Ntagungira (Ruanda), Aderodjou (Benin). **Tore:** 1:0 Carlos Tenorio (8.), 2:0 Delgado (54.), 3:0 Kaviedes (90.+2). **Gelb:** Castillo, De la Cruz, Mora – Marín, Solís

Ecuador – Deutschland   0:3 (0:2)
20. Juni 2006, Olympiastadion, Berlin

Ecuador: Mora – de la Cruz, Guagua, Espinoza, Ambrosi – Valencia (63. Lara), Ayovi (68. Urrutia), E. Tenorio, Méndez – Kaviedes, Borja (46. Benítez).
Deutschland: Lehmann – Friedrich, Mertesacker, Huth, Lahm – Schneider (73. Asamoah), Frings (66. Borowski), Ballack, Schweinsteiger – Klose (66. Neuville), Podolski.
Zuschauer: 72 000. **Schiedsrichter:** Iwanow (Rußland). **Assistenten:** Golubew, Wolnin (beide Rußland). **Tore:** 0:1 Klose (4.), 0:2 Klose (44.), 0:3 Podolski (57.). **Gelb:** Valencia – Borowski.

Costa Rica – Polen   1:2 (1:1)
20. Juni 2006, Fifa WM-Stadion, Hannover

Costa Rica: Porras – Badilla, Marín, Umaña – Drummond (70. Wallace), Bolaños (78. Saborio), Solís, González – Centeno, Gómez (82. Hernández) – Wanchope.
Polen: Boruc – Baszczynski, Bosacki, Bak, Zewlakow – Radomski (64. Lewandowski) – Smolarek (85. Rasiak), Szymkowiak, Krzynowek – Jelen, Zurawski (46. Brozek).
Zuschauer: 43 000. **Schiedsrichter:** Maidin (Singapur). **Assistenten:** Permpanich (Thailand), Ghuloum (Vereinigte Arabische Emirate). **Tore:** 1:0 Gómez (25.), 1:1 Bosacki (33.), 1:2 Bosacki (66.). **Gelb:** Umaña, Marín, Gómez, Badilla, González – Radomski, Bak, Zewlakow, Baszczynski, Boruc.

GRUPPE B

England – Paraguay   1:0 (1:0)
10. Juni 2006, Fifa WM-Stadion, Frankfurt

England: Robinson – Neville, Ferdinand, Terry, Ashley Cole – Beckham, Lampard, Gerrard, Joe Cole (83. Hargreaves) – Owen (56. Downing), Crouch.
Paraguay: Villar (8. Bobadilla) – Caniza, Cáceres, Gamarra, Toledo (82. Núñez) – Bonet (68. Cuevas), Paredes, Acuña, Riveros – Santa Cruz, Valdez.
Zuschauer: 48 000. **Schiedsrichter:** Rodríguez (Mexiko). **Assistenten:** Camargo (Mexiko), Leal (Costa Rica). **Tor:** 1:0 Gamarra (3., Eigentor). **Gelb:** Gerrard, Crouch – Valdez.

Trinidad/Tobago – Schweden   0:0
10. Juni 2006, Fifa WM-Stadion, Dortmund

Trinidad/Tobago: Hislop – Gray, Sancho, Lawrence, Avery John – Birchall, Yorke, Theobald (67. Whitley) – Edwards, Samuel (53. Glen) – Stern John.
Schweden: Shaaban – Alexandersson, Mellberg, Lucic, Edman – Linderoth (79. Källström) – Wilhelmsson (79. Jonson), Anders Svensson (62. Allbäck), Ljungberg – Ibrahimovic, Larsson.
Zuschauer: 62 959. **Schiedsrichter:** Maidin (Singapur). **Assistenten:** Permpanich (Thailand), Ghuloum (Vereinigte Arabische Emirate). **Gelb/Rot:** Avery John (46., wiederholtes Foulspiel). **Gelb:** Yorke – Larsson.

England – Trinidad/Tobago   2:0 (0:0)
15. Juni 2006, Frankenstadion, Nürnberg

England: Robinson – Carragher (58. Lennon), Ferdinand, Terry, Ashley Cole – Beckham, Lampard, Gerrard, Joe Cole (75. Downing) – Owen (58. Rooney), Crouch
Trinidad/Tobago: Hislop – Edwards, Sancho, Lawrence, Gray – Birchall, Yorke, Whitley, Theobald (85. Wise) – Jones (70. Glen), Stern John
Zuschauer: 41 000. **Schiedsrichter:** Kamikawa (Japan). **Assistenten:** Hiroshima (Japan), Dae-Y. Kim (Südkorea). **Tore:** 1:0 Crouch (83.), 2:0 Gerrard (90.+1). **Gelb:** Lampard – Theobald, Whitley, Jones, Hislop, Gray

Schweden – Paraguay   1:0 (0:0)
15. Juni 2006, Olympiastadion, Berlin

Schweden: Isaksson – Alexandersson, Mellberg, Lucic, Edman – Linderoth – Wilhelmsson (68. Jonson), Källström (86. Elmander), Ljungberg – Ibrahimovic (46. Allbäck), Larsson.
Paraguay: Bobadilla – Caniza, Cáceres, Gamarra, Núñez – Bonet (81. Barreto), Acuña, Riveros (62. Dos Santos) – Paredes – Santa Cruz (63. López), Valdez
Zuschauer: 72 000. **Schiedsrichter:** Michel (Slowakei). **Assistenten:** Slysko, Balko (beide Slowakei). **Tor:** 1:0 Ljungberg (89.). **Gelb:** Linderoth, Lucic, Allbäck – Caniza, Acuña, Núñez, Paredes, Barreto

Schweden – England   2:2 (0:1)
20. Juni 2006, Fifa WM-Stadion, Köln

Schweden: Isaksson – Mellberg, Alexandersson, Lucic, Edman – Linderoth (90.+1 Andersson) – Jonson (54. Wilhelmsson), Källström, Ljungberg – Allbäck (75. Elmander), Larsson.
England: Robinson – Carragher, Ferdinand (56. Campbell), Terry, Ashley Cole – Beckham, Lampard, Hargreaves, Joe Cole – Owen (4. Crouch), Rooney (69. Gerrard).
Zuschauer: 45 000. **Schiedsrichter:** Busacca (Schweiz). **Assistenten:** Buragina, Arnet (beide Schweiz). **Tore:** 0:1 Joe Cole (34.), 1:1 Allbäck (51.), 1:2 Gerrard (85.), 2:2 Larsson (90.). **Gelb:** Alexandersson, Ljungberg – Hargreaves.

Paraguay – Trinidad/Tobago   2:0 (1:0)
20. Juni 2006, Fritz-Walter-Stadion, Kaiserslautern

Paraguay: Bobadilla – Caniza (89. Da Silva), Cáceres (77. Manzur), Gamarra, Núñez – Barreto, Acuña, Paredes, Dos Santos – Santa Cruz, Valdez (66. Cuevas).
Trinidad/Tobago: Jack – Edwards, Sancho, Lawrence, Avery John (31. Jones) – Yorke – Birchall, Whitley (67. Latapy), Theobald – Glen (41. Wise), Stern John.
Zuschauer: 46 000. **Schiedsrichter:** Rosetti (Italien). **Assistenten:** Copelli, Stagnoli. **Tore:** 1:0 Sancho (25., Eigentor), 2:0 Cuevas (86.). **Gelb:** Paredes, Dos Santos – Sancho, Whitley.

KADER ENGLAND

Name	Spiele	Tore
Torwart*		
22 Scott Carson	0	0
13 David James	0	0
1 Paul Robinson	5	0
Abwehr		
14 Wayne Bridge	0	0
12 Sol Campbell	1	0
15 Jamie Carragher	4	0
3 Ashley Cole	5	0
5 Rio Ferdinand	5	0
2 Gary Neville	2	0
6 John Terry	5	0
Mittelfeld		
7 David Beckham	5	1
18 Michael Carrick	1	0
11 Joe Cole	5	1
20 Stewart Downing	3	0
4 Steven Gerrard	5	2
16 Owen Hargreaves	4	0
17 Jermaine Jenas	0	0
8 Frank Lampard	5	0
19 Aaron Lennon	3	0
Angriff		
21 Peter Crouch	4	1
10 Michael Owen	3	0
9 Wayne Rooney	4	0
23 Theo Walcott	0	0
Trainer		
Sven-Göran Eriksson		

KADER PARAGUAY

Name	Spiele	Tore
Torwart*		
22 Aldo Bobadilla	3	1
12 Derlis Gómez	0	0
1 Justo Villar	1	1
Abwehr		
5 Julio César Cáceres	3	0
21 Denis Caniza	3	0
14 Paulo Da Silva	1	0
4 Carlos Gamarra	3	0
15 Julio Manzur	1	0
2 Jorge Núñez	3	0
3 Delio Toledo	1	0
Mittelfeld		
10 Roberto Acuña	3	0
8 Edgar Barreto	2	0
6 Carlos Bonet	2	0
7 Salvador Cabañas	0	0
19 Julio Dos Santos	2	0
1 Diego Gavilán	0	0
17 José Montiel	0	0
13 Carlos Paredes	3	0
16 Cristian Riveros	2	0
Angriff		
23 Nelson Cuevas	2	1
20 Dante López	1	0
9 Roque Santa Cruz	3	0
18 Nelson Valdez	3	0
Trainer		
Aníbal Ruíz		

KADER TRINIDAD/TOBAGO

Name	Spiele	Tore
Torwart*		
1 Shaka Hislop	2	2
22 Clayton Ince	0	0
21 Kelvin Jack	1	2
Abwehr		
4 Marvin Andrews	0	0
17 Atiba Charles	0	0
2 Ian Cox	0	0
6 Cyd Gray	2	0
3 Avery John	2	0
6 Dennis Lawrence	3	0
5 Brent Sancho	3	0
Mittelfeld		
7 Christopher Birchall	3	0
11 Carlos Edwards	3	0
18 Densill Theobald	3	0
9 Aurtis Whitley	3	0
23 Anthony Wolfe	0	0
Angriff		
13 Cornell Glenn	3	0
14 Stern John	3	0
15 Kenwyne Jones	2	0
10 Russell Latapy	1	0
12 Collin Samuel	1	0
20 Jason Scotland	0	0
16 Evans Wise	2	0
19 Dwight Yorke	3	0
Trainer		
Leo Beenhakker		

KADER SCHWEDEN

Name	Spiele	Tore
Torwart*		
12 John Alvbåge	0	0
1 Andreas Isaksson	3	4
23 Rami Shaaban	1	0
Abwehr		
5 Erik Edman	4	0
13 Petter Hansson	1	0
4 Teddy Lucic	4	0
3 Olof Mellberg	4	0
2 Mikael Nilsson	0	0
14 Fredrik Stenman	0	0
15 Karl Svensson	0	0
Mittelfeld		
7 Niclas Alexandersson	4	0
19 Daniel Andersson	1	0
16 Kim Källström	4	0
6 Tobias Linderoth	4	0
9 Fredrik Ljungberg	4	1
8 Anders Svensson	1	0
21 Christian Wilhelmsson	4	0
Angriff		
20 Marcus Allbäck	4	1
17 Johan Elmander	2	0
10 Zlatan Ibrahimovic	3	0
18 Mattias Jonson	4	0
11 Henrik Larsson	4	1
22 Markus Rosenberg	0	0
Trainer		
Lars Lagerbäck		

* Bei Torhütern Gegentore

GRUPPE C

Argentinien – Elfenbeinküste   2:1 (2:0)
10. Juni 2006, Fifa WM-Stadion, Hamburg

Argentinien: Abbondanzieri – Burdisso, Ayala, Heinze, Sorín – Rodríguez, Mascherano, Cambiasso – Riquelme (90.+3 Aimar) – Saviola (75. González), Crespo (64. Palacio).
Elfenbeinküste: Tizié – Eboué, Kolo Touré, Meïté, Boka – Zokora, Yaya Touré – Keita (77. Arouna Koné), Kalou (55. Dindane), Akalé (62. Bakari Koné) – Drogba.
Zuschauer: 49 480. **Schiedsrichter:** De Bleeckere (Belgien). **Assistenten:** Hermans, Vromans (beide Belgien). **Tore:** 1:0 Crespo (24.), 2:0 Saviola (38.), 2:1 Drogba (82.). **Gelb:** Saviola, Heinze, González – Eboué, Drogba

Serbien/Montenegro – Holland 0:1 (0:1)
11. Juni 2006, Zentralstadion, Leipzig

Serbien/Montenegro: Jevric – N. Djordjevic (43. Koroman), Gavrancic, Krstajic, Dragutinovic – Stankovic, Duljaj, Nadj, P. Djordjevic – Milosevic (46. Zigic), Kezman (67. Ljuboja).
Holland: van der Sar – Heitinga, Ooijer, Mathijsen (86. Boulahrouz), van Bronckhorst – van Bommel (60. Landzaat), Sneijder, Cocu – van Persie, van Nistelrooy (69. Kuyt), Robben.
Zuschauer: 37 216. **Schiedsrichter:** Merk (Deutschland). **Assistenten:** Schräer, Salver (beide Deutschland). **Tor:** 0:1 Robben (18.). **Gelb:** Stankovic, Koroman, Dragutinovic, Gavrancic – van Bronckhorst, Heitinga.

Argentinien – Serbien/M.   6:0 (3:0)
16. Juni 2006, Fifa WM-Stadion, Gelsenkirchen

Argentinien: Abbondanzieri – Burdisso, Ayala, Heinze – González (17. Cambiasso), Mascherano, Sorín – Saviola (59. Tévez), Riquelme, Rodríguez (75. Messi) – Crespo.
Serbien/M.: Jevric – Duljaj, Gavrancic, Krstajic, Dudic – Koroman (50. Ljuboja), Nadj (46. Ergic), P. Djordjevic, Stankovic – Kezman, Milosevic (70. Vukic).
Zuschauer: 52 000. **Schiedsrichter:** Rosetti (Italien). **Assistenten:** Copelli, Stagnoli (beide Italien). **Tore:** 1:0 Rodríguez (6.), 2:0 Cambiasso (31.), 3:0 Rodríguez (41.), 4:0 Crespo (78.), 5:0 Tévez (84.), 6:0 Messi (88.). **Rot:** Kezman (65., wg. groben Fouls). **Gelb:** Crespo – Koroman, Nadj, Krstajic

Holland – Elfenbeinküste   2:1 (2:1)
16. Juni 2006, Gottlieb-Daimler-Stadion, Stuttgart

Holland: van der Sar – Heitinga (46. Boulahrouz), Ooijer, Mathijsen, van Bronckhorst – van Bommel, Sneijder (50. van der Vaart), Cocu – van Persie, van Nistelrooy (73. Landzaat), Robben.
Elfenbeinküste: Tizié – Eboué, K. Touré, Meïté, Boka – Zokora – B. Koné (62. Dindane), Y. Touré, Romaric (62. Yapi-Yapo) – A. Koné (73. Akalé), Drogba.
Zuschauer: 52 000. **Schiedsrichter:** Ruíz (Kolumbien). **Assistenten:** Tamayo (Ecuador), Navia (Kolumbien). **Tore:** 1:0 van Persie (23.), 2:0 van Nistelrooy (27.), 2:1 B. Koné (38.). **Gelb:** Robben, Mathijsen, van Bommel, Boulahrouz – Zokora, Drogba, Boka

Holland – Argentinien   0:0
21. Juni 2006, Fifa WM-Stadion, Frankfurt

Holland: van der Sar – Jaliens, Boulahrouz, Ooijer, de Cler – van der Vaart, Sneijder (67. Landzaat), Cocu – van Persie (67. Landzaat), van Nistelrooy (56. Babel), Kuyt.
Argentinien: Abbondanzieri – Burdisso (24. Coloccini), Ayala, Milito, Cufré – Rodríguez, Mascherano, Cambiasso – Riquelme (80. Aimar) – Messi (70. Cruz), Tévez.
Zuschauer: 48 000. **Schiedsrichter:** Medina Cantalejo (Spanien). **Assistenten:** Giráldez Carrasco, Medina Hernández (beide Spanien). **Gelb:** Kuyt, Ooijer, De Cler – Cambiasso, Mascherano.

Elfenbeinküste – Serbien/M.   3:2 (1:2)
21. Juni 2006, Fifa WM-Stadion, München

Elfenbeinküste: Barry – Eboué, Domoraud, Kouassi, Boka – Akalé (60. B. Koné), Y. Touré, Zokora, Keita (73. Kalou) – A. Koné, Dindane.
Serbien/M.: Jevric – N. Djordjevic, Gavrancic, Krstajic (16. Nadj), Dudic – Ergic – Duljaj, Stankovic, P. Djordjevic – Ilic, Zigic (67. Milosevic).
Zuschauer: 66 000. **Schiedsrichter:** Rodríguez (Mexiko). **Assistenten:** Camargo (Mexiko), Leal (Costa Rica). **Tore:** 0:1 Zigic (10.), 0:2 Ilic (20.), 1:2 Dindane (37., Handelfmeter), 2:2 Dindane (67.), 3:2 Kalou (86., Handelfmeter). **Gelb/Rot:** Domoraud (90.+2) – Nadj (45.+1). **Gelb:** Keita, Dindane – Dudic, Duljaj, Gavrancic

GRUPPE D

Mexiko – Iran   3:1 (1:1)
11. Juni 2006, Frankenstadion, Nürnberg

Mexiko: Sánchez – Márquez, Osorio, Salcido – Méndez, Torrado (46. Pérez), Pardo, Pineda – Bravo, Borgetti (52. Fonseca), Franco (46. Naelson).
Iran: Mirzapour – Kaebi, Golmohammadi, Rezaei, Nosrati (81. Borhani) – Teymourian, Nekounam, Mahdavikia, Karimi (63. Madanchi), Hashemian – Daei.
Zuschauer: 41 000. **Schiedsrichter:** Rosetti (Italien). **Assistenten:** Copelli, Stagnoli (beide Italien). **Tore:** 1:0 Bravo (28.), 1:1 Golmohammadi (36.), 2:1 Bravo (76.), 3:1 Naelson (79.). **Gelb:** Torrado, Salcido – Nekounam

Angola – Portugal   0:1 (0:1)
11. Juni 2006, Fifa WM-Stadion, Köln

Angola: João Ricardo – Locó, Jamba, Kali, Delgado – Macanga, Zé Kalanga (70. Edson), Figueiredo (80. Miloy), Mendonça – Mateus, Akwá (60. Mantorras).
Portugal: Ricardo – Miguel, Carvalho, Nuno Valente – Tiago (83. Viana), Petit (72. Maniche) – Ronaldo (60. Costinha), Figo, Simão – Pauleta.
Zuschauer: 45 000. **Schiedsrichter:** Larrionda (Uruguay). **Assistenten:** Rial, Fandiño (beide Uruguay). **Tor:** 0:1 Pauleta (4.). **Gelb:** Jamba, Locó, Macanga – Ronaldo, N. Valente

Mexiko – Angola   0:0
16. Juni 2006, Fifa WM-Stadion, Hannover

Mexiko: Sánchez – Márquez, Osorio, Salcido – Méndez, Naelson (52. Arellano), Pardo, Torrado, Pineda (78. Morales) – Bravo, Franco (74. Fonseca).
Angola: Ricardo – Locó, Jamba, Kali, Delgado – Macanga – Zé Kalanga (83. Miloy), Figueiredo (73. Rui Marques), Mateus (68. Mantorras), Mendonça – Akwá.
Zuschauer: 43 000. **Schiedsrichter:** Maidin (Singapur). **Assistenten:** Permpanich (Thailand), Ghuloum (Vereinigte Arabische Emirate). **Gelb/Rot:** Macanga (79.). **Gelb:** Pineda – Delgado, Zé Kalanga, João Ricardo.

Portugal – Iran   2:0 (0:0)
17. Juni 2006, FIFA WM-Stadion, Frankfurt

Portugal: Ricardo – Miguel, Carvalho, Meira, Nuno Valente – Costinha, Maniche (67. Petit) – Figo (88. Simão), Deco (80. Tiago), Ronaldo – Pauleta.
Iran: Mirzapour – Kaebi, Golmohammadi (88. Bakhtiarizadeh), Rezaei, Nosrati – Teymourian, Nekounam – Mahdavikia, Karimi (65. Zandi), Madanchi (66. Khatibi) – Hashemian.
Zuschauer: 48 000. **Schiedsrichter:** Poulat (Frankreich). **Assistenten:** Dagorne, Texier (beide Frankreich). **Tore:** 1:0 Deco (63.), 2:0 Ronaldo (80., Foulelfmeter). **Gelb:** Pauleta, Deco, Costinha – Nekounam, Madanchi, Kaebi, Golmohammadi

Portugal – Mexiko   2:1 (2:1)
21. Juni 2006, Fifa WM-Stadion, Gelsenkirchen

Portugal: Ricardo – Miguel (61. Paulo Ferreira), Meira, Carvalho, Caneira – Tiago, Maniche – Figo (80. Boa Morte), Simão – Postiga (69. Nuno Gomes).
Mexiko: Sánchez – Rodríguez (46. Naelson), Osorio, Salcido – Méndez (80. Franco), Pardo, Márquez, Pérez, Pineda (69. Castro) – Fonseca, Bravo.
Zuschauer: 52 000. **Schiedsrichter:** Michel (Slowakei). **Assistenten:** Slysko, Balko (beide Slowakei). **Tore:** 1:0 Maniche (6.), 2:0 Simão (24., Handelfmeter). 2:1 Fonseca (29.). **Gelb/Rot:** Pérez (61.). **Gelb:** Miguel, Maniche, Boa Morte, Nuno Gomes – Rodríguez, Márquez, Naelson. **Besonderes Vorkommnis:** Bravo verschießt Handelfmeter (57.)

Iran – Angola   1:1 (0:0)
21. Juni 2006, Zentralstadion, Leipzig

Iran: Mirzapour – Kaebi (67. Borhani), Bakhtiarizadeh, Rezaei, Nosrati (13. Shojaei) – Teymourian, Zandi – Mahdavikia, Madanchi, Hashemian (39. Khatibi) – Daei.
Angola: Ricardo – Locó, Jamba, Kali, Delgado – Zé Kalanga, Figueiredo (73. Rui Marques), Mateus (23. Love), Mendonça, Miloy – Akwá (51. Flávio).
Zuschauer: 38 000. **Schiedsrichter:** Shield (Australien). **Assistenten:** Gibson, Wilson (beide Australien). **Tore:** 0:1 Flávio (60.), 1:1 Bakhtiarizadeh (75.). **Gelb:** Madanchi, Teymourian, Zandi – Locó, Mendonça, Zé Kalanga

KADER ARGENTINIEN	Spiele	Tore
Torwart*		
1 Roberto Abbondanzieri	5	2
12 Leonardo Franco	1	1
23 Oscar Ustari	0	0
Abwehr		
2 Roberto Ayala	5	1
21 Nicolás Burdisso	3	0
4 Fabricio Coloccini	2	0
17 Leandro Cufré	1	0
6 Gabriel Heinze	4	0
15 Gabriel Milito	1	0
13 Lionel Scaloni	1	0
3 Juan Sorín	4	0
Mittelfeld		
16 Pablo Aimar	3	0
5 Esteban Cambiasso	5	1
22 Luis González	3	0
8 Javier Mascherano	5	0
10 Juan Riquelme	5	0
18 Maxi Rodríguez	5	3
Angriff		
9 Hernán Crespo	4	3
20 Julio Cruz	2	0
19 Lionel Messi	3	1
14 Rodrigo Palacio	1	0
7 Javier Saviola	3	1
11 Carlos Tévez	4	1
Trainer		
José Néstor Pekerman		

KADER ELFENBEINKÜSTE	Spiele	Tore
Torwart*		
23 Boubacar Barry	1	2
16 Gérard Gnanhouan	0	0
1 Jean-Jacques Tizié	2	4
Abwehr		
3 Arthur Boka	3	0
17 Cyrille Domoraud	1	0
21 Emmanuel Eboué	3	0
8 Blaise Kouassi	1	0
12 Abdoulaye Meïté	2	0
4 Kolo Touré	2	0
13 Marc Zoro	0	0
Mittelfeld		
2 Kanga Akalé	3	0
20 Guy Demel	0	0
7 Emerse Faé	0	0
18 Kader Keita	2	0
22 Romaric	1	0
9 Yaya Touré	3	0
10 Gilles Yapi-Yapo	1	0
5 Didier Zokora	3	0
Angriff		
15 Aruna Dindane	3	2
11 Didier Drogba	3	1
8 Bonaventure Kalou	2	1
9 Arouna Koné	3	0
14 Bakari Koné	3	1
Trainer		
Henri Michel		

KADER SERBIEN/MONTENEGRO	Spiele	Tore
Torwart*		
1 Dragoslav Jevric	3	10
12 Oliver Kovacevic	0	0
23 Vladimir Stojkovic	0	0
Abwehr		
13 Dusan Basta	0	0
14 Nenad Djordjevic	2	0
3 Ivica Dragutinovic	1	0
15 Milan Dudic	2	0
6 Goran Gavrancic	3	0
20 Mladen Krstajic	3	0
16 Dusan Petkovic	0	0
5 Nemanja Vidic	0	0
Mittelfeld		
11 Predag Djordjevic	3	0
4 Igor Duljaj	3	0
2 Ivan Ergic	2	0
22 Sasa Ilic	1	1
17 Ognjen Koroman	2	0
17 Albert Nadj	3	0
10 Dejan Stankovic	3	0
18 Zvonimir Vukic	1	0
Angriff		
21 Danijel Ljuboja	2	0
8 Mateja Kezman	2	0
9 Savo Milosevic	3	0
19 Nikola Zigic	2	1
Trainer		
Ilija Petkovic		

KADER HOLLAND	Spiele	Tore
Torwart*		
23 Maarten Stekelenburg	0	0
22 Henk Timmer	0	0
1 Edwin van der Sar	4	2
Abwehr		
23 Khalid Boulahrouz	4	0
15 Tim de Cler	1	0
14 John Heitinga	3	0
2 Kew Jaliens	1	0
7 Jan Kromkamp	0	0
4 Joris Mathijsen	4	0
13 André Ooijer	4	0
5 Giovanni van Bronckhorst	3	0
Mittelfeld		
8 Phillip Cocu	4	0
6 Denny Landzaat	3	0
16 Hedwiges Maduro	1	0
20 Wesley Sneijder	4	0
10 Mark van Bommel	3	0
10 Rafael van der Vaart	3	0
Angriff		
21 Ryan Babel	1	0
7 Dirk Kuyt	3	0
9 Arjen Robben	3	1
17 Ruud van Nistelrooy	3	1
17 Robin van Persie	4	1
19 Jan Vennegoor of Hesselink	1	0
Trainer		
Marco van Basten		

STATISTIK

GRUPPE E

Italien – Ghana 2:0 (1:0)
12. Juni 2006, Fifa WM-Stadion, Hannover

Italien: Buffon – Zaccardo, Cannavaro, Nesta, Grosso – Perrotta, Pirlo, De Rossi, Totti (56. Camoranesi) – Toni (82. Del Piero), Gilardino (64. Iaquinta).
Ghana: Kingson – Painstil, Kuffour, Mensah, Pappoe (46. Shilla) – Essien, Eric Addo, Appiah, Muntari – Amoah (68. Pimpong), Gyan (89. Tachie-Mensah).
Zuschauer: 43 000. **Schiedsrichter:** Simon (Brasilien). **Assistenten:** Tavares, Corona (beide Brasilien). **Tore:** 1:0 Pirlo (40.), 2:0 Iaquinta (83.). **Gelb:** De Rossi, Camoranesi, Iaquinta – Muntari, Gyan

USA – Tschechien 0:3 (0:2)
12. Juni 2006, Fifa WM-Stadion, Gelsenkirchen

USA: Keller – Cherundolo (46. Johnson), Pope, Onyewu, Lewis – Reyna, Mastroeni (46. O'Brien), Beasley, Convey – Donovan, McBride (77. Wolff).
Tschechien: Cech – Grygera, Rozehnal, Ujfalusi, Jankulovski – Galasek – Poborsky (82. Polak), Rosicky (86. Stajner), Nedved, Plasil – Koller (45. Lokvenc).
Zuschauer: 52 000. **Schiedsrichter:** Amarilla (Paraguay). **Assistenten:** Andino, Bernal (beide Paraguay). **Tore:** 0:1 Koller (5.), 0:2 Rosicky (36.), 0:3 Rosicky (76.). **Gelb:** Onyewu, Reyna – Rozehnal, Lokvenc, Rosicky, Grygera .

Italien – USA 1:1 (1:1)
17. Juni 2006, Fritz-Walter-Stadion, Kaiserslautern

Italien: Buffon – Zaccardo (54. Del Piero), Nesta, Cannavaro, Zambrotta, – Perrotta, Pirlo, De Rossi – Totti (35. Gattuso) – Gilardino, Toni (61. Iaquinta).
USA: Keller – Cherundolo, Pope, Onyewu, Bocanegra – Reyna, Mastroeni, Dempsey (62. Beasley), Donovan, Convey (52. Conrad) – McBride.
Zuschauer: 46 000. **Schiedsrichter:** Larrionda (Uruguay). **Assistenten:** Rial, Fandiño (beide Uruguay). **Tore:** 1:0 Gilardino (22.), 1:1 Zaccardo (27., Eigentor). **Rot:** De Rossi (28., Tätlichkeit) – Mastroeni (45., Foul). **Gelb/Rot:** Pope (47.). **Gelb:** Totti, Zambrotta

Tschechien – Ghana 0:2 (0:1)
17. Juni 2006, Fifa WM-Stadion, Köln

Tschechien: Cech – Grygera, Rozehnal, Ujfalusi, Jankulovski – Galasek (46. Polak) – Poborsky (56. Stajner), Rosicky, Nedved, Plasil (68. Sionko) – Lokvenc.
Ghana: Kingson – Painstil, Mensah, Illiasu, Mohammed – O. Addo, (46. Boateng), Essien, Appiah, Muntari – Amoah (80. E. Addo), Gyan (85. Pimpong).
Zuschauer: 45 000. **Schiedsrichter:** Elizondo (Argentinien). **Assistenten:** Garcia, Otero (beide Argentinien). **Tore:** 0:1 Gyan (2.), 0:2 Muntari (82.). **Rot:** Ujfalusi (65., Notbremse). **Gelb:** Lokvenc – Addo, Essien, Gyan, Boateng, Muntari, Mohammed

Tschechien – Italien 0:2 (0:1)
22. Juni 2006, Fifa WM-Stadion, Hamburg

Tschechien: Cech – Grygera, Rozehnal, Kovac (78. Heinz), Jankulovski – Polak – Poborsky (46. Stajner), Rosicky, Nedved, Plasil – Baros (64. Jarolim).
Italien: Buffon – Zambrotta, Cannavaro, Nesta (17. Materazzi) Grosso – Gattuso, Pirlo, Perrotta – Camoranesi (74. Barone), Totti – Gilardino (60. Inzaghi).
Zuschauer: 50 000. **Schiedsrichter:** Archundia (Mexiko). **Assistenten:** Ramírez (Mexiko), Vergara (Kanada). **Tore:** 0:1 Materazzi (26.), 0:2 Inzaghi (87.). **Gelb/Rot:** Polak (45.+2). **Gelb:** Gattuso (Italien)

Ghana – USA 2:1 (2:1)
22. Juni 2006, Frankenstadion, Nürnberg

Ghana: Kingson – Painstil, Mensah, Shilla, Mohammed – Boateng (46. Otto Addo), Essien, Appiah, Draman (80. Tachie-Mensah) – Amoah (59. Eric Addo), Pimpong.
USA: Keller – Cherundolo (61. Johnson), Onyewu, Conrad, Bocanegra – Reyna (40. Olsen), Dempsey, Beasley, Lewis (74. Convey) – Donovan, McBride.
Zuschauer: 41 000. **Schiedsrichter:** Merk (Deutschland). **Assistenten:** Schräer, Salver (beide Deutschland). **Tore:** 1:0 Draman (22.), 1:1 Dempsey (43.), 2:1 Appiah (45.+2, Foulelfmeter). **Gelb:** Essien, Shilla, Mensah, Appiah – Lewis

Tomas Rosicky hat am 12. Juni seinen einzigen großen Auftritt bei der WM. Gegen die USA erzielt der Tscheche zwei Tore, das erste per Weitschuß (Foto)

KADER MEXIKO

Name	Spiele	Tore
Torwart*		
12 José Corona	0	0
13 Guillermo Ochoa	0	0
1 Oswaldo Sánchez	4	5
Abwehr		
15 José Antonio Castro	2	0
18 Andrés Guardado	1	0
4 Rafael Márquez	4	1
16 Mario Méndez	4	0
5 Ricardo Osorio	4	0
14 Gonzalo Pineda	4	0
22 Francisco Rodríguez	1	0
3 Carlos Salcido	4	0
2 Claudio Suárez	0	0
Mittelfeld		
20 Rafael Garcia	0	0
7 Antonio Naelson «Zinha»	4	1
8 Pável Pardo	4	0
23 Luis Pérez	2	0
6 Gerardo Torrado	3	0
Angriff		
21 Jesús Arellano	1	0
9 Jared Borgetti	2	0
17 Omar Bravo	3	2
17 José Fonseca	4	1
10 Guillermo Franco	3	0
11 Ramón Morales	2	0
Trainer Ricardo la Volpe		

KADER IRAN

Name	Spiele	Tore
Torwart*		
1 Ebrahim Mirzapour	3	6
12 Hassan Roudbarian	0	0
22 Vahid Talebloo	0	0
Abwehr		
3 Sohrab Bakhtiarizadeh	2	1
4 Yahya Golmohammadi	2	1
13 Hossein Kaebi	3	0
20 Mohammed Nosrati	3	0
5 Rahman Rezaei	3	0
19 Amir Hossein Sadeqi	0	0
Mittelfeld		
8 Ali Karimi	2	0
21 Mehrzad Madanchi	3	0
2 Mehdi Mahdavikia	3	0
18 Moharram Navidkia	0	0
6 Javad Nekounam	2	0
23 Masoud Shojaei	1	0
14 Andranik Teymourian	3	0
7 Ferydoon Zandi	2	0
Angriff		
15 Arash Borhani	2	0
10 Ali Daei	2	0
16 Reza Enayati	0	0
9 Vahid Hashemian	3	0
17 Javad Kazemeian	0	0
11 Rasoul Khatibi	2	0
Trainer Branko Ivankovic		

KADER ANGOLA

Name	Spiele	Tore
Torwart*		
12 Lamá	0	0
22 Hipólito Mario	0	0
1 João Ricardo	3	2
Abwehr		
23 Marco Abreu	0	0
2 Marco Airosa	0	0
21 Delgado	3	0
3 Jamba	3	0
5 Kali	3	0
4 Lebo Lebo	0	0
20 Locó	3	0
15 Rui Marques	2	0
Mittelfeld		
13 Edson de Nobre	1	0
7 Paulo Figueiredo	3	0
8 André Macanga	2	0
11 Mateus	3	0
14 Mendonça	3	0
6 Miloy	3	0
17 Zé Kalanga	3	0
Angriff		
10 Fabrice Akwá	3	0
19 André Buengo	0	0
16 Flávio	1	1
18 Love	1	0
9 Pedro Mantorras	2	0
Trainer Luis de Oliveira Gonçalves		

KADER PORTUGAL

Name	Spiele	Tore
Torwart*		
1 Ricardo	7	5
12 Quim	0	0
22 Paulo Santos	0	0
Abwehr		
3 Caneira	1	0
16 Ricardo Carvalho	6	0
4 Ricardo Costa	1	0
2 Paulo Ferreira	3	0
5 Fernando Meira	7	0
13 Miguel	6	0
14 Nuno Valente	6	0
Mittelfeld		
6 Costinha	5	0
20 Deco	4	1
18 Maniche	7	2
8 Petit	6	0
19 Tiago	5	0
11 Hugo Viana	2	0
Angriff		
15 Boa Morte	1	0
7 Luís Figo	7	0
21 Nuno Gomes	2	1
9 Pauleta	6	1
23 Hélder Postiga	3	0
17 Cristiano Ronaldo	6	1
11 Simão Sabrosa	7	1
Trainer: Luiz Felipe Scolari		

* Bei Torhütern Gegentore

GRUPPE F

Australien – Japan   **3:1 (0:1)**
12. Juni 2006, Fritz-Walter-Stadion, Kaiserslautern
Australien: Schwarzer – Moore (61. Kennedy), Neill, Chipperfield – Wilkshire (75. Aloisi), Emerton, Grella, Bresciano (53. Cahill), Culina – Kewell, Viduka.
Japan: Kawaguchi – Tsuboi (56. Moniwa/90.+1 Oguro), Miyamoto, Nakazawa, Komano, Fukunishi, H. Nakata, Alex, Nakamura – Takahara, Yanagisawa (79. Ono).
Zuschauer: 46 000. **Schiedsrichter:** Abd El Fatah (Ägypten). **Assistenten:** Dante (Mali), N'Doye (Senegal). **Tore:** 0:1 Nakamura (26.), 1:1 Cahill (84.), 2:1 Cahill (89.), 3:1 Aloisi (90. +2). **Gelb:** Grella, Moore, Cahill, Aloisi – Miyamoto, Takahara, Moniwa.

Brasilien – Kroatien   **1:0 (1:0)**
13. Juni 2006, Olympiastadion, Berlin
Brasilien: Dida – Cafú, Lucio, Juan, Roberto Carlos – Kaká, Emerson, Zé Roberto, Ronaldinho – Ronaldo (69. Robinho), Adriano.
Kroatien: Pletikosa – Simic, Robert Kovac, Simunic – Srna, Tudor, Niko Kovac (41. Jerko Leko), Babic – Kranjcar – Prso, Klasnic (56. Olic).
Zuschauer: 72 000. **Schiedsrichter:** Archundia (Mexiko). **Assistenten:** Ramírez (Mexiko), Vergara (Kanada). **Tor:** 1:0 Kaká (44.). **Gelb:** Emerson – N. Kovac, R. Kovac, Tudor.

Brasilien – Australien   **2:0 (0:0)**
18. Juni 2006, Fifa WM-Stadion, München
Brasilien: Dida – Cafú, Lucio, Juan, Roberto Carlos – Kaká, Emerson (72. Gilberto Silva), Zé Roberto, Ronaldinho – Ronaldo (72. Robinho), Adriano (88. Fred).
Australien: Schwarzer – Moore (69. Aloisi), Neill, Popovic (41. Bresciano) – Chipperfield – Emerton, Grella – Culina, Cahill (56. Kewell), Sterjovski – Viduka.
Zuschauer: 66 000. **Schiedsrichter:** Merk (Deutschland). **Assistenten:** Schräer, Salver (beide Deutschland). **Tore:** 1:0 Adriano (49.), 2:0 Fred (90.). **Gelb:** Cafú, Ronaldo, Robinho – Emerton, Culina.

Japan – Kroatien   **0:0**
18. Juni 2006, Frankenstadion, Nürnberg
Japan: Kawaguchi – Kaji, Nakazawa, Miyamoto, Alex – Ogasawara, H. Nakata, Fukunishi (46. Inamoto), Nakamura – Takahara (85. Oguro), Yanagisawa (61. Tamada).
Kroatien: Pletikosa – Simic, R. Kovac, Simunic – Srna (87. Bosnjak), Tudor (70. Olic), N. Kovac, Babic – Kranjcar (78. Modric) – Prso, Klasnic.
Zuschauer: 41 000. **Schiedsrichter:** De Bleeckere (Belgien). **Assistenten:** Hermans, Vromans (beide Belgien). **Gelb:** Miyamoto, Kawaguchi, Alex – R. Kovac, Srna. **Besonderes Vorkommnis:** Kawaguchi hält Foulelfmeter von Srna (22.).

Japan – Brasilien   **1:4 (1:1)**
22. Juni 2006, Fifa WM-Stadion, Dortmund
Japan: Kawaguchi – Alex, Nakazawa, Tsuboi, Kaji – Ogasawara (56. K. Nakata), H. Nakata, Inamoto, Nakamura – Maki (60. Takahara/66. Oguro), Tamada.
Brasilien: Dida (82. Rogério Ceni) – Cicinho, Lucio, Juan, Gilberto – Kaká (71. Zé Roberto), Gilberto Silva, Juninho, Ronaldinho (71. Ricardinho) – Ronaldo, Robinho.
Zuschauer: 65 000. **Schiedsrichter:** Poulat (Frankreich). **Assistenten:** Dagorne, Texier. **Tore:** 1:0 Tamada (34.), 1:1 Ronaldo (45.+1), 1:2 Juninho (53.), 1:3 Gilberto (59.), 1:4 Ronaldo (81.). **Gelb:** Kaji – Gilberto.

Kroatien – Australien   **2:2 (1:1)**
22. Juni 2006, Gottlieb-Daimler-Stadion, Stuttgart
Kroatien: Pletikosa – Tomas (83. Klasnic), Simic, Simunic, Babic – Srna, Tudor, Niko Kovac, Kranjcar (65. Jerko Leko) – Prso, Olic (74. Modric).
Australien: Kalac – Emerton, Neill, Moore – Sterjovski (71. Bresciano), Culina, Grella (63. Aloisi), Chipperfield (75. Kennedy) – Cahill, Kewell – Viduka.
Zuschauer: 52 000. **Schiedsrichter:** Poll (England). **Assistenten:** Sharp, Turner. **Tore:** 1:0 Srna (2.), 1:1 Moore (38., Handelfmeter), 2:1 N. Kovac (56.), 2:2 Kewell (79.). **Gelb/Rot:** Simic (85.), Simunic (90.+3) – Emerton (87.). **Gelb:** Tudor, Pletikosa.

Einen Fehlgriff, der in einer Umarmung endet, leistet sich Brasiliens Torwart Dida gegen den Australier Mark Viduka. Er hat keine Folgen, Brasilien siegt mit 2:0

KADER ITALIEN

Name	Spiele	Tore
Torwart*		
14 Marco Amelia	0	0
1 Gianluigi Buffon	7	2
12 Angelo Peruzzi	0	0
Abwehr		
6 Andrea Barzagli	2	0
5 Fabio Cannavaro	7	0
3 Fabio Grosso	6	1
23 Marco Materazzi	4	2
13 Alessandro Nesta	3	0
22 Massimo Oddo	1	0
2 Cristian Zaccardo	3	0
19 Gianluca Zambrotta	6	1
Mittelfeld		
17 Simone Barone	2	0
16 Mauro Camoranesi	5	0
4 Daniele De Rossi	3	0
8 Gennaro Gattuso	6	0
20 Simone Perrotta	7	0
21 Andrea Pirlo	7	1
10 Francesco Totti	7	1
Angriff		
7 Alessandro Del Piero	5	1
11 Alberto Gilardino	5	1
15 Vincenzo Iaquinta	5	1
18 Filippo Inzaghi	1	1
9 Luca Toni	6	2
Trainer		
Marcello Lippi		

KADER GHANA

Name	Spiele	Tore
Torwart*		
1 Sammy Adjei	0	0
22 Richard Kingson	4	6
16 George Owu	0	0
Abwehr		
21 Ahmed Issah	0	0
4 Samuel Kuffour	1	0
5 John Mensah	4	0
13 Habib Mohamed	2	0
6 Emmanuel Pappoe	2	0
15 John Painstil	4	0
17 Daniel Quaye	0	0
2 Hans Sarpei	0	0
7 Illiasu Shilla	4	0
Mittelfeld		
18 Eric Addo	4	0
20 Otto Addo	2	0
10 Stephen Appiah	4	0
9 Derek Boateng	3	0
23 Haminu Dramani	2	0
8 Michaël Essien	3	0
11 Sulley Muntari	3	0
Angriff		
14 Matthew Amoah	4	0
3 Asamoah Gyan	3	0
19 Razak Pimpong	3	0
12 Alex Tachie-Mensah	3	0
Trainer		
Ratomir Dujkovic		

KADER USA

Name	Spiele	Tore
Torwart*		
19 Marcus Hahnemann	0	0
1 Tim Howard	0	0
18 Kasey Keller	3	6
Abwehr		
2 Chris Albright	0	0
12 Gregg Berhalter	0	0
3 Carlos Bocanegra	2	0
6 Steve Cherundolo	3	0
13 Jimmy Conrad	2	0
7 Eddie Lewis	2	0
4 Pablo Mastroeni	2	0
22 Oguchi Onyewu	3	0
23 Eddie Pope	2	0
Mittelfeld		
17 DaMarcus Beasley	3	0
15 Bobby Convey	3	0
8 Clint Dempsey	2	1
21 Landon Donovan	3	0
5 John O'Brien	1	0
14 Ben Olsen	1	0
10 Claudio Reyna	3	0
Angriff		
11 Brian Ching	0	0
9 Eddie Johnson	2	0
20 Brian McBride	3	0
16 Josh Wolff	1	0
Trainer		
Bruce Arena		

KADER TSCHECHIEN

Name	Spiele	Tore
Torwart*		
16 Jaromir Blazek	0	0
1 Petr Cech	3	4
23 Antonin Kinsky	0	0
Abwehr		
2 Zdenek Grygera	3	0
6 Marek Jankulovski	3	0
13 Martin Jiranek	0	0
3 Pavel Mares	0	0
22 David Rozehnal	3	0
21 Tomas Ujfalusi	2	0
Mittelfeld		
4 Tomas Galasek	2	0
14 David Jarolim	1	0
5 Radoslav Kovac	1	0
11 Pavel Nedved	3	0
20 Jaroslav Plasil	3	0
8 Karel Poborsky	3	0
19 Jan Polak	3	0
10 Tomas Rosicky	3	2
17 Jiri Stajner	3	0
Angriff		
15 Milan Baros	1	0
16 Marek Heinz	1	0
9 Jan Koller	1	1
12 Vratislav Lokvenc	2	0
7 Libor Sionko	1	0
Trainer		
Karel Brückner		

STATISTIK

GRUPPE G

Südkorea – Togo   2:1 (0:1)
13. Juni 2006, Fifa WM-Stadion, Frankfurt

Südkorea: Woon-Jae Lee – Choi, Young-Chul Kim, Jin-Kyu Kim (46. Ahn), Song, Ho Lee , Eul-Yong Lee (68. Nam-Il Kim), Young-Pyo Lee – Ji-Sung Park, Cho (83. Sang-Sik Kim) – Chun-Soo Lee.
Togo: Agassa – Tchangai, Abalo, Nibombe, Assemoassa (62. Forson) – Senaya (55. Touré), Romao, Mamam, Salifou (86. Aziawonou) – Adebayor – Kader.
Zuschauer: 48 000. **Schiedsrichter:** Poll (England). **Assistenten:** Sharp, Turner. **Tore:** 0:1 Kader (31.), 1:1 C. S. Lee (54.), 2:1 Ahn (72.). **Gelb:** Y.-C. Kim, C.-S. Lee – Romao, Tchangai .

Frankreich – Schweiz   0:0
13. Juni 2006, Gottlieb-Daimler-Stadion, Stuttgart

Frankreich: Barthez – Sagnol, Thuram, Gallas, Abidal – Vieira, Makelele – Wiltord (84. Dhorasoo), Zidane, Ribéry (70. Saha) – Henry.
Schweiz: Zuberbühler – Philipp Degen, Müller (75. Djourou), Senderos, Magnin – Vogel – Barnetta, Cabanas, Wicky (82. Margairaz) – Streller (56. Gygax), Frei
Zuschauer: 52 000. **Schiedsrichter:** Iwanow (Rußland). **Assistenten:** Golubew, Wolnin. **Gelb:** Abidal, Zidane, Sagnol – Magnin, Streller, Degen, Cabanas, Frei

Frankreich – Südkorea   1:1 (1:0)
18. Juni 2006, Zentralstadion, Leipzig

Frankreich: Barthez – Sagnol, Thuram, Gallas, Abidal – Vieira, Makelele – Wiltord (60. Ribéry), Zidane (90.+1 Trézéguet), Malouda (88. Dhorasoo) – Henry.
Südkorea: Woon-Jae Lee – Choi, Young-Chul Kim, Dong-Jin Kim, Young-Pyo Lee – Nam-Il Kim , Ho Lee (69. Sang-Sik Kim), Eul-Yong Lee (46. Seol) – Ji-Sung Park, Chun-Soo Lee (72. Ahn) – Jae-Jin Cho.
Zuschauer: 43 000. **Schiedsrichter:** Archundia (Mexiko). **Assistenten:** Ramírez (Mexiko), Vergara (Kanada). **Tore:** 1:0 Henry (9.), 1:1 Park (81.). **Gelb:** Abidal, Zidane – Ho Lee, Dong-Jin Kim

Togo – Schweiz   0:2 (0:0)
19. Juni 2006, Fifa WM-Stadion, Dortmund

Togo: Agassa – Touré, Tchangai, Nibombe, Forson – Dossevi (69. Senaya), Agboh (25. Salifou), Romao, Mamam (87. Malm) – Kader, Adebayor.
Schweiz: Zuberbühler – Philipp Degen, Müller, Senderos, Magnin – Barnetta, Vogel, Cabanas (77. Streller) – Wicky – Frei (87. Lustrinelli), Gygax (46. Yakin).
Zuschauer: 65 000. **Schiedsrichter:** Amarilla (Paraguay). **Assistenten:** Andino, Bernal (beide Paraguay). **Tore:** 0:1 Frei (16.), 0:2 Barnetta (88.). **Gelb:** Salifou, Adebayor, Romao – Vogel.

Togo – Frankreich   0:2 (0:0)
23. Juni 2006, Fifa WM-Stadion, Köln

Togo: Agassa – Tchangai, Abalo, Nibombe, Forson – Senaya, Aziawonou, Mamam (59. Olufade), Salifou – Adebayor (75. Dossevi) – Kader.
Frankreich: Barthez – Sagnol, Thuram, Gallas, Silvestre – Vieira (81. Diarra), Makelele – Ribéry (77. Govou), Malouda (74. Wiltord) – Trézéguet, Henry.
Zuschauer: 45 000. **Schiedsrichter:** Larrionda (Uruguay). **Assistenten:** Rial, Fandiño (beide Uruguay). **Tore:** 0:1 Vieira (55.), 0:2 Henry (61.). **Gelb:** Aziawonou, Mamam, Salifou – Makelele.

Schweiz – Südkorea   2:0 (1:0)
23. Juni 2006, Fifa WM-Stadion, Hannover

Schweiz: Zuberbühler – Philipp Degen, Müller, Senderos (53. Djourou), Spycher – Barnetta, Vogel, Wicky (88. Behrami) – Cabanas – Yakin (71. Margairaz) – Frei.
Südkorea: Woon-Jae Lee – Young-Pyo Lee (63. Ahn), Choi, Jin-Kyu Kim, Dong-Jin Kim – Ho Lee, Nam-Il Kim, Chu-Young Park (66. Seol) – Chun-Soo Lee, Ji-Sung Park – Jae-Jin Cho.
Zuschauer: 43 000. **Schiedsrichter:** Elizondo (Argentinien). **Assistenten:** Garcia, Otero (beide Argentinien). **Tore:** 1:0 Senderos (23.), 2:0 Frei (77.). **Gelb:** Senderos, Yakin, Spycher, Wicky, Djourou – J.-K. Kim, Ahn, C.-S. Lee, C.-Y Park, Choi

GRUPPE H

Spanien – Ukraine   4:0 (2:0)
14. Juni 2006, Zentralstadion, Leipzig

Spanien: Casillas – S. Ramos, Pablo, Puyol, Pernía – Marcos Senna, Xabi Alonso (55. Albelda), Xavi – Luis García (77. Fábregas), Villa (55. Raúl), Torres.
Ukraine: Schowkowski – Jezerski, Rusol, Waschtschuk – Nestmatschni, Gusew (46. Worobej), Tymoschtschuk, Gusin (46. Schelaew), Rotan (64. Rebrow) – Voronin, Schewtschenko.
Zuschauer: 43 000. **Schiedsrichter:** Busacca (Schweiz). **Assistenten:** Buragina, Arnet (beide Schweiz). **Tore:** 1:0 Xabi Alonso (13.), 2:0 Villa (17.), 3:0 Villa (48., Foulelfmeter), 4:0 Torres (81.). **Rot:** Waschtschuk (47., Notbremse). **Gelb:** Rusol, Jezerski

Tunesien – Saudi Arabien   2:2 (1:0)
14. Juni 2006, Fifa WM-Stadion, München

Tunesien: Boumnijel – Trabelsi, Jaidi, Haggui, Jemmali – Mnari, Chedli (59. Ghodhbane) – Bouazizi (55. Nafti), Namouchi, Chikhaoui (82. Essediri) – Jaziri.
Saudi-Arabien: Zaid – Dokhi, Tukar, Al Montashari, Sulimani – Al Ghamdi, Aziz, Al Temyat (67. Al Hawsawi) – Noor (75. Ameen), Khariri – Al Kahtani (82. Al Jaber).
Zuschauer: 66 000. **Schiedsrichter:** Shield (Australien). **Assistenten:** Gibson, Wilson (beide Australien). **Tore:** 1:0 Jaziri (23.), 1:1 Al Kahtani (57.), 1:2 Al Jaber (84.), 2:2 Jaidi (90.+2). **Gelb:** Haggui, Bouazizi, Chedli, Chikhaoui

Spanien – Tunesien   3:1 (0:1)
19. Juni 2006, Gottlieb-Daimler-Stadion, Stuttgart

Spanien: Casillas – Sergio Ramos, Pablo, Puyol, Pernía – Xabi Alonso, Marcos Senna (46. Fábregas), Xavi – Luis García (46. Raúl), Torres, Villa (57. Joaquín).
Tunesien: Boumnijel – Trabelsi, Jaidi, Haggui, Ayari (57. Yahia) – Bouazizi (57. Ghodhbane) – Nafti, Mnari – Namouchi, Chedli (80. Guemamdia) – Jaziri.
Zuschauer: 52 000. **Schiedsrichter:** Simon (Brasilien). **Assistenten:** Tavares, Corona (beide Brasilien). **Tore:** 0:1 Mnari (8.), 1:1 Raúl (71.), 2:1 Torres (76.), 3:1 Torres (90., Foulelfmeter). **Gelb:** Puyol, Fábregas – Ayari, Trabelsi, Jaidi, Guemamdia, Jaziri, Mnari

Saudi Arabien – Ukraine   0:4 (0:2)
19. Juni 2006, Fifa WM-Stadion, Hamburg

Saudi-Arabien: Zaid – Dokhi (55. Al Khathran), Al Montashari, Tukar, Sulimani – Al-Ghamdi, Aziz, Khariri – Noor (77. Al Jaber), Ameen (55. Al Hawsawi) – Al Kahtani.
Ukraine: Schowkowski – Swiderski, Rusol, Nesmatschni – Kalinitschenko, Gusew, Tymoschtschuk, Schelaew – Rebrow (71. Rotan) – Voronin (79. Gusin), Schewtschenko (86. Milewski).
Zuschauer: 50 000. **Schiedsrichter:** Poll (England). **Assistenten:** Sharp, Turner (beide England). **Tore:** 0:1 Rusol (4.), 0:2 Rebrow (36.), 0:3 Schewtschenko (46.), 0:4 Kalinitschenko (84.). **Gelb:** Dokhi, Al Ghamdi, Khariri – Swiderski, Nesmatschni, Kalinitschenko

Saudi Arabien – Spanien   0:1 (0:1)
23. Juni 2006, Fritz-Walter-Stadion, Kaiserslautern

Saudi-Arabien: Zaid – Dokhi, Tukar, Al Montashari, Sulimani (81. Massad) – Noor, Khariri, Aziz (13. Al Temyat), Al Khathran – Al Harthi (68. Al Hawsawi) – Al Kahtani.
Spanien: Cañizares – Salgado, Juanito, Marchena, Antonio López – Fábregas (66. Xavi), Albelda, Iniesta – Joaquín, Raúl (46. Villa), Reyes (70. Torres).
Zuschauer: 46 000. **Schiedsrichter:** Codjia (Benin). **Assistenten:** Ntagungira (Ruanda), Aderodjou (Benin). **Tor:** 0:1 Juanito (36.). **Gelb:** Al Jaber, Al Temyat – Albelda, Reyes, Marchena

Ukraine – Tunesien   1:0 (0:0)
23. Juni 2006, Olympiastadion, Berlin

Ukraine: Schowkowski – Swiderski, Rusol, Nesmatschni – Schelaew, Gusew, Tymoschtschuk, Kalinitschenko (75. Gusin) – Rebrow (55. Worobej) – Schewtschenko (88. Milewski), Voronin.
Tunesien: Boumnijel – Trabelsi, Jaidi, Haggui, Ayari – Namouchi, Mnari, Chedli (79. Santos), Nafti (90.+1 Ghodhbane), Bouazizi (79. Ben Saada) – Jaziri.
Zuschauer: 72 000. **Schiedsrichter:** Amarilla (Paraguay). **Assistenten:** Andino, Pernal (beide Paraguay). **Tor:** 1:0 Schewtschenko (70., Foulelfmeter). **Gelb/Rot:** Jaziri (45.+1, wiederholtes Foulspiel). **Gelb:** Swiderski, Schelaew, Tymoschtschuk, Rusol – Bouazizi, Jaidi

---

KADER BRASILIEN

Name	Spiele	Tore
Torwart*		
12 Rogério Ceni	1	0
22 Julio César	0	0
1 Dida	5	2
Abwehr		
2 Cafú	4	0
6 Roberto Carlos	4	0
13 Cicinho	2	0
15 Cris	0	0
16 Gilberto	1	1
4 Juan	5	0
3 Lucio	5	0
14 Luisão	0	0
Mittelfeld		
5 Emerson	3	0
19 Juninho	3	1
8 Kaká	5	1
18 Mineiro	0	0
20 Ricardinho	2	0
10 Ronaldinho	5	0
17 Gilberto Silva	4	0
11 Zé Roberto	5	1
Angriff		
7 Adriano	4	2
21 Fred	1	1
23 Robinho	4	0
9 Ronaldo	5	3
Trainer		
Carlos Alberto Parreira		

KADER KROATIEN

Name	Spiele	Tore
Torwart*		
23 Tomislav Butina	0	0
12 Joe Didulica	0	0
1 Stipe Pletikosa	3	3
Abwehr		
4 Robert Kovac	2	0
7 Dario Simic	3	0
3 Josip Simunic	3	0
11 Mario Tokic	0	0
13 Stjepan Tomas	1	0
5 Igor Tudor	3	0
Mittelfeld		
8 Marko Babic	3	0
10 Niko Kovac	3	1
9 Niko Kranjcar	3	0
15 Ivan Leko	0	0
16 Jerko Leko	2	0
14 Luka Modric	2	0
20 Anthony Seric	0	0
2 Darijo Srna	3	1
6 Jurica Vranjes	0	0
Angriff		
21 Bosko Balaban	0	0
22 Ivan Bosniak	1	0
17 Ivan Klasnic	3	0
18 Ivica Olic	3	0
9 Dado Prso	3	0
Trainer		
Zlatko Kranjcar		

KADER AUSTRALIEN

Name	Spiele	Tore
Torwart*		
12 Ante Covic	0	0
18 Zeljko Kalac	1	2
1 Mark Schwarzer	3	4
Abwehr		
16 Michael Beauchamp	0	0
14 Scott Chipperfield	4	0
22 Mark Milligan	0	0
3 Craig Moore	4	1
2 Lucas Neill	4	0
6 Tony Popovic	1	0
Mittelfeld		
23 Marco Bresciano	4	0
4 Tim Cahill	4	2
5 Jason Culina	4	0
7 Brett Emerton	3	0
13 Vince Grella	4	0
11 Stan Lazaridis	0	0
8 Josip Skoko	0	0
21 Mile Sterjovski	3	0
20 Luke Wilkshire	2	0
Angriff		
15 John Aloisi	4	1
19 Joshua Kennedy	2	0
10 Harry Kewell	3	1
17 Archie Thompson	0	0
9 Mark Viduka	4	0
Trainer		
Guus Hiddink		

KADER JAPAN

Name	Spiele	Tore
Torwart*		
12 Yoichi Doi	0	0
23 Yoshikatsu Kawaguchi	3	7
1 Seigo Narazaki	0	0
Abwehr		
14 Alex	3	0
21 Akira Kaji	2	0
3 Yuichi Komano	1	0
5 Tsuneyasu Miyamoto	2	0
2 Teruyuki Moniwa	1	0
6 Koji Nakata	1	0
22 Yuji Nakazawa	3	0
19 Keisuke Tsuboi	2	0
Mittelfeld		
4 Yasuhito Endo	0	0
15 Takashi Fukunishi	2	0
17 Junichi Inamoto	2	0
10 Shunsuke Nakamura	3	1
7 Hidetoshi Nakata	3	0
8 Mitsuo Ogasawara	2	0
18 Shinji Ono	1	0
Angriff		
11 Seiichiro Maki	1	0
16 Masashi Oguro	3	0
9 Naohiro Takahara	3	0
20 Keiji Tamada	2	1
13 Atsushi Yanagisawa	2	0
Trainer		
Zico		

* Bei Torhütern Gegentore

ACHTELFINALE

Deutschland – Schweden   2:0 (2:0)
24. Juni 2006, Fifa WM-Stadion, München

Deutschland: Lehmann – Friedrich, Mertesacker, Metzelder, Lahm – Schneider, Frings (85. Kehl), Ballack, Schweinsteiger (72. Borowski) – Klose, Podolski (74. Neuville).
Schweden: Isaksson – Alexandersson, Mellberg, Lucic, Edman – Linderoth – Jonson (52. Wilhelmsson), Källström (39. Hansson), Ljungberg – Larsson, Ibrahimovic (72. Allbäck).
Zuschauer: 66 000. **Schiedsrichter:** Simon (Brasilien). **Assistenten:** Tavares, Corona (beide Brasilien). **Tore:** 1:0 Podolski (4.), 2:0 Podolski (12.). **Gelb/Rot:** Lucic (35., wiederholtes Foulspiel). **Gelb:** Frings – Jonson, Allbäck. **Besonderes Vorkommnis:** Larsson verschießt Foulelfmeter (53.)

Argentinien – Mexiko   2:1 n. V. (1:1, 1:1)
24. Juni 2006, Zentralstadion, Leipzig

Argentinien: Abbondanzieri –Scaloni, Ayala, Heinze, Sorín –Rodríguez, Mascherano, Cambiasso (76. Aimar) – Riquelme – Saviola (84. Messi), Crespo (75. Tévez).
Mexiko: Sánchez – Márquez, Osorio, Salcido – Méndez, Pardo (38. Torrado), Guardado (66. Pineda) – Castro, Morales (74. Naelson) – Fonseca, Borgetti.
Zuschauer: 43 000. **Schiedsrichter:** Busacca (Schweiz). **Assistenten:** Buragina, Arnet (beide Schweiz). **Tore:** 0:1 Márquez (6.), 1:1 Crespo (10.), 2:1 Rodríguez (98.). **Gelb:** Heinze, Sorín – Márquez, Castro, Torrado, Fonseca

England – Ecuador   1:0 (0:0)
25. Juni 2006, Gottlieb-Daimler-Stadion, Stuttgart

England: Robinson – Hargreaves, Ferdinand, Terry, Ashley Cole – Beckham (87. Lennon), Carrick, Lampard, Gerrard (90.+2 Downing), Joe Cole (77. Carragher) – Rooney.
Ecuador: Mora – De la Cruz, Hurtado, Espinoza, Reasco – Valencia, Castillo, Edwin Tenorio (69. Lara), Méndez – Carlos Tenorio (72. Kaviedes), Delgado.
Zuschauer: 52 000. **Schiedsrichter:** De Bleeckere (Belgien). **Assistenten:** Hermans, Vromans (beide Belgien). **Tor:** 1:0 Beckham (60.). **Gelb:** Terry, Robinson, Carragher – Valencia, Carlos Tenorio, De la Cruz

Portugal – Holland   1:0 (1:0)
25. Juni 2006, Frankenstadion, Nürnberg

Portugal: Ricardo – Miguel, Meira, Carvalho, Nuno Valente – Costinha, Maniche – Figo (84. Tiago), Deco, Ronaldo (34. Simão) – Pauleta (46. Petit).
Holland: van der Sar – Boulahrouz, Ooijer, Mathijsen (56. van der Vaart), van Bronckhorst – van Bommel (67. Heitinga), Sneijder, Cocu (84. Vennegoor of Hesselink) – van Persie, Kuyt, Robben.
Zuschauer: 41 000. **Schiedsrichter:** Iwanow (Rußland). **Assistenten:** Golubew, Wolnin (beide Rußland). **Tor:** 1:0 Maniche (23.). **Gelb/Rot:** Costinha (45.+1), Boulahrouz (63.), Deco (78.), van Bronckhorst (90.+5). **Gelb:** Maniche, Petit, Figo, Ricardo, Nuno Valente – van Bommel, Sneijder, van der Vaart

Italien – Australien   1:0 (0:0)
26. Juni 2006, Fritz-Walter-Stadion, Kaiserslautern

Italien: Buffon – Zambrotta, Cannavaro, Materazzi, Grosso – Gattuso, Pirlo, Perrotta – Del Piero (75. Totti) – Gilardino (46. Iaquinta), Toni (56. Barzagli).
Australien: Schwarzer – Moore, Neill, Chipperfield – Culina, Grella, Wilkshire – Sterjovski (81. Aloisi), Cahill, Bresciano – Viduka.
Zuschauer: 46 000. **Schiedsrichter:** Medina Cantalejo (Spanien). **Assistenten:** Giráldez Carrasco, Medina Hernández (beide Spanien). **Tor:** 1:0 Totti (90.+5, Foulelfmeter). **Rot:** Materazzi (50., grobes Foulspiel). **Gelb:** Grosso, Zambrotta, Gattuso – Grella, Cahill, Wilkshire.

Schweiz – Ukraine   0:3 n. E. (0:0)
26. Juni 2006, Fifa WM-Stadion, Köln

Schweiz: Zuberbühler – Degen, Djourou (34. Grichting), Müller, Magnin – Barnetta, Cabanas, Vogel, Wicky – Yakin (64. Streller) – Frei (117. Lustrinelli).
Ukraine: Schowkowski – Gusew, Waschtschuk, Gusin, Nesmatschni – Tymoschtschuk, Schelaew, Kalinitschenko (75. Rotan), – Worobej, (94. Rebrow), Voronin (111. Milewski), Schewtschenko.
Zuschauer: 45 000. **Schiedsrichter:** Archundia (Mexiko). **Assistenten:** Ramírez, Vergara (beide Mexiko). **Elfmeterschießen:** Schewtschenko – gehalten, Streller – gehalten, 0:1 Milewski, Barnetta – Latte, 0:2 Rebrow, Cabanas – gehalten, 0:3 Gusew. **Gelb:** Barnetta

Brasilien – Ghana   3:0 (2:0)
27. Juni 2006, Fifa WM-Stadion, Dortmund

Brasilien: Dida – Cafú, Lucio, Juan, Roberto Carlos – Kaká (83. Ricardinho), Emerson (46. Gilberto Silva), Zé Roberto, Ronaldinho – Ronaldo, Adriano (61. Juninho).
Ghana: Kingson – Painstil, Mensah, Shilla, Pappoe – E. Addo (60. Boateng), Appiah, Muntari, Draman – Amoah (70. - Tachie-Mensah), Gyan.
Zuschauer: 65 000. **Schiedsrichter:** Michel (Slowakei). **Assistenten:** Slysoko, Balko (beide Slowakei). **Tore:** 1:0 Ronaldo (5.), 2:0 Adriano (45.+1), 3:0 Zé Roberto (84.). **Gelb/Rot:** Gyan (81.). **Gelb:** Adriano, Juan – Appiah, Muntari, Painstil, E. Addo.

Spanien – Frankreich   1:3 (1:1)
27. Juni 2006, Fifa WM-Stadion, Hannover

Spanien: Casillas – Sergio Ramos, Pablo, Puyol, Pernía – Xavi, (72. Marcos Senna), Xabi Alonso, Fábregas – Torres, Villa, (54. Joaquín), Raúl (54. Luis García).
Frankreich: Barthez – Sagnol, Thuram, Gallas, Abidal – Vieira, Makelele – Ribéry, Zidane, Malouda (74. Govou) – Henry (88. Wiltord).
Zuschauer: 43 000. **Schiedsrichter:** Rosetti (Italien). **Assistenten:** Copelli, Stagnoli (beide Italien). **Tore:** 1:0 Villa (28., Foulelfmeter), 1:1 Ribéry (41.), 1:2 Vieira (83.), 1:3 Zidane (90.+2). **Gelb:** Puyol – Vieira, Ribéry, Zidane.

VIERTELFINALE

Deutschland – Argentinien 5:3 n.E. (1:1, 1:1, 0:0)
30. Juni 2006, Olympiastadion, Berlin

Deutschland: Lehmann – Friedrich, Mertesacker, Metzelder, Lahm – Schneider (62. Odonkor), Frings, Ballack, Schweinsteiger (74. Borowski) – Klose (86. Neuville), Podolski.
Argentinien: Abbondanzieri (71. Franco) – Coloccini, Ayala, Heinze, Sorín – Rodríguez, Mascherano, González – Riquelme (72. Cambiasso) – Tévez, Crespo (79. Cruz).
Zuschauer: 72 000. **Schiedsrichter:** Michel (Slowakei). **Assistenten:** Slysko, Balko (beide Slowakei). **Tore:** 0:1 Ayala (49.), 1:1 Klose (80.). **Elfmeterschießen:** 1:0 Neuville, 1:1 Cruz, 2:1 Ballack, Ayala – gehalten, 3:1 Podolski, 3:2 Rodríguez, 4:2 Borowski, Cambiasso – gehalten. **Rot:** Cufré. **Gelb:** Friedrich, Podolski, Odonkor – Cruz, Sorín, Mascherano, Rodríguez.

Italien – Ukraine   3:0 (1:0)
30. Juni 2006, Fifa WM-Stadion, Hamburg

Italien: Buffon – Zambrotta, Cannavaro, Barzagli, Grosso – Camoranesi (68. Oddo), Gattuso (77. Zaccardo), Pirlo (68. Barone), Perrotta – Totti – Toni.
Ukraine: Schowkowski – Swiderski (20. Worobej), Rusol (45.+2 Waschtschuk) – Gusin – Gusew, Tymoschtschuk, Schelaew, Kalinitschenko – Schewtschenko, Milewski (72. Belik).
Zuschauer: 50 000. **Schiedsrichter:** De Bleeckere (Belgien). **Assistenten:** Hermans, Vromans (beide Belgien). **Tore:** 1:0 Zambrotta (6.), 2:0 Toni (59.), 3:0 Toni (69.). **Gelb:** Milewski, Swiderski, Kalinitschenko.

KADER FRANKREICH

Name	Spiele	Tore
Torwart*		
16 Fabien Barthez	7	3
23 Gregory Coupet	0	0
1 Mickael Landreau	0	0
Abwehr		
3 Eric Abidal	6	0
2 Jean-Alain Boumsong	0	0
21 Pascal Chimbonda	0	0
5 William Gallas	7	0
17 Gael Givet	0	0
19 Willy Sagnol	7	0
13 Mikael Silvestre	1	0
15 Lilian Thuram	7	0
Mittelfeld		
18 Alou Diarra	2	0
8 Vikash Dhorasoo	2	0
6 Claude Makelele	7	0
7 Florent Malouda	6	0
22 Frank Ribéry	7	1
4 Patrick Vieira	7	2
10 Zinedine Zidane	6	3
Angriff		
9 Sidney Govou	4	0
12 Thierry Henry	7	3
14 Louis Saha	3	0
20 David Trézéguet	3	0
11 Sylvain Wiltord	7	0
Trainer:		
Raymond Domenech		

KADER SCHWEIZ

Name	Spiele	Tore
Torwart*		
12 Diego Benaglio	0	0
21 Fabio Coltorti	0	0
1 Pascal Zuberbühler	4	0
Abwehr		
23 Philipp Degen	4	0
2 Johan Djourou	3	0
13 Stéphane Grichting	1	0
3 Ludovic Magnin	3	0
20 Patrick Müller	4	0
4 Philippe Senderos	3	1
17 Christoph Spycher	1	0
Mittelfeld		
16 Tranquillo Barnetta	4	1
14 Valon Behrami	1	0
7 Ricardo Cabanas	4	0
15 Blerim Dzemaili	0	0
5 Xavier Margairaz	2	0
6 Johann Vogel	4	0
8 Raphael Wicky	4	0
22 Hakan Yakin	3	0
Angriff		
14 David Degen	0	0
9 Alexander Frei	4	2
10 Daniel Gygax	2	0
18 Mauro Lustrinelli	2	0
11 Marco Streller	3	0
Trainer		
Jakob Kuhn		

KADER SÜDKOREA

Name	Spiele	Tore
Torwart*		
20 Yong-Dae Kim	0	0
21 Young-Kwang Kim	0	0
1 Woon-Jae Lee	3	0
Abwehr		
23 Won-Hee Cho	0	0
4 Jin-Cheul Choi	3	0
3 Dong-Jin Kim	2	0
6 Jin-Kyu Kim	2	0
4 Sang-Sik Kim	2	0
2 Young-Chul Kim	2	0
12 Young-Pyo Lee	3	0
22 Chong-Gug Song	1	0
Mittelfeld		
15 Ji-Hoon Baek	0	0
8 Do-Heon Kim	0	0
5 Nam-Il Kim	3	0
13 Eul-Yong Lee	2	0
13 Ho Lee	3	0
7 Ji-Sung Park	3	1
Angriff		
9 Jung-Hwan Ahn	3	1
19 Jae-Jin Cho	3	0
16 Kyung-Ho Chung	0	0
14 Chun-Soo Lee	3	1
10 Chu-Young Park	1	0
11 Ki-Hyeon Seol	2	0
Trainer		
Dick Advocaat		

KADER TOGO

Name	Spiele	Tore
Torwart*		
16 Kossi Agassa	3	6
22 Kodjovi Obilalé	0	0
1 Ouro-Nimini Tchagnirou	0	0
Abwehr		
3 Jean-Paul Abalo	2	0
12 Eric Akoto	0	0
19 Ludovic Assemoassa	1	0
2 Daré Nibombe	3	0
4 Massamasso Tchangai	3	0
23 Assimiou Touré	2	0
Mittelfeld		
8 Kuami Agboh	1	0
21 Franck Atsou	0	0
4 Yao Aziawonou	2	0
9 Thomas Dossevi	2	0
20 Affo Erassa	0	0
15 Alaixys Romao	2	0
10 Mamam Cherif Touré	3	0
Angriff		
4 Emmanuel Adebayor	3	0
13 Richmond Forson	3	0
17 Mohamed Kader	3	1
11 Robert Malm	1	0
14 Adekanmi Olufade	3	0
7 Moustapha Salifou	3	0
18 Yao Senaya	3	0
Trainer		
Otto Pfister		

STATISTIK

England – Portugal   1:3 n. E. 0:0
1. Juli 2006, FIFA WM-Stadion, Gelsenkirchen

England: Robinson – Neville, Ferdinand, Terry, A. Cole – Beckham (52. Lennon – 119. Carragher), Lampard, Hargreaves, Gerrard, J. Cole (65. Crouch) – Rooney.
Portugal: Ricardo – Miguel, Carvalho, Meira, Nuno Valente – Petit, Maniche – Figo (86. Hélder Postiga), Tiago (74. Viana), Ronaldo – Pauleta (63. Simão).
Zuschauer: 52 000. **Schiedsrichter:** Elizondo (Argentinien). **Assistenten:** García, Otero (beide Argentinien). **Elfmeterschießen:** 0:1 Simão, Lampard – gehalten, Viana – verschossen, 1:1 Hargreaves, Petit – verschossen, Gerrard, gehalten, 1:2 Hélder Postiga, Carragher – gehalten, 1:3 C. Ronaldo. **Rot:** Rooney (62. Tätlichkeit). **Gelb:** Hargreaves, Terry – Carvalho, Petit.

Brasilien – Frankreich   0:1 (0:0)
1. Juli 2006, Fifa WM-Stadion, Frankfurt

Brasilien: Dida – Cafú (76. Cicinho), Lucio, Juan, Roberto Carlos – Kaká (79. Robinho), Gilberto Silva, Juninho (63. Adriano), Zé Roberto – Ronaldinho, Ronaldo.
Frankreich: Barthez – Sagnol, Thuram, Gallas, Abidal – Vieira, Makelele – Ribéry (77. Govou), Zidane, Malouda (81. Wiltord) – Henry (86. Saha).
Zuschauer: 48 000. **Schiedsrichter:** Medina Cantalejo (Spanien). **Assistenten:** Giráldez Carrasco, Medina Hernández (beide Spanien). **Tor:** 0:1 Henry (57.). **Gelb:** Cafú, Juan, Ronaldo, Lucio – Sagnol, Saha, Thuram.

HALBFINALE

Deutschland – Italien   0:2 n.V. (0:0)
4. Juli 2006, Fifa WM-Stadion, Dortmund

Deutschland: Lehmann – Friedrich, Mertesacker, Metzelder, Lahm – Schneider (83. Odonkor), Ballack, Kehl, Borowski (73. Schweinsteiger) – Klose (111. Neuville), Podolski
Italien: Buffon – Zambrotta, Cannavaro, Materazzi, Grosso – Camoranesi (91. Iaquinta), Gattuso, Pirlo, Perrotta (104. Del Piero) – Totti, Toni (74. Gilardino)
Zuschauer: 65 000. **Schiedsrichter:** Archundia (Mexiko). **Assistenten:** Ramírez (Mexiko), Vergara (Kanada). **Tore:** 0:1 Grosso (119.), 0:2 Del Piero (120.+1). **Gelb:** Borowski, Metzelder – Camoranesi

Marco Materazzi zeigte den ungewöhnlichsten Torjubel der WM: Nach dem 1:0 im Halbfinale gegen Deutschland umarmte der Italiener Schiedsrichter Archundia

Portugal – Frankreich   0:1 (0:1)
5. Juli 2006, Fifa WM-Stadion, München

Portugal: Ricardo – Miguel (62. Ferreira), Meira, R. Carvalho, Nuno Valente – Costinha (75. Hélder Postiga), Maniche – Figo, Deco, Cristiano Ronaldo – Pauleta (68. Simão).
Frankreich: Barthez – Sagnol, Thuram, Gallas, Abidal – Vieira, Makelele – Ribéry (72. Govou), Zidane, Malouda (69. Wiltord) – Henry (85. Saha).
Zuschauer: 66 000. **Schiedsrichter:** Larrionda (Uruguay). **Assistenten:** Rial, Fandiño (beide Uruguay). **Tor:** 0:1 Zidane (33., Foulelfmeter). **Gelb:** Ricardo Carvalho – Saha

SPIEL UM PLATZ DREI

Deutschland – Portugal   3:1 (0:0)
8. Juli 2006, Gottlieb-Daimler-Stadion, Stuttgart

Deutschland: Kahn – Lahm, Nowotny, Metzelder, Jansen – Schneider, Kehl, Frings, Schweinsteiger (79. Hitzlsperger) – Klose (65. Neuville), Podolski (71. Hanke).
Portugal: Ricardo – Paulo Ferreira, Meira, Ricardo Costa, N. Valente (69. N. Gomes) – Costinha (46. Petit), Maniche – Deco – Simão, Pauleta (77. Figo), C. Ronaldo.
Zuschauer: 52 000. **Schiedsrichter:** Kamikawa (Japan). **Assistenten:** Hiroshima (Japan), Dae-Y. Kim (Südkorea). **Tore:** 1:0 Schweinsteiger (56.), 2:0 Petit (60., Eigentor), 3:0 Schweinsteiger (78.), 3:1 Nuno Gomes (88.). **Gelb:** Frings, Schweinsteiger – R. Costa, Costinha, Ferreira

FINALE

Italien – Frankreich   6:4 n. E. (1:1, 1:1, 1:1)
9. Juli 2006, Olympiastadion, Berlin

Italien: Buffon – Zambrotta, Cannavaro, Materazzi, Grosso – Camoranesi (86. Del Piero), Pirlo, Gattuso, Perrotta (61. De Rossi) – Totti (61. Iaquinta) – Toni
Frankreich: Barthez – Sagnol, Thuram, Gallas, Abidal – Vieira (56. Diarra), Makelele – Ribéry (100. Trézéguet), Zidane, Malouda – Henry (105. Wiltord)
Zuschauer: 69 000. **Schiedsrichter:** Elizondo (Argentinien). **Assistenten:** García, Otero (beide Argentinien). **Tore:** 0:1 Zidane (7., Foulelfmeter), 1:1 Materazzi (19.).

Elfmeterschießen: 1:0 Pirlo, 1:1 Wiltord, 2:1 Materazzi, Trézéguet – verschossen, 3:1 De Rossi, 3:2 Abidal, 4:2 Del Piero, 4:3 Sagnol, 5:3 Grosso. **Rot:** Zidane (110., Tätlichkeit). **Gelb:** Zambrotta – Sagnol, Diarra, Malouda

---

KADER SPANIEN

Name	Spiele	Tore
Torwart*		
19 Santiago Cañizares	1	0
1 Iker Casillas	3	4
23 José Manuel Reina	0	0
Abwehr		
20 Juanito	1	1
12 Antonio López	1	0
4 Carlos Marchena	1	0
22 Pablo	3	0
3 Mariano Pernia	3	0
5 Carles Puyol	3	0
15 Sergio Ramos	3	0
2 Michel Salgado	1	0
Mittelfeld		
6 David Albelda	2	0
14 Xabi Alonso	3	1
18 Cesc Fàbregas	4	0
13 Andrés Iniesta	1	0
17 Joaquín	3	0
10 José Antonio Reyes	1	0
16 Marcos Senna	3	0
8 Xavi	4	0
Angriff		
11 Luis García	3	0
7 Raúl	4	1
9 Fernando Torres	4	3
21 David Villa	4	3
Trainer		
Luis Aragonés Suárez		

KADER UKRAINE

Name	Spiele	Tore
Torwart*		
12 Andrej Pjatow	0	0
1 Alexander Schowkowski	5	7
23 Bogdan Schust	0	0
Abwehr		
2 Andrej Nesmatschni	5	0
5 Wladimir Jezerski	1	0
13 Dmitri Tschigrinski	0	0
22 Watscheslaw Swiderski	3	0
3 Alexander Jazenko	0	0
6 Andrej Rusol	4	1
17 Wladislaw Waschtschuk	3	0
Mittelfeld		
9 Oleg Gusew	5	0
14 Andrej Gusin	5	0
19 Maxim Kalinitschenko	4	1
18 Sergey Nazarenko	0	0
11 Sergey Rebrow	4	1
21 Ruslan Rotan	3	0
8 Oleg Schelaew	5	0
4 Anatoli Tymoschtschuk	5	0
Angriff		
20 Alexej Belik	1	0
15 Artem Milewski	4	0
7 Andrej Schewtschenko	5	2
10 Andrej Voronin	4	0
16 Andrej Worobej	4	0
Trainer		
Oleg Blochin		

KADER TUNESIEN

Name	Spiele	Tore
Torwart*		
1 Ali Boumnijel	3	6
22 Hamdi Kasraoui	0	0
16 Adel Nefzi	0	0
Abwehr		
19 Anis Ayari	2	0
3 Karim Haggui	3	0
3 Radhi Jaidi	3	1
18 David Jemmali	1	0
21 Karim Saidi	0	0
6 Hatem Trabelsi	3	0
4 Alaeddine Yahia	1	0
Mittelfeld		
13 Riadh Bouazizi	3	0
14 Adel Chedli	3	0
10 Kaies Ghodhbane	3	0
12 Sofiane Melliti	0	0
12 Jaouhar Mnari	3	1
8 Mehdi Nafti	3	0
20 Hamed Namouchi	3	0
Angriff		
17 Chaouki Ben Saada	1	0
2 Yassine Chikhaoui	1	0
2 Karim Essediri	1	0
7 Haykel Guemamdia	1	0
5 Zied Jaziri	3	1
11 Francileudo dos Santos	1	0
Trainer		
Roger Lemerre		

KADER SAUDI-ARABIEN

Name	Spiele	Tore
Torwart*		
1 Mohammed Al Deayea	0	0
22 Mohammed Khojah	0	0
21 Mabrouk Zaid	3	7
Abwehr		
15 Ahmed Al Bahri	0	0
17 Mohammed Al Bishi	0	0
4 Hamad Al Montashari	3	0
5 Naif Al Qadi	0	0
2 Ahmed Dokhi	3	0
12 Abdulaziz Khathran	2	0
13 Hussein Sulimani	3	0
3 Redha Tukar	3	0
Mittelfeld		
6 Omar Al Ghamdi	2	0
10 Mohammad Al Shalhoub	0	0
18 Nawaf Al Temyat	2	0
7 Mohammed Ameen	2	0
16 Khaled Aziz	3	0
14 Saud Kariri	3	0
19 Mohammed Massad	1	0
8 Mohammed Noor	3	0
Angriff		
11 Saad Al Harthi	1	0
23 Malek Al Hawsawi	3	0
9 Sami Al Jaber	3	1
20 Yasser Al Kahtani	2	1
Trainer		
Marcos Paquetá		

* Bei Torhütern Gegentore

DAS HABEN KLINSMANNS SPIELER GELEISTET

Nackte Zahlen –
die Deutschen in der Einzelkritik

Jürgen Klinsmann setzte 22 Spieler seines Kaders ein.
Nur Ersatztorwart Timo Hildebrand verbrachte die WM
ausschließlich am Rand des Spielfeldes. Philipp Lahm war
der einzige, der alle Spiele von Anfang bis Ende bestritt

Marcell Jansen

	Costa Rica	Polen	Ecuador	Schweden	Argentinien	Italien	Portugal	Gesamt
Minuten gespielt	–	–	–	–	–	–	90	90
ausgew./eingew.	–/–	–/–	–/–	–/–	–/–	–/–	0/0	0/0
Ballkontakte	–	–	–	–	–	–	39	39
Zweikämpfe	–	–	–	–	–	–	20	20
gewonnen	–	–	–	–	–	–	11	11
verloren	–	–	–	–	–	–	9	9
Fouls begangen	–	–	–	–	–	–	1	1
Gefoult worden	–	–	–	–	–	–	2	2
Tore	–	–	–	–	–	–	0	0
Torschüsse gesamt	–	–	–	–	–	–	0	0
Vorlagen zu Toren	–	–	–	–	–	–	0	0
zu Torschüssen	–	–	–	–	–	–	0	0
Ecken/Flanken	–/–	–/–	–/–	–/–	–/–	–/–	0/2	0/2
Im Abseits	–	–	–	–	–	–	0	0

Philipp Lahm

	Costa Rica	Polen	Ecuador	Schweden	Argentinien	Italien	Portugal	Gesamt
Minuten gespielt	90	90	90	90	120	120	90	690
ausgew./eingew.	0/0	0/0	0/0	0/0	0/0	0/0	0/0	0/0
Ballkontakte	95	79	65	92	94	87	40	552
Zweikämpfe	21	25	17	11	20	26	14	134
gewonnen	16	16	12	7	10	14	8	83
verloren	5	9	5	4	10	12	6	51
Fouls begangen	1	1	0	0	1	1	1	5
Gefoult worden	0	1	3	0	2	2	2	10
Tore	1	0	0	0	0	0	0	1
Torschüsse gesamt	2	1	0	1	0	1	1	6
Vorlagen zu Toren	1	0	0	0	0	0	0	1
zu Torschüssen	2	5	4	4	0	2	0	17
Ecken/Flanken	0/4	0/5	0/3	0/1	0/5	0/4	0/3	0/25
Im Abseits	0	0	0	0	0	0	0	0

Per Mertesacker

	Costa Rica	Polen	Ecuador	Schweden	Argentinien	Italien	Portugal	Gesamt
Minuten gespielt	90	90	90	90	120	120	–	600
ausgew./eingew.	0/0	0/0	0/0	0/0	0/0	0/0	–/–	0/0
Ballkontakte	52	49	40	38	51	32	–	262
Zweikämpfe	15	15	9	10	11	13	–	73
gewonnen	13	13	6	8	10	11	–	61
verloren	2	2	3	2	1	2	–	12
Fouls begangen	1	1	1	1	0	0	–	4
Gefoult worden	1	1	1	1	1	0	–	5
Tore	0	0	0	0	0	0	–	0
Torschüsse gesamt	1	1	0	0	1	0	–	3
Vorlagen zu Toren	0	0	0	0	0	0	–	0
zu Torschüssen	0	0	0	0	0	1	–	1
Ecken/Flanken	0/1	0/0	0/0	0/0	0/0	0/0	–/–	0/1
Im Abseits	0	0	0	0	0	0	–	0

Tim Borowski

	Costa Rica	Polen	Ecuador	Schweden	Argentinien	Italien	Portugal	Gesamt
Minuten gespielt	72	13	24	18	46	73	–	246
ausgew./eingew.	1/0	0/1	0/1	0/1	0/1	1/0	–/–	2/4
Ballkontakte	77	15	29	20	37	45	–	223
Zweikämpfe	26	5	9	3	7	17	–	67
gewonnen	13	2	5	1	3	6	–	30
verloren	13	3	4	2	4	11	–	37
Fouls begangen	1	0	3	0	1	3	–	8
Gefoult worden	1	0	0	1	0	1	–	3
Tore	0	0	0	0	0	0	–	0
Torschüsse gesamt	2	1	0	1	2	2	–	8
Vorlagen zu Toren	0	0	0	0	1	0	–	1
zu Torschüssen	0	1	1	0	0	1	–	3
Ecken/Flanken	0/2	0/2	0/0	0/3	0/0	1/2	–/–	1/9
Im Abseits	0	0	0	0	0	0	–	0

Torsten Frings

	Costa Rica	Polen	Ecuador	Schweden	Argentinien	Italien	Portugal	Gesamt
Minuten gespielt	90	90	66	85	120	–	90	541
ausgew./eingew.	0/0	0/0	1/0	1/0	0/0	–/–	0/0	2/0
Ballkontakte	101	58	54	61	77	–	66	417
Zweikämpfe	17	20	11	10	27	–	14	99
gewonnen	11	11	8	6	15	–	9	60
verloren	6	9	3	4	12	–	5	39
Fouls begangen	2	2	1	0	3	–	2	10
Gefoult worden	2	1	1	1	3	–	0	8
Tore	1	0	0	0	0	–	0	1
Torschüsse gesamt	2	2	0	3	0	–	3	10
Vorlagen zu Toren	0	0	0	0	0	–	0	0
zu Torschüssen	2	2	1	1	0	–	0	6
Ecken/Flanken	0/2	0/0	0/0	0/0	0/0	–/–	0/0	0/2
Im Abseits	0	0	0	0	0	–	0	0

Thomas Hitzlsperger

	Costa Rica	Polen	Ecuador	Schweden	Argentinien	Italien	Portugal	Gesamt
Minuten gespielt	–	–	–	–	–	–	11	11
ausgew./eingew.	–/–	–/–	–/–	–/–	–/–	–/–	0/1	0/1
Ballkontakte	–	–	–	–	–	–	5	5
Zweikämpfe	–	–	–	–	–	–	2	2
gewonnen	–	–	–	–	–	–	2	2
verloren	–	–	–	–	–	–	–	–
Fouls begangen	–	–	–	–	–	–	0	0
Gefoult worden	–	–	–	–	–	–	0	0
Tore	–	–	–	–	–	–	0	0
Torschüsse gesamt	–	–	–	–	–	–	0	0
Vorlagen zu Toren	–	–	–	–	–	–	0	0
zu Torschüssen	–	–	–	–	–	–	1	1
Ecken/Flanken	–/–	–/–	–/–	–/–	–/–	–/–	0/1	0/1
Im Abseits	–	–	–	–	–	–	0	0

Gerald Asamoah

	Costa Rica	Polen	Ecuador	Schweden	Argentinien	Italien	Portugal	Gesamt
Minuten gespielt	–	–	17	–	–	–	–	17
ausgew./eingew.	–/–	–/–	0/1	–/–	–/–	–/–	–/–	0/1
Ballkontakte	–	–	14	–	–	–	–	14
Zweikämpfe	–	–	10	–	–	–	–	10
gewonnen	–	–	6	–	–	–	–	6
verloren	–	–	4	–	–	–	–	4
Fouls begangen	–	–	1	–	–	–	–	1
Gefoult worden	–	–	1	–	–	–	–	1
Tore	–	–	0	–	–	–	–	0
Torschüsse ges.	–	–	1	–	–	–	–	1
Vorl. zu Toren	–	–	0	–	–	–	–	0
zu Torschüssen	–	–	0	–	–	–	–	0
Ecken/Flanken	–/–	–/–	0/0	–/–	–/–	–/–	–/–	0/0
Im Abseits	–	–	0	–	–	–	–	0

Mike Hanke

	Costa Rica	Polen	Ecuador	Schweden	Argentinien	Italien	Portugal	Gesamt
Minuten gespielt	–	–	–	–	–	–	19	19
ausgew./eingew.	–/–	–/–	–/–	–/–	–/–	–/–	0/1	0/1
Ballkontakte	–	–	–	–	–	–	14	14
Zweikämpfe	–	–	–	–	–	–	4	4
gewonnen	–	–	–	–	–	–	2	2
verloren	–	–	–	–	–	–	2	2
Fouls begangen	–	–	–	–	–	–	0	0
Gefoult worden	–	–	–	–	–	–	0	0
Tore	–	–	–	–	–	–	0	0
Torschüsse gesamt	–	–	–	–	–	–	0	0
Vorlagen zu Toren	–	–	–	–	–	–	0	0
zu Torschüssen	–	–	–	–	–	–	0	0
Ecken/Flanken	–/–	–/–	–/–	–/–	–/–	–/–	0/2	0/2
Im Abseits	–	–	–	–	–	–	0	0

Miroslav Klose

	Costa Rica	Polen	Ecuador	Schweden	Argentinien	Italien	Portugal	Gesamt
Minuten gespielt	79	90	66	90	86	111	65	587
ausgew./eingew.	1/0	0/0	1/0	0/0	1/0	1/0	1/0	5/0
Ballkontakte	34	30	32	44	29	39	24	232
Zweikämpfe	23	26	28	27	26	46	21	197
gewonnen	10	13	11	21	13	20	14	102
verloren	13	13	17	6	13	26	7	95
Fouls begangen	1	4	4	2	2	2	0	15
Gefoult worden	1	3	2	5	3	2	3	19
Tore	2	0	2	0	1	0	0	5
Torschüsse gesamt	4	6	5	5	1	0	1	22
Vorlagen zu Toren	1	0	0	2	0	0	0	3
zu Torschüssen	5	4	1	4	1	2	3	20
Ecken/Flanken	0/1	0/1	0/1	0/2	0/0	0/1	0/1	0/7
Im Abseits	1	0	0	2	1	1	1	6

STATISTIK

Jens Lehmann

	Costa Rica	Polen	Ecuador	Schweden	Argentinien	Italien	Portugal	Gesamt
Torschüsse aufs Tor	2	3	3	1	2	6	–	17
Gegentore	2	0	0	0	1	2	–	5
Torschüsse gehalten	0	3	3	1	1	4	–	12
festgehalten	–	3	0	0	1	2	–	6
anders abgewehrt	–	0	3	1	0	2	–	6
Großchancen vereitelt	0	0	0	0	0	1	–	1
Hohe Bälle abgefangen	0	2	2	1	0	5	–	10
Ballkontakte	18	24	28	30	38	57	–	195

Oliver Kahn

	Costa Rica	Polen	Ecuador	Schweden	Argentinien	Italien	Portugal	Gesamt
Torschüsse aufs Tor	–	–	–	–	–	–	7	7
Gegentore	–	–	–	–	–	–	1	1
Torschüsse gehalten	–	–	–	–	–	–	6	6
festgehalten	–	–	–	–	–	–	2	2
anders abgewehrt	–	–	–	–	–	–	4	4
Großchancen vereitelt	–	–	–	–	–	–	1	1
Hohe Bälle abgefangen	–	–	–	–	–	–	3	3
Ballkontakte	–	–	–	–	–	–	34	34

Christoph Metzelder

	Costa Rica	Polen	Ecuador	Schweden	Argentinien	Italien	Portugal	Gesamt
Minuten gespielt	90	90	–	90	120	120	90	600
ausgew./eingew.	0/0	0/0	–/–	0/0	0/0	0/0	0/0	0/0
Ballkontakte	31	45	–	43	46	42	37	244
Zweikämpfe	9	24	–	21	19	14	12	99
gewonnen	4	19	–	15	16	8	9	71
verloren	5	5	–	6	3	6	3	28
Fouls begangen	1	2	–	2	2	1	0	8
Gefoult worden	0	1	–	4	4	1	0	10
Tore	0	0	–	0	0	0	0	0
Torschüsse gesamt	1	0	–	0	1	0	0	2
Vorlagen zu Toren	0	0	–	0	0	0	0	0
zu Torschüssen	0	0	–	0	1	0	1	2
Ecken/Flanken	0/0	0/0	–/–	0/0	0/0	0/0	0/0	0/0
Im Abseits	0	0	–	0	0	0	0	0

Sebastian Kehl

	Costa Rica	Polen	Ecuador	Schweden	Argentinien	Italien	Portugal	Gesamt
Minuten gespielt	18	–	–	5	–	120	90	233
ausgew./eingew.	0/1	–/–	–/–	0/1	–/–	0/0	0/0	0/2
Ballkontakte	24	–	–	13	–	59	44	140
Zweikämpfe	1	–	–	1	–	31	19	52
gewonnen	1	–	–	0	–	18	8	28
verloren	0	–	–	0	–	13	11	24
Fouls begangen	0	–	–	0	–	4	2	6
Gefoult worden	0	–	–	0	–	1	1	2
Tore	0	–	–	0	–	0	0	0
Torschüsse gesamt	0	–	–	0	–	2	2	5
Vorlagen zu Toren	0	–	–	0	–	0	1	1
zu Torschüssen	0	–	–	1	–	3	2	6
Ecken/Flanken	0/0	–/–	–/–	0/0	–/–	0/1	0/0	0/1
Im Abseits	0	–	–	0	–	0	0	0

Oliver Neuville

	Costa Rica	Polen	Ecuador	Schweden	Argentinien	Italien	Portugal	Gesamt
Minuten gespielt	11	19	24	16	34	9	25	138
ausgew./eingew.	0/1	0/1	0/1	0/1	0/1	0/1	0/1	0/7
Ballkontakte	8	7	13	17	15	3	10	73
Zweikämpfe	3	4	8	3	6	1	11	36
gewonnen	2	0	2	2	0	1	4	11
verloren	1	4	6	1	6	0	7	25
Fouls begangen	1	0	0	0	1	0	2	4
Gefoult worden	2	0	1	0	0	0	1	4
Tore	0	1	0	0	0	0	0	1
Torschüsse gesamt	0	3	0	1	0	0	1	5
Vorlagen zu Toren	0	0	0	0	0	0	1	1
zu Torschüssen	0	0	0	4	1	0	1	6
Ecken/Flanken	0/0	0/1	0/0	1/0	1/1	1/0	0/0	3/2
Im Abseits	1	2	0	0	1	0	0	4

Arne Friedrich

	Costa Rica	Polen	Ecuador	Schweden	Argentinien	Italien	Portugal	Gesamt
Minuten gespielt	90	64	90	90	120	120	–	574
ausgew./eingew.	0/0	1/0	0/0	0/0	0/0	0/0	–/–	1/0
Ballkontakte	102	46	64	74	71	71	–	428
Zweikämpfe	26	16	15	16	34	18	–	125
gewonnen	14	11	10	8	19	12	–	74
verloren	12	5	5	8	15	6	–	51
Fouls begangen	1	1	1	2	5	1	–	11
Gefoult worden	0	1	1	2	4	1	–	9
Tore	0	0	0	0	0	0	–	0
Torschüsse gesamt	2	0	0	1	0	1	–	4
Vorlagen zu Toren	0	0	0	0	0	0	–	0
zu Torschüssen	1	1	1	1	0	0	–	4
Ecken/Flanken	0/1	0/4	0/0	0/2	0/0	0/0	–/–	0/7
Im Abseits	0	0	0	0	0	0	–	0

Jens Nowotny

	Costa Rica	Polen	Ecuador	Schweden	Argentinien	Italien	Portugal	Gesamt
Minuten gespielt	–	–	–	–	–	–	90	90
ausgew./eingew.	–/–	–/–	–/–	–/–	–/–	–/–	0/0	0/0
Ballkontakte	–	–	–	–	–	–	40	40
Zweikämpfe	–	–	–	–	–	–	9	9
gewonnen	–	–	–	–	–	–	7	7
verloren	–	–	–	–	–	–	2	2
Fouls begangen	–	–	–	–	–	–	1	1
Gefoult worden	–	–	–	–	–	–	0	0
Tore	–	–	–	–	–	–	0	0
Torschüsse gesamt	–	–	–	–	–	–	0	0
Vorlagen zu Toren	–	–	–	–	–	–	0	0
zu Torschüssen	–	–	–	–	–	–	0	0
Ecken/Flanken	–/–	–/–	–/–	–/–	–/–	–/–	0/0	0/0
Im Abseits	–	–	–	–	–	–	0	0

Bernd Schneider

	Costa Rica	Polen	Ecuador	Schweden	Argentinien	Italien	Portugal	Gesamt
Minuten gespielt	90	90	73	90	62	83	90	578
ausgew./eingew.	1/0	0/0	1/0	0/0	1/0	1/0	0/0	4/0
Ballkontakte	54	71	58	81	41	62	43	410
Zweikämpfe	15	29	18	14	16	14	16	122
gewonnen	9	15	9	4	4	6	8	55
verloren	6	14	9	10	12	8	8	67
Fouls begangen	1	3	3	3	1	1	2	14
Gefoult worden	0	2	2	0	1	0	2	7
Tore	0	0	0	0	0	0	0	0
Torschüsse gesamt	3	1	1	2	0	2	1	10
Vorlagen zu Toren	0	0	1	0	0	0	0	1
zu Torschüssen	2	2	4	2	1	1	0	12
Ecken/Flanken	0/4	2/1	0/3	1/3	0/1	0/2	0/1	3/15
Im Abseits	0	1	0	1	0	0	0	2

David Odonkor

	Costa Rica	Polen	Ecuador	Schweden	Argentinien	Italien	Portugal	Gesamt
Minuten gespielt	3	26	–	–	58	37	–	124
ausgew./eingew.	0/1	0/1	–/–	–	0/1	0/1	–/–	0/4
Ballkontakte	1	19	–	–	37	26	–	83
Zweikämpfe	0	13	–	–	21	14	–	48
gewonnen	0	5	–	–	11	8	–	24
verloren	0	8	–	–	10	6	–	24
Fouls begangen	0	1	–	–	1	0	–	2
Gefoult worden	0	0	–	–	3	0	–	3
Tore	0	0	–	–	0	0	–	0
Torschüsse gesamt	0	0	–	–	0	1	–	1
Vorlagen zu Toren	0	1	–	–	0	0	–	1
zu Torschüssen	0	2	–	–	1	3	–	6
Ecken/Flanken	0/1	0/7	–/–	–	0/7	0/9	–/–	0/24
Im Abseits	0	0	–	–	0	0	–	0

Robert Huth

	Costa Rica	Polen	Ecuador	Schweden	Argentinien	Italien	Portugal	Gesamt
Minuten gespielt	–	–	90	–	–	–	–	90
ausgew./eingew.	–/–	–/–	0/0	–/–	–/–	–/–	–/–	0/0
Ballkontakte	–	–	36	–	–	–	–	36
Zweikämpfe	–	–	12	–	–	–	–	12
gewonnen	–	–	9	–	–	–	–	9
verloren	–	–	3	–	–	–	–	3
Fouls begangen	–	–	2	–	–	–	–	2
Gefoult worden	–	–	0	–	–	–	–	0
Tore	–	–	0	–	–	–	–	0
Torschüsse gesamt	–	–	1	–	–	–	–	1
Vorlagen zu Toren	–	–	0	–	–	–	–	0
zu Torschüssen	–	–	0	–	–	–	–	0
Ecken/Flanken	–/–	–/–	0/0	–/–	–/–	–/–	–/–	0/0
Im Abseits	–	–	0	–	–	–	–	0

Michael Ballack

	Costa Rica	Polen	Ecuador	Schweden	Argentinien	Italien	Portugal	Gesamt
Minuten gespielt	–	90	90	90	120	120	–	510
ausgew./eingew.	–	0/0	0/0	0/0	0/0	0/0	–/–	0/0
Ballkontakte	–	92	84	103	100	82	–	461
Zweikämpfe	–	33	25	14	24	37	–	133
gewonnen	–	25	14	7	14	18	–	78
verloren	–	8	11	7	10	19	–	55
Fouls begangen	–	2	0	2	2	5	–	11
Gefoult worden	–	5	3	1	3	6	–	18
Tore	–	0	0	0	0	0	–	0
Torschüsse gesamt	–	4	5	9	2	3	–	23
Vorlagen zu Toren	–	0	1	0	0	0	–	1
zu Torschüssen	–	3	3	5	2	1	–	14
Ecken/Flanken	–	0/3	0/1	0/1	0/4	0/1	–/–	0/10
Im Abseits	–	1	0	0	0	0	–	1

Bastian Schweinsteiger

	Costa Rica	Polen	Ecuador	Schweden	Argentinien	Italien	Portugal	Gesamt
Minuten gespielt	90	77	90	72	74	47	79	529
ausgew./eingew.	0/0	1/0	0/0	1/0	1/0	1/0	0/1	4/1
Ballkontakte	87	63	63	59	54	39	62	427
Zweikämpfe	34	25	27	18	12	17	24	157
gewonnen	18	13	13	13	4	7	10	78
verloren	16	12	14	5	8	10	14	79
Fouls begangen	0	1	3	0	0	0	3	7
Gefoult worden	3	1	3	1	1	0	2	11
Tore	0	0	0	0	0	0	2	2
Torschüsse gesamt	2	2	3	1	1	0	2	11
Vorlagen zu Toren	2	0	1	0	0	0	1	4
zu Torschüssen	12	2	1	7	2	0	5	29
Ecken/Flanken	4/5	8/0	1/0	2/1	3/1	2/1	2/1	22/9
Im Abseits	0	0	0	1	0	0	0	1

Lukas Podolski

	Costa Rica	Polen	Ecuador	Schweden	Argentinien	Italien	Portugal	Gesamt
Minuten gespielt	90	71	90	74	120	120	71	636
ausgew./eingew.	0/0	1/0	1/0	0/0	0/0	0/0	1/0	3/0
Ballkontakte	46	24	35	41	42	46	24	258
Zweikämpfe	19	16	20	11	28	29	17	140
gewonnen	9	5	8	7	9	10	7	55
verloren	10	11	12	4	19	19	10	85
Fouls begangen	0	3	1	1	4	1	1	11
Gefoult worden	0	0	2	2	5	4	2	16
Tore	0	0	2	1	0	0	0	3
Torschüsse gesamt	6	3	5	3	6	1		27
Vorlagen zu Toren	0	0	0	0	0	0	0	0
zu Torschüssen	1	2	2	1	1	5	0	12
Ecken/Flanken	3/2	0/1	1/0	0/2	0/1	0/0	0/1	4/7
Im Abseits	1	1	3	0	0	0	0	5

LEIPZIG

Fassungsvermögen: 38 898 Zuschauer. Spielfeldmaße: 105 x 68 m. Die neue Arena wurde innerhalb des Walls des alten Zentralstadions (Bauzeit 1955/56) errichtet. Einweihung war am 7. März 2004. Baukosten: 90,6 Millionen Euro.

Vorrunden-Spiele

Serbien und Montenegro – Holland	0:1
Spanien – Ukraine	4:0
Frankreich – Südkorea	1:1
Iran – Angola	1:1

Achtelfinale

Argentinien – Mexiko	2:1 n. V.

HANNOVER

Fassungsvermögen: 43 000 Zuschauer. Spielfeldmaße: 105 x 68 m. Das frühere Niedersachsenstadion wurde 1954 fertiggestellt und für die WM von März 2003 bis Dezember 2004 umgebaut. Die Baukosten betrugen 64 Millionen Euro.

Vorrunden-Spiele

Italien – Ghana	2:0
Mexiko – Angola	0:0
Costa Rica – Polen	1:2
Schweiz – Südkorea	2:0

Achtelfinale

Spanien – Frankreich	1:3

MÜNCHEN

Fassungsvermögen: 66 000 Zuschauer. Spielfeldmaße: 105 x 68 m. Das Stadion wurde zur Weltmeisterschaft neu gebaut. Die Grundsteinlegung erfolgte im Oktober 2002, am 30. April 2005 wurde es eingeweiht. Kosten: 340 Millionen Euro. Die Außenhülle kann auf einer Fläche von 25 500 Quadratmetern beleuchtet werden – in den Farben Rot, Blau und Weiß.

Vorrunden-Spiele

Deutschland – Costa Rica	4:2
Tunesien – Saudi-Arabien	2:2
Brasilien – Australien	2:0
Elfenbeinküste – Serbien und Montenegro	3:2

Achtelfinale

Deutschland – Schweden	2:0

Halbfinale

Portugal – Frankreich	0:1

HAMBURG

Fassungsvermögen: 50 000 Zuschauer. Spielfeldmaße: 105 x 68 m. Erbaut wurde das Volksparkstadion 1953. Der Umbau begann im Juni 1998 und endete mit der Fertigstellung im August 2000. Umbaukosten: 97 Millionen Euro.

Vorrunden-Spiele

Argentinien – Elfenbeinküste	2:1
Ecuador – Costa Rica	3:0
Saudi-Arabien – Ukraine	0:4
Tschechien – Italien	0:2

Viertelfinale

Italien – Ukraine	3:0

DORTMUND

Fassungsvermögen: 65 000 Zuschauer. Spielfeldmaße: 115 x 75 m. Zwischen 1971 und 1974 erbaut. 1992 gab es die erste Ausbaustufe, 1998 folgte die zweite. Die dritte Ausbaustufe endete am 13. September 2003. Kosten: 45,5 Millionen Euro.

Vorrunden-Spiele

Trinidad und Tobago – Schweden	0:0
Deutschland – Polen	1:0
Togo – Schweiz	0:2
Japan – Brasilien	1:4

Achtelfinale

Brasilien – Ghana	3:0

Halbfinale

Deutschland – Italien	0:2 n. V.

BERLIN

Fassungsvermögen: 72 000 Zuschauer. Spielfeldmaße: 105 x 70 m. Das Stadion, Ort des WM-Endspiels, wurde für die Olympischen Spiele 1936 errichtet. Es gab mehrere Umbauten, der letzte Umbau dauerte von Sommer 2000 bis zum 31. Juli 2004. Kosten: 242 Millionen Euro. Die Dachkonstruktion ist so angelegt, daß die 312 integrierten Halogen-Scheinwerfer keinen Schatten auf das Spielfeld werfen.

STADIEN

NÜRNBERG

Fassungsvermögen: 41 000 Zuschauer. Spielfeldmaße: 105 x 67 m. Zwischen 1925 und 1928 erbaut. Umbauten oder Renovierungen folgten 1961, 1987 und 1991. Der letzte Umbau (für 56 Millionen Euro) wurde im April 2005 fertiggestellt.

Vorrunden-Spiele

Mexiko – Iran	3:1
England – Trinidad und Tobago	2:0
Japan – Kroatien	0:0
Ghana – USA	2:1

Achtelfinale

Portugal – Holland	1:0

KAISERSLAUTERN

Fassungsvermögen: 46 000 Zuschauer. Spielfeldmaße: 105 x 68 m. Das Stadion wurde 1920 gebaut. 2005 folgte eine Erweiterung für insgesamt 48,3 Millionen Euro. Fertigstellung: 2006. Die Arena liegt direkt neben einem Steinbruch.

Vorrunden-Spiele

Australien – Japan	3:1
Italien – USA	1:1
Paraguay – Trinidad und Tobago	2:0
Saudi-Arabien – Spanien	0:1

Achtelfinale

Italien – Australien	1:0

KÖLN

Fassungsvermögen: 45 000 Zuschauer. Spielfeldmaße: 105 x 68 m. Zwischen 1973 und 1975 wurde das Müngersdorfer Stadion erbaut. 2002 begann der Umbau der Arena für insgesamt 119,5 Millionen Euro. Er dauerte gut zwei Jahre.

Vorrunden-Spiele

Angola – Portugal	0:1
Tschechien – Ghana	0:2
Schweden – England	2:2
Togo – Frankreich	0:2

Achtelfinale

Schweiz – Ukraine	0:3 n. E.

GELSENKIRCHEN

Fassungsvermögen: 52 000 Zuschauer. Spielfeldmaße: 105 x 68 m. Die Arena wurde neben dem früheren Parkstadion für 191 Millionen Euro neu gebaut. Eröffnung war am 13. und 14. August 2001. Einzigartig ist die Kapelle im Stadion.

Vorrunden-Spiele

Polen – Ecuador	0:2
USA – Tschechien	0:3
Argentinien – Serbien und Montenegro	6:0
Portugal – Mexiko	2:1

Viertelfinale

England – Portugal	1:3 n. E.

STUTTGART

Fassungsvermögen: 52 000 Zuschauer. Spielfeldmaße: 105 x 68 m. Das für die WM modernisierte Stadion wurde 1933 gebaut. Letzter Umbau von Januar 2004 bis Ende 2005. Die Modernisierungsmaßnahmen kosteten etwa 51 Millionen Euro.

Vorrunden-Spiele

Frankreich – Schweiz	0:0
Holland – Elfenbeinküste	2:1
Spanien – Tunesien	3:1
Kroatien – Australien	2:2

Achtelfinale

England – Ecuador	1:0

Spiel um Platz 3

Deutschland – Portugal	3:1

FRANKFURT

Fassungsvermögen: 48 000 Zuschauer. Spielfeldmaße: 105 x 68 m. Das alte Waldstadion wurde 1925 errichtet. Zwei Umbauten folgten 1953 und 1974. Zwischen Juli 2002 und Oktober 2005 wurde die Arena für 126 Millionen Euro neu gebaut.

Vorrunden-Spiele

England – Paraguay	1:0
Südkorea – Togo	2:1
Portugal – Iran	2:0
Holland – Argentinien	0:0

Viertelfinale

Brasilien – Frankreich	0:1

BERLIN

Vorrunden-Spiele

Brasilien – Kroatien	1:0
Schweden – Paraguay	1:0
Ecuador – Deutschland	0:3
Ukraine – Tunesien	1:0

Viertelfinale

Deutschland – Argentinien	5:3 n. E.

Finale

Italien – Frankreich	6:4 n. E.

225

WM 1930
WELTMEISTER URUGUAY

Erster Gastgeber auch erster Titelträger

Vergeblich streckt sich Argentiniens Torwart Juan Botasso nach dem Schuß von Victoriano Santos Iriarte (nicht im Foto). Das Tor zum 3:2 im Endspiel ist die Vorentscheidung zugunsten des ersten WM-Gastgebers. Uruguay erzielt noch das 4:2 und wird Weltmeister. Aus Europa nahmen nur vier Teams an der WM teil

Gruppe 1

13.7.	Pocitos*	Frankreich – Mexiko	4:1
15.7.	Central	Argentinien – Frankreich	1:0
16.7.	Central	Chile – Mexiko	3:0
19.7.	Centenario	Chile – Frankreich	1:0
19.7.	Centenario	Argentinien – Mexiko	6:3
22.7.	Centenario	Argentinien – Chile	3:1

Team	G	U	V	Tore	Punkte
1. Argentinien	3	0	0	10:4	6:0
2. Chile	2	0	1	5:3	4:2
3. Frankreich	1	0	2	4:3	2:4
4. Mexiko	0	0	3	4:13	0:6

Gruppe 2

14.7.	Central	Jugoslawien – Brasilien	2:1
17.7.	Central	Jugoslawien – Bolivien	4:0
20.7.	Centenario	Brasilien – Bolivien	4:0

Team	G	U	V	Tore	Punkte
1. Jugoslawien	2	0	0	6:1	4:0
2. Brasilien	1	0	1	5:2	2:2
3. Bolivien	0	0	2	0:8	0:4

Gruppe 3

14.7.	Pocitos	Rumänien – Peru	3:1
18.7.	Centenario	Uruguay – Peru	1:0
22.7.	Centenario	Uruguay – Rumänien	4:0

Team	G	U	V	Tore	Punkte
1. Uruguay	2	0	0	5:0	4:0
2. Rumänien	1	0	1	3:5	2:2
3. Peru	0	0	2	1:4	0:4

Gruppe 4

13.7.	Central	USA – Belgien	3:0
17.7.	Central	USA – Paraguay	3:0
20.7.	Centenario	Paraguay – Belgien	1:0

Team	G	U	V	Tore	Punkte
1. USA	2	0	0	6:0	4:0
2. Paraguay	1	0	1	1:3	2:2
3. Belgien	0	0	2	0:4	0:4

Halbfinale

| 26.7. | Centenario | Argentinien – USA | 6:1 |
| 27.7. | Centenario | Uruguay – Jugoslawien | 6:1 |

Finale

Uruguay – Argentinien 4:2 (1:2)
30. Juli 1930, Centenario, Montevideo

Uruguay: Ballestrero – Nasazzi, Mascheroni – Andrade, Fernández, Gestido – Dorado, Scarone, Castro, Cea, Iriarte
Trainer: Alberto Suppici
Argentinien: Botasso – Della Torre, Paternóster – Juan Evaristo, Monti, Suárez – Peucelle, Varallo, Stábile, Ferreira, Marino Evaristo
Trainer: Francisco Olazar/Juan José Tramutola
Zuschauer: 68 346.
Schiedsrichter: Langenus (Belgien).
Linienrichter: Christophe (Belgien), Saucedo (Bolivien).
Tore: 1:0 Dorado (12.), 1:1 Peucelle (20.), 1:2 Stábile (37.), 2:2 Cea (57.), 3:2 Iriarte (68.), 4:2 Castro (89.)

Schlüsselrolle: José Leandro Andrade war im Endspiel der entscheidende Antreiber seiner Elf aus Uruguay

* Alle Stadien in Montevideo

WM 1934
WELTMEISTER ITALIEN

Sieg in 96. Minute

Italiens Angelo Schiavio (r.), hier mit Fallrückzieher, erzielte in der 96. Minute des Endspiels das 2:1 gegen die Tschechoslowakei: der Sieg

Achtelfinale

27.5.	Rom	Italien – USA	7:1
27.5.	Triest	Tschechoslowakei – Rumänien	2:1
27.5.	Florenz	Deutschland – Belgien	5:2
27.5.	Turin	Österreich – Frankreich	3:2 n. V.
27.5.	Genua	Spanien – Brasilien	3:1
27.5.	Mailand	Schweiz – Holland	3:2
27.5.	Bologna	Schweden – Argentinien	3:2
27.5.	Neapel	Ungarn – Ägypten	4:2

Viertelfinale

31.5.	Mailand	Deutschland – Schweden	2:1
31.5.	Bologna	Österreich – Ungarn	2:1
31.5.	Florenz	Italien – Spanien	1:1 n. V.
1.6.	Florenz	Italien – Spanien (Wiederholung)	1:0
31.5.	Turin	Tschechoslowakei – Schweiz	3:2

Halbfinale

| 3.6. | Mailand | Italien – Österreich | 1:0 |
| 3.6. | Rom | Tschechoslowakei – Deutschland | 3:1 |

Spiel um Platz 3

| 7.6. | Neapel | Deutschland – Österreich | 3:2 |

Finale

Italien – Tschechoslowakei 2:1 (1:1, 0:0) n. V.
10. Juni 1934, Stadio Nazionale del PNF, Rom

Italien: Combi – Monzeglio, Allemandi – Ferraris, Monti, Bertolini – Guaita, Meazza, Schiavio, Ferrari, Orsi
Trainer: Vittorio Pozzo
Tschechoslowakei: Plánicka – Zenísek, Ctyroky – Kostálek, Cambal, Krcil – Junek, Svoboda, Sobotka, Nejedly, Puc.
Trainer: Karel Petru
Zuschauer: 55 000.
Schiedsrichter: Eklind (Schweden).
Linienrichter: L. Baert (Belgien), Iváncsics (Ungarn).
Tore: 0:1 Puc (76.), 1:1 Orsi (81.), 2:1 Schiavio (96.)

WM 1938
WELTMEISTER ITALIEN

Titel verteidigt

Ungarns Torwart Antal Szabó lenkt einen Kopfball von Silvio Piola über die Latte. Der Italiener erzielte zwei Tore im Finale – Titelverteidigung

Achtelfinale

4.6.	Paris	Schweiz – Deutschland	1:1 n. V.
9.6.	Paris	Schweiz – Deutschland (Wiederh.)	4:2
5.6.	Toulouse	Kuba – Rumänien	3:3 n. V.
9.6.	Toulouse	Kuba – Rumänien (Wiederh.)	2:1
5.6.	Le Havre	Tschechoslowakei – Holland	3:0 n. V.
5.6.	Paris	Frankreich – Belgien	3:1
5.6.	Reims	Ungarn – Niederländisch-Indien	6:0
5.6.	Marseille	Italien – Norwegen	2:1 n. V.
5.6.	Straßburg	Brasilien – Polen	6:5 n. V.

Schweden erreichte kampflos das Viertelfinale, weil Gegner Österreich nicht antreten konnte.

Viertelfinale

12.6.	Paris	Italien – Frankreich	3:1
12.6.	Antibes	Schweden – Kuba	8:0
12.6.	Lille	Ungarn – Schweiz	2:0
12.6.	Bordeaux	Brasilien – Tschechoslowakei	1:1 n. V.
14.6.	Bordeaux	Brasilien – Tschechosl. (Wiederh.)	2:1

Halbfinale

| 16.6. | Marseille | Italien – Brasilien | 2:1 |
| 16.6. | Paris | Ungarn – Schweden | 5:1 |

Spiel um Platz 3

| 19.6. | Bordeaux | Brasilien – Schweden | 4:2 |

Finale

Italien – Ungarn 4:2 (3:1)
19. Juni 1938, Stade de Colombes, Paris

Italien: Olivieri, Foni, Rava – Serantoni, Andreolo, Locatelli – Biavati, Meazza, Piola, Ferrari, Colaussi
Trainer: Vittorio Pozzo
Ungarn: Szabó – Polgár, Biró – Szalay, Szücs, Lázár – Sas, Vincze, Sárosi, Zsengellér, Titkos
Trainer: Alfred Schaffer
Zuschauer: 45 124.
Schiedsrichter: Capdeville (Frankreich).
Linienrichter: Krist (CSR), Wüthrich (Schweiz).
Tore: 1:0 Colaussi (6.), 1:1 Titkos (7.), 2:1 Piola (16.), 3:1 Colaussi (35.), 3:2 Sárosi (70.), 4:2 Piola (82.)

STATISTIK

WM 1950
WELTMEISTER URUGUAY

Ein Schuß ins brasilianische Herz

Hoher Favorit auf den Titel war Gastgeber Brasilien, aber Uruguay stemmte sich erfolgreich dagegen. Das 1:1 durch Juan Alberto Schiaffino (M.) löste einen Schock aus im entscheidenden Finalrunden-Spiel. Über 200 000 Menschen trauerten nach dem 1:2 im Stadion. Torwart Barbosa wurde zur tragischen Figur

Gruppe 1
24.6.	Rio de Janeiro	Brasilien – Mexiko	4:0
25.6.	Belo Horizonte	Jugoslawien – Schweiz	3:0
28.6.	São Paulo	Brasilien – Schweiz	2:2
28.6.	Porto Alegre	Jugoslawien – Mexiko	4:1
1.7.	Rio de Janeiro	Brasilien – Jugoslawien	2:0
2.7.	Porto Alegre	Schweiz – Mexiko	2:1

	Team	G	U	V	Tore	Punkte
1.	Brasilien	2	1	0	8:2	5:1
2.	Jugoslawien	2	0	1	7:3	4:2
3.	Schweiz	1	1	1	4:6	3:3
4.	Mexiko	0	0	3	2:10	0:6

Gruppe 2
25.6.	Rio de Janeiro	England – Chile	2:0
25.6.	Cúritiba	Spanien – USA	3:1
29.6.	Rio de Janeiro	Spanien – Chile	2:0
29.6.	Belo Horizonte	USA – England	1:0
2.7.	Rio de Janeiro	Spanien – England	1:0
2.7.	Recife	Chile – USA	5:2

	Team	G	U	V	Tore	Punkte
1.	Spanien	3	0	0	6:1	6:0
2.	England	1	0	2	2:2	2:4
3.	Chile	1	0	2	5:6	2:4
4.	USA	1	0	2	4:8	2:4

Gruppe 3
25.6.	São Paulo	Schweden – Italien	3:2
29.6.	Cúritiba	Schweden – Paraguay	2:2
2.7.	São Paulo	Italien – Paraguay	2:0

	Team	G	U	V	Tore	Punkte
1.	Schweden	1	1	0	5:4	3:1
2.	Italien	1	0	1	4:3	2:2
3.	Paraguay	0	1	1	2:4	1:3

Indien trat nicht an

Gruppe 4
2.7.	Belo Horizonte	Uruguay – Bolivien	8:0

	Team	G	U	V	Tore	Punkte
1.	Uruguay	1	0	0	8:0	2:0
2.	Bolivien	0	0	1	0:8	0:2

Schottland und die Türkei traten nicht an

Finalrunde
9.7.	Rio de Janeiro	Brasilien – Schweden	7:1
9.7.	São Paulo	Spanien – Uruguay	2:2
13.7.	Rio de Janeiro	Brasilien – Spanien	6:1
13.7.	São Paulo	Uruguay – Schweden	3:2
16.7.	São Paulo	Schweden – Spanien	3:1
16.7.	Rio de Janeiro	Uruguay – Brasilien	2:1

	Team	G	U	V	Tore	Punkte
1.	Uruguay	2	1	0	7:5	5:1
2.	Brasilien	2	0	1	14:4	4:2
3.	Schweden	1	0	2	6:11	2:4
4.	Spanien	0	1	2	4:11	1:5

Entscheidendes Finalrundenspiel
Uruguay – Brasilien   **2:1 (0:0)**
16. Juli 1950, Estádio Maracanã, Rio de Janeiro
Uruguay: Máspoli – Matías González, Tejera – Gambetta, Varela, Andrade – Ghiggia, Pérez, Míguez, Schiaffino, Morán
Trainer: Juan López
Brasilien: Barbosa – Augusto, Juvenal – Bauer, Danilo, Bigode – Friaça, Zizinho, Ademir, Jair, Chico
Trainer: Flávio Costa
Zuschauer: 173 850.
Schiedsrichter: Reader (England).
Linienrichter: Ellis (England), Mitchell (Schottland).
Tore: 0:1 Friaça (47.), 1:1 Schiaffino (66.), 2:1 Ghiggia (79.)

WM 1954
WELTMEISTER DEUTSCHLAND

Triumph gegen die Unbesiegbaren

Ungarn hatte 35mal in Folge nicht verloren, die Mannschaft war gespickt mit Weltstars wie Puskás oder Hidegkuti. Die Deutschen waren Außenseiter, niemand gab ihnen eine Chance. Aber nach einem 0:2 erkämpfte sich die Elf um Torhüter Toni Turek (hier gegen Kocsis, rechts Eckel) mit dem 3:2 den Titel

Gruppe 1
16.6.	Lausanne	Jugoslawien – Frankreich	1:0
16.6.	Genf	Brasilien – Mexiko	5:0
19.6.	Lausanne	Brasilien – Jugoslawien	1:1 n. V.
19.6.	Genf	Frankreich – Mexiko	3:2

	Team	G	U	V	Tore	Punkte
1.	Brasilien	1	1	0	6:1	3:1
2.	Jugoslawien	1	1	0	2:1	3:1
3.	Frankreich	1	0	1	3:3	2:2
4.	Mexiko	0	0	2	2:8	0:4

Gruppe 2
17.6.	Zürich	Ungarn – Südkorea	9:0
17.6.	Bern	Deutschland – Türkei	4:1
20.6.	Basel	Ungarn – Deutschland	8:3
20.6.	Genf	Türkei – Südkorea	7:0

	Team	G	U	V	Tore	Punkte
1.	Ungarn	2	0	0	17:3	4:0
2.	Türkei	1	0	1	8:4	2:2
	Deutschland	1	0	1	7:9	2:2
4.	Südkorea	0	0	2	0:16	0:4

Entscheidungsspiel um Gruppenplatz 2
23.6.	Zürich	Deutschland – Türkei	7:2

Gruppe 3
16.6.	Zürich	Österreich – Schottland	1:0
16.6.	Bern	Uruguay – Tschechoslowakei	2:0
19.6.	Zürich	Österreich – Tschechoslowakei	5:0
19.6.	Basel	Uruguay – Schottland	7:0

	Team	G	U	V	Tore	Punkte
1.	Uruguay	2	0	0	9:0	4:0
2.	Österreich	2	0	0	6:0	4:0
3.	Tschechoslowakei	0	0	2	0:7	0:4
4.	Schottland	0	0	2	0:8	0:4

Gruppe 4
17.6.	Basel	England – Belgien	4:4 n. V.
17.6.	Lausanne	Schweiz – Italien	2:1
20.6.	Bern	England – Schweiz	2:0
20.6.	Lugano	Italien – Belgien	4:1

	Team	G	U	V	Tore	Punkte
1.	England	1	1	0	6:4	3:1
2.	Italien	1	0	1	5:3	2:2
	Schweiz	1	0	1	2:3	2:2
4.	Belgien	0	1	1	5:8	1:3

Entscheidungsspiel um Gruppenplatz 2
23.6.	Basel	Schweiz – Italien	4:1

Viertelfinale
26.6.	Lausanne	Österreich – Schweiz	7:5
26.6.	Basel	Uruguay – England	4:2
27.6.	Bern	Ungarn – Brasilien	4:2
27.6.	Genf	Deutschland – Jugoslawien	2:0

Halbfinale
30.6.	Lausanne	Ungarn – Uruguay	4:2 n. V.
30.6.	Basel	Deutschland – Österreich	6:1

Spiel um Platz 3
3.7.	Zürich	Österreich – Uruguay	3:1

Finale
Deutschland – Ungarn   **3:2 (2:2)**
4. Juli 1954, Wankdorfstadion, Bern
Deutschland: Turek – Posipal, Kohlmeyer – Eckel, Liebrich, Mai – Rahn, Morlock, Ottmar Walter, Fritz Walter, Schäfer
Trainer: Sepp Herberger
Ungarn: Grosics – Buzánszky, Lantos – Bozsik, Lóránt, Zakariás – Czibor, Kocsis, Hidegkuti, Puskás, Mihály Tóth
Trainer: Gusztáv Sebes
Zuschauer: 62 471. **Schiedsrichter:** Ling (England).
Linienrichter: Orlandini (Italien), Griffiths (Wales).
Tore: 0:1 Puskás (6.), 0:2 Czibor (8.), 1:2 Morlock (10.), 2:2 Rahn (18.), 3:2 Rahn (84.)

WM 1958
WELTMEISTER BRASILIEN

Ein Star wird geboren: Pelé

Ein 17jähriger versetzt Schwedens Abwehrreihe im Endspiel ins Chaos, Gustavsson (l.) und Bergmark steht die Angst ins Gesicht geschrieben. Pelés Ballgefühl und Explosivität haben sie nichts entgegenzusetzen, ihm gelingen zwei Tore bei Brasiliens 5:2-Sieg. Ein Weltstar ist geboren

Gruppe 1

8.6.	Halmstad	Nordirland – Tschechoslowakei	1:0
8.6.	Malmö	Deutschland – Argentinien	3:1
11.6.	Halmstad	Argentinien – Nordirland	3:1
11.6.	Helsingborg	Tschechoslow. – Deutschland	2:2
15.6.	Malmö	Nordirland – Deutschland	2:2
15.6.	Helsingborg	Tschechoslow. – Argentinien	6:1

Team	G	U	V	Tore	Punkte
1. Deutschland	1	2	0	7:5	4:2
2. Tschechoslowakei	1	1	1	8:4	3:3
Nordirland	1	1	1	4:5	3:3
4. Argentinien	1	0	2	5:10	2:4

Entscheidungsspiel um Gruppenplatz 2
17.6. Malmö Nordirland – Tschechoslow. 2:1 n. V.

Gruppe 2

8.6.	Västerås	Schottland – Jugoslawien	1:1
8.6.	Norrköping	Frankreich – Paraguay	7:3
11.6.	Norrköping	Paraguay – Schottland	3:2
11.6.	Västerås	Jugoslawien – Frankreich	3:2
15.6.	Örebro	Frankreich – Schottland	2:1
15.6.	Eskilstuna	Paraguay – Jugoslawien	3:3

Team	G	U	V	Tore	Punkte
1. Frankreich	2	0	1	11:7	4:2
2. Jugoslawien	1	2	0	7:6	4:2
3. Paraguay	1	1	1	9:12	3:3
4. Schottland	0	1	2	4:6	1:5

Gruppe 3

8.6.	Stockholm	Schweden – Mexiko	3:0
8.6.	Sandviken	Ungarn – Wales	1:1
11.6.	Stockholm	Mexiko – Wales	1:1
12.6.	Stockholm	Schweden – Ungarn	2:1
15.6.	Stockholm	Schweden – Wales	0:0
15.6.	Sandviken	Ungarn – Mexiko	4:0

Team	G	U	V	Tore	Punkte
1. Schweden	2	1	0	5:1	5:1
2. Ungarn	1	1	1	6:3	3:3
Wales	0	3	0	2:2	3:3
4. Mexiko	0	1	2	1:8	1:5

Entscheidungsspiel um Gruppenplatz 2
17.6. Stockholm Wales – Ungarn 2:1

Gruppe 4

8.6.	Uddevalla	Brasilien – Österreich	3:0
8.6.	Göteborg	England – Sowjetunion	2:2
11.6.	Borås	Sowjetunion – Österreich	2:0
11.6.	Göteborg	Brasilien – England	0:0
15.6.	Borås	Österreich – England	2:2
15.6.	Göteborg	Brasilien – Sowjetunion	2:0

Team	G	U	V	Tore	Punkte
1. Brasilien	2	1	0	5:0	5:1
2. England	0	3	0	4:4	3:3
Sowjetunion	1	1	1	4:4	3:3
4. Österreich	0	1	2	2:7	1:5

Entscheidungsspiel um Gruppenplatz 2
17.6. Göteborg Sowjetunion – England 1:0

Viertelfinale

19.6.	Malmö	Deutschland – Jugoslawien	1:0
19.6.	Stockholm	Schweden – Sowjetunion	2:0
19.6.	Norrköping	Frankreich – Nordirland	4:0
19.6.	Göteborg	Brasilien – Wales	1:0

Halbfinale

| 24.6. | Göteborg | Schweden – Deutschland | 3:1 |
| 24.6. | Stockholm | Brasilien – Frankreich | 5:2 |

Spiel um Platz 3

| 28.6. | Göteborg | Frankreich – Deutschland | 6:3 |

Finale

Brasilien – Schweden 5:2 (2:1)
29. Juni 1958, Råsunda-Stadion, Stockholm-Solna
Brasilien: Gilmar – Djalma Santos, Bellini, Orlando, Nilton Santos – Zito, Didí – Garrincha, Vavá, Pelé, Zagallo
Trainer: Vicente Feola
Schweden: Karl Svensson – Bergmark, Axbom – Börjesson, Gustavsson, Parling – Hamrin, Gren, Simonsson, Liedholm, Skoglund
Trainer: George Raynor
Zuschauer: 49 737.
Schiedsrichter: Guigue (Frankreich).
Linienrichter: Dusch (Deutschland), Gardezábal (Spanien).
Tore: 0:1 Liedholm (4.), 1:1, 2:1 Vavá (9., 32.), 3:1, 5:2 Pelé (55., 90.), 4:1 Zagallo (68.), 4:2 Simonsson (80.)

WM 1962
WELTMEISTER BRASILIEN

Angriff auf häßlichen Mauer-Fußball

Sein Finaltor zum 3:1 über die Tschechoslowakei besiegelt Brasiliens Titelverteidigung: Mittelstürmer Vavá ist scheinbar im Zustand der Schwerelosigkeit – wie seine Mannschaft, die in einem Turnier des häßlichen Mauer-Fußballs mit Angriffslust triumphiert. Und das ohne den in Chile frühzeitig verletzten Pelé

Gruppe 1

30.5.	Arica	Uruguay – Kolumbien	2:1
31.5.	Arica	Sowjetunion – Jugoslawien	2:0
2.6.	Arica	Jugoslawien – Uruguay	3:1
3.6.	Arica	Sowjetunion – Kolumbien	4:4
6.6.	Arica	Sowjetunion – Uruguay	2:1
7.6.	Arica	Jugoslawien – Kolumbien	5:0

Team	G	U	V	Tore	Punkte
1. Sowjetunion	2	1	0	8:5	5:1
2. Jugoslawien	2	0	1	8:3	4:2
3. Uruguay	1	0	2	4:6	2:4
4. Kolumbien	0	1	2	5:11	1:5

Gruppe 2

30.5.	Santiago	Chile – Schweiz	3:1
31.5.	Santiago	Italien – Deutschland	0:0
2.6.	Santiago	Chile – Italien	2:0
3.6.	Santiago	Deutschland – Schweiz	2:1
6.6.	Santiago	Deutschland – Chile	2:0
7.6.	Santiago	Italien – Schweiz	3:0

Team	G	U	V	Tore	Punkte
1. Deutschland	2	1	0	4:1	5:1
2. Chile	2	0	1	5:3	4:2
3. Italien	1	1	1	3:2	3:3
4. Schweiz	0	0	3	2:8	0:6

Gruppe 3

30.5.	Viña del Mar	Brasilien – Mexiko	2:0
31.5.	Viña del Mar	Tschechoslowakei – Spanien	1:0
2.6.	Viña del Mar	Brasilien – Tschechoslowakei	0:0
3.6.	Viña del Mar	Spanien – Mexiko	1:0
6.6.	Viña del Mar	Brasilien – Spanien	2:1
7.6.	Viña del Mar	Mexiko – Tschechoslowakei	3:1

Team	G	U	V	Tore	Punkte
1. Brasilien	2	1	0	4:1	5:1
2. Tschechoslowakei	1	1	1	2:3	3:3
3. Mexiko	1	0	2	3:4	2:4
4. Spanien	1	0	2	2:3	2:4

Gruppe 4

30.5.	Rancagua	Argentinien – Bulgarien	1:0
31.5.	Rancagua	Ungarn – England	2:1
2.6.	Rancagua	England – Argentinien	3:1
3.6.	Rancagua	Ungarn – Bulgarien	6:1
6.6.	Rancagua	Argentinien – Ungarn	0:0
7.6.	Rancagua	Bulgarien – England	0:0

Team	G	U	V	Tore	Punkte
1. Ungarn	2	1	0	8:2	5:1
2. England	1	1	1	4:3	3:3
3. Argentinien	1	1	1	2:3	3:3
4. Bulgarien	0	1	2	1:7	1:5

Viertelfinale

10.6.	Arica	Chile – Sowjetunion	2:1
10.6.	Santiago	Jugoslawien – Deutschland	1:0
10.6.	Viña del Mar	Brasilien – England	3:1
10.6.	Rancagua	Tschechoslowakei – Ungarn	1:0

Halbfinale

| 13.6. | Santiago | Brasilien – Chile | 4:2 |
| 13.6. | Viña del Mar | Tschechoslow. – Jugoslawien | 3:1 |

Spiel um Platz 3

| 16.6. | Santiago | Chile – Jugoslawien | 1:0 |

Finale

Brasilien – Tschechoslowakei 3:1 (1:1)
17. Juni 1962, Estadio Nacional, Santiago de Chile
Brasilien: Gilmar – Djalma Santos, Nilton Santos – Zito, Mauro, Zózimo – Garrincha, Didí, Vavá, Amarildo, Zagallo
Trainer: Aimoré Moreira
Tschechoslowakei: Schrojf – Tichy, Popluhár, Novák – Pluskal, Masopust – Pospíchal, Scherer, Kadraba, Kvasnák, Jelinek
Trainer: Rudolf Vytlacil
Zuschauer: 68 679.
Schiedsrichter: Latischew (Sowjetunion).
Linienrichter: Davidson (Schottland), Horn (Holland).
Tore: 0:1 Masopust (15.), 1:1 Amarildo (17.), 2:1 Zito (69.), 3:1 Vavá (78.)

STATISTIK

WM 1966
WELTMEISTER ENGLAND

Titel für das Mutterland des Fußballs

Vier Augenpaare verfolgen gebannt den Weg des Balles zum 2:1 für England ins deutsche Tor (v. l.): Schütze Martin Peters, Wolfgang Weber, Roger Hunt und Horst-Dieter Höttges. Im Endspiel gegen Deutschland gewinnt das Fußball-Mutterland mit 4:2 n. V. – England wird zum einzigen Mal Weltmeister

Gruppe 1

Datum	Ort	Spiel	Ergebnis
11.7.	Wembley	England – Uruguay	0:0
13.7.	Wembley	Frankreich – Mexiko	1:1
15.7.	London	Uruguay – Frankreich	2:1
16.7.	Wembley	England – Mexiko	2:0
19.7.	Wembley	Uruguay – Mexiko	0:0
20.7.	Wembley	England – Frankreich	2:0

Team	G	U	V	Tore	Punkte
1. England	2	1	0	4:0	5:1
2. Uruguay	1	2	0	2:1	4:2
3. Mexiko	0	2	1	1:3	2:4
4. Frankreich	0	1	2	2:5	1:5

Gruppe 2

Datum	Ort	Spiel	Ergebnis
12.7.	Sheffield	Deutschland – Schweiz	5:0
13.7.	Birmingham	Argentinien – Spanien	2:1
15.7.	Sheffield	Spanien – Schweiz	2:1
16.7.	Birmingham	Argentinien – Deutschland	0:0
19.7.	Sheffield	Argentinien – Schweiz	2:0
20.7.	Birmingham	Deutschland – Spanien	2:1

Team	G	U	V	Tore	Punkte
1. Deutschland	2	1	0	7:1	5:1
2. Argentinien	2	1	0	4:1	5:1
3. Spanien	1	0	2	4:5	2:4
4. Schweiz	0	0	3	1:9	0:6

Gruppe 3

Datum	Ort	Spiel	Ergebnis
12.7.	Liverpool	Brasilien – Bulgarien	2:0
13.7.	Manchester	Portugal – Ungarn	3:1
15.7.	Liverpool	Ungarn – Brasilien	3:1
16.7.	Manchester	Portugal – Bulgarien	3:0
19.7.	Liverpool	Portugal – Brasilien	3:1
20.7.	Manchester	Ungarn – Bulgarien	3:1

Team	G	U	V	Tore	Punkte
1. Portugal	3	0	0	9:2	6:0
2. Ungarn	2	0	1	7:5	4:2
3. Brasilien	1	0	2	4:6	2:4
4. Bulgarien	0	0	3	1:8	0:6

Gruppe 4

Datum	Ort	Spiel	Ergebnis
12.7.	Middlesbrough	Sowjetunion – Nordkorea	3:0
13.7.	Sunderland	Italien – Chile	2:0
15.7.	Middlesbrough	Chile – Nordkorea	1:1
16.7.	Sunderland	Sowjetunion – Italien	1:0
19.7.	Middlesbrough	Nordkorea – Italien	1:0
20.7.	Sunderland	Sowjetunion – Chile	2:1

Team	G	U	V	Tore	Punkte
1. Sowjetunion	3	0	0	6:1	6:0
2. Nordkorea	1	1	1	2:4	3:3
3. Italien	1	0	2	2:2	2:4
4. Chile	0	1	2	2:5	1:5

Viertelfinale

Datum	Ort	Spiel	Ergebnis
23.7.	Wembley	England – Argentinien	1:0
23.7.	Sheffield	Deutschland – Uruguay	4:0
23.7.	Liverpool	Portugal – Nordkorea	5:3
23.7.	Sunderland	Sowjetunion – Ungarn	2:1

Halbfinale

Datum	Ort	Spiel	Ergebnis
25.7.	Liverpool	Deutschland – Sowjetunion	2:1
26.7.	Wembley	England – Portugal	2:1

Spiel um Platz 3

Datum	Ort	Spiel	Ergebnis
28.7.	Wembley	Portugal – Sowjetunion	2:1

Finale

England – Deutschland 4:2 (2:2, 1:1) n. V.
30. Juli 1966, Empire Stadium, Wembley, London

England: Banks – Cohen, Jack Charlton, Moore, Wilson – Stiles, Bobby Charlton, Peters – Ball, Hurst, Hunt
Trainer: Alf Ramsey
Deutschland: Tilkowski – Höttges, Schulz, Weber, Schnellinger – Haller, Beckenbauer, Overath – Held, Seeler, Emmerich
Trainer: Helmut Schön
Zuschauer: 96 924.
Schiedsrichter: Gottfried Dienst (Schweiz).
Linienrichter: Galba (Tschechoslowakei), Bachramow (Sowjetunion).
Tore: 0:1 Haller (12.), 1:1 Hurst (18.), 2:1 Peters (78.), 2:2 Weber (90.), 3:2 Hurst (101.), 4:2 Hurst (120.)

WM 1970
WELTMEISTER BRASILIEN

Brasilien gewinnt dank Traumsturm

Jairzinho (vorn) bejubelt sein 3:1 gegen Italien. Der Rechtsaußen und Sturmpartner Pelé schossen elf der 19 Tore für Brasilien bei der WM. Die Südamerikaner waren die überragende Mannschaft, sechsmal verließen sie als Sieger den Platz. Im Endspiel deklassierten sie die Defensivkünstler aus Europa mit 4:1

Gruppe 1

Datum	Ort	Spiel	Ergebnis
31.5.	Mexiko-Stadt	Mexiko – Sowjetunion	0:0
3.6.	Mexiko-Stadt	Belgien – El Salvador	3:0
6.6.	Mexiko-Stadt	Sowjetunion – Belgien	4:1
7.6.	Mexiko-Stadt	Mexiko – El Salvador	4:0
10.6.	Mexiko-Stadt	Sowjetunion – El Salvador	2:0
11.6.	Mexiko-Stadt	Mexiko – Belgien	1:0

Team	G	U	V	Tore	Punkte
1. Sowjetunion*	2	1	0	6:1	5:1
2. Mexiko	2	1	0	5:0	5:1
3. Belgien	1	0	2	4:5	2:4
4. El Salvador	0	0	3	0:9	0:6

*Sowjetunion Gruppenerster nach Losentscheid

Gruppe 2

Datum	Ort	Spiel	Ergebnis
2.6.	Puebla	Uruguay – Israel	2:0
3.6.	Toluca	Italien – Schweden	1:0
6.6.	Puebla	Uruguay – Italien	0:0
7.6.	Toluca	Schweden – Israel	1:1
10.6.	Puebla	Schweden – Uruguay	1:0
11.6.	Toluca	Italien – Israel	0:0

Team	G	U	V	Tore	Punkte
1. Italien	1	2	0	1:0	4:2
2. Uruguay	1	1	1	2:1	3:3
3. Schweden	1	1	1	2:2	3:3
4. Israel	0	2	1	1:3	2:4

Gruppe 3

Datum	Ort	Spiel	Ergebnis
2.6.	Guadalajara	England – Rumänien	1:0
3.6.	Guadalajara	Brasilien – Tschechoslowakei	4:1
6.6.	Guadalajara	Rumänien – Tschechoslowakei	2:1
7.6.	Guadalajara	Brasilien – England	1:0
10.6.	Guadalajara	Brasilien – Rumänien	3:2
11.6.	Guadalajara	England – Tschechoslowakei	1:0

Team	G	U	V	Tore	Punkte
1. Brasilien	3	0	0	8:3	6:0
2. England	2	0	1	2:1	4:2
3. Rumänien	1	0	2	4:5	2:4
4. Tschechoslowakei	0	0	3	2:7	0:6

Gruppe 4

Datum	Ort	Spiel	Ergebnis
2.6.	León	Peru – Bulgarien	3:2
3.6.	León	Deutschland – Marokko	2:1
6.6.	León	Peru – Marokko	3:0
7.6.	León	Deutschland – Bulgarien	5:2
10.6.	León	Deutschland – Peru	3:1
11.6.	León	Bulgarien – Marokko	1:1

Team	G	U	V	Tore	Punkte
1. Deutschland	3	0	0	10:4	6:0
2. Peru	2	0	1	7:5	4:2
3. Bulgarien	0	1	2	5:9	1:5
4. Marokko	0	1	2	2:6	1:5

Viertelfinale

Datum	Ort	Spiel	Ergebnis
14.6.	León	Deutschland – England	3:2 n. V.
14.6.	Toluca	Italien – Mexiko	4:1
14.6.	Guadalajara	Brasilien – Peru	4:2
14.6.	Mexiko-Stadt	Uruguay – Sowjetunion	1:0 n. V.

Halbfinale

Datum	Ort	Spiel	Ergebnis
17.6.	Mexiko-Stadt	Italien – Deutschland	4:3 n. V.
17.6.	Guadalajara	Brasilien – Uruguay	3:1

Spiel um Platz 3

Datum	Ort	Spiel	Ergebnis
20.6.	Mexiko-Stadt	Deutschland – Uruguay	1:0

Finale

Brasilien – Italien 4:1 (1:1)
21. Juni 1970, Estadio Azteca, Mexiko-Stadt

Brasilien: Félix – Carlos Alberto, Brito, Piazza, Everaldo – Clodoaldo, Gérson, Rivelino – Jairzinho, Pelé, Tostão
Trainer: Mario Zagallo
Italien: Albertosi – Burgnich (74. Juliano), Cera, Rosato, Facchetti – Bertini, Mazzola, de Sisti – Domenghini, Boninsegna (84. Rivera), Riva
Trainer: Ferruccio Valcareggi
Zuschauer: 107 412. **Schiedsrichter:** Glöckner (DDR).
Linienrichter: Scheurer (Schweiz), Coerezza (Argentinien).
Tore: 1:0 Pelé (18.), 1:1 Boninsegna (37.), 2:1 Gérson (66.), 3:1 Jairzinho (71.), 4:1 Carlos Alberto (87.)
Gelb: Rivelino

229

WM 1974
WELTMEISTER DEUTSCHLAND

Kampf dominiert

Paul Breitner behauptet sich mit letztem Einsatz gegen Hollands Johan Cruyff (links) und Ruud Krol. Im Finale ringen die aufopferungsvoll kämpfenden Deutschen den spielerisch überlegenen Gegner mit 2:1 nieder. Breitner traf zum 1:1

Gruppe 1

14.6.	Berlin	Deutschland – Chile	1:0
14.6.	Hamburg	DDR – Australien	2:0
18.6.	Hamburg	Deutschland – Australien	3:0
18.6.	Berlin	Chile – DDR	1:1
22.6.	Berlin	Australien – Chile	0:0
22.6.	Hamburg	DDR – Deutschland	1:0

Team	G U V	Tore	Punkte
1. DDR	2 1 0	4:1	5:1
2. Deutschland	2 0 1	4:1	4:2
3. Chile	0 2 1	1:2	2:4
4. Australien	0 1 2	0:5	1:5

Gruppe 2

13.6.	Frankfurt	Brasilien – Jugoslawien	0:0
14.6.	Dortmund	Schottland – Zaire	2:0
18.6.	Frankfurt	Brasilien – Schottland	0:0
18.6.	Gelsenkirchen	Jugoslawien – Zaire	9:0
22.6.	Frankfurt	Schottland – Jugoslawien	1:1
22.6.	Gelsenkirchen	Brasilien – Zaire	3:0

Team	G U V	Tore	Punkte
1. Jugoslawien	1 2 0	10:1	4:2
2. Brasilien	1 2 0	3:0	4:2
3. Schottland	1 2 0	3:1	4:2
4. Zaire	0 0 3	0:14	0:6

Gruppe 3

15.6.	Hannover	Holland – Uruguay	2:0
15.6.	Düsseldorf	Bulgarien – Schweden	0:0
19.6.	Dortmund	Holland – Schweden	0:0
19.6.	Hannover	Bulgarien – Uruguay	1:1
23.6.	Dortmund	Holland – Bulgarien	4:1
23.6.	Düsseldorf	Schweden – Uruguay	3:0

Team	G U V	Tore	Punkte
1. Holland	2 1 0	6:1	5:1
2. Schweden	1 2 0	3:0	4:2
3. Bulgarien	0 2 1	2:5	2:4
4. Uruguay	0 1 2	1:6	1:5

Gruppe 4

15.6.	München	Italien – Haiti	3:1
15.6.	Stuttgart	Polen – Argentinien	3:2
19.6.	Stuttgart	Argentinien – Italien	1:1
19.6.	München	Polen – Haiti	7:0
23.6.	München	Argentinien – Haiti	4:1
23.6.	Stuttgart	Polen – Italien	2:1

Team	G U V	Tore	Punkte
1. Polen	3 0 0	12:3	6:0
2. Argentinien	1 1 1	7:5	3:3
3. Italien	1 1 1	5:4	3:3
4. Haiti	0 0 3	2:14	0:6

Finalrunde Gruppe A

26.6.	Hannover	Brasilien – DDR	1:0
26.6.	Gelsenkirchen	Holland – Argentinien	4:0
30.6.	Hannover	Holland – DDR	2:0
30.6.	Hannover	Brasilien – Argentinien	2:1
3.7.	Dortmund	Holland – Brasilien	2:0
3.7.	Gelsenkirchen	Argentinien – DDR	1:1

Team	G U V	Tore	Punkte
1. Holland	3 0 0	8:0	6:0
2. Brasilien	2 0 1	3:3	4:2
3. DDR	0 1 2	1:4	1:5
4. Argentinien	0 1 2	2:7	1:5

Finalrunde Gruppe B

26.6.	Düsseldorf	Deutschland – Jugoslawien	2:0
26.6.	Stuttgart	Polen – Schweden	1:0
30.6.	Frankfurt	Polen – Jugoslawien	2:1
30.6.	Düsseldorf	Deutschland – Schweden	4:2
3.7.	Frankfurt	Deutschland – Polen	1:0
3.7.	Düsseldorf	Schweden – Jugoslawien	2:1

Team	G U V	Tore	Punkte
1. Deutschland	3 0 0	7:2	6:0
2. Polen	2 0 1	3:2	4:2
3. Schweden	1 0 2	4:6	2:4
4. Jugoslawien	0 0 3	2:6	0:6

Spiel um Platz 3

6.7.	München	Polen – Brasilien	1:0

Finale

Deutschland – Holland 2:1 (2:1)
7. Juli 1974, Olympiastadion, München
Deutschland: Maier – Vogts, Schwarzenbeck, Beckenbauer, Breitner – Hoeneß, Bonhof, Overath – Grabowski, Müller, Hölzenbein
Trainer: Helmut Schön
Holland: Jongbloed – Suurbier, Haan, Rijsbergen (69. de Jong), Krol – Jansen, van Hanegem, Neeskens – Rep, Cruyff, Rensenbrink (46. René van de Kerkhof)
Trainer: Rinus Michels
Zuschauer: 77 833. **Schiedsrichter:** Taylor (England). **Linienrichter:** Barreto Ruiz (Uruguay), González Archundia (Mexiko). **Tore:** 0:1 Neeskens (2., Foulelfmeter), 1:1 Breitner (26., Foulelfmeter), 2:1 Müller (44.).
Gelb: Vogts – van Hanegem, Neeskens, Cruyff

Wolfgang Overath fährt Johan Cruyff in die Parade. Der Kölner war der Chef im Mittelfeld

---

WM
WELTMEISTE

Gruppe 1

2.6.	Mar del Plata	Italien – Frankreich	2:1
2.6.	Buenos Aires	Argentinien – Ungarn	2:1
6.6.	Mar del Plata	Italien – Ungarn	3:1
6.6.	Buenos Aires	Argentinien – Frankreich	2:1
10.6.	Buenos Aires	Italien – Argentinien	1:0
10.6.	Mar del Plata	Frankreich – Ungarn	3:1

Team	G U V	Tore	Punkte
1. Italien	3 0 0	6:2	6:0
2. Argentinien	2 0 1	4:3	4:2
3. Frankreich	1 0 2	5:5	2:4
4. Ungarn	0 0 3	3:8	0:6

Gruppe 2

1.6.	Buenos Aires	Polen – Deutschland	0:0
2.6.	Rosario	Tunesien – Mexiko	3:1
6.6.	Rosario	Polen – Tunesien	1:0
6.6.	Córdoba	Deutschland – Mexiko	6:0
10.6.	Córdoba	Tunesien – Deutschland	0:0
10.6.	Rosario	Polen – Mexiko	3:1

Team	G U V	Tore	Punkte
1. Polen	2 1 0	4:1	5:1
2. Deutschland	1 2 0	6:0	4:2
3. Tunesien	1 1 1	3:2	3:3
4. Mexiko	0 0 3	2:12	0:6

Gruppe 3

3.6.	Mar del Plata	Brasilien – Schweden	1:1
3.6.	Buenos Aires	Österreich – Spanien	2:1
7.6.	Buenos Aires	Österreich – Schweden	1:0
7.6.	Mar del Plata	Brasilien – Spanien	0:0
11.6.	Mar del Plata	Brasilien – Österreich	1:0
11.6.	Buenos Aires	Spanien – Schweden	1:0

Team	G U V	Tore	Punkte
1. Österreich	2 0 1	3:2	4:2
2. Brasilien	1 2 0	2:1	4:2
3. Spanien	1 1 1	2:2	3:3
4. Schweden	0 1 2	1:3	1:5

Gruppe 4

3.6.	Mendoza	Holland – Iran	3:0
3.6.	Córdoba	Peru – Schottland	3:1
7.6.	Mendoza	Holland – Peru	0:0
7.6.	Córdoba	Iran – Schottland	1:1
11.6.	Mendoza	Schottland – Holland	3:2
11.6.	Córdoba	Peru – Iran	4:1

Team	G U V	Tore	Punkte
1. Peru	2 1 0	7:2	5:1
2. Holland	1 1 1	5:3	3:3
3. Schottland	1 1 1	5:6	3:3
4. Iran	0 1 2	2:8	1:5

STATISTIK

1978
ARGENTINIEN

Erfolg im Heimspiel

Daniel Passarella köpft auf das Tor, Johan Neeskens (links) hat das Nachsehen. Mit 3:1 n. V. gewann Gastgeber Argentinien gegen Holland – der erste WM-Titel! César Luis Menotti entschied das Trainerduell mit Ernst Happel für sich

Finalrunde Gruppe A

14.6.	Buenos Aires	Deutschland – Italien	0:0
14.6.	Córdoba	Holland – Österreich	5:1
18.6.	Córdoba	Holland – Deutschland	2:2
18.6.	Buenos Aires	Italien – Österreich	1:0
21.6.	Buenos Aires	Holland – Italien	2:1
21.6.	Córdoba	Österreich – Deutschland	3:2

	Team	G	U	V	Tore	Punkte
1.	Holland	2	1	0	9:4	5:1
2.	Italien	1	1	1	2:2	3:3
3.	Deutschland	0	2	1	4:5	2:4
4.	Österreich	1	0	2	4:8	2:4

Finalrunde Gruppe B

14.6.	Mendoza	Brasilien – Peru	3:0
14.6.	Rosario	Argentinien – Polen	2:0
18.6.	Mendoza	Polen – Peru	1:0
18.6.	Rosario	Argentinien – Brasilien	0:0
21.6.	Mendoza	Brasilien – Polen	3:1
21.6.	Rosario	Argentinien – Peru	6:0

	Team	G	U	V	Tore	Punkte
1.	Argentinien	2	1	0	8:0	5:1
2.	Brasilien	2	1	0	6:1	5:1
3.	Polen	1	0	2	2:5	2:4
4.	Peru	0	0	3	0:10	0:6

Spiel um Platz 3

| 24.6. | Buenos Aires | Brasilien – Italien | 2:1 |

Finale

Argentinien – Holland 3:1 (1:1, 1:0) n. V.
25. Juni 1978, Estadio Monumental, Buenos Aires

Argentinien: Fillol – Olguín, Luis Galván, Passarella, Tarantini – Ardiles (66. Larrosa), Gallego, Kempes – Bertoni, Luqué, Ortíz (75. Houseman)
Trainer: César Luis Menotti
Holland: Jongbloed – Jansen (72. Suurbier), Krol, Brandts, Poortvliet – Willy van de Kerkhof, Haan, Neeskens – René van de Kerkhof, Rep (59. Nanninga), Rensenbrink
Trainer: Ernst Happel
Zuschauer: 77 260.
Schiedsrichter: Gonella (Italien).
Linienrichter: Barreto Ruiz (Uruguay), Linemayr (Österreich).
Tore: 1:0 Kempes (38.), 1:1 Nanninga (81.), 2:1 Kempes (105.), 3:1 Bertoni (115.).
Gelb: Ardiles – Krol, Poortvliet, Neeskens

WM 1982
WELTMEISTER ITALIEN

Gutes Ende

Paolo Rossi (l.) feiert beim 3:1-Finalsieg gegen Deutschland das erste Tor. Nach enttäuschender Vorrunde steigerte sich Italien, Rossi schoß sein Team mit sechs Treffern zum dritten Titel. Rechts: Bernd Förster, Kaltz, Schumacher

Gruppe 1

14.6.	Vigo	Italien – Polen	0:0
15.6.	La Coruña	Kamerun – Peru	0:0
18.6.	Vigo	Italien – Peru	1:1
19.6.	La Coruña	Kamerun – Polen	0:0
22.6.	La Coruña	Polen – Peru	5:1
23.6.	Vigo	Kamerun – Italien	1:1

	Team	G	U	V	Tore	Punkte
1.	Polen	1	2	0	5:1	4:2
2.	Italien	0	3	0	2:2	3:3
3.	Kamerun	0	3	0	1:1	3:3
4.	Peru	0	2	1	2:6	2:4

Gruppe 2

16.6.	Gijón	Algerien – Deutschland	2:1
17.6.	Oviedo	Österreich – Chile	1:0
20.6.	Gijón	Deutschland – Chile	4:1
21.6.	Oviedo	Österreich – Algerien	2:0
24.6.	Oviedo	Algerien – Chile	3:2
25.6.	Gijón	Deutschland – Österreich	1:0

	Team	G	U	V	Tore	Punkte
1.	Deutschland	2	0	1	6:3	4:2
2.	Österreich	2	0	1	3:1	4:2
3.	Algerien	2	0	1	5:5	4:2
4.	Chile	0	0	3	3:8	0:6

Gruppe 3

13.6.	Barcelona	Belgien – Argentinien	1:0
15.6.	Elche	Ungarn – El Salvador	10:1
18.6.	Alicante	Argentinien – Ungarn	4:1
19.6.	Elche	Belgien – El Salvador	1:0
22.6.	Elche	Belgien – Ungarn	1:1
23.6.	Alicante	Argentinien – El Salvador	2:0

	Team	G	U	V	Tore	Punkte
1.	Belgien	2	1	0	3:1	5:1
2.	Argentinien	2	0	1	6:2	4:2
3.	Ungarn	1	1	1	12:6	3:3
4.	El Salvador	0	0	3	1:13	0:6

Gruppe 4

16.6.	Bilbao	England – Frankreich	3:1
17.6.	Valladolid	Tschechoslowakei – Kuwait	1:1
20.6.	Bilbao	England – Tschechoslowakei	2:0
21.6.	Valladolid	Frankreich – Kuwait	4:1
24.6.	Valladolid	Tschechoslowakei – Frankreich	1:1
25.6.	Bilbao	England – Kuwait	1:0

	Team	G	U	V	Tore	Punkte
1.	England	3	0	0	6:1	6:0
2.	Frankreich	1	1	1	6:5	3:3
3.	Tschechoslowakei	0	2	1	2:4	2:4
4.	Kuwait	0	1	2	2:6	1:5

Gruppe 5

16.6.	Valencia	Honduras – Spanien	1:1
17.6.	Saragossa	Nordirland – Jugoslawien	0:0
20.6.	Valencia	Spanien – Jugoslawien	2:1
21.6.	Saragossa	Nordirland – Honduras	1:1
24.6.	Saragossa	Jugoslawien – Honduras	1:0
25.6.	Valencia	Nordirland – Spanien	1:0

	Team	G	U	V	Tore	Punkte
1.	Nordirland	1	2	0	2:1	4:2
2.	Spanien	1	1	1	3:3	3:3
3.	Jugoslawien	1	1	1	2:2	3:3
4.	Honduras	0	2	1	2:3	2:4

Gruppe 6

14.6.	Sevilla	Brasilien – Sowjetunion	2:1
15.6.	Málaga	Schottland – Neuseeland	5:2
18.6.	Sevilla	Brasilien – Schottland	4:1
19.6.	Málaga	Sowjetunion – Neuseeland	3:0
22.6.	Málaga	Schottland – Sowjetunion	2:2
23.6.	Sevilla	Brasilien – Neuseeland	4:0

	Team	G	U	V	Tore	Punkte
1.	Brasilien	3	0	0	10:2	6:0
2.	Sowjetunion	1	1	1	6:4	3:3
3.	Schottland	1	1	1	8:8	3:3
4.	Neuseeland	0	0	3	2:12	0:6

Finalrunde Gruppe A

28.6.	Barcelona	Polen – Belgien	3:0
1.7.	Barcelona	Sowjetunion – Belgien	1:0
4.7.	Barcelona	Polen – Sowjetunion	0:0

	Team	G	U	V	Tore	Punkte
1.	Polen	1	1	0	3:0	3:1
2.	Sowjetunion	1	1	0	1:0	3:1
3.	Belgien	0	0	2	0:4	0:4

Finalrunde Gruppe B

29.6.	Madrid	England – Deutschland	0:0
2.7.	Madrid	Deutschland – Spanien	2:1
5.7.	Madrid	England – Spanien	0:0

	Team	G	U	V	Tore	Punkte
1.	Deutschland	1	1	0	2:1	3:1
2.	England	0	2	0	0:0	2:2
3.	Spanien	0	1	1	1:2	1:3

Finalrunde Gruppe C

29.6.	Barcelona	Italien – Argentinien	2:1
2.7.	Barcelona	Brasilien – Argentinien	3:1
5.7.	Barcelona	Italien – Brasilien	3:2

	Team	G	U	V	Tore	Punkte
1.	Italien	2	0	0	5:3	4:0
2.	Brasilien	1	0	1	5:4	2:2
3.	Argentinien	0	0	2	2:5	0:4

Finalrunde Gruppe D

28.6.	Madrid	Frankreich – Österreich	1:0
1.7.	Madrid	Österreich – Nordirland	2:2
4.7.	Madrid	Frankreich – Nordirland	4:1

	Team	G	U	V	Tore	Punkte
1.	Frankreich	2	0	0	5:1	4:0
2.	Österreich	0	1	1	2:3	1:3
3.	Nordirland	0	1	1	3:6	1:3

Halbfinale

| 8.7. | Barcelona | Italien – Polen | 2:0 |
| 8.7. | Sevilla | Deutschland – Frankreich 3:3, 5:4 i.E. |

Spiel um Platz 3

| 10.7. | Alicante | Polen – Frankreich | 3:2 |

Finale

Italien – Deutschland 3:1 (0:0)
11. Juli 1982, Estadio Santiago Bernabéu, Madrid

Italien: Zoff – Gentile, Scirea, Collovati, Cabrini – Conti, Oriali, Bergomi, Tardelli – Rossi, Graziani (8. Altobelli, 89. Causio)
Trainer: Enzo Bearzot
Deutschland: Schumacher – Kaltz, Karlheinz Förster, Stielike, Bernd Förster – Dremmler (63. Hrubesch), Breitner, Briegel – Littbarski, Fischer, Rummenigge (70. Müller)
Trainer: Jupp Derwall
Zuschauer: 90 089. **Schiedsrichter:** Coelho (Brasilien).
Linienrichter: Christov (Tschechoslowakei), Klein (Israel).
Tore: 1:0 Rossi (57.), 2:0 Tardelli (69.), 3:0 Altobelli (81.), 3:1 Breitner (83.).
Besonderes Vorkommnis: Cabrini verschießt Foulelfmeter (26., neben das Tor).
Gelb: Conti, Oriali – Stielike, Dremmler, Littbarski

231

WM 1986
WELTMEISTER ARGENTINIEN

Gruppe A
31.5.	Mexiko-Stadt	Italien – Bulgarien	1:1
2.6.	Mexiko-Stadt	Argentinien – Südkorea	3:1
5.6.	Puebla	Argentinien – Italien	1:1
5.6.	Mexiko-Stadt	Bulgarien – Südkorea	1:1
10.6.	Mexiko-Stadt	Argentinien – Bulgarien	2:0
10.6.	Puebla	Italien – Südkorea	3:2

Team	G	U	V	Tore	Punkte
1. Argentinien	2	1	0	6:2	5:1
2. Italien	1	2	0	5:4	4:2
3. Bulgarien	0	2	1	2:4	2:4
4. Südkorea	0	1	2	4:7	1:5

Gruppe B
3.6.	Mexiko-Stadt	Mexiko – Belgien	2:1
4.6.	Toluca	Paraguay – Irak	1:0
7.6.	Mexiko-Stadt	Mexiko – Paraguay	1:1
8.6.	Toluca	Belgien – Irak	2:1
11.6.	Toluca	Belgien – Paraguay	2:2
11.6.	Mexiko-Stadt	Mexiko – Irak	1:0

Team	G	U	V	Tore	Punkte
1. Mexiko	2	1	0	4:2	5:1
2. Paraguay	1	2	0	4:3	4:2
3. Belgien	1	1	1	5:5	3:3
4. Irak	0	0	3	1:4	0:6

Gruppe C
1.6.	León	Frankreich – Kanada	1:0
2.6.	Irapuato	Sowjetunion – Ungarn	6:0
5.6.	León	Frankreich – Sowjetunion	1:1
6.6.	Irapuato	Ungarn – Kanada	2:0
9.6.	León	Frankreich – Ungarn	3:0
9.6.	Irapuato	Sowjetunion – Kanada	2:0

Team	G	U	V	Tore	Punkte
1. Sowjetunion	2	1	0	9:1	5:1
2. Frankreich	2	1	0	5:1	5:1
3. Ungarn	1	0	2	2:9	2:4
4. Kanada	0	0	3	0:5	0:6

Gruppe D
1.6.	Guadalajara	Brasilien – Spanien	1:0
3.6	Guadalajara	Algerien – Nordirland	1:1
6.6.	Guadalajara	Brasilien – Algerien	1:0
7.6.	Guadalajara	Spanien – Nordirland	2:1
12.6.	Guadalajara	Brasilien – Nordirland	3:0
12.6.	Monterrey	Spanien – Algerien	3:0

Team	G	U	V	Tore	Punkte
1. Brasilien	3	0	0	5:0	6:0
2. Spanien	2	0	1	5:2	4:2
3. Nordirland	0	1	2	2:6	1:5
4. Algerien	0	1	2	1:5	1:5

Gruppe E
4.6.	Querétaro	Uruguay – Deutschland	1:1
4.6.	Nezahualcóyotl	Dänemark – Schottland	1:0
8.6.	Nezahualcóyotl	Deutschland – Schottland	2:1
8.6.	Querétaro	Dänemark – Uruguay	6:1
13.6.	Querétaro	Dänemark – Deutschland	2:0
13.6.	Nezahualcóyotl	Schottland – Uruguay	0:0

Team	G	U	V	Tore	Punkte
1. Dänemark	3	0	0	9:1	6:0
2. Deutschland	1	1	1	3:4	3:3
3. Uruguay	0	2	1	2:7	2:4
4. Schottland	0	1	2	1:3	1:5

Gruppe F
2.6.	Monterrey	Marokko – Polen	0:0
3.6.	Monterrey	Portugal – England	1:0
6.6.	Monterrey	England – Marokko	0:0
7.6.	Monterrey	Polen – Portugal	1:0
11.6.	Monterrey	England – Polen	3:0
11.6.	Guadalajara	Marokko – Portugal	3:1

Ein-Mann-Show
Diego Maradona, der überragende Spieler des Turniers, führte Argentinien im Finale zum zweiten Titel nach 1978 – 3:2 gegen Deutschland

Team	G	U	V	Tore	Punkte
1. Marokko	1	2	0	3:1	4:2
2. England	1	1	1	3:1	3:3
3. Polen	1	1	1	1:3	3:3
4. Portugal	1	0	2	2:4	2:4

Achtelfinale
15.6.	Mexiko-Stadt	Mexiko – Bulgarien	2:0
15.6.	León	Belgien – Sowjetunion	4:3 n. V.
16.6.	Guadalajara	Brasilien – Polen	4:0
16.6.	Puebla	Argentinien – Uruguay	1:0
17.6.	Mexiko-Stadt	Frankreich – Italien	2:0
17.6.	Monterrey	Deutschland – Marokko	1:0
18.6.	Mexiko-Stadt	England – Paraguay	3:0
18.6.	Querétaro	Spanien – Dänemark	5:1

Viertelfinale
21.6.	Guadalajara	Frankreich – Brasilien 1:1, 4:3 i. E.
21.6.	Monterrey	Deutschland – Mexiko 0:0, 4:1 i. E.
22.6.	Mexiko-Stadt	Argentinien – England	2:1
22.6.	Puebla	Belgien – Spanien 1:1, 5:4 i. E.

Halbfinale
25.6.	Guadalajara	Deutschland – Frankreich	2:0
25.6.	Mexiko-Stadt	Argentinien – Belgien	2:0

Spiel um Platz 3
28.6.	Puebla	Frankreich – Belgien	4:2 n. V.

Finale
Argentinien – Deutschland 3:2 (1:0)
29. Juni 1986, Estadio Azteca, Mexiko-Stadt
Argentinien: Pumpido – Brown – Cuciuffo, Ruggeri, Olarticoechea – Giusti, Batista, Maradona, Enrique – Burruchaga (88. Trobbiani), Valdano
Trainer: Carlos Bilardo
Deutschland: Schumacher – Jakobs – Berthold, Förster, Briegel – Brehme, Matthäus, Magath (60. Hoeneß), Eder – Rummenigge, Allofs (46. Völler)
Teamchef: Franz Beckenbauer
Zuschauer: 114 600. **Schiedsrichter:** Arppi Filho (Brasilien). **Linienrichter:** Fredriksson (Schweden), Ulloa (Costa Rica). **Tore:** 1:0 Brown (23.), 2:0 Valdano (55.), 2:1 Rummenigge (74.), 2:2 Völler (82.), 3:2 Burruchaga (85.). **Gelb:** Pumpido, Olarticoechea, Maradona, Enrique – Briegel, Matthäus

WM 1990
WELTMEISTER DEUTSCHLAND

Gruppe A
9.6.	Rom	Italien – Österreich	1:0
10.6.	Florenz	Tschechoslowakei – USA	5:1
14.6.	Rom	Italien – USA	1:0
15.6.	Florenz	Tschechoslowakei – Österreich	1:0
19.6.	Rom	Italien – Tschechoslowakei	2:0
19.6.	Florenz	Österreich – USA	2:1

Team	G	U	V	Tore	Punkte
1. Italien	3	0	0	4:0	6:0
2. Tschechoslowakei	2	0	1	6:3	4:2
3. Österreich	1	0	2	2:3	2:4
4. USA	0	0	3	2:8	0:6

Gruppe B
8.6.	Mailand	Kamerun – Argentinien	1:0
9.6.	Bari	Rumänien – Sowjetunion	2:0
13.6.	Neapel	Argentinien – Sowjetunion	2:0
14.6.	Bari	Argentinien – Rumänien	2:1
18.6.	Bari	Sowjetunion – Kamerun	4:0
18.6.	Neapel	Argentinien – Rumänien	1:1

Team	G	U	V	Tore	Punkte
1. Kamerun	2	0	1	3:5	4:2
2. Rumänien	1	1	1	4:3	3:3
3. Argentinien	1	1	1	3:2	3:3
4. Sowjetunion	1	0	2	4:4	2:4

Gruppe C
10.6.	Turin	Brasilien – Schweden	2:1
11.6.	Genua	Costa Rica – Schottland	1:0
16.6.	Turin	Brasilien – Costa Rica	1:0
16.6.	Genua	Schottland – Schweden	2:1
20.6.	Genua	Costa Rica – Schweden	2:1
20.6.	Turin	Brasilien – Schottland	1:0

Team	G	U	V	Tore	Punkte
1. Brasilien	3	0	0	4:1	6:0
2. Costa Rica	2	0	1	3:2	4:2
3. Schottland	1	0	2	2:3	2:4
4. Schweden	0	0	3	3:6	0:6

Gruppe D
9.6.	Bologna	Kolumbien – Ver. Arab. Emirate	2:0
10.6	Mailand	Deutschland – Jugoslawien	4:1
14.6.	Bologna	Jugoslawien – Kolumbien	1:0
15.6.	Mailand	Deutschland – Ver. Arab. Emirate	5:1
19.6.	Mailand	Kolumbien – Deutschland	1:1
19.6.	Bologna	Jugoslawien – V. Arab. Emirate	4:1

Team	G	U	V	Tore	Punkte
1. Deutschland	2	1	0	10:3	5:1
2. Jugoslawien	2	0	1	6:5	4:2
3. Kolumbien	1	1	1	3:2	3:3
4. Ver. Arab. Emirate	0	0	3	2:11	0:6

Gruppe E
12.6.	Verona	Belgien – Südkorea	2:0
13.6.	Udine	Spanien – Uruguay	0:0
17.6.	Udine	Spanien – Südkorea	3:1
17.6.	Verona	Belgien – Uruguay	3:1
21.6.	Verona	Spanien – Belgien	2:1
21.6.	Udine	Uruguay – Südkorea	1:0

Team	G	U	V	Tore	Punkte
1. Spanien	2	1	0	5:2	5:1
2. Belgien	2	0	1	6:3	4:2
3. Uruguay	1	1	1	2:3	3:3
4. Südkorea	0	0	3	1:6	0:6

Gruppe F
11.6.	Cagliari	England – Irland	1:1
12.6.	Palermo	Ägypten – Holland	1:1
16.6.	Cagliari	England – Holland	0:0
17.6.	Palermo	Ägypten – Irland	0:0
21.6.	Cagliari	England – Ägypten	1:0
21.6.	Palermo	Holland – Irland	1:1

Team	G	U	V	Tore	Punkte
1. England	1	2	0	2:1	4:2
2. Irland*	0	3	0	2:2	3:3
3. Holland*	0	3	0	2:2	3:3
4. Ägypten	0	2	1	1:2	2:4

* Plazierung durch Los ermittelt

STATISTIK

WM 1994
WELTMEISTER BRASILIEN

Dritter Streich

Augen auf und drauf: Rudi Völler vergibt eine von zahlreichen Chancen der überlegenen Deutschen im Endspiel gegen Argentinien. Ruggeri, Buchwald und Serrizuela sehen zu. Die Mannschaft von Teamchef Franz Beckenbauer benötigt einen Strafstoß, um mit 1:0 zu gewinnen. In der 85. Minute trifft Brehme, Deutschland ist zum dritten Mal Weltmeister

Trostloses Endspiel

Das langweiligste Finale der WM-Geschichte erlebten die Fußball-Fans in den USA. Torlos stand es nach 120 Minuten zwischen Brasilien und Italien, auch Torjäger Romário (links) brachte den Ball nicht an Italiens Schlußmann Gianluca Pagliuca vorbei. Im Elfmeterschießen entschied das Duell der Torjäger: Romário traf, Roberto Baggio verschoß – vierter Titel für Brasilien

Achtelfinale

23.6.	Neapel	Kamerun – Kolumbien	2:1 n. V.
23.6.	Bari	Tschechoslowakei – Costa Rica	4:1
24.6.	Turin	Argentinien – Brasilien	1:0
24.6.	Mailand	Deutschland – Holland	2:1
25.6.	Genua	Irland – Rumänien	0:0, 5:4 i. E.
25.6.	Rom	Italien – Uruguay	2:0
26.6.	Verona	Jugoslawien – Spanien	2:1 n. V.
26.6.	Bologna	England – Belgien	1:0 n. V.

Viertelfinale

30.6.	Florenz	Argentinien – Jugoslawien 0:0, 3:2 i. E.	
30.6.	Rom	Italien – Irland	1:0
1.7.	Mailand	Deutschland – Tschechoslowakei	1:0
1.7.	Neapel	England – Kamerun	3:2 n. V.

Halbfinale

3.7.	Neapel	Argentinien – Italien	1:1, 4:3 i. E.
4.7.	Turin	Deutschland – England	1:1, 4:3 i. E.

Spiel um Platz 3

7.7.	Bari	Italien – England	2:1

Finale

Deutschland – Argentinien 1:0 (0:0)
8. Juli 1990, Stadio Olimpico, Rom

Deutschland: Illgner – Augenthaler – Buchwald, Kohler, Brehme – Berthold (74. Reuter), Häßler, Matthäus, Littbarski – Völler, Klinsmann
Teamchef: Franz Beckenbauer
Argentinien: Goycoechea – Simón – Sensini, Serrizuela, Ruggeri (46. Monzón) – Troglio, Burruchaga (53. Calderón), Basualdo, Lorenzo – Dezotti, Maradona
Trainer: Alfio Basile
Zuschauer: 73 603. **Schiedsrichter:** Codesal Méndez (Mexiko). **Linienrichter:** Listkiewicz (Polen), Pérez (Kolumbien). **Tor:** 1:0 Brehme (85., Foulelfmeter).
Gelb: Völler – Troglio, Maradona. **Rot:** Monzón nach grobem Foul (65.), Dezotti nach einer Tätlichkeit (87.).

Gruppe A

18.6.	Detroit	USA – Schweiz	1:1
18.6.	Los Angeles	Rumänien – Kolumbien	3:1
22.6.	Los Angeles	USA – Kolumbien	2:1
22.6.	Detroit	Schweiz – Rumänien	4:1
26.6.	Los Angeles	Rumänien – USA	1:0
26.6.	San Francisco	Kolumbien – Schweiz	2:0

Team	G	U	V	Tore	Punkte
1. Rumänien	2	0	1	5:5	6
2. Schweiz	1	1	1	5:4	4
3. USA	1	1	1	3:3	4
4. Kolumbien	1	0	2	4:5	3

Gruppe B

19.6.	Los Angeles	Kamerun – Schweden	2:2
20.6.	San Francisco	Brasilien – Rußland	2:0
24.6.	San Francisco	Brasilien – Kamerun	3:0
24.6.	Detroit	Schweden – Rußland	3:1
28.6.	San Francisco	Rußland – Kamerun	6:1
28.6.	Detroit	Brasilien – Schweden	1:1

Team	G	U	V	Tore	Punkte
1. Brasilien	2	1	0	6:1	7
2. Schweden	1	2	0	6:4	5
3. Rußland	1	0	2	7:6	3
4. Kamerun	0	1	2	3:11	1

Gruppe C

17.6.	Chicago	Deutschland – Bolivien	1:0
17.6.	Dallas	Spanien – Südkorea	2:2
21.6.	Chicago	Deutschland – Spanien	1:1
23.6.	Boston	Südkorea – Bolivien	0:0
27.6.	Chicago	Spanien – Bolivien	3:1
27.6.	Dallas	Deutschland – Südkorea	3:2

Team	G	U	V	Tore	Punkte
1. Deutschland	2	1	0	5:3	7
2. Spanien	1	2	0	6:4	5
3. Südkorea	0	2	1	4:5	2
4. Bolivien	0	1	2	1:4	1

Gruppe D

21.6.	Boston	Argentinien – Griechenland	4:0
21.6.	Dallas	Nigeria – Bulgarien	3:0
25.6.	Boston	Argentinien – Nigeria	2:1
26.6.	Chicago	Bulgarien – Griechenland	4:0
30.6.	Boston	Nigeria – Griechenland	2:0
30.6.	Dallas	Bulgarien – Argentinien	2:0

Team	G	U	V	Tore	Punkte
1. Nigeria	2	0	1	6:2	6
2. Bulgarien*	2	0	1	6:3	6
3. Argentinien*	2	0	1	6:3	6
4. Griechenland	0	0	3	0:10	0

Gruppe E

18.6.	New York	Irland – Italien	1:0
19.6.	Washington	Norwegen – Mexiko	1:0
23.6.	New York	Italien – Norwegen	1:0
24.6.	Orlando	Mexiko – Irland	2:1
28.6.	New York	Irland – Norwegen	0:0
28.6.	Washington	Italien – Mexiko	1:1

Team	G	U	V	Tore	Punkte
1. Mexiko	1	1	1	3:3	4
2. Irland*	1	1	1	2:2	4
3. Italien*	1	1	1	2:2	4
4. Norwegen	1	1	1	1:1	4

Gruppe F

19.6.	Orlando	Belgien – Marokko	1:0
20.6.	Washington	Holland – Saudi-Arabien	2:1
25.6.	New York	Saudi-Arabien – Marokko	2:1
25.6.	Orlando	Belgien – Holland	1:0
29.6.	Orlando	Holland – Marokko	2:1
29.6.	Washington	Saudi-Arabien – Belgien	1:0

Team	G	U	V	Tore	Punkte
1. Holland*	2	0	1	4:3	6
2. Saudi-Arabien*	2	0	1	4:3	6
3. Belgien	2	0	1	2:1	6
4. Marokko	0	0	3	2:5	0

* direkter Vergleich entschied über Plazierung

Achtelfinale

2.7.	Chicago	Deutschland – Belgien	3:2
2.7.	Washington	Spanien – Schweiz	3:0
3.7.	Dallas	Schweden – Saudi-Arabien	3:1
3.7.	Los Angeles	Rumänien – Argentinien	3:2
4.7.	Orlando	Holland – Irland	2:0
4.7.	San Francisco	Brasilien – USA	1:0
5.7.	Boston	Italien – Nigeria	2:1 n. V.
5.7.	New York	Bulgarien – Mexiko 1:1 n.V., 3:1 i. E.	

Viertelfinale

9.7.	Boston	Italien – Spanien	2:1
9.7.	Dallas	Brasilien – Holland	3:2
10.7.	New York	Bulgarien – Deutschland	2:1
10.7.	San Francisco	Schweden – Rumän. 2:2 n.V., 5:4 i. E.	

Halbfinale

13.7.	New York	Italien – Bulgarien	2:1
14.7.	Los Angeles	Brasilien – Schweden	1:0

Spiel um Platz 3

16.7.	Los Angeles	Schweden – Bulgarien	4:0

Finale

Brasilien – Italien 0:0 n.V., 3:2 i.E.
17. Juli 1994, Rose Bowl, Los Angeles/Pasadena

Brasilien: Taffarel – Aldair, Márcio Santos, Mauro Silva – Jorginho (21. Cafú), Dunga, Branco – Mazinho, Zinho (106. Viola) – Bebeto, Romário
Trainer: Carlos Alberto Parreira
Italien: Pagliuca – Mussi (34. Apolloni), Maldini, Baresi, Benarrivo – Donadoni, Albertini, D. Baggio (95. Evani), Berti – R. Baggio, Massaro
Trainer: Arrigo Sacchi
Zuschauer: 94 194.
Schiedsrichter: Puhl (Ungarn).
Linienrichter: Zárate Vázquez (Paraguay), Fanaei (Iran).
Elfmeterschießen: Baresi – drüber, Márcio Santos – gehalten, 0:1 Albertini, 1:1 Romário, 1:2 Evani, 2:2 Branco, Massaro – gehalten, 3:2 Dunga, Roberto Baggio – drüber.
Gelb: Cafú, Mazinho – Apolloni, Albertini

233

WM 1998
WELTMEISTER FRANKREICH

Alle Augen auf Zidane

Unwiderstehlicher Zinedine Zidane. Der Superstar krönt seine Laufbahn beim 3:0 Frankreichs mit zwei Toren gegen enttäuschende Brasilianer. Hier kommt das Mittelfeld-Genie vor Leonardo an den Ball und köpft das 1:0. Frankreich feiert im Stade de France seine erste Weltmeisterschaft

Gruppe A
Datum	Ort	Spiel	Ergebnis
10.6.	Saint-Denis	Brasilien – Schottland	2:1
10.6.	Montpellier	Marokko – Norwegen	2:2
16.6.	Bordeaux	Schottland – Norwegen	1:1
16.6.	Nantes	Brasilien – Marokko	3:0
23.6.	St-Etienne	Marokko – Schottland	3:0
23.6.	Marseille	Norwegen – Brasilien	2:1

	Team	G	U	V	Tore	Punkte
1.	Brasilien	2	0	1	6:3	6
2.	Norwegen	1	2	0	5:4	5
3.	Marokko	1	1	1	5:5	4
4.	Schottland	0	1	2	2:6	1

Gruppe B
Datum	Ort	Spiel	Ergebnis
11.6.	Bordeaux	Italien – Chile	2:2
11.6.	Toulouse	Kamerun – Österreich	1:1
17.6.	St-Etienne	Chile – Österreich	1:1
17.6.	Montpellier	Italien – Kamerun	3:0
23.6.	Nantes	Chile – Kamerun	1:1
23.6.	Saint-Denis	Italien – Österreich	2:1

	Team	G	U	V	Tore	Punkte
1.	Italien	2	1	0	7:3	7
2.	Chile	0	3	0	4:4	3
3.	Österreich	0	2	1	3:4	2
4.	Kamerun	0	2	1	2:5	2

Gruppe C
Datum	Ort	Spiel	Ergebnis
12.6.	Lens	Dänemark – Saudi-Arabien	1:0
12.6.	Marseille	Frankreich – Südafrika	3:0
18.6.	Toulouse	Südafrika – Dänemark	1:1
18.6.	Saint-Denis	Frankreich – Saudi-Arabien	4:0
24.6.	Bordeaux	Südafrika – Saudi-Arabien	2:2
24.6.	Lyon	Frankreich – Dänemark	2:1

	Team	G	U	V	Tore	Punkte
1.	Frankreich	3	0	0	9:1	9
2.	Dänemark	1	1	1	3:3	4
3.	Südafrika	0	2	1	3:6	2
4.	Saudi-Arabien	0	1	2	2:7	1

Gruppe D
Datum	Ort	Spiel	Ergebnis
12.6.	Montpellier	Paraguay – Bulgarien	0:0
13.6	Nantes	Nigeria – Spanien	3:2
19.6.	Paris	Nigeria – Bulgarien	1:0
19.6.	St-Etienne	Spanien – Paraguay	0:0
24.6.	Toulouse	Paraguay – Nigeria	3:1
24.6.	Lens	Spanien – Bulgarien	6:1

	Team	G	U	V	Tore	Punkte
1.	Nigeria	2	0	1	5:5	6
2.	Paraguay	1	2	0	3:1	5
3.	Spanien	1	1	1	8:4	4
4.	Bulgarien	0	1	2	1:7	1

Gruppe E
Datum	Ort	Spiel	Ergebnis
13.6.	Lyon	Mexiko – Südkorea	3:1
13.6.	Saint-Denis	Holland – Belgien	0:0
20.6.	Bordeaux	Belgien – Mexiko	2:2
20.6.	Marseille	Holland – Südkorea	5:0
25.6.	St-Etienne	Holland – Mexiko	2:2
25.6.	Paris	Belgien – Südkorea	1:1

	Team	G	U	V	Tore	Punkte
1.	Holland	1	2	0	7:2	5
2.	Mexiko	1	2	0	7:5	5
3.	Belgien	0	3	0	3:3	3
4.	Südkorea	0	1	2	2:9	1

Gruppe F
Datum	Ort	Spiel	Ergebnis
14.6.	St-Etienne	Jugoslawien – Iran	1:0
15.6.	Paris	Deutschland – USA	2:0
21.6.	Lens	Deutschland – Jugoslawien	2:2
21.6.	Lyon	Iran – USA	2:1
25.6.	Montpellier	Deutschland – Iran	2:0
25.6.	Nantes	Jugoslawien – USA	1:0

	Team	G	U	V	Tore	Punkte
1.	Deutschland	2	1	0	6:2	7
2.	Jugoslawien	2	1	0	4:2	7
3.	Iran	1	0	2	2:4	3
4.	USA	0	0	3	1:5	0

Gruppe G
Datum	Ort	Spiel	Ergebnis
15.6.	Marseille	England – Tunesien	2:0
15.6.	Lyon	Rumänien – Kolumbien	1:0
22.6.	Montpellier	Kolumbien – Tunesien	1:0
22.6.	Toulouse	Rumänien – England	2:1
26.6.	Saint-Denis	Rumänien – Tunesien	1:1
26.6.	Lens	England – Kolumbien	2:0

	Team	G	U	V	Tore	Punkte
1.	Rumänien	2	1	0	4:2	7
2.	England	2	0	1	5:2	6
3.	Kolumbien	1	0	2	1:3	3
4.	Tunesien	0	1	2	1:4	1

Gruppe H
Datum	Ort	Spiel	Ergebnis
14.6.	Toulouse	Argentinien – Japan	1:0
14.6.	Lens	Kroatien – Jamaika	3:1
20.6.	Nantes	Kroatien – Japan	1:0
21.6.	Paris	Argentinien – Jamaika	5:0
26.6.	Bordeaux	Argentinien – Kroatien	1:0
26.6.	Lyon	Jamaika – Japan	2:1

	Team	G	U	V	Tore	Punkte
1.	Argentinien	3	0	0	7:0	9
2.	Kroatien	2	0	1	4:2	6
3.	Jamaika	1	0	2	3:9	3
4.	Japan	0	0	3	1:4	0

Achtelfinale
Datum	Ort	Spiel	Ergebnis
27.6.	Marseille	Italien – Norwegen	1:0
27.6.	Paris	Brasilien – Chile	4:1
28.6.	Lens	Frankreich – Paraguay	1:0 g. G.*
28.6.	Saint-Denis	Dänemark – Nigeria	4:1
29.6.	Montpellier	Deutschland – Mexiko	2:1
29.6.	Toulouse	Holland – Jugoslawien	2:1
30.6.	Bordeaux	Kroatien – Rumänien	1:0
30.6.	St-Etienne	Argentinien – England	2:2 n.V., 4:3 i. E.

Viertelfinale
Datum	Ort	Spiel	Ergebnis
3.7.	Saint-Denis	Frankreich – Italien	0:0 n. V., 4:3 i. E.
3.7.	Nantes	Brasilien – Dänemark	3:2
4.7.	Marseille	Holland – Argentinien	2:1
4.7.	Lyon	Kroatien – Deutschland	3:0

Halbfinale
Datum	Ort	Spiel	Ergebnis
7.7.	Marseille	Brasilien – Holland	1:1 n. V., 4:2 i. E.
8.7.	Saint-Denis	Frankreich – Kroatien	2:1

Spiel um Platz 3
Datum	Ort	Spiel	Ergebnis
11.7.	Paris	Kroatien – Holland	2:1

Finale
Frankreich – Brasilien 3:0 (2:0)
12. Juli 1998, Stade de France, Saint-Denis

Frankreich: Barthez – Thuram, Lebœuf, Desailly, Lizarazu – Karembeu (60. Boghossian), Deschamps, Petit – Zidane – Djorkaeff (75. Vieira), Guivarc'h (66. Dugarry)
Trainer: Aimé Jacquet
Brasilien: Taffarel – Cafú, Júnior Baiano, Aldair, Roberto Carlos – César Sampaio (74. Edmundo), Dunga – Leonardo (46. Denilson), Rivaldo – Ronaldo, Bebeto
Trainer: Mario Zagallo
Zuschauer: 75 000.
Schiedsrichter: Belqola (Marokko).
Linienrichter: Warren (England), Salie (Südafrika).
Tore: 1:0 Zidane (27.), 2:0 Zidane (45.), 3:0 Petit (90.).
Gelb: Karembeu, Deschamps – Júnior Baiano.
Gelb/Rot: Desailly (68.)

Gruppe A
Datum	Ort	Spiel	Ergebnis
31.5.	Seoul	Senegal – Frankreich	1:0
1.6.	Ulsan	Dänemark – Uruguay	2:1
6.6.	Daegu	Dänemark – Senegal	1:1
6.6.	Busan	Frankreich – Uruguay	0:0
11.6.	Incheon	Dänemark – Frankreich	2:0
11.6.	Suwon	Senegal – Uruguay	3:3

	Team	G	U	V	Tore	Punkte
1.	Dänemark	2	1	0	5:2	7
2.	Senegal	1	2	0	5:4	5
3.	Uruguay	0	2	1	4:5	2
4.	Frankreich	0	1	2	0:3	1

Gruppe B
Datum	Ort	Spiel	Ergebnis
2.6.	Busan	Paraguay – Südafrika	2:2
2.6.	Gwangju	Spanien – Slowenien	3:1
7.6.	Jeonju	Spanien – Paraguay	3:1
8.6.	Daegu	Südafrika – Slowenien	1:0
12.6.	Daejeon	Spanien – Südafrika	3:2
12.6.	Jeju	Paraguay – Slowenien	3:1

	Team	G	U	V	Tore	Punkte
1.	Spanien	3	0	0	9:4	9
2.	Paraguay	1	1	1	6:6	4
3.	Südafrika	1	1	1	5:5	4
4.	Slowenien	0	0	3	2:7	0

Gruppe C
Datum	Ort	Spiel	Ergebnis
3.6.	Ulsan	Brasilien – Türkei	2:1
4.6.	Gwangju	Costa Rica – China	2:0
8.6.	Jeju	Brasilien – China	4:0
9.6.	Incheon	Costa Rica – Türkei	1:1
13.6.	Suwon	Brasilien – Costa Rica	5:2
13.6.	Seoul	Türkei – China	3:0

	Team	G	U	V	Tore	Punkte
1.	Brasilien	3	0	0	11:3	9
2.	Türkei	1	1	1	5:3	4
3.	Costa Rica	1	1	1	5:6	4
4.	China	0	0	3	0:9	0

Gruppe D
Datum	Ort	Spiel	Ergebnis
4.6.	Busan	Südkorea – Polen	2:0
5.6.	Suwon	USA – Portugal	3:2
10.6.	Daegu	Südkorea – USA	1:1
10.6.	Jeonju	Portugal – Polen	4:0
14.6.	Incheon	Südkorea – Portugal	1:0
14.6.	Daejeon	Polen – USA	3:1

	Team	G	U	V	Tore	Punkte
1.	Südkorea	2	1	0	4:1	7
2.	USA	1	1	1	5:6	4
3.	Portugal	1	0	2	6:4	3
4.	Polen	1	0	2	3:7	3

234

WM 2002
WELTMEISTER BRASILIEN

Fehler helfen Ronaldo

Gefahr für das deutsche Tor: Dietmar Hamann und Rivaldo (r.) stürzen, Gilberto Silva zwingt Torwart Kahn per Kopfball zu einer Glanzparade. Brasilien gewinnt das Finale nach Aussetzern von Hamann und Kahn. Ronaldo (Mitte, verdeckt) wird mit zwei Toren der Endspiel-Held

Gruppe E

1.6.	Niigata	Irland – Kamerun	1:1
1.6.	Sapporo	Deutschland – Saudi-Arabien	8:0
5.6.	Ibaraki	Deutschland – Irland	1:1
6.6.	Saitama	Kamerun – Saudi-Arabien	1:0
11.6.	Shizuoka	Deutschland – Kamerun	2:0
11.6.	Yokohama	Irland – Saudi-Arabien	3:0

Team	G	U	V	Tore	Punkte
1. Deutschland	2	1	0	11:1	7
2. Irland	1	2	0	5:2	5
3. Kamerun	1	1	1	2:3	4
4. Saudi-Arabien	0	0	3	0:12	0

Gruppe F

2.6.	Ibaraki	Argentinien – Nigeria	1:0
2.6.	Saitama	England – Schweden	1:1
7.6.	Kobe	Schweden – Nigeria	2:1
7.6.	Sapporo	England – Argentinien	1:0
12.6.	Miyagi	Schweden – Argentinien	1:1
12.6.	Osaka	Nigeria – England	0:0

Team	G	U	V	Tore	Punkte
1. Schweden	1	2	0	4:3	5
2. England	1	2	0	2:1	5
3. Argentinien	1	1	1	2:2	4
4. Nigeria	0	1	2	1:3	1

Gruppe G

3.6.	Niigata	Mexiko – Kroatien	1:0
3.6.	Sapporo	Italien – Ecuador	2:0
8.6.	Ibaraki	Kroatien – Italien	2:1
9.6.	Miyagi	Mexiko – Ecuador	2:1
13.6.	Oita	Mexiko – Italien	1:1
13.6.	Yokohama	Ecuador – Kroatien	1:0

Team	G	U	V	Tore	Punkte
1. Mexiko	2	1	0	4:2	7
2. Italien	1	1	1	4:3	4
3. Kroatien	1	0	2	2:3	3
4. Ecuador	1	0	2	2:4	3

Gruppe H

4.6.	Saitama	Japan – Belgien	2:2
5.6.	Kobe	Rußland – Tunesien	2:0
9.6.	Yokohama	Japan – Rußland	1:0
10.6.	Oita	Tunesien – Belgien	1:1
14.6.	Osaka	Japan – Tunesien	2:0
14.6.	Shizuoka	Belgien – Rußland	3:2

Team	G	U	V	Tore	Punkte
1. Japan	2	1	0	5:2	7
2. Belgien	1	2	0	6:5	5
3. Rußland	1	0	2	4:4	3
4. Tunesien	0	1	2	1:5	1

Achtelfinale

15.6.	Seogwipo	Deutschland – Paraguay	1:0
15.6.	Niigata	England – Dänemark	3:0
16.6.	Oita	Senegal – Schweden	2:1 g. G.*
16.6.	Suwon	Spanien – Irland	1:1 n. V., 3:2 i. E.
17.6.	Jeonju	USA – Mexiko	2:0
17.6.	Kobe	Brasilien – Belgien	2:0
18.6.	Miyagi	Türkei – Japan	1:0
18.6.	Daejeon	Südkorea – Italien	2:1 g. G.*

Viertelfinale

21.6.	Shizuoka	Brasilien – England	2:1
21.6.	Ulsan	Deutschland – USA	1:0
22.6.	Gwangju	Südkorea – Spanien	0:0, 5:3 i. E.
22.6.	Osaka	Türkei – Senegal	1:0 g. G.*

Halbfinale

25.6.	Seoul	Deutschland – Südkorea	1:0
26.6.	Saitama	Brasilien – Türkei	1:0

Spiel um Platz 3

29.6.	Daegu	Türkei – Südkorea	3:2

Finale

Brasilien – Deutschland 2:0 (0:0)
30. Juni 2002, International Stadium, Yokohama

Brasilien: Marcos – Lúcio, Edmílson, Roque Júnior – Cafú, Gilberto Silva, Roberto Carlos, Kléberson, Rivaldo – Ronaldo (90. Denilson), Ronaldinho (85. Juninho Paulista)
Trainer: Luiz Felipe Scolari
Deutschland: Kahn – Linke, Ramelow, Metzelder – Frings, Hamann, Jeremies (77. Asamoah), Bode (84. Ziege) – Schneider – Klose (74. Bierhoff), Neuville
Trainer: Rudi Völler
Zuschauer: 69 029.
Schiedsrichter: Collina (Italien).
Linienrichter: Sharp (England), Lindberg (Schweden).
Tore: 1:0 Ronaldo (67.), 2:0 Ronaldo (79.).
Gelb: Roque Júnior – Klose

* Golden Goal

STATISTIK

DIE EWIGE WM-TABELLE

	Land	WM-Titel	Teilnahmen	Spiele	Siege	Remis	Niederlagen	Tore	Punkte (nach 3-Punkte-Regel)
1.	Brasilien	5	18	92	64	14	14	201:84	206
2.	Deutschland	3	16	92	55	19	18	190:112	184
3.	Italien	4	16	77	44	19	14	122:69	151
4.	Argentinien	2	14	65	33	13	19	113:74	112
5.	England	1	12	55	25	17	13	74:47	92
6.	Frankreich	1	12	51	25	10	16	95:64	85
7.	Spanien	0	12	49	22	12	15	80:57	78
8.	Schweden	0	11	46	16	13	17	74:69	61
9.	Holland	0	8	36	16	10	10	59:38	58
10.	Sowjetunion/Rußland	0	9	37	17	6	14	64:44	57
11.	Jugoslawien	0	9	37	16	8	13	60:46	56
12.	Uruguay	2	10	40	15	10	15	65:57	55
13.	Polen	0	7	31	15	5	11	44:40	50
14.	Ungarn	0	9	32	15	3	14	87:57	48
15.	Mexiko	0	13	45	11	12	22	48:84	45
16.	Tschechien*	0	9	33	12	5	16	47:49	41
17.	Österreich	0	7	29	12	4	13	43:47	40
18.	Belgien	0	11	36	10	9	17	46:63	39
19.	Portugal	0	4	19	11	1	7	32:21	34
20.	Rumänien	0	7	21	8	5	8	30:32	29
21.	Schweiz	0	8	26	8	5	13	37:51	29
22.	Chile	0	7	25	7	6	12	31:40	27
23.	Paraguay	0	7	22	6	7	9	27:36	25
24.	Dänemark	0	3	13	7	2	4	24:18	23
25.	USA	0	8	25	6	3	16	27:51	21
26.	Kroatien	0	3	13	6	2	5	15:11	20
27.	Kamerun	0	5	17	4	7	6	15:29	19
28.	Schottland	0	8	23	4	7	12	25:41	19
29.	Südkorea	0	7	24	4	7	13	22:53	19
30.	Bulgarien	0	7	26	3	8	15	22:53	17
31.	Türkei	0	2	10	5	1	4	20:17	16
32.	Peru	0	4	15	4	3	8	19:31	15
33.	Irland	0	3	13	2	8	3	10:10	14
34.	Nordirland	0	3	13	3	5	5	13:23	14
35.	Nigeria	0	3	11	4	1	6	14:16	13
36.	Kolumbien	0	4	13	3	2	8	14:23	11
37.	Marokko	0	4	13	2	4	7	12:18	10
38.	Costa Rica	0	3	10	3	1	6	12:21	10
39.	Ecuador	0	2	7	3	0	4	7:8	9
40.	Norwegen	0	3	8	2	3	3	7:8	9
41.	Senegal	0	1	5	2	2	1	7:6	8
42.	DDR	0	1	6	2	2	2	5:5	8
43.	Japan	0	3	10	2	2	6	8:14	8
44.	Saudi-Arabien	0	4	13	2	2	9	9:32	8
45.	Ukraine	0	1	5	2	1	2	5:7	7
46.	Algerien	0	2	6	2	1	3	6:10	7
47.	Tunesien	0	4	12	1	4	7	8:17	7
48.	Wales	0	1	5	1	3	1	4:4	6
49.	Ghana	0	1	4	2	0	2	4:6	6
50.	Südafrika	0	2	6	1	3	2	8:11	6
51.	Australien	0	2	7	1	2	4	5:11	5
52.	Iran	0	3	9	1	2	6	6:18	5
53.	Nordkorea	0	1	4	1	1	2	5:9	4
54.	Kuba	0	1	3	1	1	1	5:12	4
55.	Elfenbeinküste	0	1	3	1	0	2	5:6	3
56.	Jamaika	0	1	3	1	0	2	3:9	3
57.	Honduras	0	1	3	0	2	1	2:3	2
58.	Angola	0	1	3	0	2	1	1:2	2
59.	Israel	0	1	3	0	2	1	1:3	2
60.	Ägypten	0	2	4	0	2	2	3:6	2
61.	Kuwait	0	1	3	0	1	2	2:6	1
62.	Trinidad/Tobago	0	1	3	0	1	2	0:4	1
63.	Bolivien	0	3	6	0	1	5	1:20	1
64.	Irak	0	1	3	0	0	3	1:4	0
65.	Slowenien	0	1	3	0	0	3	2:7	0
66.	Togo	0	1	3	0	0	3	1:6	0
67.	Kanada	0	1	3	0	0	3	0:5	0
68.	Niederl. Indien	0	1	1	0	0	1	0:6	0
69.	Serbien/Montenegro	0	1	3	0	0	3	2:10	0
70.	Ver. Arab. Emirate	0	1	3	0	0	3	2:11	0
71.	China	0	1	3	0	0	3	0:9	0
72.	Neuseeland	0	1	3	0	0	3	2:12	0
73.	Griechenland	0	1	3	0	0	3	0:10	0
74.	Haiti	0	1	3	0	0	3	2:14	0
75.	Zaire	0	1	3	0	0	3	0:14	0
76.	El Salvador	0	2	6	0	0	6	1:22	0

* Bis 1990 Tschechoslowakei

MASSENANSTURM
Es ist 01.00 Uhr am frühen Sonntag morgen des 9. Juli. Zehntausende Fans bereiten der deutschen Mannschaft vor ihrem Hotel in Stuttgart einen rauschenden Empfang. Wenige Stunden zuvor hat sie den dritten Platz durch einen 3:1-Sieg gegen Portugal errungen. Auf der Hotelfassade, direkt oberhalb des Busses, hängt ein Transparent mit der Aufschrift »Danke Jungs für vier tolle WM-Wochen. Stuttgart ist stolz auf Euch«. Die Zeilen sprechen Millionen deutschen Fans aus dem Herzen
FOTO: dpa/Marijan Murat

DAS LETZTE WM-TOR
Der französische Torwart Fabien Barthez muß erkennen, daß er beim Elfmeter von Fabio Grosso die falsche Ecke gewählt hat. Der italienische Linksverteidiger hat mit dem linken Fuß die – von Barthez aus gesehen – linke Torecke anvisiert. Es ist der neunte Elfmeter im Finale und der letzte: Italien führt uneinholbar mit 6:4. Grosso dreht bereits jubelnd ab
FOTO: Getty Images/Michael Steele

DER 12. MANN
Die Kluft, die es zwischen Fans und Nationalspielern noch Ende Mai beim peinlichen 2:2 im Testspiel gegen Japan gegeben hatte, war vom ersten WM-Spiel an überbrückt. Mit ihrer Begeisterung trugen die deutschen Zuschauer die Mannschaft von Jürgen Klinsmann. Sie waren der 12. Mann. Die Spieler dankten es den Fans. Bei »La Ola« feierten sie gemeinsam